午门背面 1900年

皇史宬正殿

清圣祖仁皇帝（康熙）

皇帝批阅奏折时使用的文房四宝

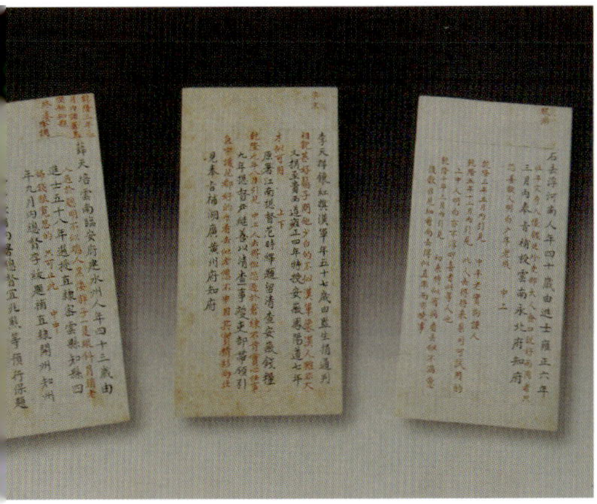

乾隆皇帝朱批官员履历片

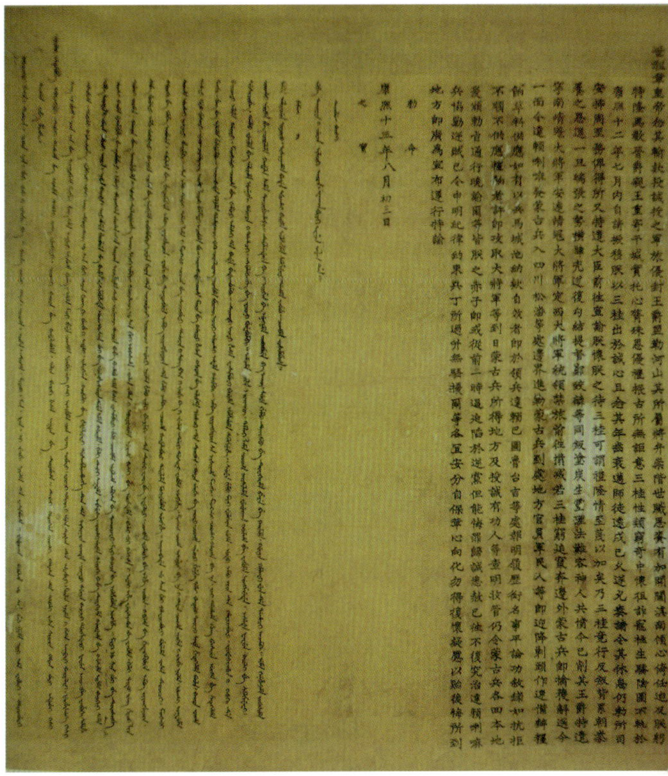

康熙帝关于进剿吴三桂的敕谕

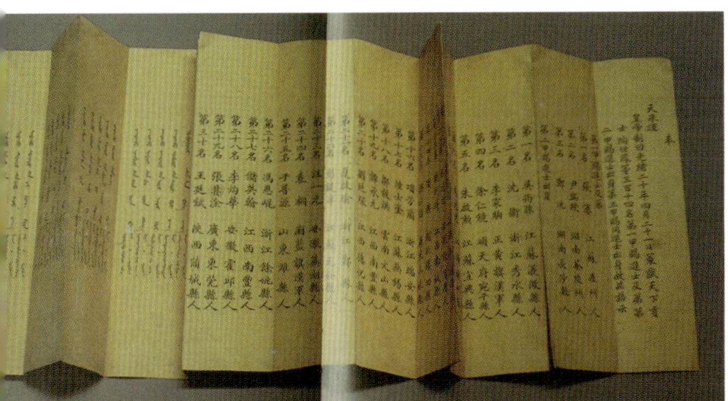

光绪二十年（1894年）殿试小金榜局部

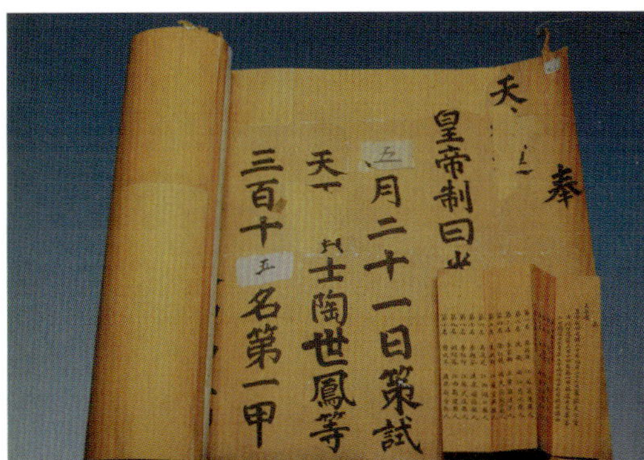

清光绪二十年（1894年）殿试大小金榜

慈禧太后在颐和园仁寿殿前乘舆照。前为总管太监李莲英

养心殿东暖阁——慈禧太后垂帘听政处

隆裕太后

清末太监

京剧《拿谢虎》

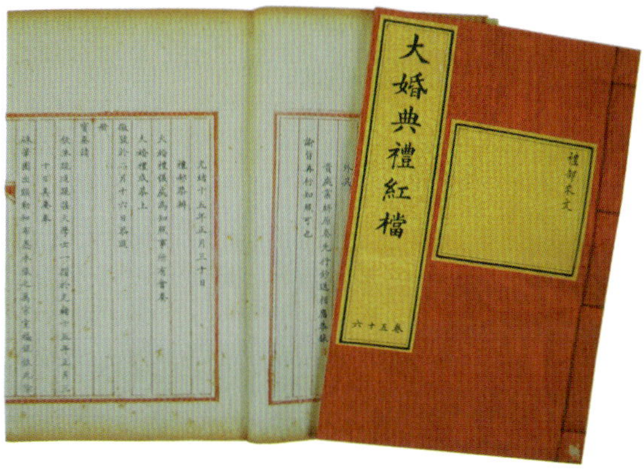

光绪帝大婚典礼红档

空城计

溥仪、润麒、庄士敦
（从左至右）在御花园

瀛台石桥 1900年

.南海迎薰亭 1900年

正黄旗军旗
镶黄旗军旗
正白旗军旗
镶白旗军旗
正红旗军旗
镶红旗军旗
正蓝旗军旗
镶蓝旗军旗

八旗旗帜

镶黄旗
正黄旗
正白旗
镶白旗

八旗甲胄（部分）

电车经过天津日本租界

清末海军留学生

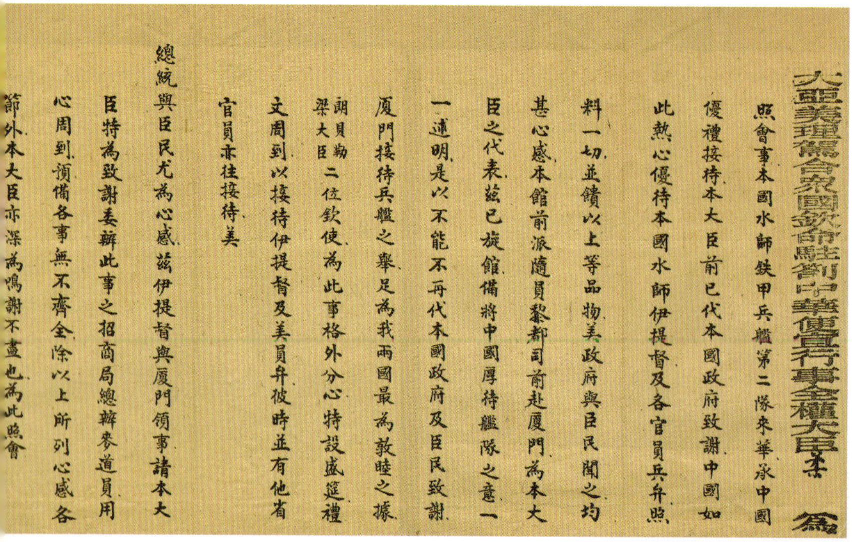

大亞美理駕合衆國欽命駐劄中華便宜行事全權大臣柔　為

照會事本國水師鉄甲兵艦第二隊來華承中國
優禮接待本大臣前已代本國政府致謝中國如
此熱心優待本國水師伊提督及各官員兵弁照
料一切並饋以上等品物美政府與臣民聞之均
甚心感本館前派隨員黎都司前赴廈門為本大
臣之代表茲已旋館備將中國厚待艦隊之意一
一述明是以不能不再代本國政府及臣民致謝
廈門接待兵艦之舉足為我兩國最為敦睦之據
朗貝勒 梁大臣 二位欽使為此事格外分心特設盛筵禮
文周到以接待伊提督及美員弁彼時並有他省
官員亦往接待美
總統與臣民尤為心感茲伊提督與廈門領事請本大
臣特為致謝委辦此事之招商局總辦麥道員用
心周到預備各事無不齊全除以上所列心感各
節外本大臣亦深為鳴謝不盡也為此照會

1908年12月5日，美国驻华公使柔克义为感谢中国热情接待美国舰队访华致外务部照会（局部）

解读新清宫档案

屈春海◎著

華中科技大學出版社
http://www.hustp.com
中国·武汉

图书在版编目（CIP）数据

新清宫档案解读/ 屈春海著. —武汉. 华中科技大学出版社，2018. 2

ISBN 978-7-5680-3662-7

Ⅰ. ①新… Ⅱ. ①屈… Ⅲ. ①宫廷—历史—研究—中国—清代 Ⅳ. ①K249. 07

中国版本图书馆 CIP 数据核字（2018）第 019997 号

新清宫档案解读
Xinqinggong Dang'an Jiedu

屈春海 著

策划编辑：吴素莲
责任编辑：吴素莲
封面设计：李彦生
责任校对：祝 菲
责任监印：朱 玢

出版发行：华中科技大学出版社（中国·武汉） 电话：（027）81321913
武汉市东湖新技术开发区华工科技园 邮编：430223

印 刷：湖北新华印务有限公司
开 本：710mm×1000mm 1/16
印 张：22. 25 插页：4
字 数：358 千字
版 次：2018 年 2 月第 1 版第 1 次印刷
定 价：49. 00 元

自 序

光阴似箭，转眼间我已过了“耳顺”的年龄。屈指算来，参加工作至今已四十余年，从事清宫档案工作，也有三十余年。回顾这些年来学习和研究清宫档案的感受，可以用十六个字来概括：春去秋来，档案为伴，史海求索，虽苦也甘。

档案是历史进行过程中所形成的各种文书，事后归档存贮，以便印证稽查。中国第一历史档案馆收藏有清宫档案一千多万件，它们是反映清代历史的直接记录，是研究清代历史最珍贵的第一手资料。

记得有一本名为《用镜头亲吻西藏》的书，讲到一个出家僧人的必修“功课”，即背熟三本十万字的经书；磕满十万个长头；擦洗十万个酥油灯。一个僧人的必修“功课”如此这般，我想在档案馆工作，起码应该做到：认真学习了解一百种档案文书、二百个衙署机构、三百位历史人物、四百件历史事件、五百本业务书籍，进而写出一百篇研究文章，这应是一个起码的要求，但又不是一朝一夕就能做到的，需要数十年的工作积累，方能修成历史档案工作者的“正果”。

清宫档案浩如烟海，众多的史学工作者、档案工作者和史学爱好者于此间挖掘求索、寻找究竟，本人即为其中一员。自从事清宫档案工作以来，我在长期的工作实践中，或对清宫档案史料有所发现，或在工作中有些心得，或业务上总结一些经验，都随时串成文字，大多陆续在《历史档案》《北京档案》《公安大学学报》《中国档案》《紫禁城》《北京日报》等报纸杂志上发表。今幸蒙华中科技大学出版社之约，将历年来所发表文章，结集出版，权当敝帚自珍和人生阶段的总结。

本书收辑的所有文章，均未经大的修改，只是增加了《清末中德关于〈商标注册试办章程〉的交涉》和《清宫档案看驻巴拿马总领事馆的设立》两篇文章。文字方面略有改动，文章内添加相关图片，基本上保持了原貌。本书得以顺利出版，我尤其要感谢华中科技大学出版社吴素莲女士对此书的编辑出版费心费力，在此谨表谢忱。

由于本人对清宫档案学习研究有限，对某些问题解读得还不够全面，不足之处，诚恳地希望读者、同行不吝赐教。

屈春海

二〇一七年三月于紫禁城

目 录

清代中央机构文书保密制度

清王朝统治中国二百六十八年，中央集权制度得到了高度发展和进一步加强。为了进一步维护皇帝至高无上的权力，清王朝统治者在吸取历代封建王朝经验的基础上，以皇帝政务活动为中心，建立了一整套文书工作机构和以“诏令文书”、“题奏文书”为保密重点的文书保密制度，对有效地指挥和控制臣僚，维护国家统治，起到了重要作用。

一、中央文书机构保密制度

清代文书机构同文书保密制度有着最重要、最密切的关系。

康熙九年（1670），成立内阁，作为承宣谕旨、传达政令的中枢机构。京城内外臣僚呈奏的题本，由内阁草拟票签，或奉旨改签，下阁后谕旨及折奏，则传知各衙门抄录遵行，题本则发六科传抄。①

内阁对于传抄的文件实行发文监督和承办监督制度。乾隆三年（1738）规定：“凡该部抄写谕旨到部，应令该部于三日内将某日某司员钦奉谕旨之处，详细载叙于文内，用堂印行文内阁存案，则内阁有该部抄领之印文，该部也有说堂之印稿（正式公文底稿），均属稽查有据，益为详审。”同时，为了防止“混蒙迟延之弊”，又实行连锁监督制度。乾隆四年谕：“本章出入关系重大，防微杜渐不可不慎。嗣后凡有应发本章，批本处未发，内阁即奏闻，内阁未发，部院即奏闻，不必转相询问，庶将

① 资料来源：《光绪会典》第2卷。

来混蒙迟延之弊可以永杜矣。”①

雍正七年（1729）设立军机处后，文书保密制度不断加以完善。为防止泄密，军机处所用听差皆选用十五岁以下不识字的幼童；京官文职官员三品以上，武职官员二品以上，外官文职督、抚、司道，武职官员提督、总兵以上各大员子弟，均不得充任军机章京。② 军机处军机章京办事处，各部院大小官员不得擅入，其窗前、阶下均不得有闲人窥视，文武满汉大臣俱不准至军机处同军机大臣谈说事体，违者重处不赦。③

图1　皇史宬

道光三十年（1850），军机大臣祁寯藻拟定了《军机处章程》九条，其中同文书管理和保密制度有关的条款是：

（1）军机处应立用印簿。于用印之日，满汉章京内轮派一员，监印登簿画押。用过印封、印花数目，于下一次清印时核对。

（2）兵部送来印花数目，应与用过数目详细核对。

（3）字寄中遇有秘密查办事件，于承旨后派章京一二员在堂上缮写，密封呈递，发下后仍由堂上用印，封交兵部领去；将底稿押封封记，俟查

① 资料来源：《光绪会典事例》第14卷。
② 资料来源：《枢垣记略》第13卷。
③ 资料来源：《枢垣记略》第14卷。

办事竣，再行拆封登档；如果有泄露，查明缮写之章京严参。

（4）逐日改定草稿，应责成每日该班章京与领班章京共同检齐焚销。

（5）每日明发谕旨同奏折交内阁发抄，寄信印封夹板交兵部驿递；速议事件，交各衙门领去，应严饬各衙门仍遵照旧有堂谕，承领事件人员未到，传领时不得进入军机处值房，违者参处。并严令各衙门人员，不许在军机堂并章京、值房阶外附近处站立窃听。

……

（7）军机堂章京、值房苏拉人等，由堂司随时稽查，其方略馆供事、苏拉、厨役，应责令满汉提调、收掌各员认真稽查，毋许任意出入，滋生事端。仍密访如有串通在外闲人，将补授官员等事，事先送信报喜者，即行革役究办。

……

（9）军机档册两份，一存方略馆，一存圆明园。该章京等在内该班，不及兼顾园中值房，应片行圆明园八旗值宿官、兵丁小心守护，如有应行取用档案，开单交片提取，派员领回。①

清代中央有两个总收文机构。一个是通政使司，负责接收各省衙门递京题本，送交内阁及有关部院，并检查本章违式及程途稽限等事。另一个是奏事处，为皇帝内廷的机要文书机构，专司传宣谕旨，收发秘密奏折，登记簿册。接收奏折时要检查是否符合递折规定，不符合规定者，拒绝接收。自成立奏事处后，一切密奏文书，不由通政使司接收，而直达奏事处直接呈皇帝拆阅。

清王朝这些文书保密制度，在其统治期间发挥了重要作用。

二、诏令文书的保密制度

诏令文书根据其性质，可划分为“明发上谕”和“寄信上谕”。明发谕旨的秘密程度要低一些。由军机处颁发的“寄信上谕”，也叫“密谕”、“廷寄”，是为告诫官员、指授兵略、查核政事及责罚等事专门寄某省某人或数人数省的秘密谕旨。它具有秘密和速达的性质，为此也称为“密

① 资料来源：《皇朝续文献通考》第123卷。

寄”。根据受文者的官级、地位不同，寄信又分为“字寄”和“传谕”两种文书形式。

寄信谕旨是由军机大臣奉旨以寄信的形式向承旨人传达上谕。军机处军机大臣拟旨，除皇帝随时特交外，经常是根据皇帝对奏折的批示办理。自乾隆朝开始，逐渐成为军机章京之专职。但机要重大之事，皇帝则召见军机大臣口授谕旨，太监不得在侧。军机大臣承旨后，自拟进呈，经皇帝审定后，交军机处发出。

军机处承办谕旨是极其迅速和缜密的，一般从接折、阅折、觐见、请示、草拟、审阅直至誊清，全部过程要在当天完成，次日呈皇帝审阅、交发。遇有紧要事情，连夜办理，一两个时辰即可发出，由此可见军机处办事效率之高。军机处尤其重视保密，严格接交，手续严密。谕旨文书收发登记，必画押存查；个人承办的事件，不得任意泄露；不经由自己之手办理的事，不准过问；办理撰书寄信谕旨，办理皇帝批改的奏折及国书等秘密文件，均须在军机堂上办理；其兼理部院稿件，不准到军机处办理，本管司员不准到军机处回事。凡办理秘密事件时，军机大臣指派一两个章京承旨，在军机堂上缮写后，将缮写清楚的密件密封呈递，由军机处进行封发，并钤盖军机处银印，交兵部捷报处递送，并将底稿押封存记。

廷寄谕旨，封面书写收件人姓名者，须交本人拆阅，如本人不在，代理人不得拆阅。寄信密谕，则写明军机大臣密寄，交驿站驰送，如有泄露、沉匿、擅自拆阅者，关系军务的按军法从事，事关军需粮饷、调遣兵丁及官员开调参革的处以流罪。雍正三年（1725）规定：“将泄露密旨者，照泄露军事秘密治罪”；“朕所降密旨，俱系国家紧要事件。岂不重于军务，而可轻泄，以贻害乎？嗣后若有此等，一经发觉，该部概照泄露军机治罪”。

为了确保其交发事件的秘密性，军机处还建立了催办和稽查制度。如乾隆朝规定：“军机处承办发交的满汉章京，将逐日所发上谕及折奏事件，每届十日汇开一单，交与内阁票签处并转交各衙逐一查对，如十日并无遗漏，即于单日注明交回。”①

谕旨文书，在行文过程中执行的一整套严格的保密制度，对维护皇帝

① 资料来源：《光绪会典事例》第15卷。

至高无上的权力起到了一定的作用。

三、臣僚题奏文书的保密制度

清代臣僚上奏，有着一整套的文书保密规定，随着中央机构的政务日益增多和繁杂，臣僚上奏于皇帝的文书也在不断发展变化着，而这种发展变化，完全是为了适应专制主义中央集权制度发展的需要。

臣僚进呈皇帝的本章，有题、奏、表、笺之分。这里仅就题本、奏折的文书保密制度做一介绍。

题本 清代臣僚上奏公事，采用题本。为了加强题本的保密，明确规定："凡是秘密及参劾本章，俱着实封进呈。"① "一切本章、咨呈文件，有案事关紧要及缉拿人犯，内外各衙门应密封投递，各该管官应谨慎办理，以防泄漏。"②

雍正十三年（1735）规定："通政使司接收各省题本，待送内阁五日后，再将随本揭帖交提塘官分授各部科，以防书吏传誊漏泄之弊。"③除了揭帖之外，雍正七年（1729）又规定："内阁本章及各衙门档案，皆应于正本之外建立一副本，另行收贮，以备查对之用。"④ 副本制度的建立，对于防止奸胥猾吏隐藏改换本章起到了一定的作用。

凡由内阁发出的密件题本，由六科登号，以原封送部，并取得承领官收据，附在号簿上，等该部办理完毕，仍密封送六科，年终由六科交回红本处收贮。⑤ 红本科抄，承办官应详细校对，如果校对疏忽，文字有所增漏，罚俸六个月；凡未经批发之本，即抄写刊刻图利者，该主管官员失于察觉，罚俸一年；上一级主管监察官员没有尽到检查之责者，罚俸六个月。

所有在京各衙门，抄报总由公报房抄发，如有讹传和泄漏等弊交部治罪。在京各衙门的题奏事件，未给发抄不得互相谈论，如有泄漏，将承办

---

① 资料来源：《光绪会典事例》第 13 卷。
② 资料来源：《光绪会典事例》第 1015 卷。
③ 资料来源：《光绪会典事例》第 1042 卷。
④ 资料来源：《雍正上谕》。
⑤ 资料来源：《光绪会典事例》第 1014 卷。

官降一级留任[①]。

如有缜密之件，待科抄到部十日后，方许抄发，如有《邸报》先于部文者，该督抚将提塘官参处；各省报房在京探听消息，捏造抄报，其官员革职问罪；地方官不行查拿，罚俸一年。

尽管题本的进呈、发抄有许多规定，但还是存在许多弊病，泄密之事还是有的。为此，清统治者曾多次对题本进行改革，最后，于光绪二十八年（1902）正式停止使用。

奏折 康熙朝中期，开始出现了奏折文书，皇帝信得过的重臣开始利用请安折子，密陈官民动态。

雍正初期，密折奏报制度逐渐形成。雍正即位后，为了巩固其统治地位，熟悉和掌握国家的各项政务，了解臣僚的隐衷和民情，同时也使臣僚对皇帝的意图有所了解，于雍正元年（1723）二月十六日给科道官员的上谕说："……在京满汉大臣，外省督、抚、提、镇仍令折奏外，尔等科道诸臣为朝廷耳目之官，凡有所见，自应竭诚入告，绝去避嫌顾忌之私，乃为忠荩。折内之言不许与人参酌，如有泄漏，或同僚知而言之，则同僚即可据以密闻，朕将二人之折合验，事情必不能隐讳推诿矣。"[②]

奏折没有统一的规格，大者与题本相仿，小者只有数寸。奏折文书具有简便灵活、便于传递、有利保密的特点。题本里面不能谈论的事情，可以用奏折来谈；谕旨里面不便公开的事，皇帝可以在朱批时作详细和具体的指示。

奏折的内容很广泛，包括皇权政策的制定和执行，以及官员的取舍等。奏折本身的特点，决定了它的机密性，为此，雍正帝对于泄密规定了严格的处罚制度。雍正三年（1725）二月初八日给内阁的上谕说："各省督、抚、提、镇将朕批密谕，有同在一省彼此传看者，有隔越邻省而彼此互相通知者，亦有经过其地而私相探问者。嗣后若有此等，一经发觉，该部（指刑部）据以泄漏军机律治罪。"[③] 由此可见，接受朱批谕旨的人是要保守秘密的，不得转告他人，更不能让他人观看，即使是保密性极小的内容，也是不允许的。

---

① 资料来源：《钦定吏部则例》。

② 资料来源：《雍正上谕》。

③ 资料来源：《枢垣记略》第1卷。

对于不遵守奏折保密规定的人，雍正帝采取了必要的惩罚措施。如雍正三年（1725）有的督抚的子弟亲戚在京私看密封奏折，雍正帝因此停止了一些督抚的奏折权。并又一次规定："嗣后满保、诺岷、杨名时、鄂尔泰停其奏折，以示惩罚。其余督抚大吏所奏折子，若有子弟亲朋在京私看者，一经发觉，朕必将私看之人正法，督抚照溺职例革职，决不宽贷。"①

奏折十分机密，光有处罚是不够的，还要有制度来保证。尽管从清代官方文献中看不出与密折制度相关之处，但是，从奏折的书写、密封、投递、拆阅到收缴，都制定了一整套严密的程序。

（1）书写。臣工上奏折必须由本人亲自书写，这在康熙朝已成定例。康熙六十一年（1722）十一月二十九日，刚刚即位的雍正帝又向大学士等官下了一道上谕，要求臣僚上奏折："必须亲自书写，不得假手于子弟，词但达意，不在文理字画之工拙。其有不能书写者，即行面奏。"②除非年迈眼花手震，身患疾病，可请人代写。雍正二年二月雍正帝对科道官员规定："折内之言，不许与人参酌，或同僚知而言之，则同僚即可据以密闻。"③

（2）密封折匣。臣工缮折后，要加以封套。其封套的形式是不统一的，封套上或书"密"字，或书"密折"。密封之后，装入折匣中，然后投递。折匣是特制的，匣外加铜锁，然后用盖有御押的黄纸封口，包以黄包袱。自康熙朝起，皇帝亲自书写封签分发各省衙门，群臣遇有紧要事情上奏，将皇帝所写封签贴在折匣上，可速达内庭，径呈皇帝亲启。开折匣的钥匙有两把，一把发给上奏人，一把执于皇帝手中，这样就只有上奏折的人和皇帝二人能开匣，别人不能私开。由内庭颁发之折匣每人二到八个不等，据路途远近和奏折疏密而定。

（3）投递。在皇宫内庭设有奏事处，奏事处本身又分内奏事处和外奏事处。外奏事处值班章京每天于寅时在乾清门外接收在京部院衙门及各省督抚衙门专差递送的奏折，接折后再交内奏事处送呈皇帝。④其他地方官的奏折不能直送宫门，须交给皇帝指定的大臣转呈。转呈的大臣都是皇

① 资料来源：《雍正起居注》雍正二年十一月初九日。

② 资料来源：《世宗实录》第1卷。

③ 资料来源：《雍正上谕》。

④ 资料来源：《光绪会典》第82卷。

帝的亲信，如雍正朝的怡亲王允祥、大学士张廷玉、蒋廷锡等人。他们只是代转，不得拆看，具折人亦不向代呈人说明奏折内容。凡递折衙门，皆须另备一份公文交奏事处，经奏事官核对无误才予接收，以防官员擅递奏折。密折的递送过程要严加保密，不可张扬，各省臣工所进奏折，沿途不得由地方兵丁防护，以防道路纷纭，众目观瞻之下，反而适得其反。

（4）拆阅奏折。臣工所上奏折，皆由皇帝亲自拆阅，写朱批，从不假手于人，也不要任何人参与其事。雍正帝讲道："各省文武官员之奏折，一日之间，常至二三十件，多或至五六十件不等，皆朕亲自阅览批发，从无留滞，无一人赞襄于左右，不但宫中无档可查，亦并无专司其事之人。"① 皇帝阅折之后，如需要军机大臣拟旨，则将上奏人的姓名裁去，为上奏人保密，从而进一步保证了奏折的保密性。

（5）奏折的收缴。经皇帝批阅过的奏折，由内奏事处分别以外省和京内两个方面进行处理。外省奏折，原经驿站投送的，皆由内奏事处太监径自交军机处封发；其余外省奏折，皆由内奏事处太监于次日交外奏事处发还原递折人领回。京内所递奏折，除"留中"、由军机处发下或交当日召见之大臣发下外，其余各折，即由外奏事处传"旨"领回。

朱批奏折发还上奏官员以后，还要按照规定缴回内廷。这项回缴朱批奏折制度，是雍正即位当月就规定的："嗣后，朕亲批密旨，亦著交进，不得抄写存留。"② 朱批奏折的缴回，开始是趁便缴回，于宫中保存，本人不得抄存留底。乾隆即位后不久，实行按年缴回制度，统一交内奏事处保存。这项制度到了同治、光绪朝就逐渐松弛了。

清代奏折的保密制度是十分严格的，不得随便更改。乾隆朝内阁大学士兼军机大臣和珅，曾传知各省在上奏折的同时，要抄一份奏折稿给军机处，从而破坏了奏折的保密制度。嘉庆四年（1799）嘉庆帝将和珅处死，并禁止向军机处抄送奏稿。

清代中央机关诏令文书、臣僚上奏文书的保密制度，反映了清代中央机关文书制度历史发展变化的一个侧面，也对维护封建专制皇权统治起过重要作用。

---

① 资料来源：《上谕内阁》雍正八年上谕。

② 资料来源：《上谕内阁》康熙六十一年十一月二十七日。

清代官方文书印信

用木或金石等质料雕刻文字，以资信守者叫做“印信”。在我国君主时代，帝王所用者称之为玺（宝），官吏所用者称之为印，私人所用者称之为私印。

一、印章的产生和发展

《周礼》掌节职条，有“货贿用玺印节”一语，这是我国最早关于玺印的文献记载。玺印节即后来汉代所谓的印章。但是，当时的印章，并不是作为统治阶级权力表征的法物，而是专门用作商品交流时的凭信。印章产生的年代，一般认为是在春秋后期到战国这一阶段，由于城市经济日益繁荣，商品交换与运输日益发展而产生的。周代君臣之印都叫玺，而且不分尊卑，民皆以金玉为印，龙虎为钮，唯其所好。秦始皇称帝后，随着封建统一帝国的建立，印章扩大了应用范围，官印被新政权法定为象征统治阶级权力的法物，这是印章在作用上的重大发展。而且对于君臣的官私印信，也有了限制，玺为天子专用，他人只称印，而且除天子以外，不得用玉质印，这样，就完全改变了秦以前刻印用材不受限制的自由现象。秦始皇还在少府专门设置了“符节令丞”的属官，负责监管印章，这是封建王朝监印官的起源。另外，封建帝王之玉玺，也以他的螭虎钮“六玺”（皇帝行玺、皇帝之玺、皇帝信玺、天子行玺、天子之玺、天子信玺）为开端。到了汉代，除了天子“六玺”外，还规定收入两千石以上官吏用的印称章；千石至两百石称印；官印以外，自刻姓名，均称之私印。规定不同等级的官印，用不同的印钮和不同的质料，用以显示官职的大小。例如，《汉宫仪》上说，诸侯王，黄金玺橐驼钮；列侯，金印龟钮；诸侯二品以上，金章紫绶龟钮，或貔钮；三品，银章青绶龟钮，或熊钮、罴钮、羊钮、鹿钮……这样一来，印章的格式便更加统一，印的大小和文字体例也有了更加明确的规定。除皇帝用的玉玺外，一般来说，官印都在方寸范围，私印则更小一些。由于这时用印均捺在泥上，为了使印文清楚，不论官私印章，白文（又称阴文）最多。约在东晋以后，文书已用纸帛，用印的方法，也随之以捺泥改用印色，这样，白文印就大大减少，官私印文多用朱文（又称阳文）。当然，这种变化，也是和实用一致的，因为捺于泥封，白文比朱文清楚；而用印色钤于纸帛上，朱文却比白文醒目。六朝以后，印章不但由捺泥而改用到用色钤纸，由白文而演为朱文，而且由于文字本身的发展（由篆、隶而演成楷、行、草书），也直接影响到印章字体的改变。这时，印章就只能用比较普及的字体修饰加工，而绝不可能再用古籀字体。至于讲究印文屈曲平满，工整纤巧，则是隋、唐、宋、元、明、清官府印信的共同特点，但各个朝代在用印方面也略有不同。在这当中，唐承隋法，沿袭九叠文；元代统治者的官体印间用蒙古文，亦取诎曲盘迴之势；明代也以九叠文为主，但却更加工整圆满。此外，将军之印用柳叶篆，王府之印用玉筋小篆，监察御史用八叠文，以别官职。所谓九叠文，表现在官印上即每个字的笔法，都可屈曲九叠；当然，个别也有例外的，如六叠、七叠、八叠、十叠不等。唐代武则天改玺为宝，明代出现关防、条记，这些也均为后世所沿用。

图1　大清受命之宝

二、清代皇帝的御宝

清代的印信，除沿用历史上原有的制度外，还根据当时的需要，做了某些改进。这时，官场中使用的印信有宝、印、关防、图记、条记、钤记六种，仍如历代王朝一样，清代皇帝所用御宝的名称及用途分别为：

图2　天子之宝

①大清受命之宝，以章皇序。②皇帝奉天之宝，以章奉若。③大清嗣天子宝，以章继绳。④皇帝之宝，以布诏赦。⑤皇帝之宝，以肃法驾。⑥天子之宝，以祀百神。⑦皇帝尊亲之宝，以荐徽号。⑧皇帝亲亲之宝，以展宗盟。⑨皇帝行宝，以颁赐赍。⑩皇帝信宝，以征戎伍。⑪天子行宝，以册外蛮。⑫天子信宝，以命殊方。⑬敬天勤民之宝，以饬觐吏。⑭制诰之宝，以谕臣僚。⑮敕命之宝，以钤诰敕。⑯垂训之宝，以扬国宪。⑰命德之宝，以奖忠良。⑱钦文之宝，以重文教。⑲表章经史之宝，以崇古训。⑳巡守天下之宝，以从省方。㉑讨罪安民之宝，以张征伐。㉒制取六师之宝，以整戎行。㉓敕正万邦之宝，以诰外国。㉔敕正万民之宝，以诰四方。㉕广运之宝，以谨封识。其印材以玉质为主，个别为金质。尺寸方四寸至六寸、高一寸二分至三寸五分不等。

图3　大清嗣天子宝

蛟龙、盘龙或蹲龙钮。

清初，交泰殿原本储“御宝”二十九颗。到乾隆十一年（1746），乾隆皇帝以“历年经久，记载失真，且有重复者”，加以考正排次，定为二十有五，并撰“交泰殿宝谱”而记其大要。以往因满文篆体未备，汉文用篆书，而满文则用本字。到乾隆十三年，满文篆法既定，上述二十五颗御宝，除前四颗早用满文篆书仍旧外，后二十一颗，指定儒臣制为满文各篆体书，敕所司仿从新制，一律改篆，左满篆，右汉篆（用古篆不用九叠文），储于交泰殿中，以次左右陈列，由宫殿监正掌管，为定制。凡宫中发出制、诏、诰、敕，皆请用“御宝”，由内阁先将用“御宝”之数奏明，到期，大学士率士读学士、侍读、典籍等赴乾清门接“御宝”，与内监共同验用。如遇皇帝出巡，则会同内务府大臣一人，在乾清门验用。唯诰命、敕命、敕书常行之事，则不奏。皇帝出巡，由学士率典籍一人，赴乾清门，请宝（皇帝行宝）随往而行。回銮日，再行交进。年底，封宝之日，需要洗宝，学士率典籍一人，携絮绢，赴乾清门将宝接出，将一年内用过的洗净，洗毕，交内监收储。

图4　制诰之宝

三、清代亲王和官吏用印

亲王和官吏行使的印信，按规定为：宝、印、关防、图记、修记、钤记六种，现依次述之。

（一）宝 亲王印信叫做“宝”，方三寸六分，厚一寸；亲王世子之印亦称“宝”，但方寸略小，方三寸五分，厚一寸。二者均用金质，龟钮平台，满汉文芝英篆。

（二）印 规定用印的衙门，属于常设性质及行政范围的机构。凡有印的衙门，其内部单位，如六部的各个司，其他院寺的司务厅之类，各布政使司、按察使司的经历司之类，均发有印，以致清代使用印的部门非常多。设在少数民族地区的管理民族事务的衙门，为适应环境需要，印文用两种或三种文字。各衙门用印的尺寸从方三寸三分至二寸一分，厚一寸至四分四厘不等。质地为银或铜。满汉文则分别为大篆、小篆、钟鼎篆、柳叶篆、垂露篆等。

（三）关防 规定用关防的衙门，属于临时性质及办理财经、工程等事务的机构。有关防的衙门，其内部机构固然发给关防；除此而外，凡有印的衙门，其内部机构因经办财经的关系，也多有发给关防者。使用关防的衙门计有各省总督，巡抚、钦差、出使各国的大臣、镇守总兵、各关监督、各省织造、宗人府银库、工部料估所、制造库关防等，质地为银或铜。满汉文为小篆、尚方小篆、钟鼎篆、垂露篆等。设在少数民族地区管理民族事务的衙门，印文用到两种或三种字体。用印的尺寸从长三寸二分至二寸六分，宽二寸至一寸九分。

（四）图记 规定图记的衙门，多为设在西北、东北各地的领队大臣、八旗佐领等，武职或经办钱粮的小机关，则仅有十余单位。其材料均为铜质，尺寸方自二寸七分至一寸七分，厚自六分五厘至四分不等。文字用垂露篆、殳篆等字体，使用图记的衙门又大多在少数民族地区，印文用两种或三种不同的文字。

（五）条记 规定用条记的，都是最低级单位。如各州县儒学、县丞、主簿、吏目、守备等，此外还包括文武及事务性质的单位，因此行使条记的范围，是相当广泛的。其印材均为铜质，尺寸分长二寸六分、宽一寸六分五厘，长二寸四分、宽一寸三分两种。印文主要用满汉文垂露篆、悬铖篆两种。

（六）钤记 规定使用钤记的官吏，为各省文职佐杂，及无兼管兵马钱粮的武职官员。印材用木质，均由布政使司交官匠刻发。各府州县的僧道、阴阳、医官等钤记，亦如佐杂之例，由官匠刻正字发给。钤记不属于官方的正式印信，所以印材为木质，钤记没有规定尺寸字体，又不用铜质，不经中央铸造发给。

四、清代官方用印的铸造与领销

礼部设有铸印局，专管监铸印信事务，上述一至五种印信均由其铸造。篆写印文，满、汉篆字由铸造局照规定字体书写，蒙文等字送内阁书写。印文满、汉本字刻于印背，年月号数刻于印旁。有的省份总督兼巡抚，巡抚兼提督，关防内也要写明。新增设衙门，应铸印信；文武官印信也有改铸的；使用过久，字迹模糊，需要换铸的，经主管衙门奏准，交铸造局铸造、印成，则由礼部仪制司颁发，并将旧印缴销。

官方文书盖印，其印色也有规定。宗人府、六部、都察院、通政司、大理寺、翰林院、詹事府、内务府、理藩院、光禄寺、銮仪卫、武备院、上驷院、奉辰院、顺天府、仓坞侍郎等衙门，盛京五部、奉天府、各省总督、巡抚色用紫。唯本章用朱，衍圣公同。其余文武各衙门皆用朱。遇"国丧"在丧礼期内，各衙门本章文移，均用蓝印。

各衙门颁有印记，以传信四方。铸造印信设有主管机构，领销手续有既定程序。若弃毁印信，"慢上而无忌惮"，要处以斩罪，各衙门监用印信，均由专人负责，如六部由资深的员外郎佩带印钥。军机处更为严密，银印收藏在内奏事处首领太监手中，印钥以领班军机大臣佩带，有盖印的官文书，值日章京持请印金牌（长二寸，宽半寸，厚一分，上刻"军机处"三字）到内奏事处请印，向军机大臣请印钥启用，用毕，即行送进。这都说明统治者对于印信的重视，但是，由于印信是统治阶级权力表征的法定信物，太重形式。如皇帝出行，则请宝随往。太上皇传位，授嗣皇帝以宝。命将出师，皇帝须授印，并有严格仪式。"御宝"储于交泰殿，意在显示封建统治者的"尊严"；经备、大将军印存于皇史宬意在炫耀其"武功"。同时，清代严格的等级制度，也表现在印信问题上。皇帝印信名"御宝"，玉质；亲王印信名"宝"，金质；官府衙门印信名"印"，银或铜质。这是他们特有的权力，别人是不敢用的。

清代奏折

奏折：奏，进也，群臣进言于皇帝之意；折，叠也，书所言于纸上而叠之，故称为奏折。奏折为清朝所特有，它的出现和应用，完全适应了清朝皇帝加强专制主义中央集权政治的需要，并使皇帝拥有至高无上、独断专行的权力。

奏折的应用，乃始于康熙中期，最初只允许少数亲信官员使用，如当时的苏州织造李煦、江宁织造曹寅、南书房官员王鸿绪等，由官员本人亲自缮写，派专差或亲信、家人，送达宫门递进，由太监送达御览，皇帝直接用朱笔批答，然后密封退交专差领回交原上奏官员。奏折的机密程度很高，内容只有具奏人和皇帝知道。因为具奏人是钦定，所以使用范围很小。康熙五十年（1711）前后，地方高级官员，如将军、总督、巡抚、提督、总兵等，逐渐获得奏折权。紧接着，中央朝廷官员，如领侍卫内大臣、大学士、都统、尚书、副都统、侍郎、学士、副都御史等，都受命“一体于请安折内，将应奏之事，各罄所见，开列陈奏”。

雍正帝即位后，为了对付政敌，巩固皇位，扩大和加强自己的权力，采取了许多控制内外高级官员的措施，特别希望通过奏折这一形式熟悉和掌握国家的各项政务。他为了确知各种实情，进一步扩大了使用密折奏事的范围。一些翰林、科道官员，以及外省地位低微之官员，亦允许上奏折。规定：凡涉及私事，关于机密事件，不便公开的重要事件，需要迅速上报处理的，用奏折陈报，不盖印章。奏折的应用，对加强皇权的统治，革除中央和地方的积弊具有相当重要的作用。乾隆帝即位后，全面肯定了奏折制度，后一直贯彻执行到清朝灭亡。

奏折所涉内容　奏折所涉内容千差万别，大致可分为请安、谢恩、缴批和陈事四类。前三类比较简单，在此略而不论。陈事折则异常繁杂，涉及内政、军务、外交，上自国家政务，下至百姓琐事，无一不包。如康熙五十六年（1717），康熙帝在一次江宁织造曹頫所上奏折中批道："尔虽不管地方之事，亦可以所闻大小事，照尔父秘密奏闻，是与非朕自有洞鉴，就是笑话也罢，叫主子笑笑也好。"看似皇帝在与亲信奴才唠家常，谈一些平常琐事，实际正是皇帝通过曹頫等人在江南布置一张情报网，凡江南一带民情民隐、官场斗争、知识分子情况，随时有奏折迅速呈报给皇帝御览，这就是奏折的一大特色。雍正帝即位后，充分利用奏折的这种特色，触角伸到全国各地，扩大用于言官参劾、密告或条陈、议论政事等，万般事务无所不涉。如雍正七年（1729）九月，直隶天津总兵管承泽折奏：文安县居民卢尚义妻梁氏，拾得银六两五钱，交还失主。雍正帝特谕内阁，命赏米、布疋，并给匾额，以旌良淑。雍正帝认为如此民风，乃亲躬政治之成就，常常喜闻乐道。同时，也在提醒群臣，连如此民间小事都在关注，何况大事，使为官者震慑，不敢逾越法纲，正是专制君主驭下的手段。

奏折的撰拟 关于奏折的撰拟，康熙帝要求臣僚必须亲笔书写，词但求达意，不必计较笔画工拙，如本官不能亲写，可由近亲子侄代书，但必须在折尾声明。从实际情况看，由于奏折要经皇帝亲自阅批，具折官员唯恐折中所言不当之处受到统治者的谴责，莫不小心翼翼，谨慎从事。因而撰拟奏折，多由有学识、有经验的幕僚执笔，因此奏折大多文字简洁，笔调轻松，令人赏心悦目，为此说每一件奏折都是精美绝伦的艺术品，也绝不夸张。对于奏折的撰拟，饶松生在所纂《折谱》中说：奏折最忌"晦"、"涩"、"乱"、"复"四字。"晦"指事理不明，"涩"指句读不清，"乱"指头绪冗杂，"复"指拖沓烦琐。奏折的遣词造句有着严格的要求，一般来讲，折内长句不可过十二个字，短句最少四个字，句宜从双，字亦宜双。忌平头句（如上句起二字与下句起二字同）、并脚句（如上句收二字与下句收二字同），三五七字句，粘连不断句（如上句以人名止，下句以人名起）。一件奏折，由四五百字至八九百字组成居多，一千字以上的奏折较少。个别奏折，由于所涉问题复杂，长至数千乃至万余字也是有的。清代奏折一般是一事一文，有些事件较轻，不能独立缮成折，就用夹片的形式附在奏折之中。有时一个奏折带两三个夹片，最多有时竟达五六个。关于撰拟奏折，规定繁多，如对于引文、附件、地名等都有具体规定。

奏折用纸、格式及缮折 奏折用纸多为榜纸、本纸和毛边纸，统称素纸，均为竹纸。当时宣纸名贵，臣僚平常缮写呈奏用不起，也没有那么多宣纸可供。奏折高一般为二十二厘米，横宽为十厘米；另有一种小密折，高仅十四厘米，宽七厘米。奏折自首至尾共十三幅半，第一幅为掩首，向后面折转；第二幅为折面，正中第二格写“奏”字；第三幅至第十二幅为写折文之处；第十三幅不写字，后半幅为折尾，亦向后折转。折后年月日必在左幅中行平格缮写，临发时填写日期。若奏文内容多，一折不敷使用，须进行接扣；奏文少时亦可相应减扣。奏折每幅六行，左右两幅称为一扣或一开。每扣十二行，每行计二十个字，低两字为平格，实写十八个字，余两字作抬头之用，如有三抬头的，则须出一格写（清代早期奏折的字数并不规范）。如遇“朝”、“国”、“宫殿”之字，抬高一字写；称“皇帝”、“上谕”、“旨”之字，抬高两字写；称“天地”、“宗庙”、“山陵”等字，均出一格写（即抬高三字写）。奏折第一幅（面页）上方正中写一“奏”字，第二幅首行写具奏人的官衔、姓名和“跪”字，无论字数多少，均须一行写完。第二行抬高一字写“奏”字，再接写正文。文尾用“谨奏”二字作结。末幅正中写具奏年月日，不署名，不用印。奏折的文字要求以言事为主，出于自然，不可过于简单，也不可过于堆砌，以免词不达意，贻误事情。缮折字体要求“匀”、“正”、“方”、“光”、“秀”，“匀”，指字体大小，笔画粗细，纵横看去，无不整齐；“正”是横平竖直，无论笔画多少，合之正，分之亦正；“方”是不扁不长，宜用欧体，而欧帖中以姚公碑为准；“光”是笔画光润，墨色晶莹；“秀”是笔姿秀丽，无剑拔弩张之态，下笔宜坚细，而不宜粗软。缮折字体，皆用正楷，在缮写过程中如果写错两三字，则可用刮补之法补好，重新写上，如错误多时就须换页另写。

奏折中的清规戒律 清代在上奏文书的撰拟和缮写上，本于“尊君”至上的观念，定有若干禁令戒条，具折人如有违犯，轻则传旨申斥，重则参处治罪。现略举数例，可见一斑，①避忌字句。在奏折中有很多词句不能用，如“朝乾夕惕”、“洪福齐天”、“河北效灵”之类词句忌用；折内有“尽数”二字，改为“全数”，“年终”二字改为“年底”，这是不祥字面的改用；有庙讳、御名及音近的字句，要改用别的字句。②奏折内有些字的笔画要改写，主要有“旨”、“御”、“岁”、“寿”等字。③关于缮写有一定行款，不得有误。如单字不成行；折内年号、人名，不可前后行折断，如“雍正”二字，不能“雍”在前行之末，“正”在后行之首；“大计”、“大典”等字，不得与“行在”的“行”字并排写，因“大行”二字是忌讳的；又如“皇上”二字，写在每开末第十二行，谓之“临边”，有“边皇背旨”之忌；结尾“奏”字，写在每开末第十二行，称之“满扣”，二者均须增删词句，使提前行或移入后行，方为合式。如此禁忌，不胜枚举。

奏折封发与呈递　奏折缮写好以后，即装入封套内，用糨糊黏合，用一张黄宣纸包封。再用白纸半页，对准中缝封口，贴上印花，以防有人擅自拆开，印花半腰上书写衔名、跪封。然后装入折匣，外用黄绸袱包裹，交专差或驿站递送宫中。康熙朝尚无折匣，采用木夹板，雍正朝以后开始使用折匣。折匣一般长二十七点五厘米，宽十三厘米，高四厘米。内用黄纸裱底，外用黄漆漆之。折匣由内廷赐用，每人二至八个不等。折匣的多寡，依照路途远近、奏折的疏密而定。在皇帝内廷设有奏事处，专门负责收发奏折。奏事处分为内外两个部分：内奏事处设在月华门之南庑；外奏事处设在景运门内九卿房。外奏事处值班章京每天于寅时在乾清门外接递在京部院衙门及各省督抚等衙门专差递送的奏折。接折后交内奏事处太监送交皇帝。凡递折衙门，皆须另备一份公文交奏事处，经奏事处核对无误，才予接收，以防官员擅递奏折。

回缴朱批奏折制　奏折经皇帝用朱红笔批阅以后，叫“朱批奏折”。朱批奏折在康熙时期都发还给具奏人。雍正帝即位后，出于政治斗争的需要，谕令：“所有皇考朱批谕旨，俱着敬谨封固进呈；若抄写、存留、隐匿、焚弃，日后发觉，断不宽恕，定行从重治罪。”不但前朝奏折须缴

图 1　清前期　黄漆木奏折匣

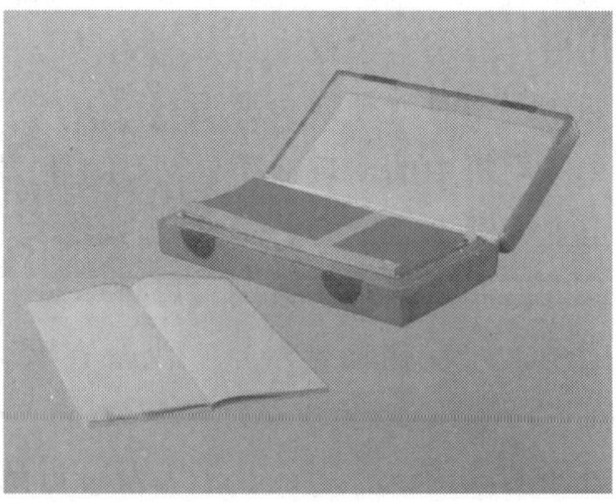

图 2　清晚期　红漆木奏折匣

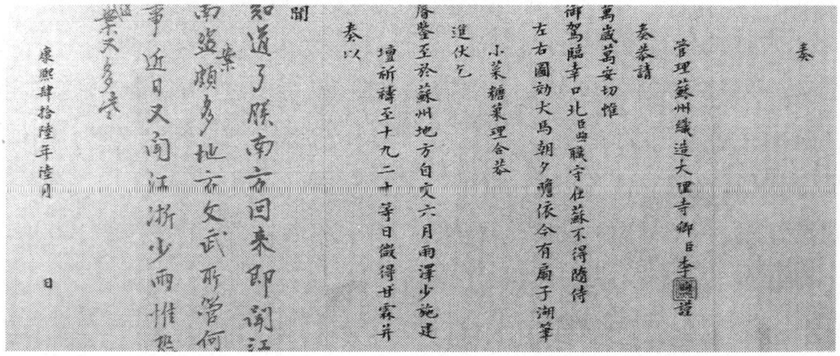
奏

管理蘇州織造大理寺卿臣李煦謹

奏恭請

萬歲萬安切惟

御駕臨幸口北臣職守在蘇不得隨侍

左右圖効犬馬朝夕瞻依今有扇子湖筆

小菜糖菓理合恭

進伏乞

睿鑒至於蘇州地方自交六月雨澤少施建

壇祈禱至十九二十等日微得甘霖并

奏以

聞

知道了朕南方回來即聞江南盜案頗多地方文武所管何事近日又聞江浙少雨

康熙肆拾陸年陸月　日

图 3　小密折　康熙四十六年（1707）管理苏州织造李煦奏

进，嗣后朱批发回本人阅览后即乘便缴呈，不得私自存留，违者必究。雍正帝所实行的回缴朱批奏折制度，对了解官员行为，考察优劣，具有重要作用。在客观上为保存清朝一代的珍贵档案史料作出了贡献。

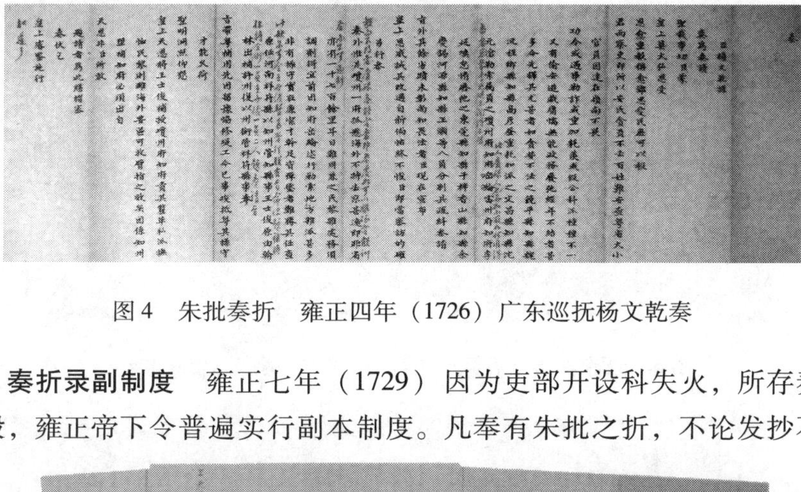

图 4　朱批奏折　雍正四年（1726）广东巡抚杨文乾奏

奏折录副制度　雍正七年（1729）因为吏部开设科失火，所存奏折被毁，雍正帝下令普遍实行副本制度。凡奉有朱批之折，不论发抄不发

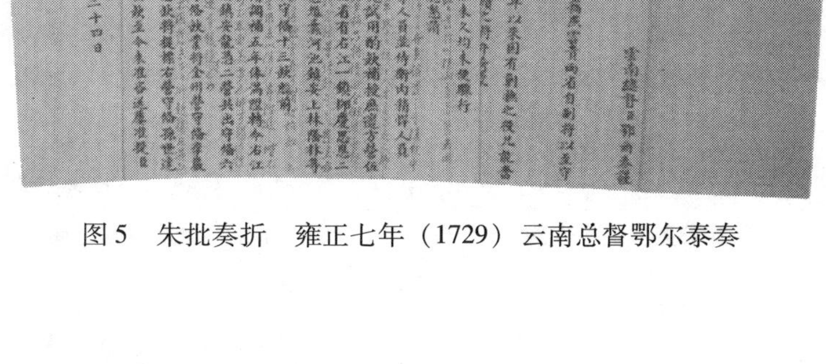

图 5　朱批奏折　雍正七年（1729）云南总督鄂尔泰奏

抄，皆由军机处另录一份存案备查。录副奏折制度的建立，对于完整保存史料，以及后代的查检利用，编纂史书，具有重要意义。录副奏折皆按月份包贮存，简称“月折包”。每日为一束，每半月为一包，谓之月折。只有极少数奏折或因事涉机密，或因具奏人的请求，或因所奏为风闻无据，皇帝即将其留在宫中，称为“留中”。凡留中之奏折，一般不朱批，不录副，也不发抄，过后以原折（有的裁去衔名）交军机处归档，此类奏折亦称之为“原折”。

奏折是清代档案的重要组成部分，了解奏折的有关常识，有助于我们对清代奏折的鉴别、搜集与研究工作。

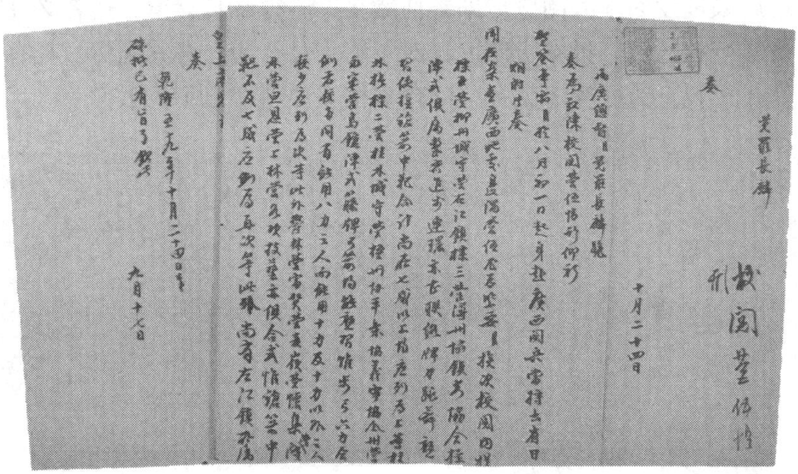

图 6　录副奏折　乾隆十九年（1754）两广总督长麟奏

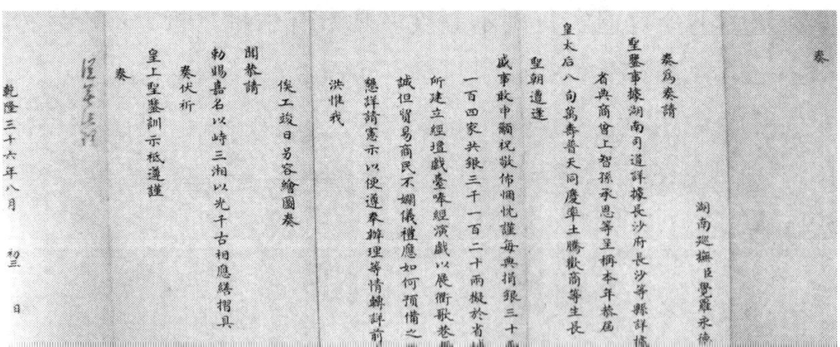

奏
湖南巡撫臣覺羅永德跪
奏爲奏請
聖鑒事據湖南司道詳據長沙府長沙等縣詳據通
省典商曾上智孫承恩等呈稱本年恭届
皇太后八旬萬壽普天同慶率土騰歡商等生長
聖朝遭逢
盛事敢申嵩祝敬佈悃忱謹每典捐銀三十兩計
一百四家共銀三千一百二十兩擬於省城公
所建立經壇戲臺唪經演戲以展衢歌巷舞之
誠但貿易商民不嫻儀禮應如何預備之處惟
懇詳請憲示以便遵奉辦理等情轉詳前來臣
洪惟我
俟工竣日另容繪圖奏
聞恭請
勅賜嘉名以峙三湘以光千古相應繕摺具
奏伏祈
皇上聖鑒訓示祇遵謹
奏
乾隆三十六年八月　初三　日

图 7　朱批奏折　乾隆三十六年（1771）湖南巡抚觉罗永德奏

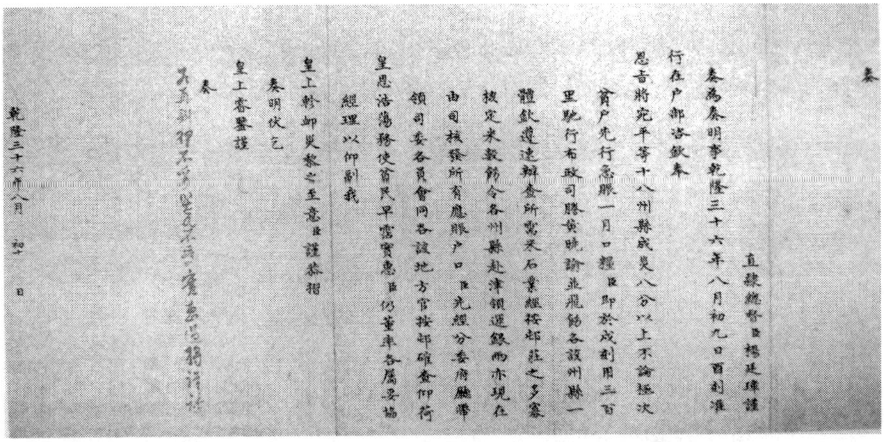

图 8　朱批奏折　乾隆三十六年（1771）直隶总督杨廷璋奏

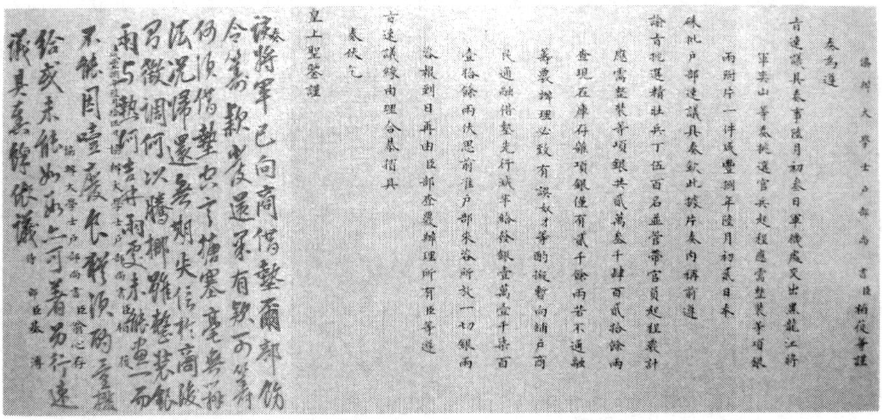

图 9　朱批奏折　咸丰八年（1858）协办大学士户部尚书柏俊奏

明清诰命和敕命

一、 诰命和敕命是如何产生的?

在漫长的中国封建社会里，随着封建专制主义中央集权制度的高度发展，一整套等级森严的官员封赠制度形成了。历代帝王为了维护专制统治，巩固和扩大封建王朝的统治支柱和社会基础，极力推崇、宣扬这项封赠制度，利用它来满足官僚士大夫“上荣祖考，下及子孙”的特权欲望，使之效忠于朝廷，以及维系和豢养一个庞大的官僚阶层。

从魏晋南北朝至唐代，每当官员授命之时，即按官员的品级随同授给本人一种文书，称为“告身”，上面记载着官员的官品职衔，任官权事迹等项，按其用途来说，相当于现代的官员任命书。到了宋代，除了封授官员本身以外，还对官员的先代和妻室实行推恩封赠（生者为封，死者为赠）。这项制度为后来的明清两代所沿袭，而且又有许多变化和发展，由告身演变成诰命和敕命（俗称“圣旨”）。

二、明清诰命、敕命等级是如何划分的?

明清两代用于封赠官职或赐给爵位名号时，发给诰命或敕命。由于实行“覃恩封赠”，诰命和敕命的发授，不仅颁给官员的先代和妻室，而且还延及官员的子孙后代，有的可以袭封数代，有的可以“世袭罔替”，祖祖辈辈享有特权。明清两代的诰命和敕命，一般是在庆典时颁给，受到官僚士大夫及其子孙后代的特别重视和保护。

明代和清代的诰敕等级划分基本相同，明代规定，一品至五品官员授予诰命，六品至九品官员授予敕命，夫人从其夫品级。清代规定，封赠五品以上官员及世爵承袭罔替者，发给诰命；敕封外藩，“覃恩”封赠六品以下官员，及世爵有袭次者，发给敕命。

三、明清诰命、敕命封赠的范围及数量如何？

明清两代诰命、敕命的封赠范围大体相同。一品封赠三代，二品三品封赠两代，四品至七品封赠一代，八品九品至本身而止。明清两代发给官员诰命、敕命的轴数，也有具体规定。明代规定，一品五轴，二品三轴，三品二轴，四品至七品一轴。清代诰命，一品四轴，二品三品三轴，四品五品二轴；敕命，六品七品二轴，八品九品一轴。

四、何谓明代诰命、敕命卷轴形式？

诰命、敕命文书不同于一般文书，它是写在当时非常贵重的丝织物上面的。明代的诰命、敕命是由工部所属的神帛制敕局，后称南京织染局织造（清代的诰命、敕命由江宁织造制成）。诰命、敕命为卷轴形式，分为苍、青、黄、赤、黑五种颜色；按照官品等级的高低，它的图案和轴头也有严格区别。明代规定，亲王郡王用册，亲王生母封夫人给诰命，图案为云凤锦。镇国将军及夫人用玉轴，辅国将军及夫人为犀牛角轴，奉国将军及淑人为抹金轴……文官一品云鹤锦，夫人鸾锦，俱用玉轴；二品狮子，夫人鸂鶒，俱用犀牛角轴；三品四品瑞荷，淑人、恭人芙蓉，俱用抹金轴；五品瑞草，宜人四季花，俱用角轴；六品七品、安人俱用葵花乌木轴，八品九品同样用葵花乌木轴。武官一品至七品俱用铠甲葵花引首，抹金轴。诰命的织文，文官用玉箸篆，武职用柳叶篆。诰命织文为“奉天诰命”；敕命织文为“奉天敕命”，都有升降龙盘绕。

五、何谓清代诰命、敕命卷轴形式？

清代的诰命、敕命，虽然沿用明制，却又有所变通和发展。诰命用三色或五色纻丝织成，文曰“奉天诰命”；敕命用纯百绫织成，文曰“奉天敕命”，均用升降龙盘绕，织文满、汉文兼用。

颁发给宗室王公封爵的诰命、敕命，书于册、轴。封亲王、世子、亲王福晋、世子福晋、公主，皆用金册；封郡王、郡王福晋用镀金银册；封贝勒、贝子及贝勒、贝子夫人，郡主、县主以及外藩蒙古亲王、郡王、贝勒，俱用纸册。封镇国公以下、奉恩将军以上，镇国公夫人以下及乡君以上，用龙边诰命，锦面玉轴，牙签黄带。封蒙古贝子、镇国公、辅国公等诰命，及封外国王妃、世子、世孙诰命，用龙边犀轴。公、侯、伯以下世袭诰命，锦面犀轴。

文武官员“覃恩封典”诰命、敕命，一品玉轴，鹤锦及狮锦面；二品犀轴，麒麟及赤尾虎锦面；三品四品贴金轴，瑞荷锦面；五品角轴，瑞草锦面；六品以下，俱用角轴，葵花锦面。

六、为什么清末诰命、敕命所用材质粗劣，麻布不如？

清末，由于清政府腐败，财政困难，诰命、敕命所用材质发生了很大变化，诰命所用纻丝织锦经纬线已变得十分稀疏，敕命原用纯白绫改为以纸代替。康乾盛世时期，上好的一轴诰命需用白银数两，到了清末所用不过几钱。今天，我们见到的清末诰命、敕命用材极劣，连麻布都不如，说明诰、敕制度已经没落，并失去了原有的荣宠作用。

七、何谓诰命、敕命的撰拟、用宝？

清代诰命、敕命由翰林院撰拟，经内阁大学士奏定之后，按品级填写。其文字采用满、汉合璧书写，满文行款从左至右，汉文行款从右至左，合于中幅而书年月日。年月各按奉旨、奉诏日期书写。钤盖“制诰之宝”、“敕命之宝”。凡遇袭封，世袭有数次者及世袭罔替者，每袭一次，都要增写在原给诰命、敕命之后，如增写已满，则重新填写，送宫中内阁用“宝”，并与原诰敕一同发给官员。

八、诰命、敕命文式有哪些规定？

诰命、敕命文式以清代为例，有着严格的限制。顺治十三年（1653）规定：一品，起始六句，中间十四句，结尾六句；二品，起始六句，中间十二句，结尾六句；三品，起始六句，中间十句，结尾六句；四品五品，起始四句，中间八句，结尾四句；六品七品，起始四句，中间六句，结尾四句；八品九品，起始二句，中间四句，结尾二句。康熙二十四年（1685）改为各按官职大小统一撰定文字颁给。文式存贮内阁，印刷成册，各官请封，由官员所在衙门开具职衔送内阁，照应得诰、敕，将草本填注姓名，发中书科中书舍人缮写。如遇“格外加恩”须撰写文句时，交翰林院撰写。清代各官诰、敕，同一品级的文式虽千篇一律，但开头文字大体相同，只有姓氏、职衔及袭封代数方面的区别。

九、清朝对诰命、敕命受封人有哪些规定？

清朝规定，诰命或敕命由受封人珍藏，如果遇到水灾、火灾、盗毁的情况发生，经申请复议，准许重新补给。但是，如因收藏保管不慎，导致虫蛀、损毁或潮湿破坏污染者，就要停发俸禄六个月；如将其典当者，则革去官职；违犯大清刑律者，则追夺缴还。

诰命敕命照片

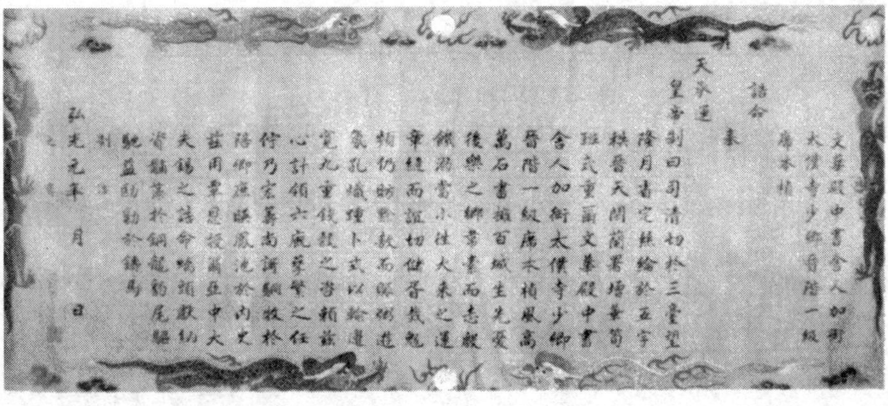

图 1　清顺治二年（1645）南明王加封席本桢诰命

图 2　清顺治五年（1727）辅国公巴赛妻诰命

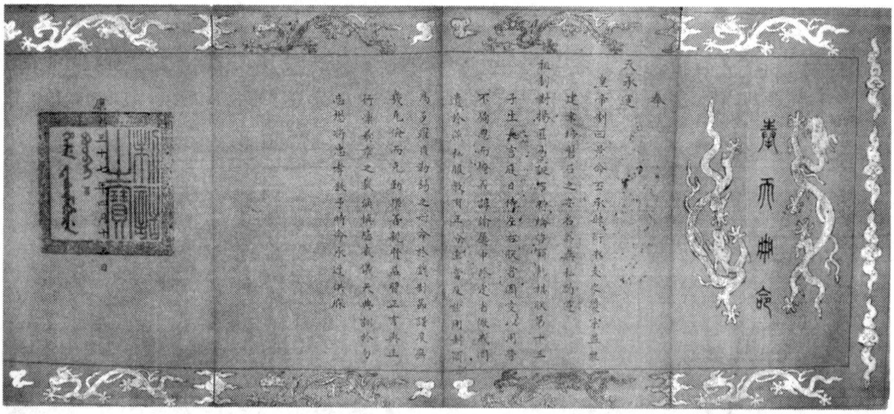

图 3　清康熙三十七年（1698）康熙十三子，雍正之弟，胤祺册命

图 4　清乾隆二十六年（1761）甘肃西宁副将福兴之母诰命

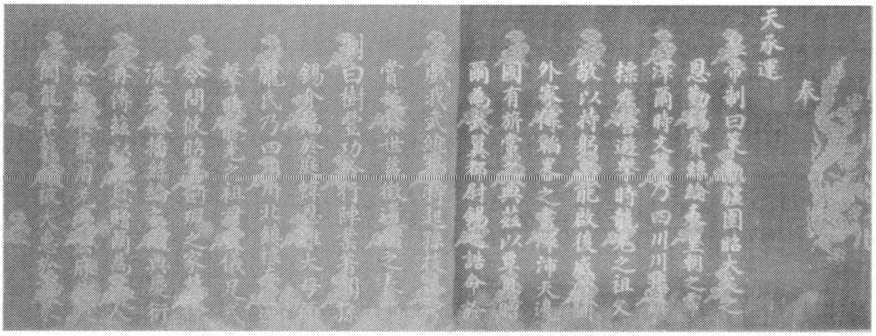

图 5　清嘉庆十四年（1809）四川川北镇标左营游击时龙光之祖父母诰命

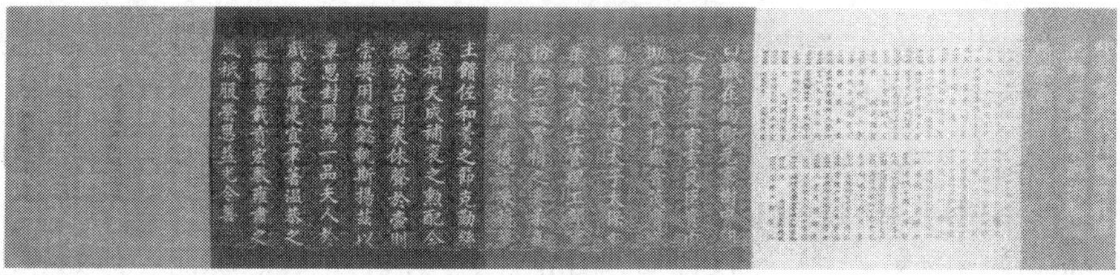

图 6　清道光二十五年（1845）盛京礼部员外郎托克托布之诰命

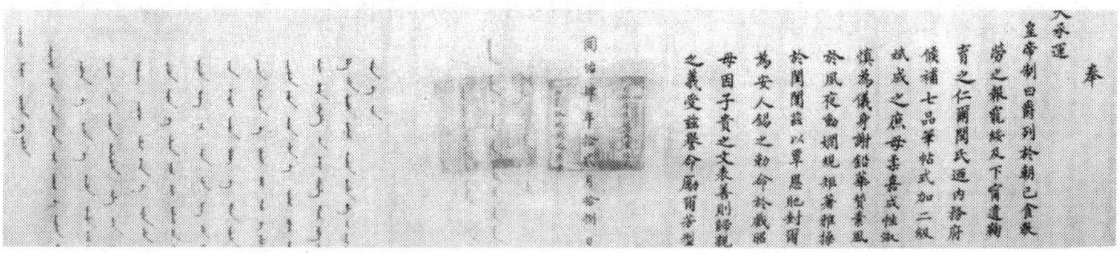

图 7　清同治四年（1865）内务府笔帖式斌成之庶母敕命

图 8　装诰命宝匣

清代的表与笺

在清代，表、笺是王公百官、文武大臣及朝贡各国向皇帝、皇后祝贺时使用的专用文书。

表，《文选》解释为："表者，明也，标也。如物之标表。言标著事序，使之明白，以晓主上，得尽其忠曰表。"表文始于汉初，是大臣向皇帝陈述事情的文书。自东汉以后，凡论谏、劝请、推荐、陈谢、弹劾等皆用表，其用途非常广泛。唐宋以来，仅限于陈谢、庆贺、进献所用。每遇国家有大庆典，群臣献文为贺，则用贺表，文为骈体。元代庆贺表文称为表章，遇皇帝生日、元旦，五品以上官员皆上表章进贺。明代庆贺文书，除表文以外，又增加笺文一项，凡遇朝中举行庆典，如寿诞（皇帝生日）、元旦、冬至等节日，内外臣僚须进表、笺庆贺，表用于皇帝和皇太后，笺用于皇后。

清代沿袭明制，表文用途有特定范围，一作庆贺用，一作进献修史用。前者遇有庆典，如登基、传位、册立皇后，上尊号、徽号等，王公百

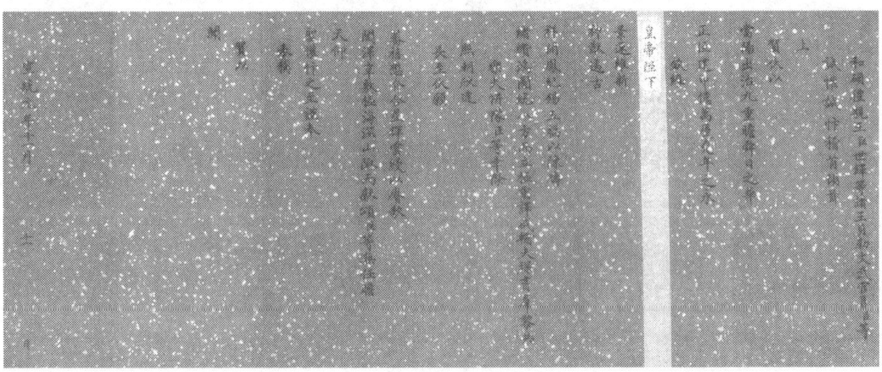

图 1　清宣统元年和硕礼亲王世铎上皇帝贺表

官均上表庆贺。后者用于史书修成，如须由总裁官具表进呈，如《实录》、《会典》、《方略》编纂告竣时，要奉表随进。在当年考取的文武进士，要呈表谢恩。藩属国依期入贡，也用表文。现录黄正纲等贺乾隆帝圣诞贺表一件，可见一斑：

镇守广东高雷廉罗等处地方总兵，驻扎高州府臣黄正纲等，诚欢诚忭，稽首顿首上贺。伏以德统乾元，首正六龙之位，建于皇极，肇开五福之先。恭唯皇帝陛下，率育苍生，诞膺景命，顺时熙绩，百昌遂尔，万国和宁，御宇绥猷，四序调尔兆民利乐，太平有象，福祚无疆。臣等恭遇熙朝，欣逢圣诞，愿伏玉烛长调，庆时雍子九牧；金瓯永固，绵泰运于万年。臣等无任瞻天仰圣欢忭之至，谨奉表称贺以闻。乾隆二十二年八月十三日。镇守广东高雷廉罗等处地方总兵官，驻扎高州府臣黄正纲等谨上表。

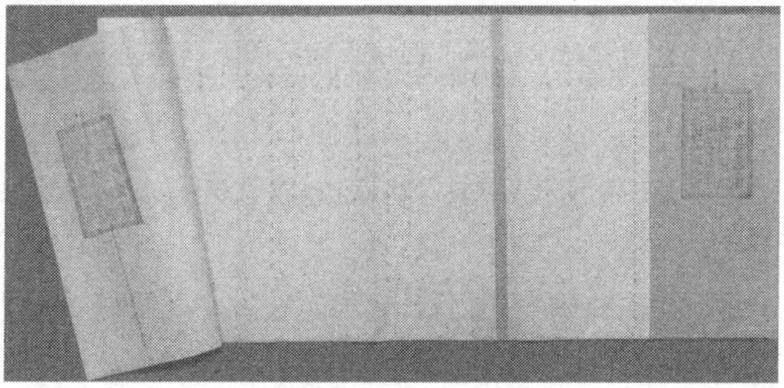

图2　清乾隆二十二年（1757）黄正纲等贺皇帝圣诞贺表

贺表由正表和副表各一，合为一份组成，正表卷而不折，副表折而不卷。其表文由内阁统一撰拟定式颁发，遇有其他庆典亦如法炮制，而各地官员所具贺表，则依定式录进，故其文皆雷同，千篇一律，辞藻骈丽，都是些歌功颂德的文章。庆典结束，贺表送内阁收藏。

朝贡诸国，也用表文，朝鲜、安南（今越南），在汉代都曾隶属中国版图之内，受中国文化影响最深。琉球自明初入贡，派人到中国学习文化。故属国中，唯此三国使用汉字。而朝鲜对中国尤为恭谨，其朝贡庆贺的次数也比其他国家多。据《清文稿·属国传》记载："凡万寿节、元旦、冬至，朝鲜皆遣陪臣表贺，朝贡方物，岁以为常。"朝鲜朝贡贺表，皆用高丽纸，表里数层，缮写工整。兹录朝鲜国王李算朝贡贺表一件：

朝鲜国王臣李算右伏以聿，迓天休政，属岁新之节，恭执壤奠，敢申星拱之诚，谨备黄细苎布十匹、白细苎布二十匹、黄细绵绸二十匹、白细绵绸二十匹、龙纹帘席二十张、黄花席十五张、满花席十五张、满花方席十五张、杂彩花席十五张、白绵纸一千三百卷，右件物等制造匪工，名般不腆，曷中称于享上，聊以表乎，由中臣无任兢惶激切之至，谨随表奉进以闻。乾隆十三年正月初一日。朝鲜国王臣李算谨上表。

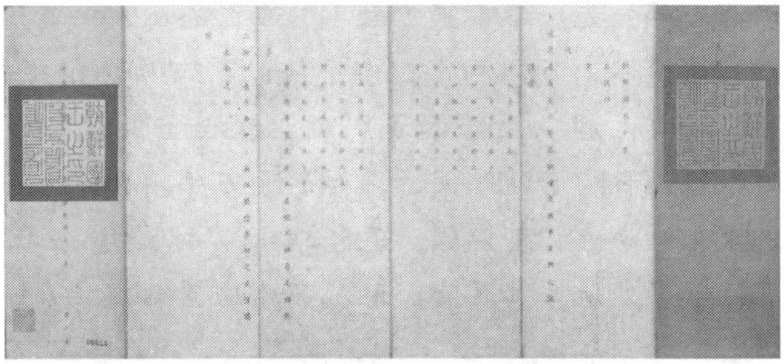

图3　清乾隆十三年（1748）朝鲜国王李算朝贡贺表

朝鲜国每次进贡，具呈表文，均派使臣专往至京。贡使到京之后，先于礼部大堂，举行进表仪式，然后将表文转呈皇帝。皇帝阅览后，或批示谕旨，表示嘉勉，或召见贡使，温语慰之。然后参加宫中所举办的一些庆典朝贺活动，最后在午门颁赏，赏给朝鲜国王及贡使绫罗缎匹、书画、珍玩等礼物，由贡使携带回国。

笺文始于东汉，称为“笺奏”或“笺记”。魏晋时只称为“笺”，上呈皇后、太子、诸王时使用。唐宋时仅臣僚上呈皇太子的文书才用笺。到了明清两代，笺文用途有所改变。明代用以庆贺皇后、太子三大节之用；而清代不设太子，为臣僚贺皇后三大节专用文书。乾隆会典记载：“中外臣工，封章上达，庆贺皇太后曰表，皇后曰笺。”表笺文体并无大异，而与表分称，主要为区别于皇帝和皇后。兹录书德贺笺一件：

镇守广东碣石等处地方总兵官，驻扎碣石卫臣书德等，诚欢诚忭，稽首顿首上言，伏以祥开宝宇，椒宫集多佑之庥；瑞启璇宵，兰掖迓无疆之福。敬维皇后殿下，仁符厚载，德协安贞。茂旨垂型，承健行而不息；温恭表范，并丽照以长明。臣等幸际昌期，恭逢令节。伏愿坤仪丕著，锦景福尔庆衍鸿图；内治弥隆，播芳猷而辉生彤管。臣等无任瞻天仰圣欢忭之至，谨奉笺称贺以闻。乾隆二十四年二月初十日。镇守广东碣石等处地方总兵官，驻扎碣石卫臣书德等谨上笺。

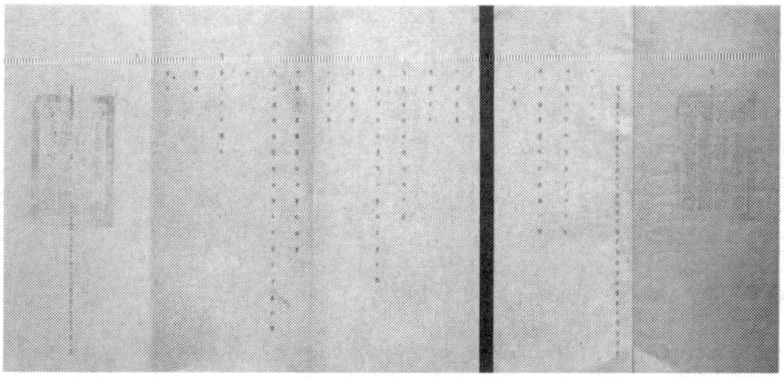

图4　清乾隆二十四年（1759）书德等上皇后贺笺

贺笺正笺副笺各一，卷折之式同贺表，兹不赘言。乾隆六十年（1795），乾隆帝发布上谕：皇后寿节暨元旦、冬至与外廷无涉，嗣后俱当永行停止笺贺，并以为例，与肃体制，而垂法守。其后即停止笺文的进呈。

图5　清光绪二十年（1894）皇帝贺慈禧太后六十寿诞贺表

就笔者所见，清代表、笺最典型的代表要属光绪二十年（1894）光绪皇帝上慈禧太后六十寿诞的贺表，其正表为磁青笺纸，撒金笺纸托裱，卷装，长122厘米，高31厘米，四周泥金手绘纹龙图案。副表为磁青笺纸，撒金笺纸托裱，经折装，每开框高31厘米，宽14厘米，四周泥金手绘纹龙图案。正表副表均为满汉文合璧，上钤“皇帝尊亲之宝”，贺表恭缮精写，富丽堂皇，一看便知是出自宫中御用文人之笔。贺表放在黄绫绵盒之中，装潢考究，精美华丽，反映了当时的最高装帧水平。

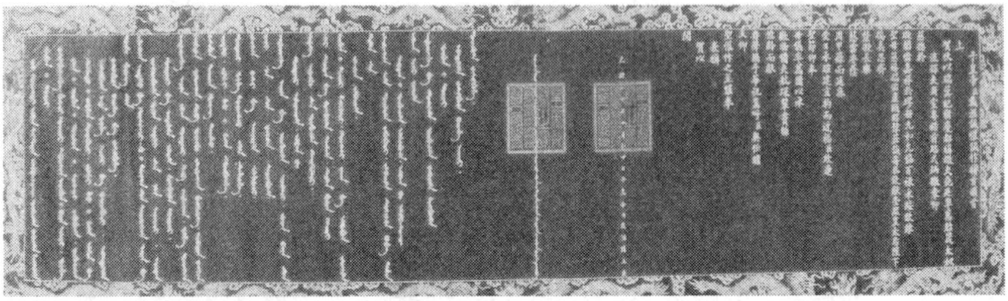

图6　清光绪二十年（1894）皇帝贺慈禧太后六十寿诞之正表

官员所上表、笺，其文字采用汉字，或满汉合璧书写，件件蝇头小楷书写，整齐规范。但也有一些表、笺，采用过于细小的仿宋体书写，如同“蚊头”小楷，好似微雕，阅读起来十分困难。贺表、贺笺尺寸一般为每开高二十九厘米、宽二十五厘米。贺表在文中出现皇帝、皇太后字样要写在宽一厘米、高二十九厘米的黄绫上，贺笺在文中出现皇后字样要写在宽一厘米、高二十九厘米的红绫上，以示区别，这一点与其他任何清代文书有所不同。贺表、贺笺文前和文尾均用官印，缮写好以后装入黄色绫质封套之中，封套下方注明进贺表、贺笺人的官衔、姓名，盖上官印，然后交专差或驿站递送宫中。

尽管清代表、笺纯属是歌功颂德，毫无实质内容的文章，但它毕竟是清代重要的专用文书。今天，我们对其有所了解还是必要的。

图7　实录告成庆贺致辞表式

康熙帝六次南巡

清圣祖玄烨（1654—1722），年号康熙，在位六十一年。曾经六次南巡，其主要任务是视察治理黄河和淮河。虽然也有了解民情及笼络争取南方知识分子的目的，然而与治河相比，就显得次要得多。

黄河自西向东，大运河从南往北，汇聚于洪泽湖以东的清口，作为大运河出入的咽喉，这里最易发生水患，直接影响数百万石南粮运至北京。因此，康熙帝亲政之初，便“以三藩（指吴三桂等）及河务、漕运三大事，书宫中柱上”，定为国家的重大任务。当平三藩战争尚在进行时，康熙于十六年（1677）即命河道总督靳辅制定治河工程规划。等到平定三藩、台湾和准噶尔之后，中国的统一局面日臻巩固，康熙帝便下决心对黄河、淮河进行全国治理，他说：“今天下无事，治河最重要。”

康熙帝于二十三年（1684）九月二十八日率众首次南巡，察山东、登泰山之后，十月十七日在郯城红花铺召见靳辅询问黄河情形，以“黄河屡岁冲决，欲亲至其地，相度形势，察视河工”，十八日命驾南下，当日抵江苏宿迁，十九日至桃源众兴集视察黄河。而后又顺河南行，视察清河一带河工，并亲加慰劳。二十日视察天妃闸，后至高邮，那里正闹水灾，民田、民房都泡在水中，百姓流离失所，康熙帝下船访察十余里，对两江总督王新命等官严加批评，斥责当地治河官置百姓安危于不顾。

后再过扬州、丹阳、常州、无锡、苏州、江宁（今南京）等处，无不记挂百姓之苦，所议多涉治河治水。十月初四日，康熙帝由江宁回銮。回京后召集满汉大学士、九卿诸官，宣布了自己治河的两项措施：一是开浚下河入海口，将下河河底挖深，使黄河之水势东下，水引沙刷，永不壅决；二是控制减水坝，认为减水坝是古时治河之法，不可固守成法。

然而，他的开浚下河，疏通入海口方案一经提出，治河官靳辅首先持不同意见，他认为下河地势低洼，若再深挖，海水必然倒灌。并提出“筑堤束水以注海”，即在下河筑起拦水大坝，蓄满河水，顶住海水倒灌，使上游之水源源入海。结果靳辅因坚持己见，被康熙帝免去官职。康熙帝为了证明自己的方案正确，决定第二次南巡。

康熙二十八年（1689）正月初八日，距元宵节尚有数日，康熙帝便迫不及待地上路南巡。

为了得到治河的可靠办法，康熙带着靳辅、于成龙等人一起南下。因目标明确，正月二十三日便到了黄河之中河，进行了视察。二十四日到清河，后经山阴、高邮、扬州、镇江、苏州，由吴江入浙江秀水，二月十四日至绍兴返回。二月十五日后过杭州、苏州，至清河、宝应等地，则下船再行视察，三月十九日返回紫禁城。

二次南巡，康熙帝对治河有了新的认识，他认真思考靳辅疏理河道的方法，此法在修筑上河一带堤岸上卓有成效，受到当地百姓的赞扬，说明自己计划开浚下河工程确有问题，于是，他重新起用靳辅为河道总督。同时，降旨修改天妃闸一带工程。

靳辅复用之后，尽心办理河务，并完成《治河方略》一书进呈康熙帝。遗憾的是靳辅因劳累过度，死在治河工程上。康熙帝对靳辅的去世十分悲痛，降旨厚葬，封为“文襄”。于成龙继任河道总督之职。

康熙三十八年（1699）二月至五月，康熙帝第三次南巡，亲自具体部署治河工程。

三月初一，康熙帝视察了洪泽湖的高家堰、归仁堤等工程。经过实地测量洪泽湖与黄河的水位，发现黄河水位比洪泽湖水位高出许多，致使黄河水在清口处倒流进洪泽湖，湖河水溢，泛滥成灾，造成苏北七州县水灾。他当即示意于成龙：将弯曲的黄河河道改直，道直则流急，流急则泥沙易被冲走，河底自深，水位降低，这样黄河之水才不会倒流入洪泽湖。

康熙三十九年（1700），于成龙病故。康熙帝任命两江总督张鹏翮为河道总督。张鹏翮接受前几任河督治河失败的教训，就任后虚心求教，认真落实康熙帝的各项治河方案，取得了显著成效，博得了康熙帝的好感。

康熙四十二年（1703）正月十六日至三月十五日，康熙帝用两个月的时间第四次南巡，主要是检验张鹏翮所修的各项工程。康熙对所见情形十分满意，并赐张鹏翮《河臣箴》和《览淮黄成》之诗：“使清引浊须勤

图 1　康熙皇帝读书坐像

慎，分势开疏在不荒。虽奏安澜宽旰食，戒前善后奠金汤。”

两年之后，中河与黄河新的交汇口在距仲庄闸十多里的杨家庄建成。张鹏翮奏请康熙皇帝验收工程。为此，康熙四十四年（1705）二月初九至闰四月二十八日，康熙进行了第五次南巡。

三月初八日，康熙帝观察中河杨家庄河闸，见闸口坚固，两岸柳绿吐丝，渔舟往还，乃赋诗一首：“春雨初开弄柳丝，渔舟唱晚寸阴移。庙堂时注淮黄事，今日安澜天下知。”

在观察黄淮关键处清口时，康熙帝认为河工虽已告成，但善后事宜最为重要，尤其要考虑如何防止清口一带的黄水倒灌问题。同时，又认为黄河水暴涨暴落，难免偶然发生倒灌之事，不能以此即谓治河失败，而应防患于未然，主动采取对策，目的是为了“蓄清敌黄”。康熙帝此次南巡的主导思想，对巩固治河成果至关重要。

当年七月，黄、淮同时暴涨，韩家庄、古沟塘、清水沟等处堤岸冲决，发生水灾。张鹏翮自请治罪，康熙帝令其戴罪治河立功。为减水势，张鹏翮奏请于泗州以西溜淮套开出一条新河，直达张福口，减淮河之水势，防洪泽湖之水侵入泗州、盱眙，并保洪泽湖东岸高家堰之堤。康熙帝经认真研究，认为可行，经部议后，允其开工。

开工后，张鹏翮等人对工程并无把握，奏请皇帝亲临巡视，康熙帝开始以“年事已高”不欲亲临，但后来对此工程又放心不下，于四十六年（1707）正月二十二日至五月二十二日，进行第六次南巡。

二月二十日，康熙帝在清口登岸，骑马至曹家庙观察溜套工地。经认真查看，并索来图纸对照，见标杆错杂，工程与图纸迥然不同。清口至曹家庙一线，地势由高渐低，若开出河来，水流亦不能直达清口，而且立竿一线河套，田地、村庄、庐墓甚多，亦不宜开工。

见此，康熙帝勒令立即停工，并对张鹏翮严厉斥责。又经几度视察后，康熙帝命：将洪泽湖出水之处，再行疏浚，令加宽加深，使清水愈加畅流。又将北起徐州、南达长江一线水势河工详阅细筹一遍，对上流、中河、下河做了统一处理，该修该改的工程一概布置，而后才返回北京。

康熙南巡的另一目的，是为了查访江南的吏治民情，笼络团结汉族士大夫。江南是明朝的心腹之地，物产丰富，人才荟萃。而自清兵入关以后，在扬州、嘉定等地进行了血腥的镇压，引起汉族士大夫的普遍抵制情绪。为了改变这种状况，康熙在南巡途中广泛接见当地名士，屡加安抚，亲自赐扇、题匾，如为江南著名学者胡渭题匾：“耆年笃学。”他还亲自前往明太祖朱元璋的陵墓祭祀，分封曲阜孔府孔氏家族，以示尊重汉族的传统文化。在南巡中，康熙对官吏也进行了考察。御史郭琇因得罪权贵，被贬为知县。康熙于南巡中访察到他“居官甚善，百姓至今感颂”，便破格于途中任命郭琇为湖广总督，令其“驰驿赴任”。

康熙在六次南巡中勤于公事，不讲排场，巡幸所需物品费用，大多由内务府开销。沿途所设行宫也比较俭朴，途中护从仅三百余人。他多次告诫臣下，南巡是“为百姓阅视河道，咨访闾阎风俗”，“非为游观也”。严禁地方官员豪华接待。例如在第二次南巡时，他行至南京，地方官为他搭置了彩船，康熙并不乘坐，反而严令将浮华物品“俱行拆毁”，用于应用之处。

康熙帝六次南巡，亲临视察治理黄河、淮河，使这些水利工程获得巨大成功，这对18世纪中国的社会安定和经济繁荣有着一定的促进作用，其南巡的历史功绩同他平定三藩之乱、击败沙俄侵略、收复领土台湾等相比，同样是非常辉煌的。

载淳皇帝丧仪活动及其死因探秘

《清穆宗实录》卷三百七十四记载：“同治十三年十二月初五日，上（载淳皇帝）疾大渐，酉刻，崩于养心殿东暖阁。”

同治十三年十二月初五日（1875 年 1 月 12 日），清代入关后的第八位国君，慈禧太后的独生子，年仅十九岁的载淳皇帝因患天花去世。据《同治朝上谕档》记载，当天，慈安和慈禧两宫皇太后颁发了两道重要懿旨。

其一：“皇帝龙驭上宾，未有储贰，不得已，以醇亲王奕譞之子载湉继承文宗显皇帝为子，入承大统为嗣皇帝。”

其二：“着派惇亲王奕誴、恭亲王奕䜣、醇亲王奕譞、科尔沁博多勒噶台亲王伯彦讷谟祜、贝勒奕劻、固伦额驸公景寿、大学士宝鋆、吏部尚书总管内务府大臣英桂、礼部尚书灵桂、工部尚书李鸿藻恭理丧仪。”办理一切同载淳丧仪活动有关的事情。

按照清朝礼制规定，皇帝死后，要举行一系列的丧仪活动。清代帝王丧仪，是在明代丧仪的基础上，随着社会历史的发展和各项典章制度的确立，逐步健全起来的。皇帝是封建社会的最高统治者，他的丧制在清代称为国丧，全国上至朝中重臣下到平民百姓都要为皇帝服丧，宫中要举行隆重的丧葬仪式。

载淳死后，在上谥号入葬之前成为大行皇帝。皇帝死的当天要进行小殓，为死者穿衣。嗣皇帝、诸皇子和亲王、郡王都要摘冠缨截发辫，穿白麻布做的孝服一百天，以后二十七个月内均穿素服。宫内上自大行皇帝和嗣皇帝的后妃及公主、亲王福晋，下至宫女等人，也要截发辫，穿孝服，还要摘取首饰和耳环。小殓后，当日或次日或过几日进行大殓，将尸体入

图1　载淳皇帝像

棺。当年玄烨死后，大殓之前，嗣皇帝胤禛就曾经下谕：命令亲王以下，有顶戴官员以上，和硕福晋以下，佐领三等侍卫妻以上，及内务府男、女等人，都要到乾清宫内瞻仰大行皇帝遗容，近支王公、公主、福晋等都要到乾清门内的丹陛上，随嗣皇帝行大殓礼，以后遂成为定制。

清代，皇帝的棺材是用稀有的梓木或楠木做成的，故称为梓宫。皇帝的梓宫必须按照规定漆饰四十九次，四周由喇嘛敬缮西番字样，梓宫外边浑饰以金，内衬织金五色梵字陀罗尼缎五层，各色织金龙彩缎八层，共计十三层。大殓后，灵堂设在乾清宫内，正中宝床上停放梓宫。明清两代，乾清宫均属皇帝的寝宫，皇帝死后在这里停灵，含有寿终正寝之意。但也有例外，如死在承德的嘉庆和咸丰两个皇帝，大殓后，梓宫一时来不及运回北京，只好暂时先在避暑山庄内的澹泊敬诚殿停灵，奉移北京后，仍要停在乾清宫内数日，然后才能运往殡宫暂安。

乾清宫内载淳的灵堂布置得十分庄严肃穆，后面是一大块黄龙幔帐，两边为白绫围幔，正中木制的宝床上安放着皇帝的梓宫。梓宫前设有铺着皇缎绣龙褥子的花梨木宝榻。宝榻前设一个花梨木大供案，案上放着银香鼎、烛台和花瓶。供案之前再一字排开三个花梨木香几，中间香几上放着银质博山炉、香盒、匙、箸、瓶等；两边的香几上放着银烛檠羊角灯，两边再分设莲花瓶案和册、宝案。另外，灵前还设早、晚膳桌和果桌等。乾清宫门外陈设大行皇帝的法驾卤簿，用九龙片金缎做的引幡，又称丹旐，立在乾清宫门外的左侧。

大行皇帝的梓宫在乾清宫停放的时间不能太长，一般在葬入陵寝地宫之前，还要奉移到殡宫暂安一段时间。在殡宫暂安，一是方便为大行皇帝所举行的一系列祭祀活动；二是为葬入地宫腾出充分的准备时间，包括陵寝工程的修缮。奉移的时间并不固定，一般都在二十七日释服之前，嘉庆、咸丰两个皇帝因死在承德，梓宫运回北京就需要多费一些时间，所以，释服之前梓宫就来不及奉移殡宫。

清代，皇帝的殡宫不在固定的地方，顺治和康熙两帝都在景山内的寿皇殿，雍正帝在雍和宫的永佑殿，乾隆以后，除道光帝在圆明园的正大光明殿之外，其他如嘉庆、咸丰、同治及光绪几个皇帝，殡宫都在景山内的观德殿。

同治十三年十二月二十一日，大行皇帝梓宫奉移景山观德殿。梓宫奉移殡宫之前两日要先行起奠礼，嗣皇帝要亲自祭祀行礼，其他官员齐集乾清门内跟随行礼。奉移时，再行奉移礼，这一次要设法驾卤簿，嗣皇帝在灵前祭酒三爵，跪拜行礼后立在左侧。恭理丧仪的大臣，内务府、工部和銮仪卫等衙门的大臣，率领执事官员和穿着驾衣的校尉入内，将梓宫从宝床上抬到小舆上，恭奉梓宫起行，嗣皇帝恭导梓宫由乾清宫中门出，到景运门外改换大升舆。换舆时，嗣皇帝面西跪在东北角，礼部堂官行祭酒礼，众人随行礼。然后，法驾卤簿前导，灵驾随行，嗣皇帝在梓宫左侧步行恭送，恭理丧仪的大臣及礼部、内务府官员在梓宫两侧随行，近支王公、御前大臣及侍卫等在后恭送。灵驾出东华门向殡宫进发，沿途撒纸钱，其他文武官员均在沿途指定地点跪着接送。皇后、妃嫔及公主、福晋、命妇等女眷先自顺贞门外上轿，出神武门，预先到殡宫恭候。

抬舆的役夫共分八班或六班，每班八十名，首班和末班都由銮仪卫的校尉充当，其余选用五城民夫。充当役夫的人要先洗浴，再穿上特制的紫色团花麻布驾衣、土黄色套裤和黄色靴鞋，另有二人穿丧衣击打响尺，响

新清宫档案解读

尺是两根长短不一的木尺，下端由一根长绳连接着，行进时不断地用短尺击打长尺，以引导梓宫前进的方向。梓宫前头是三十二人抬着的引幡，其役夫也分八班或六班，另有四人穿丧衣，在四个角的方向牵引着幡绳，使引幡保持平衡。

灵驾至殡宫大门口以后，梓宫改换小舆，嗣皇帝在殡宫门外左侧跪迎，梓宫由中门进入殡宫正堂奉安，前设灵堂几筵。嗣皇帝诣奠位祭酒三爵，每祭行一拜礼，众皆随行。礼毕焚纸钱五千张，引幡随纸钱焚化。以后嗣皇帝每日要亲自到灵前祭酒行礼三次，大祭之后，则派官员恭代。

在梓宫未入地宫安葬以前，还要举行多次祭祀活动。除出祭、大祭和释祭之外，满二十七日行释服礼，满一个月行初满月礼，以后还要行二满月礼、三满月礼，满百日行百日礼，遇清明节行清明日祭礼，七月十五行中元礼，十月朔行祭奠礼，遇大行皇帝生日行圣节致祭礼，年终行岁暮礼，恭题神主升祔太庙和奉先殿时，行恭题神主礼和升祔礼，满一年、二年时，都行周年致祭礼，最后，梓宫奉移陵寝地宫时，还要行奉移致祭礼，等等。每次致祭行礼都要用羊、酒陈供，还要烧掉大量的纸钱、纸制的金银锭、五色纸，乃至皇帝的衣冠服饰等物。据《载淳白事档》记载，同治十三年十二月二十八日，为大行皇帝载淳几筵前行岁暮致祭礼，“此祭用金银锞五万锭，纸钱五万张，五色纸五万张，饭桌三十一张，羊九只，烧黄酒十五瓶……除应焚化之冠服筐交宫殿监侍预备外，所有羊、酒、桌张、坫桌、台盏、燎床、铺褓、盖褓、凉棚等项，交与各该衙门敬谨预备”。祭祀行礼一般都要嗣皇帝亲自前往，有时也派亲王恭代，但全体官员必须随班行礼。

载淳皇帝丧仪中的一项重要内容，就是把梓宫从景山内的观德殿殡宫奉移到东陵隆福寺享殿暂时安奉。光绪元年（1875）九月十八日，载淳皇帝和孝哲皇后的梓宫奉移到隆福寺暂安，在此等待陵寝地宫竣工。梓宫奉移日期由钦天监选定。奉移前三日，遣官告祭天地、太庙、奉先殿和社稷坛，前一日行祖奠礼，由向导官看好梓宫赴陵寝的沿途路线，划定宿程，每程设芦殿，搭凉棚，修理道路。

梓宫奉移时，亲王以下文武百官及公主、福晋等人，事先在指定地点齐集跪送。灵驾前头仍是三十二人抬的引幡，后边的梓宫先用小舆抬出殡宫大门，再用八十人的大舆抬出城门之外，然后换成一百二十人抬的大舆向陵寝进发。抬梓宫的役夫共分六十班，每日三十班轮换交替。另外，每班另有四人备用，共计用役夫七千九百二十人，首班和末班仍是銮仪卫校尉充当，其余人员都是从近畿地方和五城民夫中挑选。每个民夫除了发给必要的衣履和盘费六十文外，还免去本身一年的丁银。

从殡宫到隆福寺沿途百里之内的各级官员，在灵驾经过的时候，都必须到附近的芦殿去跪迎。

灵驾到达隆福寺时，已在寺中等候的王公、贝勒、大小官员一律到十里之外跪迎，嗣皇帝和随驾先到的王公大臣，也要到隆福寺大门之外的左侧跪迎。梓宫在隆福寺享殿门外换小舆抬进中门，入享殿正中安放；同时设黄幔素围，陈五供、香几，梓宫左右设册、宝案。一切安放完毕，嗣皇帝进殿在灵前行奠献礼，并遣官告祭各陵和皇陵山神。次日再行享奠礼，以后照常行礼祭祀。

梓宫在隆福寺享殿暂安的时间不固定，一般由陵寝修建的情况来决定奉安地宫的时间。载淳皇帝的陵墓称惠陵，在河北遵化县双山峪清东陵内。在一般情况下，皇帝即位后就着手修建自己的“万年吉地”，但载淳是个傀儡皇帝，幼年即位，他自己和宫中的任何人都还没有来得及涉问陵寝修建事宜，死后第九天，即十二月十四日两宫皇太后才急忙派恭亲王奕䜣、醇亲王奕𫍽、魁龄、荣禄等人挑选陵址，光绪元年八月初三日，惠陵才动工修建。载淳皇帝和紧跟着死去的孝哲皇后的梓宫一起奉移到隆福寺暂安，直到光绪五年三月二十六日，两具梓宫才同时葬入惠陵地宫。

梓宫奉移地宫的前三日，还要遣官告祭天地、太庙、奉先殿和社稷坛。前一日行迁奠礼，王公百官在陵寝隆恩门外按序排列，载湉皇帝在陵前祭酒行礼后，銮仪卫校尉将梓宫从享殿奉移到地宫前面临时搭盖的芦殿后升龙楯，也就是将梓宫放到粗大的滚木上，准备把梓宫运至地宫。第二天，文武百官照常齐集，给载淳皇帝祭酒后，把放在龙楯上的梓宫，顺着地势送入地宫，奉安在宝床上，随入的香册、香宝安放在梓宫左右两侧的石案上。一切安置完毕，一应人等退出地宫，将地宫石门封好，皇帝和文武官员在祭台前行告成礼，并遣官告祭陵山、土地之神。至此，繁琐的载淳大丧之仪才算结束。以后的每日供献、满月致祭等礼全部停止，剩下来的就是奉神主还宫升祔太庙及以后的平常祭祀了。

清代规定，皇帝死后，嗣皇帝还要为他恭上庙号和谥号。庙号是为在太庙立牌奉祀时所上的名号；谥号是根据皇帝生前事迹所上以示褒扬的称号。载淳“穆宗毅皇帝”中的“穆宗”为庙号；“毅”字是谥号。光绪

图 2　惠陵牌坊

图 3　惠陵明楼

元年三月曾为载淳皇帝上尊谥为“继天开运受中居正大定功圣智诚孝信敏恭宽毅皇帝”，宣统元年四月又加上了“明肃”二字。

梓宫在奉移地宫之前，国家的一切活动都围绕着祭祀来进行，全国各省文武官员，接到皇帝驾崩的谕旨后，都要摘去冠缨，齐集公所举哀行礼，三日内不办公事，并持服二十七日。京城军民百姓百日之内不许嫁娶和作乐。全国军民百姓，从皇帝死时算起，百日之内，不许剃头。所有在京城内的大小寺庙，一律撞钟三万杵。各部院的奏章俟十五天后具奏，二十七日之内的奏疏、文移均用蓝印，百日之内的皇上谕批要使用蓝笔，等等。

关于载淳的死因，社会上的传说颇多，大致有死于梅毒、死于天花、死于天花和梅毒三种说法。多年来人们对载淳之死一直是众说纷纭。关于载淳之死无论在当时或在日后，虽有种种传说，但因事涉清代宫禁秘档，人们无从知其真实内幕，均缺乏真实可靠的依据。

在中国历代封建王朝的宫苑中，都设置有专门为皇帝、皇后、妃、嫔、王公大臣等诊治疾病、调养身体的太医院。在这里，集中了祖国传统医学中的国医高手，备藏了从全国各地搜集到的珍奇名贵药材。清太医院沿袭明制，其官署最初设在正阳门内之东交民巷内（后迁至地安门外建立新署）。清太医院为五品衙门，其最高行政长官为院使。副职二人，称为左院判、右院判，官居六品。太医院有御医十三人，官居八品。医士二十人、医生三十人（皆没有品级），享有从九品的待遇，统称御医。清初按医术分为：大方脉、小方脉、妇人、疮疡、针灸、眼、口齿、接骨、伤寒、咽喉、痘疹十一科。其中小方脉属下专设痘疹科，负责宫中天花的预防与治疗。平日，有太医院院使、院判及其属员在宫中当班。每当皇帝驻跸园庭，或出巡各地，太医院御医也随之前往。

太医院御医在从事医疗活动中，无论在宫中，还是宫外，凡是经过他们诊治的人，都建有详细的病历，即所谓“脉案”、“病源”、“用药底簿”等。其中包括皇帝、皇后、妃嫔、皇子、公主、太监、宫女以及王公大臣的原始诊病记录、内务府抄件、帝后用药底簿、配方秘本、御药房、御膳房和御茶房的各项记录，皇帝以及个别皇后的起居注、皇帝有关医药的朱批、宫中敬事房的档案，等等。特别是乾隆以后诸帝及其后、妃等的脉案保存得较为完整。清代皇宫的脉案总数约有三万多件。在这些脉案史料中，其诊治处方大都出自太医院御医之手。如李得立、庄守和、王允之等御用太医为载淳诊治天花的处方脉案，就有详细的记录。

载淳病情的发展可谓是来势凶猛，同治十三年十月中旬以前，他的身体没有病，还在南苑和西苑巡幸。据《清史稿·载淳本纪》记载：“八月丁酉，上幸南苑。戊戌，阅御前王大臣、乾清门侍卫射。己亥，上行围。九月庚子朔，上幸晾鹰台，撤围。辛丑，上幸晾鹰台，阅神机营兵。壬寅，阅王大臣、侍卫等射。”直到十月初十日还为慈禧皇太后办四十寿辰行礼庆贺。十月二十一日在西苑游玩时，突然着凉，后至三十日“圣体违和，预备召见者皆散”。从这一天起载淳的天花开始发疹，并卧床不起，命李鸿藻代阅奏折，满文折件命恭亲王奕䜣代为拟答。

根据脉案记载，同治十三年十月三十日得病当天下午，太医院御医李得立、庄守和就进行诊脉，诊断的情况是：“脉息浮滑数而细，系风瘟闭束，阴气不足，不能外透之症，以至发热头眩……皮肤发出疹形未透。”御医开出了用生地、元参、牛蒡子、芦根等十二味药配制的“益阳清解饮”进行避风调理。此药服过之后，一度疹形透出，且能看出其中夹杂着瘟痘；颗粒透出，系属天花二朝之喜。此后数天，不断出现痘粒，并开始收浆结痂脱落。御医认为载淳病情出现了“由险渐化为平”的迹象。

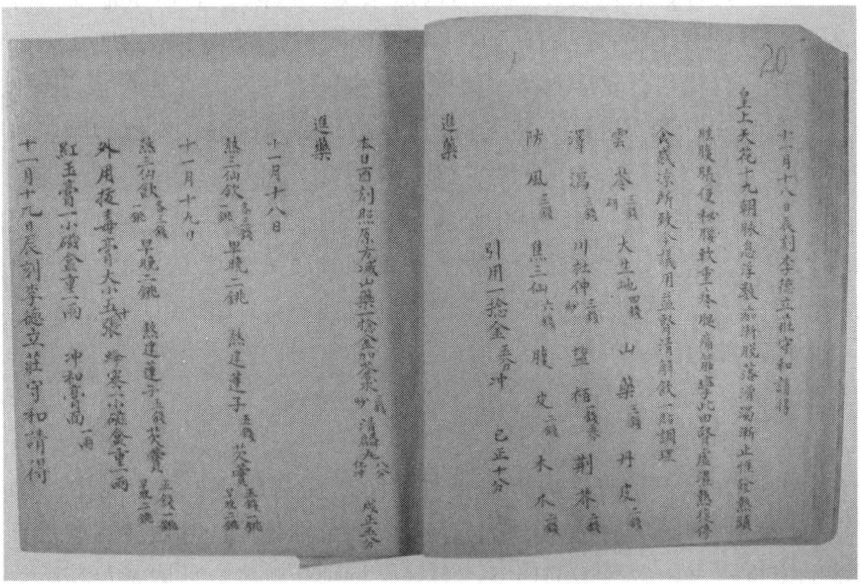

图 4　载淳皇帝患天花进药档

但是，病情的发展，并非似御医们设想的那样乐观。由于载淳本来就体质虚弱，在经过了八天的折磨后，更是衰弱不堪。偏偏在十一月十八日，载淳微感风寒，“以致咳嗽鼻塞，心虚不寐；浸浆皮皱，似有停浆不餍之势"。自此以后，我们看到脉案所记病情，越来越坏。许多并发症这时竞相发作，且日益严重，每况愈下，痘毒日渐侵蚀了载淳的内脏机体。为此，御医开出了各种药方子，什么"益肾消毒饮"、"益肾清解饮"、"扶元清解饮"等，但收效甚微，无济于事。

从同治十三年十一月十九日至十一月三十日，此间十一天，载淳的病情急转直下，也是他最痛苦难忍的阶段。

从脉案看，十一月十九日，"湿毒乘虚流聚，腰间红肿溃破，漫流脓水，腿痛痉挛；头颈、胳膊、膝上发出痘痈肿痛"。

十一月二十二日，除了腰部溃烂处仍脓血不止外，又有其他部位的痘痈接连溃破流脓。

十一月二十三日，臀部左右溃烂流脓。

十一月二十五日，腰部与臀部的溃烂已经连在了一起，呈现出溃口外小，里面烂得很深很大，俗称"里烂"。

十一月二十六日，漫肿、串溃越来越大，越来越多，每天流出的脓液多达一茶碗。

十一月二十七日，腰肾疮创口又大了许多，浆汁不减，发出恶臭的气味。

御医李得立、庄守和、李德祥与韩九同共同会诊，提出"外用熨洗"的方法进行治疗。开出的药方是：木香一两，当归一两，肉桂五钱，生附子五钱，川贝五钱，草乌五钱，苍术五钱，煅龙骨五钱，白芷一两，山甲五钱（灸），乳香一两，透骨草一两。具体方法是：将草药研成末，分两布袋装药。猪蹄二只、葱白三支切段，熬汤两大碗，煮药布袋，熨洗疮处。经过几番熨洗，载淳的病情并未见好转。

十一月三十日，脉案记下了载淳有"知觉痛痒"之感，其实此时的载淳已是处于麻木不仁、昏厥的状态了。所谓的"知觉痛痒"，应当就是民间俗称的"回光返照"吧！

一进入腊月，绝望与悲泣便笼罩了整个紫禁城。死神已至，只待时辰，这已是宫廷上下心照不宣的事了。十二月初三日的脉案是这样写的："……上唇连左腮颊紫黑硬肿，势欲作脓，口干食少，口喷臭气；胸满肋胀，溺赤便黏。"初四日，即载淳死的前一天，其脉案是这样记载的："皇上脉息弦数无力，上唇肿木，腮紫肿硬处敷药，屡揭伤皮，不能作脓，时流血水……牙龈黑臭，势恐口疳穿腮。今议用益气清毒饮减去茯苓、白芷，加当归三钱、朱茯神三钱、炒枣仁三钱一帖；外敷消毒止血散，竭力调理。”所谓“竭力调理”，说明至此御医们已经无力回天，只能权为死马当作活马医了。

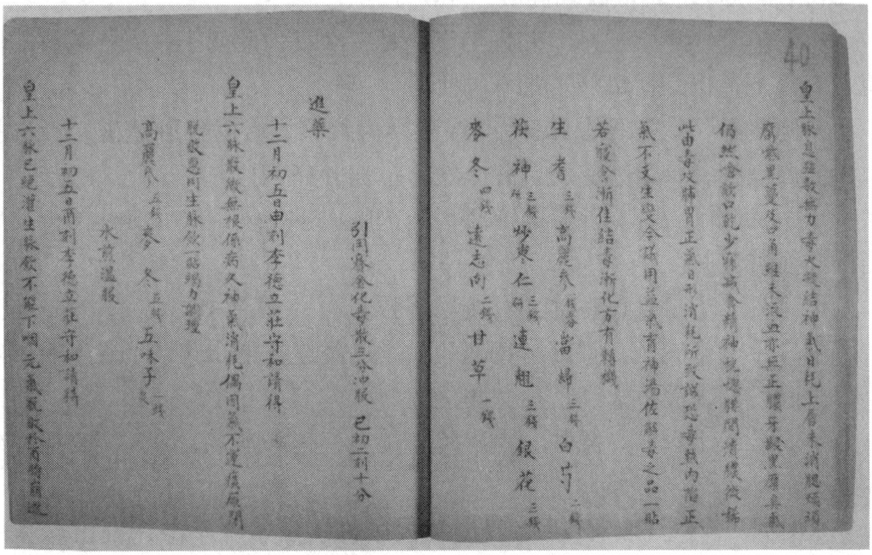

图 5　载淳皇帝气绝之日进药档

十二月初五日，是载淳滞留人间的最后一天，这一天的脉案是：“皇上脉息弦数无力，毒火凝结，神气日耗……精神恍惚，腰间溃脓不止。”到了大约傍晚六点（酉时），载淳已是“六脉已绝”，驾崩了。

从清宫脉案的记载来看，载淳死于天花，是确凿无疑的。根据载淳死前的病情发展和用药情况看，载淳应死于天花绝非是患梅毒而死的。

由于以往历史上人们没有机会看到清宫脉案，致使对载淳之死产生种种猜测，这是很自然的事。即便就是今天，有人从同治十三年十月三十日发痘到十一月二十日，痘情基本已得到控制，痘痂结收脱落，而此后突然又流毒继发，而部位集中腰臀，溃烂流脓，此后续发的失眠多梦、遗精尿血等并发症状与梅毒晚期颇为相似，引发联想，并据此认为少年皇帝实患有梅毒，而天花只不过是引起他迅速死亡的一个诱因的说法，我们姑且称之为一家之言。种种流传载淳帝死于淫疮的说法都是不可信的，是没有依据的。因为在清朝，皇帝是不可能自由出宫的，载淳帝也没有机会出去逛窑子，这些传闻都忽略了清朝的祖宗家法、典章制度。

清宫脉案的确告诉人们，载淳是因天花而死。但是，就载淳个人而言，出生在帝王之家，享受着“普天之下莫非王土，率土之滨莫非王臣”的独尊荣光，过着锦衣玉食、钟鸣鼎盛的生活，没有兄弟竞争便顺利地登上皇帝宝座，这是他的人生幸事。但是，载淳的一生也充满了人生悲剧。载淳也是个内心空虚、性格古怪的少年天子，他似乎对于上天的安排很不适应，骨子里充满了对宫中生活的极度厌倦，甚至暗中反叛。他不爱读书，到了十七八岁的时候，大臣上的奏折不能通读，连《大学》中的重要章节也不能背下来。他醉心于一些游戏，因此才引出了民间种种关于他偷偷溜出宫，出没于酒楼、戏园、妓院等民间场所的传说。

在载淳得了天花以后，宫中宣布载淳之病为“天花之喜”。慈禧太后和文武大臣对载淳之病，不是积极地寻求新医药和新疗法，而是依照祖上传下的规矩，在宫内外进行“供送痘神”的活动，敬请“痘神娘娘”入皇宫养心殿供奉。宫内张挂驱邪红联，王公大臣们身穿花衣，按照“前三后四”的说法，要穿七天花衣。载淳的“花衣期”延长为“前五后七”，就是渴望十二天度过危险期。慈禧、慈安两宫太后，还亲自到景山寿皇殿行礼，祈求祖先神灵赐福。内务府行文礼部，诸天众圣，皆加封赏。

但是，一身疮痍的载淳，到底没能逃过天花大劫，同治十三年十二月初五日，在皇宫求神祭祖的喧嚣声中离开了人世。

皇宫医案破解光绪猝死之谜

光绪三十四年十月二十一日（1908 年 11 月 14 日）傍晚，三十八岁的光绪皇帝，在中南海瀛台涵元殿满含悲愤地离开了人间。临终时无一名亲属及大臣在身旁，及至被人发现，早已死去多时，可谓生前死后备受冷落，孤苦凄凉至极。

就在光绪死去的第二天下午，他的母后及政敌、操纵晚清政权达半个世纪之久的慈禧太后也死在中南海仪鸾殿内，终年七十四岁。

光绪皇帝和慈禧太后先后去世的消息传出，中外同感震惊。人们普遍认为，年纪轻轻的光绪反而死在七十四岁的慈禧前面，而且只差一天，这不是巧合，而是处心积虑的谋害。于是，光绪被人谋害致死的种种说法便由此产生。

晚清御史、光绪的近臣恽毓鼎的《崇陵传信录》及徐珂所编著的《清稗类钞》等书认为，慈禧在病危期间，唯恐自己死后光绪重新执政，推翻她既定的朝政及平反她一手制造的件件冤案，于是令人下毒手将

图 1　光绪朝服像

光绪害死。

英国人濮兰德·贝克好司的《慈禧外传》和德龄的《瀛台泣血记》等书认为，清宫大太监李连英等人，平日里依仗着主子慈禧的权势，经常中伤和愚弄光绪。他们深恐慈禧死后光绪重新主政，会清算他们往日的罪孽，所以就先下手为强，在慈禧将死之前，先把光绪谋毙。

溥仪在《我的前半生》一书中谈到，袁世凯在戊戌变法时辜负了光绪的信任，在关键时刻出卖了皇上。袁世凯担心一旦慈禧死去，光绪决不会轻饶了他，所以就借进药的机会，暗中下毒，将光绪毒死。

曾经是清宫御医的屈贵庭在《逸经》杂志第二十九期上发表的一篇文章说，在光绪临死的前三天，他最后一次进宫为皇上看病，发现光绪本已逐渐好转的病情却突然恶化，在床上乱滚，大叫肚子疼。没过几天，光绪便死了。这位御医认为，虽不能断定是谁害死了光绪，但却可以肯定光绪是被人暗中害死的。

2008 年 11 月 2 日，中央电视台清史纪录片摄制组、清西陵文物管理处、中国原子能科学研究院反应堆工程研究设计所、北京市公安局法医检验鉴定中心联合发布了《光绪帝死因研究工作报告》。他们权威性地宣布："本课题在不能开棺直验且时隔久远、检材条件很差等不利因素困扰下，由光绪帝发砷研究入手，通过对其头发不同截段砷含量的异常分布情况的分析验证，发现并证实了导致其违背常规的砷元素分布的特殊原因，即光绪帝头发上的高含量砷并非为慢性中毒自然代谢产生，而是来自于外部污染。通过对其遗骨表面砷元素的检测和对其殡葬衣物被侵蚀的规律以及衣物上砷元素含量的分布情况分析，进一步证实了光绪帝的腐败尸体是砷元素污染的唯一来源。由砷种态分析得知，光绪帝遗骨、头发、衣物中高含量的砷化合物为剧毒的三氧化二砷，即砒霜；经过科学测算，光绪帝摄入体内的砒霜总量明显大于致死量。因此，研究结论为：光绪帝系砒霜中毒死亡。"在此之前的《近代史研究》2008 年第三期也刊载了包振远先生所撰《光绪死亡原因探析》一文，该文也公布了上述四单位对光绪帝发辫、尸衣及其寝宫泥土等物含砷量检测的一系列数据，认定光绪帝是死于因服砒霜急性中毒云云。

但也有不少史籍或接近宫禁者对光绪之死持自然病死之说。如《德宗实录》、《光绪朝东华录》、《清史稿·德宗本纪二》等所谓正史或官修史籍内，均载光绪系正常死亡；再如《苌楚斋三笔》卷六则称：早在光绪三十四年二三月间，光绪帝久病未愈，早入膏肓，是时肝气大发，以手扭太监顶戴，以足踢翻电灯，情势日急。又光绪临终前一段时间，一直为其治病的六位名医之一杜钟骏所著《崇德请脉记》一书，对光绪之病情、诊病经过以及光绪临终前的病状，叙述颇详，证明光绪确实是正常死亡。

又如1980年清西陵文物管理处在清理崇陵地宫时，发现光绪遗体完整，体长一米六四，无刃器伤痕。通过化验颈椎和头发，也无中毒现象，与清史档案专家、医学专家的分析判断相吻合，当时得出光绪属正常死亡的结论，等等。

一、太医院与皇宫医案

由于上述种种传闻，光绪之死成为清末历史上一大疑案，众说纷纭。关于光绪之死这一疑案无论在当时或日后，虽有种种传说，但因事涉清代宫禁秘档，人们无从知其真实内幕，均缺乏真实可靠的依据。那么，光绪究竟是怎么死的？让我们且从太医院御医和皇宫医案（也称“脉案”）谈起。

在中国历代封建王朝的宫苑中，都设置有专门为皇帝、皇后、妃、嫔、王公大臣等诊治疾病、调养身体的太医院。在这里，集中了祖国传统医学中的国医高手，备藏了从全国各地搜集到的珍奇名贵药材。太医院有着上千年的历史，积累了许多既稳妥又有一定疗效的处方，以及许多宝贵的临床医疗经验，是祖国传统医学的精华荟萃之地。然而，皇宫医学却历来被深锁宫禁，秘而不宣；究竟皇帝及其后、妃等怎样看病，御医又如何为他们把脉治病、施药护理等等，一向神秘莫测。

清太医院沿袭明制，其官署最初设在正阳门内东交民巷内。光绪二十六年（1900）八国联军入侵北京，清政府屈服于西方列强的压力，被迫与之签订不平等的丧权辱国的《辛丑条约》。依据条约第七款，将这一地区划为各国驻华使馆区。太医院只得另在地安门外建立新署，现在遗址尚存，但已是面目全非。太医院在紫禁城内东墙下、上驷院之北，设有待诊、休息的处所，旧称“他坦”，随着岁月流逝，现已倾毁无存。

清太医院为五品衙门，其最高行政长官为院使。副职二人，称为左院判、右院判，官居六品。太医院有御医十三人官居八品；医士二十人、医生三十人（皆没有品级），享有从九品的待遇，统称御医。清初按医科分为：大方脉、小方脉、妇人、疮疡、针灸、眼、口齿、接骨、伤寒、咽喉、痘疹十一科。光绪时期，合并为五科，即大方脉、小方脉、外科、眼科、口齿科。平日，有太医院院使、院判及其属员在宫中当班。每当皇帝驻跸园庭，或出巡各地，太医院御医也随之前往。

太医院御医在从事医疗活动中，皆建有详细的病历，即所谓"医案"（又称"脉案"）。在中国第一历史档案馆中保存有大量的清代皇宫医案。其中包括皇帝、皇后、妃嫔、皇子、公主、太监、宫女以及王公大臣的原始诊病记录、内务府抄件、帝后用药底簿、配方秘本、御药房、御膳房和御茶房的各项记录，以及皇帝与个别皇后的起居注、皇帝有关医药的朱批、宫中敬事房的档案，等等。特别是乾隆以后诸帝及其后、妃等的"脉案"保存得较为完整，其中尤以光绪的"脉案"为最多。清代皇宫的医案总数约有四万件。在这些医案史料中，其诊治处方大都出自太医院御

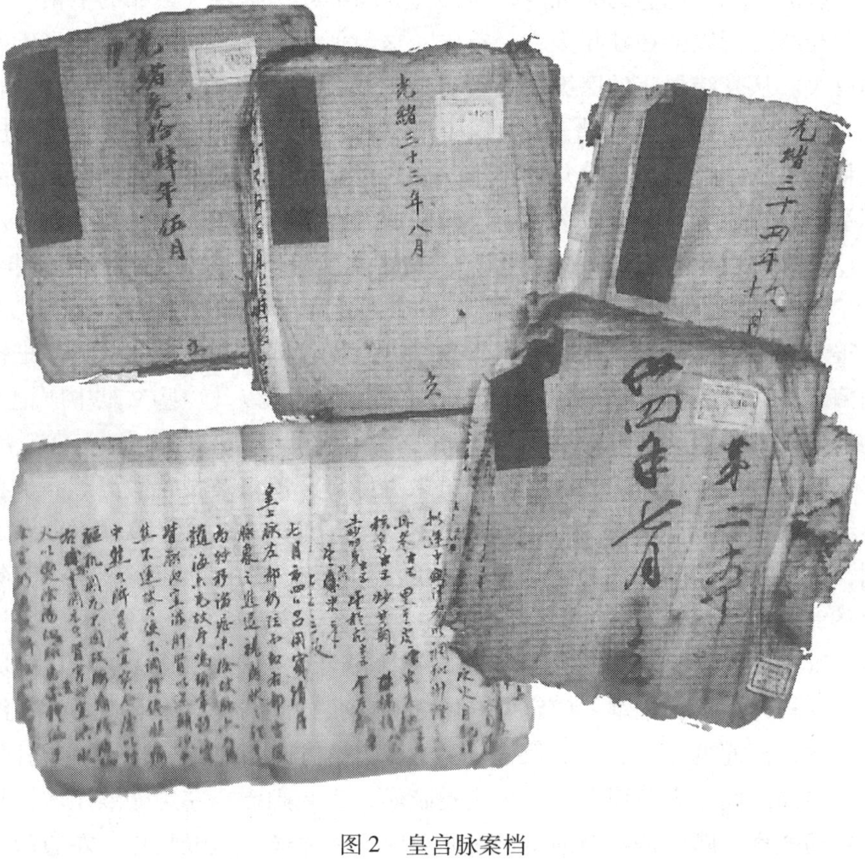

图 2　皇宫脉案档

医之手。但也有少数非太医院的官方处方，如施焕、吕用宾、陈秉钧等地方名医为光绪诊病的处方，便是其例。这些人都是懂得医道的大小官员，或在京城、接近宫廷，或在地方，而由地方总督、巡抚奉诏保举来京入宫为光绪看病的。

二、记载光绪直接死因的秘档

在清宫医案中，既有当年御医为光绪诊病用药的原始病历，也有光绪本人口述或亲书病史病状的“病原”，尤其是光绪临死前半年的“脉案”保存得相当完整。这些珍贵的原始记录，应是解开光绪生前病状及其死因的重要而可靠的直接依据。根据这些珍贵的诊病原始记录，中国第一历史档案馆清史档案专家会同中国中医研究院医学专家，对光绪病案进行了深入系统的研究。他们的研究成果对揭开光绪的死因提供了可靠的依据。

光绪之所以会在壮年夭亡，首先，这与他一贯体质积弱，自幼失于调养有关。从光绪早年的医案及其自述的“病原”得知，他自幼体弱多病，且有长期遗精病史。光绪三十七岁时，在亲书的“病原”中说：遗精已经将近二十年，前几年每月遗精十几次，近几年每月二三次，经常是无梦不举就自行遗泄，冬天较为严重。腰腿肩背经常感觉酸沉，稍遇风寒必定头疼，耳鸣现象也有近十年。可见，光绪体质一直不好。另据光绪十年、十二年（1884、1886）的“脉案”，知其经常患感冒及脾胃病，汤药、丸药很少有不用的时候。这时光绪年仅十五六岁，即已弱不禁风，失去抵抗病菌之力而多灾多难。这些档案记载与民间的传闻以及一些文献中所记述的情景颇为相似。

其次，成年以后的光绪，体质虽未见好转，遗精及腰背酸沉等病仍在继续。但从医案记录来看，在光绪十五年至二十四年（1889—1898）之间，其诊病吃药的次数却相对有所减少，到光绪二十四年年末及二十五年（1898—1899）以后他的病情却突然加重，体质直线下降。据当时医案记载，其病状纷纭，甚为复杂。如光绪二十五年（1899）正月初八日的医案是这样记载的：朱焜、门定鳌、庄守和、张仲元请得皇上脉息左寸关沉滑稍数，人迎见浮，右寸关沉滑而数，两尺细弱，沉取尤甚。头痛恶寒，身肢酸痛。面色青黄而滞。……头觉眩晕，坐久则痛。左边颊颐发木，耳后项筋酸疼。腭间偏左粟泡呛破，漱口时或带血丝，咽喉觉挡，左边似欲起泡，右边微疼。……舌苔中灰边黄。左牙疼痛较甚，唇焦起皮，口渴思饮，喉痒呛咳，气不舒畅，心烦而悸，不耐事扰，时作太息。目中白睛红丝未净，视物迷蒙，左眼尤甚，眼泡时觉发胀。耳内觉聋，时作轰声。胸中发堵，呼吸言语丹田气觉不足，胸中窄狭，小腹时见气厥，下部觉空，推揉按摩稍觉舒畅，气短懒言。两肩坠痛。夜寐少眠，醒后筋脉觉僵，难以转侧。梦闻金声，偶或滑精……心中无因自觉发笑。进膳不香，消化不快。……下部潮湿寒凉。大便燥结。小水频数，时或艰涩不利等症。本由禀赋素弱，心脾久虚，肝阴不足，虚火上浮，腠理不密，感受风寒使然。今仅暂用疏风寒之中，仍寓养心扶脾润肺生津滋养肝肾之剂。尚宜节劳静养调理。所开出的药方是：防风二钱，川芎一钱五分，薄荷八分，羌活一钱五分，云茯神苓各二钱，元参三钱，干地黄三钱，霜桑叶二钱，花粉二钱，桔梗二钱，甘草八分，建曲二钱，引用甘菊二钱，生姜三片。此日“脉案”可谓详尽，而自此以后二三年“脉案”，大都与此相近，且病情逐渐加剧。到光绪二十六年（1900），光绪皇帝的疾病不断恶化，从未好转，从“脉案”中的记载，可以看出其病已入五脏，气血双亏，病情日趋严重。

到了光绪三十四年春，也就是光绪临终前半年，其病势已十分严重，

图3　光绪二十四年（1898）二月初八日光绪皇帝脉案档

宫中御医均已无良方可施，眼看光绪就要不行了，清廷这才急忙征召江苏名医陈秉钧、曹元恒来京入宫诊视。紧接着又向直隶、两江、湖广、山东、河南、山西等督抚发出电旨：入春以来，皇上欠安。在京各医，诊治无效。希各处精选名医，迅速来京，恭候传诊。各省接此电旨，很快就保举吕用宾、周景涛、杜仲骏、施焕、张鹏年等名医来京。并分别致电直隶、四川、云南、贵州等省督抚，告知速送川续断、苏芡实、北沙参、薏米、广陈皮、桑寄生、杭白菊、茯苓、甘枸杞等御用上品药材。可为时已晚。此后，主要由以上诸人为光绪诊脉开方，如光绪三十四年（1908）三月初九日，江苏名医曹元恒在医案中写道：皇上肝肾阴虚，脾阳不足，气血亏损，病势十分严重，在治疗上不论是寒凉药还是温燥药都不能用，处于无药可对症的严重病状。只得开些平安药：鳖甲心三钱，水炙；新会皮七分、云茯苓三钱、飞辰砂三分，拌；石决明四钱，盐水煅；盐半夏一钱五分、粉罴榭三钱、杭菊瓣一钱、炒谷芽四钱，水煎服。五月初十日（6月8日），陈秉钧更在“脉案”上写有，“调理多时，全无寸效”之语，光绪的病状更加复杂多变，脏腑功能已经全部失调，死亡只是早一天晚一天的事了。

光绪本人对自己病情日益加重也十分着急，在他亲述“病原”时，一再指责御医们无能。光绪三十四年（1908）五月二十六日，他因自己的病虽“屡易方药，仍属加重”而斥责御医们：“病势迁延，服药总觉无效，且一症未平，一症又起。”七月十七日，他责备御医：“服药非但无功，而且转增，实系药与病两不相合，所以误事！”八月初七日，他更申斥御医道“每次看脉，忽忽顷刻之间，岂能将病详细推敲？不过敷衍了事而已。素号名医，何能如此草率”等等。这些斥责严词，在他的“病原”记载中经常出现，反映了他焦躁绝望的心情。

关于光绪在死前数月其病就已无望的问题，还可以从当时的江苏名医杜仲骏所写的《德宗请脉记》一书中得到印证。杜仲骏是在光绪三十四年七月以后被征召到京专为光绪帝治病的。他在七月十六日第一次入诊后，便立即对吏部尚书陆润庠说：“我此次进京，满以为能够治好皇上的病，博得微名。今天看来，徒劳无益。不求有功，只求不出差错。”以此说明，这些名医此时对光绪的疾病已是无能为力，只有敷衍了。

从光绪临终前的病情看，十月中旬，光绪的病情进入危急阶段，十月十七日，周景涛、吕用宾、杜仲骏等为光绪诊得的脉象为：左寸关弦数，右细数，两尺略缓。所有腰痛腿酸等症，绵绵日久不愈，以致步行艰难，肢体倦软。现在咳嗽气逆发喘，日甚一日，夜寐每为咳嗽所扰，竟不成寐。饮食不易消化，种种病情，皆虚损见象。根据此病案，可以看出，光绪之病，除原有症状外，咳嗽气逆发喘尤为突出，并影响了睡眠，以致夜不能寐，从而导致其他症状的加剧，并出现肺部的炎症及心肺衰竭，已是极度虚弱，处于病危状态。杜仲骏私下对朝臣说：“此病不出四日，必有危险。”

十九日，光绪的病象已呈现：胸闷气短，咳嗽不断，大便不通，清气不生，浊气下降，全身疲倦乏力。此时，御医们一致认为“甚感棘手”，仅开些调摄之方：地骨皮二钱，干草水泡，肥知母一钱五分、淮牛膝一钱五分、苦杏仁二钱、去皮尖霜桑叶一钱五分、炒积榖六分、川贝母三钱去心、枇杷叶一钱五分去皮灸，云茯苓二钱、桑白皮一钱五分。引用荸荠汁、萝卜汁各半酒杯，兑服。此时，死神已向光绪逼近。

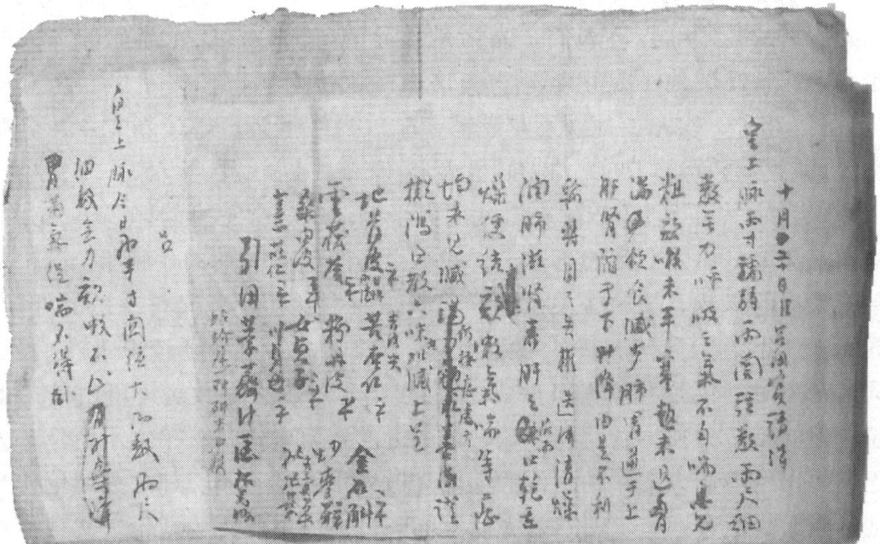

图4　光绪帝临终脉案

二十日，光绪已是：眼皮微睁，流着口水的嘴角在轻轻颤抖。当天夜里，光绪开始进入弥留状态，肢体发冷，白眼上翻，牙关紧闭，进入昏迷状态。到了二十一日的中午，脉搏似有似无，眼睛直视，张嘴倒气。拖到傍晚，终于六脉断绝，光绪怀着一肚子的怨恨与世长辞了。

根据翔实的清宫医案，光绪的死因，是属于虚痨之病日久，五脏俱病，六腑皆损，阴阳两虚，气血双亏，终以阳散阴固，出现阴阳离决而死亡。从现代医学来分析，则主要是肺结核、肝脏、心脏及风湿等长期慢性消耗性疾病导致了免疫力下降，出现了多系统的疾病。其直接的死亡原因，可能是心肺功能的慢性衰竭，合并急性感染所造成。从光绪亲述病原及其脉案所载的病因病状及死亡状况来分析，他自病重至临终之时，其症状演变属于进行性的一步步加剧恶化，并没有特别异常症状出现，既无中毒或其他伤害性的症象，也没有突然性暴亡的迹象，按这个情况应该属于正常病死。

三、光绪死因的历史检讨

1. 失去母爱的童年

清宫医案的确告诉人们，光绪是病死的。但是，从光绪死的那天开始，人们就怀疑他不是正常死亡，这也是事出有因的。光绪虽与慈禧以“母子”相称，实际上他并不是慈禧亲生。光绪皇帝，姓爱新觉罗，名载湉，是同治皇帝的堂弟，咸丰皇帝的侄子。同治十年六月二十八日(1871 年 8 月 14 日)，出生在宣武门太平湖畔的醇郡王府的柳荫斋，其父醇亲王奕譞是道光皇帝的第七子，咸丰皇帝的弟弟。其母叶赫那拉氏，是慈禧太后的妹妹。从这些关系讲，他既是慈禧的侄子，又是慈禧的外甥。同治十三年十二月初五日（1875 年 1 月 12 日），同治皇帝患天花病死。同治帝死时年仅十九岁，身后无子，按“兄终弟及”做法，可由其弟即位。但同治帝为独生子，则应从其最亲近的亲属中选一子弟继承帝位。大臣们提出的最佳方案，是由他的大伯父道光皇帝的长子奕纬之孙溥伦作为他的嗣子，由其即位。但慈禧太后不同意，表面上是因为溥伦之父载治不是奕纬的亲生子，同样是由旁支过继，实际上是因为若要载淳的子侄辈继位，自己身为祖母便无权以太后身份临朝。国不可一日无君。第二天，慈禧压制众论，一人做主，执意让只有四岁的载湉入宫即位为帝。载湉，也就是光绪，他之所以能够当上皇帝，一方面是因为慈禧亲生之子同治皇帝去世后，无子嗣继承皇位；更重要的还是慈禧权欲熏心，找个儿皇帝，可再次创造机会垂帘听政。

图5　光绪父亲醇亲王奕譞，母亲叶赫那拉氏

道光皇帝
- 咸丰皇帝（慈禧太后）
  - 同治皇帝
- 醇亲王奕譞（叶赫那拉氏）
  - 光绪皇帝

光绪元年正月二十日（1875 年 2 月 25 日），四岁的载湉在太和殿正式即位。出于慈禧专制政治的需要，从这一天起，光绪就被慈禧抓在手里，或当作她争夺权力的利器，或作为她显示威严的权杖，更多的情况下，则是当作她御案上不可缺少的摆设，或是任意玩弄的木偶。入宫后的光绪，是在孤独中长大的，繁琐的宫中礼节，慈禧经常不断的严词训斥，没有母爱，饮食寒暖没有人真心去细心照料，应倡导、应禁忌之事，无人去指点揭示。没有童年的欢乐，致使他从小就心情抑郁、精神不爽，造成

身体积弱，难以抵挡疾病的侵袭，留下了难以治愈的病根。天嘏在所著《满清野史》中称：人在幼年的时候，都受到父母的呵护，照顾其出行，料理其饮食，体慰其寒暖，即使是孤儿，也会得到亲朋好友的照顾。只有光绪皇上无人敢亲近。……皇上每日三餐，其饭食有数十种，摆满桌案，可离皇上稍远的饭食，大都已臭腐，接连数日不换。靠近皇上的饭食虽然并未臭腐，可经多次加热，已不能可口。……载湉自十余岁后，虽为天子，可还不如一个孤儿，以后身患痼疾，即是由于少年时衣食不节造成的。虽为野史，可内容与恽毓鼎的《崇陵传信录》所述："缅怀先帝御宇不唯不久，幼而提携，长而禁制，终于损其天年。无母子之亲，无夫妇昆季之爱，无臣下侍从宴游暇豫之乐。平世齐民之福，且有胜于一人之尊者。"大致相近。说明光绪帝体弱多病之原因，实与自幼在慈禧太后淫威之下，失于调养照料有关。

2. 没有爱情的婚姻

按照清王朝祖上留下的规矩，皇帝十六岁就要临朝亲政。随着光绪年龄的增长，他的大婚和亲政逐渐临近，慈禧撤帘归政把大权交给光绪皇帝之事已不可回避。可慈禧既不甘心，又无可奈何，于是预作布置，对光绪权力多方限制，仍由她在暗中操纵朝政。光绪十五年正月二十日（1889年2月19日），十九岁的光绪帝举行大婚典礼。光绪的一位皇后、两个妃子都是慈禧做的主，皇后不是别人，正是慈禧亲弟弟桂祥的女儿叶赫那拉氏，即隆裕皇后。这个皇后容貌丑陋，马脸高额，瘦弱驼背，突眼露齿。光绪极为不满，但也无奈。慈禧选自己的侄女为皇后，为的是朝政交给光绪后，还能利用皇后来控制和操纵皇帝，起码可以通过皇后监视和掌握皇帝的一举一动。

图6　隆裕皇后像

光绪的两位妃子是瑾妃和珍妃，两人是亲姐妹，但相貌性格却大不相同。瑾妃相貌一般，远远比不上珍妃，而且性格脆弱；珍妃貌美端庄，性格开朗，活泼机敏，颇有见地。珍妃的入宫犹如一块石子投入一潭死水，她对光绪的同情和体贴，激起了光绪对未来的憧憬和热情。同时，珍妃又向光绪推荐了她的老师文廷式，这位素以评论时政、忧心国事的著名清流人士很有才华，颇有政治见地，他被光绪帝重用后，对光绪帝很有影响，引发了光绪帝要改革政治及摆脱束缚而有所作为的欲望。大婚后的数年间，光绪帝与珍妃共同度过了一生中较为轻松的时光。由此，也引发了他作为人君国主，希望在政治上摆脱束缚而有作为的欲望。可这一点，是慈禧最不愿看到的。

"有意栽花花不发，无心插柳柳成荫。"慈禧本来的初衷是用亲上加亲，以达到控制光绪帝的目的，这才让自己的侄女成为皇后。然而强制的结果，却又适得其反。当年，同治帝自己选立皇后阿鲁特氏，而慈禧却偏偏让同治帝去喜欢慧妃，结果闹得母子不和。这次慈禧为光绪选配叶赫那拉氏隆裕为皇后，可光绪又偏偏喜爱他他拉氏珍妃，其结果可想而知。当时，光绪明明知道宠爱珍妃，就要得罪皇后，而与皇后不睦，即等于开罪慈禧太后。然而，慈禧可以在任何事情上迫使光绪就范，唯独在情爱和感情上无法以己之所愿强加于人。据《悔逸斋笔乘》记载：光绪十八年（1892）仲夏之时，一天，光绪与隆裕皇后为小事争吵，隆裕跑到慈禧面前哭诉。慈禧大怒，对身边的人说："皇上是我所立，实乃忘恩之举，隆裕是我的亲侄，辱骂皇后就是对我最大的不敬，实在难以忍受。"接连数日，光绪入宫请安，慈禧一言不发。此后光绪与慈禧的嫌隙就算形成了。

图 7　珍妃像

3. 苦闷的皇帝生涯

光绪临朝亲政后，五十三岁的慈禧表面退居颐和园颐养天年，实则权势依旧，裁决政事，一如既往。她一方面处处限制光绪的权力，重要国家大事都要秉承她的懿旨去办理；一方面又通过自己的侄女——隆裕皇后及亲信太监李连英等人，暗中监视光绪的行踪。并规定：光绪每隔一日，必需亲往颐和园向她汇报政务，听候训示。以致光绪经常披着星星来，头顶月亮去，饱受奔波，遇有重大事情，更得随时请示，名为皇帝，实为傀儡。光绪的政治抱负不能得以实现，日久天长，精神更加抑郁，情志愈益不畅，旧病不去，又添新愁。从“脉案”看，在相当长一段时间内，光绪体质虽未见好，遗精及腰背酸沉等病仍在继续，但诊病和吃药的次数却相对减少。这主要是光绪力图在政治上有所作为，以挽救他那岌岌可危的政权，整日忙于政务，关注政治改革。另外，还要随时应付慈禧的训斥，一时无暇顾及诊病吃药。

疾病缠身的光绪亲政后的第一件大事，就是遭逢日本侵略朝鲜，进而侵略中国。光绪帝违背母后之意，决心援朝抗日，但腐败的体制导致战争失败，被迫签订《马关条约》，失地赔款，这虽使他受到重大打击，加深了“母子”的不和，但也激发了他力图改革政治，富国强兵的雄心。光绪帝在康有为、梁启超等人的影响下，在珍妃的积极支持下，于光绪二十四年四月二十三日（1898 年 6 月 11 日），颁布“明定国是诏”，宣布变法，强调博采西学，推行新政，授予康有为“专折奏事”特权。那些守旧的亲贵重臣害怕光绪皇帝在改革政治中触动他们的地位，纷纷投靠慈禧并竭力挑拨他们“母子”的关系。慈禧也深恐光绪改革的成功会影响到她的独裁。这样朝臣内出现了“后党”与“帝党”，双方展开了激烈的斗争。光绪亲政的十年，是他与慈禧进行政治和权力斗争的十年，从中日甲午战争到戊戌变法运动，双方矛盾日益尖锐化。光绪二十四年七月二十九日，光绪帝到颐和园面见慈禧太后，慈禧太后明确表示要废掉光绪帝，并密谋由北洋总督荣禄在九月初皇帝、太后到天津阅兵时政变，通过政变来废除光绪帝。形势危急，光绪当天就给帝党人物杨锐发下密谕：“朕唯时局艰难，非变法不足以救中国，非去守旧衰谬之大臣，而用通达英勇之士，不能变法。而皇太后不以为然，朕屡次进谏，太后更怒。今朕位几不保，汝康有为、杨锐、林旭、谭嗣同、刘光第等，可妥速密筹，设法相救。朕十分焦灼，不胜期望之至。特谕。”杨锐胆小，将密谕扣住不传他人，光绪等不到回音，急不择路，于八月初一、初二连续两次召见袁世凯，提升他为侍郎衔，让他专办练兵事宜，想以此使袁世凯感恩戴德，效忠皇帝。同时，光绪帝于八月二日还有一道密谕给林旭，让他转告康有为迅速离京。林旭将两道密谕同时转给康有为、谭嗣同等人，大家看了十分感动，但都束手无策，最后也觉得只有拉拢袁世凯，由谭嗣同出面请袁世凯，马上举兵，先杀掉荣禄，回兵包围颐和园。袁世凯表面上满口答应，八月五日回到天津，却在八月六日马上向荣禄告密。

八月初四日，慈禧太后由颐和园回城，住中南海仪鸾殿，第二天祭蚕神，当即回颐和园。回园顷接荣禄密电，马上乘轻轿返城，重返中南海瀛台。返瀛台后立即传光绪来见，见到光绪，慈禧太后破口大骂，骂他忘恩负义，恩将仇报，并等待发落。在以慈禧为首的守旧势力的反对和镇压下，变法运动最终失败，康有为、梁启超出逃，谭嗣同等“戊戌六君子”遇害，光绪本人亦被软禁在中南海瀛台，他的政治生涯实际上到此已经结束。此后，光绪度过了十年没有人身自由的囚徒生活。他虽然名义上仍保持着皇帝的名位，但实际已没有了皇帝的权力。戊戌变法失败后，慈禧又将光绪挚爱的珍妃囚禁在钟粹宫后北三所，并且给她立下了一条规矩，今后不许觐见皇上。

中南海瀛台，与水云榭岛、琼华岛分处太液池三海之中，象征东海三仙岛蓬莱、瀛洲、方丈。瀛台四面环水，只在北端架一板桥，通至岸上，板桥中间有一段桥板是活动的，光绪被囚在此之后，慈禧太后便命令人把桥板撤掉了，以免光绪帝走出瀛台岛。

瀛台的中心建筑为涵元殿，殿后为涵元门，门外为翔鸾阁，阁下即木吊桥。殿前为香扆殿，该殿从北面看为单层，从南面湖边看则为两层，名为“蓬莱阁”。光绪住在涵元殿里，太监每天送饭时架起桥板，走到瀛台来，用饭完毕，就抽掉桥板。光绪心情十分忧郁，万般无奈之中写下了“欲飞无羽翼，欲渡无舟楫”等诗句。冬天三海结冰，瀛台上不通过木桥也可以从冰上到达岸边。据说有一次光绪带了个小太监踏冰离开瀛台，被发现后，总管太监李连英立刻下令凿冰，以防光绪离开。光绪十分想念心爱的珍妃，传言他让小太监暗中给珍妃送信，偷偷相会。每到此时，他更加痛恨出卖自己的袁世凯，临死之时，他不言不语，用手在空中写着“斩袁”二字。

涵元门内东向为庆云殿，殿内挂有一幅《宋司马光谕人君用人之道》立轴，跋文是：“光绪丙午（1906）十月上浣录，臣全忠敬书。”还有一些匾额斗方之类，下款都写着“臣全忠敬书”。其实这都是光绪的御笔，之所以这样写，是因为光绪试图以向慈禧太后称臣，表明自己忠于慈禧太后的心迹，来换取老佛爷的谅解。可此时，慈禧太后又怎么会让光绪再次

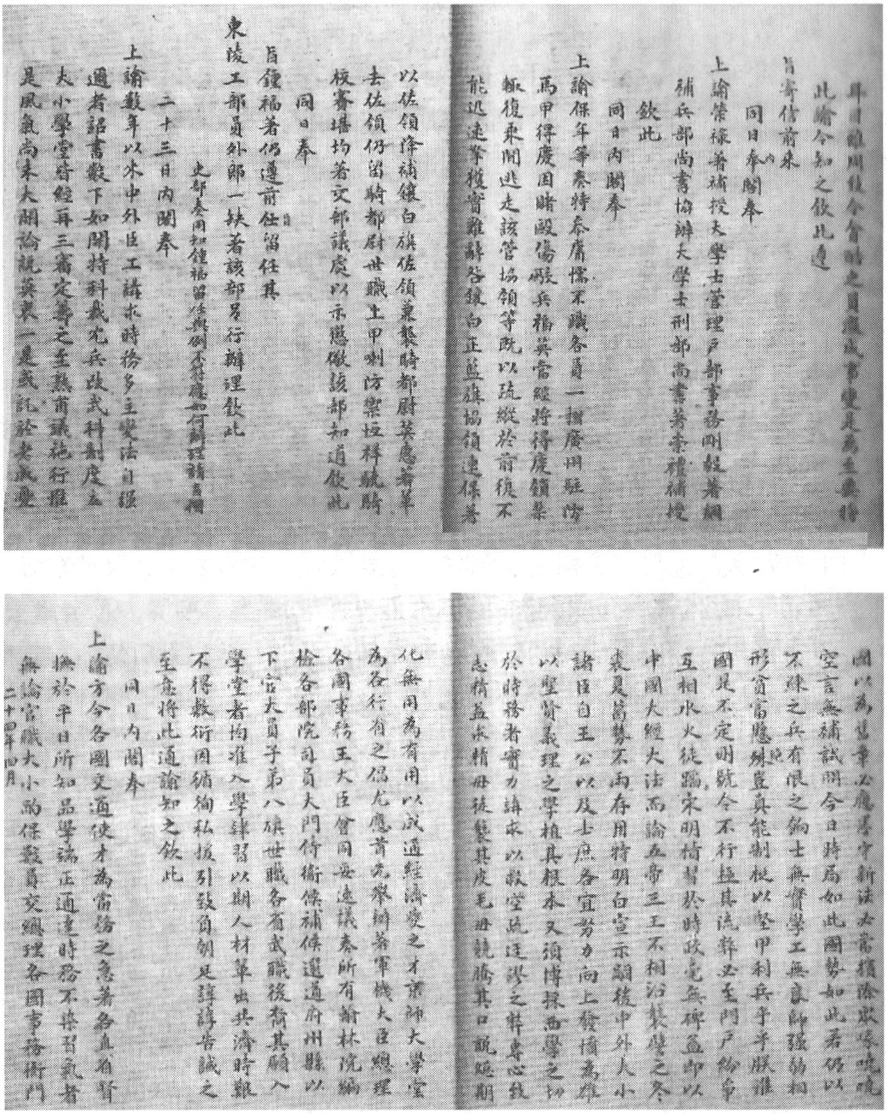

图 8　明定国是诏

亲政呢。

究光绪帝病情自二十四年逐渐加剧，终致不起之缘由，实与戊戌变法失败有着直接的关系。光绪被囚禁在瀛台后，慈禧太后曾欲废之而另立他人。光绪也知其用心，日夜担惊受怕。后来由于种种原因，此举虽未能实现，可光绪也难脱囚禁之牢笼。明知岌岌可危，亦只有坐以待毙，心中十分忧伤。他曾仰天长叹：我还不如汉献帝啊！因而病势日渐加重，自不待言。

光绪二十六年七月二十一日（1900 年 8 月 15 日），八国联军入侵北京。慈禧仓皇出逃。相传临行前还不忘处置珍妃，令太监崔玉贵把珍妃推到宁寿宫外的井中害死。当光绪得知珍妃的死讯后，精神彻底崩溃，旧病复发，日趋沉重，再也无法康复。由此可见，从光绪自幼多病，到青年以后的病情逐步加重，都与他的政治处境和精神生活密切相关。可见慈禧的长期压制和打击，是光绪致病的重要原因，从这一点说来，民间传说是慈禧置光绪于死地，则又并非全无道理。尤其是在戊戌政变以后被囚禁的十年漫长岁月中，他一方面悲观失望，前途渺茫；一方面又朝夕担惊受怕，心情紧张。生活上更无人细心照料，使得他的病情不断恶化，终致不治。不过，无论光绪死于何因，都与他在清廷遭受的控制与打击、在精神与意志上受到的压制与摧残、在身心上经受的折磨，甚至其骨肉亲情也被拆散有着直接的联系。真可谓，光绪一生没有过上一天舒心的日子。其实，这也就是他多疾病缠身的根源。因此可以认为，年轻的光绪之死，与慈禧控制下的清王朝黑暗腐败密切相关。如果说光绪入宫为帝，是出于一种政治需要，那么他的死去，也未尝不是清廷政治腐败的必然。

1980 年清西陵文物管理处在清理崇陵地宫时，发现光绪遗体完整，体长一米六四，无刃器伤痕。通过化验颈椎和头发，也无中毒现象，与清史档案专家、医学专家的分析判断相吻合，应该说光绪属正常死亡的结论是正确的。光绪帝载湉之死因，本是一件百年疑案。然而以后人们又对光绪的头发进行了重新化验，在头发中发现了大量的砷，也就是砒霜，也给光绪的死又布下了种种疑团，为此光绪是怎么死的至今是个谜。

真龙天子的医疗与保健

在封建社会，皇帝贵为天子，享有至高无上的权力。皇位历来就是继承者们梦寐以求的对象，争夺皇位自然是非常激烈，甚至是不顾亲情的血腥厮杀。皇位来之不易，保住皇位更是皇帝们一生中的头等大事。为了保住皇位，除了政治手段以外，应该就是保命了。

为了保命，清朝的皇帝与封建社会的其他所有皇帝一样，不惜一切代价寻找名医和名药，这些名医和名药也就成了所谓的御医、御药。太医院是为宫廷服务的，御药主要是皇帝、皇后和妃嫔们吃的，因此，御医和御药就有了一层神秘的面纱。

一、清宫太医院

关于宫廷医疗机构的设置，据《汉书》记载，黄帝时已有岐伯，管理宫廷医药的相关事情。周朝设有医师、上士、下士为帝王及卿大夫行医治病。秦汉时也曾设有太医令、太医下大夫、翰林医官等官职。到了金代，开始用太医院这一名称，隶属宣徽院。元代，太医院开始成为专门的宫廷医疗机构。自此以后，各朝都设有太医院，直至1911年清朝灭亡。

清顺治元年（1644），清朝的太医院，最初设在北京正阳门东交米巷，也就是现在的东交民巷西口路北附近。该院有大门三座，均向西。用黑漆书写“太医院”三个大字的匾额悬挂于大门之上。大门前为门役的住房。左为“土地祠”，右为“听差处”。太医院内有大堂五间，是主要的活动场所，大堂内悬挂着康熙皇帝御赐著名御医黄运的诗文：“神圣岂能再，调方最近情。存诚慎药性，仁术尽平生。”大堂左侧，有南厅三间，是御医办理公务的处所。大厅右侧是北厅。后面是先医庙，外门称棂星，内门称咸济，殿名景惠，南向，殿内供奉着伏羲、神农、黄帝的塑像，有康熙御书“永济群生”匾额。先医庙外北向为药王庙，庙里有铜人像。连接大堂的过厅是二堂，后面还有三堂五间。

光绪二十七年（1901），依照丧权辱国的《辛丑条约》第七款，将东交民巷划为各国驻中国的使馆区，使馆区范围内的中国衙署都必须按时搬走。太医院只得暂借东安门大街御医白文寿的宅子应差。不久，又暂移至北池子大悲观音院。光绪二十八年，才于地安门外皇城根、兵仗局东建立新的办公衙署，其建筑规模较之从前要简陋许多，现在遗址尚存，但已是面目全非，昔日衙门的形式，难以再现。太医院在紫禁城内东墙下、上驷院之北，设有待诊、休息的处所，旧称“他坦”，随着岁月流逝，现已倾毁无存。

太医院为五品衙门。医务人员都有相应的职位，堂官称为院使，相当于院长，为五品官，副职称为左院判、右院判，官居六品，所属官员有御医，官居八品。雍正七年（1729）规定：御医均授正七品，许用六品冠带。还有吏目、医士、医生等，这些人员享受从九品的待遇，一般统称御医（又称太医），各医官的品级，历朝稍有变动。历朝御医人数，略有增减。以光绪朝为例：有御医十三人，吏目二十六人。医士二十人，医生三十人。这些御医全部是汉人。

太医院的御医，来自全国各地，从各省民间医生以及举人、贡生等有职衔的人中，挑选精通医理，情愿为宫中效力的人，量才录用。如在康熙年间，同仁堂的创始人乐显扬就曾担任太医院吏目一职。此外，太医院还设有教习厅，培养医务人才，由御医、吏目充当教习。学习的内容有《类经注释》《本草纲目》《伤寒内经》《脉诀》等专业知识，经过六年寒暑考试合格，才能录用为医士或医生。

太医院主要是以中医、中药为皇帝和妃嫔诊脉开药。虽然在康熙年间已有西药进入宫廷，以后历朝也引进了西医、西药，在康熙三十三年（1693），康熙因患疟疾，就服用过法国传教士洪若翰送的金鸡纳霜，也叫奎宁。光绪二十四年（1898）九月初四日，法国驻华公使馆多德福医生也曾为光绪诊病开药。尽管如此，在绝大部分时间里，他们从骨子里还是相信中医、中药。正因如此，中医、中药始终是太医院的主导医疗手段。御医、御药基本上就是中医、中药。

图 1　太医院旧址——北京地安门东大街 113 号

太医院按医术分类设科，清朝初年为十一科，康熙朝合并为九科，分别是：大方脉、小方脉、伤寒科、妇人科、疮科、针灸科、眼科、口齿科、正骨科。同治、光绪时期，又合并为大方脉、小方脉、外科、眼科、口齿科五科。各科都有专科医生。

太医院御医，日常在紫禁城内东墙下的待诊处轮流值班，随时听候太监的召唤，为皇帝、妃嫔看病、配药，同时，也担负一些其他与宫廷有关的医疗事务。这是其主要职责。此外，太医院还承担王公、公主、驸马以及文武大臣等的医疗服务，这些人遇有疾病，太医院奉旨派医官前往，并将治疗经过向皇帝奏报。在外地的公主、驸马及台吉大臣有病，也得奉旨携带药品前往诊视。军营、文武会试，就连刑部大牢囚犯得病，太医院也要派人前往应差。

二、记录皇帝病情的宫中脉案

清朝太医院，御医的医事活动，无论在宫中，还是在宫外，凡是经过他们诊治的人，都有专门的档案记录诊治情况，如《脉案》《病源》《用药底簿》，等等。这些档案类似今天的病历。第一历史档案馆现存的清代宫廷医案约有四万件。但是这些病案一直被深藏宫中，究竟皇帝、皇后及其妃嫔等怎样看病，御医又如何为他们施药护理，等等，一向是神秘莫测的。

这些档案的内容包括皇帝、皇后、妃嫔、皇子、公主、太监、宫女以及部分王公大臣的原始诊病记录、配方秘本、御药房的各项记录、皇帝有关医案的朱批等，皇帝或皇后起居注及历朝实录、内务府抄件、历朝名臣文集笔记，也大量记载着皇帝及宫中重要人物的治病过程。同治皇帝患天花，从发病到病死，二十六天记录成册，无任何遗漏。如同治十三年（1874）十一月二十七日的医案中详细记录了御医李得立等共同会诊“外用熨洗”法为同治皇帝进行治疗的过程。所开出的药方是：“木香一两，

图2　宫中脉案

当归一两，肉桂五钱，生附子五钱，川贝五钱，草乌五钱，苍术五钱，煅龙骨五钱，白芷一两，山甲五钱（炙），乳香一两，透骨草一两。”效果如何，我们姑且不去管它。

按清宫的规定，给皇帝看病的御医都由御药房太监带领，先给皇帝问过圣安，然后才能把脉、问病、开方，开好的药方，要与太监一同去御药房取药，药方的内容和御医、太监的姓名，都要记录在案，并抄写所开药方的药性、治疗方法，并署上御医、太监的名字，进呈皇帝御览。然后登记入册，并由专人保管，作为凭证，以备查考。溥仪在《我的前半生》中说：“按照常例，皇帝得病，每天太医开的药方都要分抄给内务府大臣们每人一份，如果是重病，还要抄给军机大臣一份。”这些药方大多都保存在中国第一历史档案馆内务府、军机处等档案全宗中。

不仅如此，如果皇帝患病，医治无效，以致死亡，就是所谓“龙驭上宾”，御医及其相关人员就要受到处分。如同治皇帝死后，奉慈安、慈禧皇太后懿旨：“上月大行皇帝天花，李得立等未能力图保护，厥咎甚重。太医院左院判李得立、右院判庄守和，均着即行革职，戴罪当差。钦此。”后来光绪帝死后，太医院院使张仲元，御医全顺、忠勋等，也受到同样的处分。这使御医和相关人员一直在谨小慎微、担惊受怕的心态中工作。不过，处分毕竟是例行公事，没过多久，受过处分的御医又照样行医了。

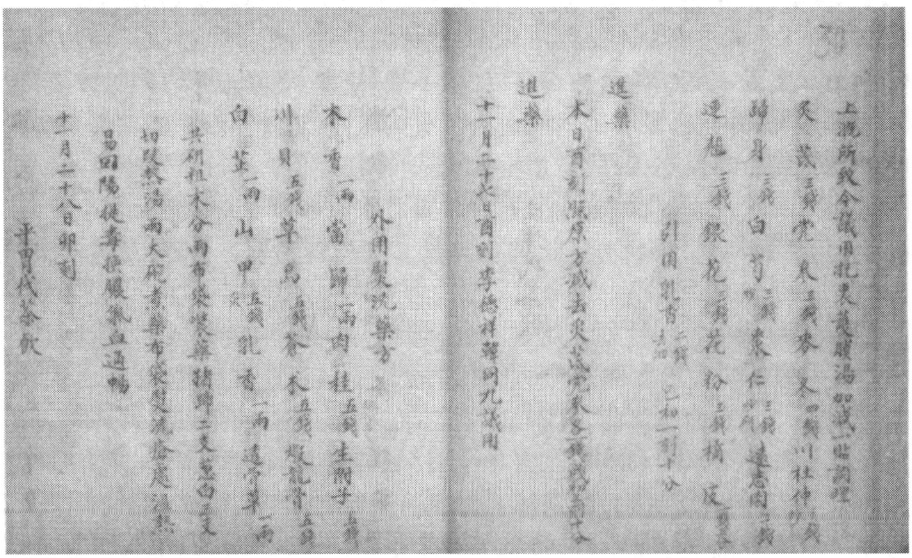

图 3　同治皇帝脉案

说起皇帝吃药，那可不是一件简单的事情，首先煎调御药，必须由太医院御医与太监在御药房一同相互监督。两服药合为一服，因为药煎好以后，要分为两杯，一杯由主治御医先尝，后院判、内监也得分别尝试，确认没有问题，另一杯才能进奉皇帝服用。如果配制药品不依照原方，及未开明药名、品味、分量或虽开而遗漏舛错的都将以“大不敬”论罪。乾隆五年（1740）以后，为了方便起见，各宫都设有药房改由内臣负责煎药，就连皇帝也不在御药房煎药。末代皇帝溥仪在《我的前半生》中是这样描述的：

> 我每次生病，都由永和宫的药房煎药。永和宫是端康太妃（瑾妃）住的地方，她的药房比其他太妃宫里的药房设备都好，是继承了隆裕太后的。

御医为皇帝看病的处方用药、御医姓名，都要一一登记入册，建立专门的《万岁爷用药底簿》以备查考。皇太后、太妃、皇后、妃嫔，就连宫中太监、宫女等，有病诊治，也是如此，只不过一般不立个人专册，而是以某宫若干人共为一册。如光绪八年（1882）二月十七日“长春宫总管、首领、太监等用药底簿”。但也有例外，如慈禧太后宠信的太监李连英就建有个人专册。

三、皇帝和妃嫔的日常保健

长生不老，是历代皇帝梦寐以求的愿望。除了有病服药，就是保健。他们不遗余力地寻找长生不老的灵丹妙药，可是，由于当时的科学水平有限，加之封建迷信和愚昧，很多帝王走上了邪路，他们把道士炼制的所谓仙丹视为宝药，长期服用，结果适得其反，中毒早死。历史上就有十几位帝王因吃丹药致死，清朝的雍正皇帝一反常规，亲笔书写十几份内容相同的谕旨，要各地督抚大吏遍访神医、道士，结果吃了道士炼的丹药中毒死亡。但从中可以看出帝王们是如何奢望长生不老的。

乾隆皇帝和慈禧太后可能是最幸运的，乾隆皇帝享年八十九岁，为历代帝王高寿之冠。慈禧一辈子为了权力，长期工于心计，她也活到了七十四岁，在当时可以说是很不容易的。乾隆皇帝为此非常得意，相继刻有“古稀天子之宝”、“八徵耄年之宝”等印章，以志其寿之长。这大概是乾隆和慈禧都认识到了吃丹药的危害，尤其是乾隆，他父亲雍正吃丹药致死，给他的教训极为深刻，他不再去吃什么仙丹，而是服用真正的保健品。据研究，他经常服用养生保健品，应该是重要原因之一。在乾隆医案中我们可以看到，他经常服用补益与长寿的保健品，如龟龄膏、龟龄酒、松龄太平春酒、椿龄益寿药酒、健脾滋肾壮元酒，丸剂健脾滋肾壮元丸、益寿固本仙方等。乾隆皇帝在乾隆四十年（1775）以后，也就是在他年逾花甲、寿至耄耋时还经常服用一种名叫八珍糕的保健食品。其方组成为：党参二两，茯苓二两，白术一两，薏米三两，芡实三两，扁豆三两，□□三两（档案残缺），□□三两，白糖八两。合在一起，研成末，同白米粉蒸糕。年老的人，饮食起居没有规律，百病易生，而八珍糕具有不寒不热、平和温补、抚养脾胃、益气养血之功效。既是食品，又是补品，乾隆晚年经常服用八珍糕是再合适不过了。

光绪十三年（1887），正是慈禧太后二度垂帘听政的年代，这一年慈禧五十三岁，日常神情已渐入老态，且患有消化不良、气血不足、行动眩晕、体乏无力等症。九月十四日总管太监李连英奉旨由同仁堂传来如意长生酒，具体应用为：陈存捐性加减史国公酒四十斤；陈存捐性加减五加皮酒六十斤；鲜木瓜丝酒十斤；外兑木瓜酒一百斤；以上共合一处，蒸淋入缸内，数年捐妥用之（捐性、捐妥，意为清除副作用）。此酒除可除风祛湿、化食止渴、疏通血脉、强筋壮骨外，长期服用，可“得心如意，益寿延年”。慈禧太后服用后，精神大为好转，李连英奉承说：“老佛爷显得年轻多了。”

“有病治病，无病早防”是清宫日常保健的重要方面，无病、小病、换季的时候都要进行调理补养，分季节进行调理养身，是中医的传统，只是清宫更加讲究，更加力求完美。在清代宫廷医案中，分季节使用的保健类药品，调治兼顾，尤其自道光朝开始日渐普遍。保健品有饮料和丸、散、膏、丹等种类繁多的品种，仅以代茶饮为例，代茶饮就是宫中常用的保健品，应当强调的是，代茶饮不是用茶叶冲泡而成，而是由各种药物组成。在清代宫廷医案中，应用代茶饮的记载很多，其药物组成多寡不一，治疗作用各有不同，应用范围广泛，颇受宫中之人欢迎。归纳起来，代茶饮有：解表类代茶饮、清热类代茶饮、去暑类代茶饮、温中类代茶饮、补益类代茶饮。仅以补益类代茶饮为例，此类代茶饮属滋补剂范畴，主要作用于补气、补血、滋阴等虚损症。道光八年（1829）十二月十三日御医诊得：“全贵妃脉息渐缓，原系大病初愈，元气未复，今届大寒节令，恐伤正气，议用代茶饮。”其配方是：“人参三分，黄芪三钱，甘草五分，水煎代茶。”此茶人参、黄芪、甘草并用，可起补气之作用。

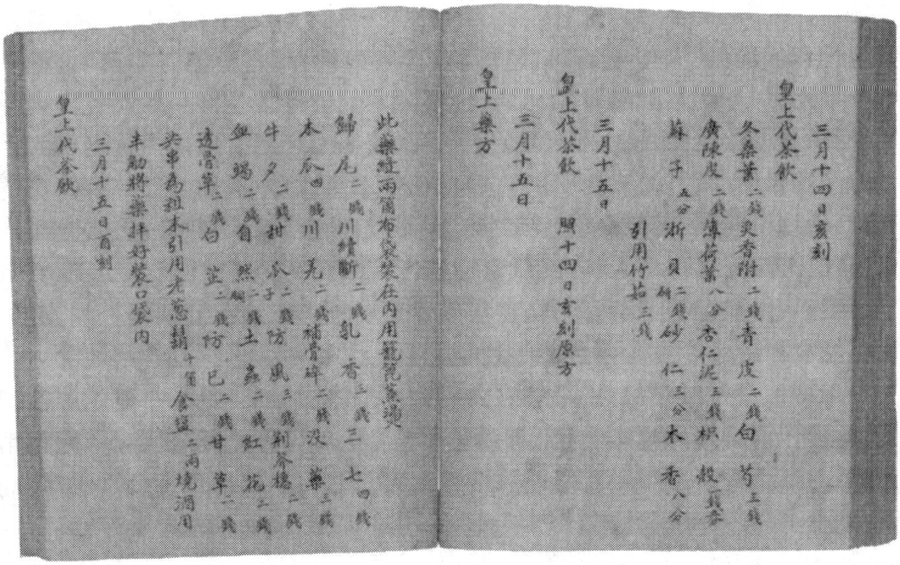

三月十四日亥刻
皇上代茶飲
冬桑葉二錢 炙香附二錢 青皮二錢 白芍三錢
廣陳皮二錢 薄荷葉八分 杏仁泥三錢 枳殼[illegible]
蘇子五分 浙貝研二錢 砂仁三分 木香八分
引用竹茹三錢
三月十五日
皇上代茶飲 照十四日亥刻原方
三月十五日
皇上藥方
此藥[illegible]兩包布袋裝在內用[illegible]
歸尾二錢 川續斷二錢 乳香三錢 三七四錢
木瓜四錢 川芎二錢 補骨碎二錢 沒藥三錢
牛夕二錢 甜瓜子二錢 防風三錢 荊芥穗二錢
血竭二錢 自然銅二錢 土鱉二錢 紅花二錢
透骨草二錢 白芷二錢 防已二錢 甘草二錢
共串為粗末引用老葱[illegible] 食鹽二兩 燒酒
半觔將藥拌好裝口袋內
三月十五日酉刻
皇上代茶飲

图4 清宫代茶饮药方

清代宫中除了患病时由御医开方用药外，对于日常防病的方药也甚为留意，无病、小病、换季之时，常用方药制成丸药服用，以达到预防与调理之功效。其实这些方药与民间家常小方相似，但就是因为宫廷成药是以皇帝、妃嫔为主，毫无疑问，为他们提供的药品质量应该是上品，具体体现在：选药地道、炮制得法、制作精细，所谓“炮制虽繁，必不敢省人工；品位虽贵，必不敢省物力”的原则，在宫廷中得到无以复加的体现，疗效自然就高。仅以清暑益气丸为例，嘉庆朝华妃“素有气血两亏旧症”，嘉庆八年（1803）五月初七日经御医涂景云、张铎诊治，认为“时届暑令，议用清暑益气丸补气养血，除湿健脾，长服调理”。其方为人参六钱，葛根五钱，五味子五钱，炙黄芪八钱，青皮四钱（炒），泽泻一两，苍术五钱（炒），麦冬一两，焦白术一两，神曲一两（炒），黄柏五钱（酒炒），陈皮五钱，归身一两，升麻三钱（炙），炙草二钱，合为一起，研成细末，再制成蜜丸，重三钱，每天早晨服一丸，开水送下。御医开出此方制成丸药用于华妃，暑日常服，既补气养血，又可清热益气，防病治病两兼顾，实为妙品。

四、御用药材

皇帝看病、吃药非同小可，御药、御药材的采购同样重要。清宫对御药、御药材的采购和管理有极为严格的制度和规定。按照清宫的规定，宫内设有御药房，是采购、保管、供应宫中药品的专门机构，也是太医院专门的药库。由专门的管理大臣负责，还有主事、司员、库掌等官员。配药的叫“苏拉医生”，其实就是差役，有四十四人，还有招募的“民间医生”十七人。时至今日，宫中御药房仍给我们遗留下不少珍贵的实物，如当年宫廷备用的牛宝、马宝、猴宝、狗宝、蜘蛛宝等罕见的名贵药材，同仁堂制作的藜峒丸、紫金锭等药物，有设计精巧、携带方便的药袋、药柜，早期西洋传教士进献给康熙皇帝的西药和葡萄酒。从当年御药房配制丸散膏丹的器皿和模具来看，西医科学在太医院已经广泛应用，如大型精细的人体解剖模型、化验用的显微镜、消毒用的蒸汽发生器，以及近代的一些西洋成药等。

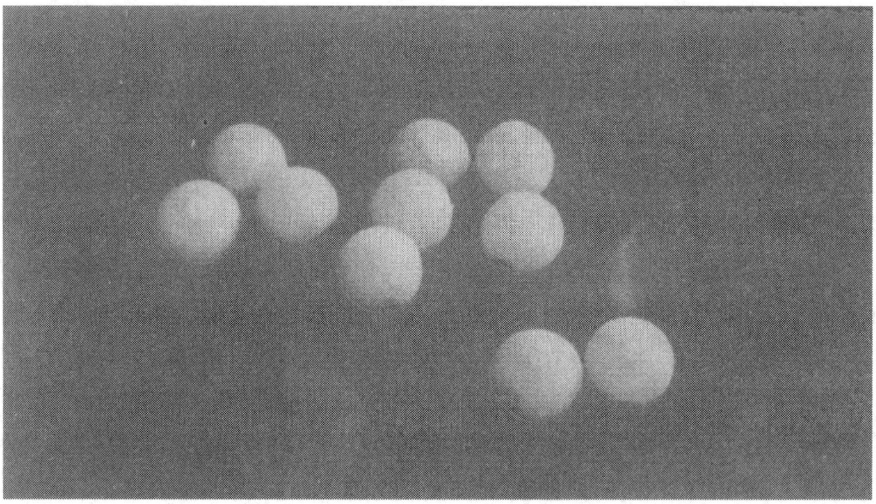

图5　清宫藏品：同仁堂制作的藜峒丸

清王朝的宫廷用药十分庞杂。除皇帝、妃嫔等外，还有大批太监、宫女、侍卫等，总计万人以上，这些人的医药保健用药量已经很大，再加上皇帝随时赏赐群臣和急用的药品，其需求量更是十分惊人。而且对药材的

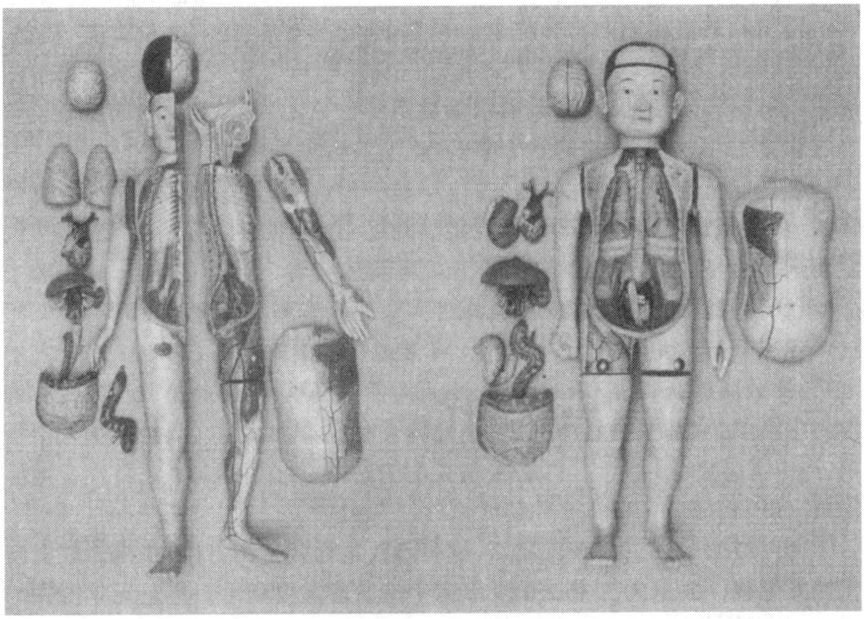

图6　西洋人进献清宫的人体解剖模型

品质要求非常讲究，要求如此严格的这么多药材，又从哪里来呢？

当然，皇帝要采购多少好药材也不是一件难事。为了确保药材的数量与质量，清廷制定了一整套严格的规定：凡是出产药材的省份，每年必须按规定由药商给皇宫进送药材，并且在这些省区安排专门的官员承办，如康熙十三年(1674)浙江布政使陈秉直就花了大量时间和精力办理宫中药材。

各省督抚大员，为了讨好皇上，将当地一些上乘药材，每年按例向宫中进贡，如云南的茯苓、广东的橘红、四川的冬虫夏草，等等。此外，辽宁、吉林等地山中产参，全部被清廷所控制，不得随意私挖。入山采参，要经户部发给信票，用今天的话说就是得到许可证，否则按违法论处。可想而知，平民百姓有病哪能用上好药。

御药的采买主要来自北京一些药商，这样就更为方便、快捷。根据清宫档案记载，北京同仁堂就是供奉宫中御药的重要商号。雍正元年(1723)《上谕档》记载，雍正皇帝钦定："同仁堂供奉御药房需用药料和代制内廷所需各种中成药。"并规定每三个月进药一次不得有误，历年如此，直至清末近二百年。每次进药情况都有详细记载，如道光二十年(1841)同仁堂药商张大镛七月至九月承办的御药有一百一十七种，重二百一十六斤十二两八钱；十月至十二月，又进一百五十种，重二百五十二斤七两。同仁堂不仅供应御药房生药，后来它的丸散膏丹配方，也被抄录宫中。现在第一历史档案馆还保存有光绪十一年（1885）六月初四日《同仁堂丸散膏丹》配方。该书首列碧云散，尾载益寿比天膏。其中有内科配方朱砂安神丸等七十四种，外科配方生肌散等四种，妇科配方七制香附丸等四十六种，儿科配方烂积丸等六种，伤科配方藜峒丸等两种，喉科配方清咽利嗝丸等三种，眼科配方黄连羊肝丸等九种，共计一百零二种。各方中之药味、重量、配制方法，都一一分别标明。这应该就是人们所说的清宫秘方。有意思的是，也许因为该药号诚信之故，除药物之外，有时甚至连宫中笔墨纸张等用品也让他们承办。

各处送来的药材，由御药房管理药库的官员验收后，存放生药库。药材合格经验收官员签发单据，药商才能到户部领取银两。生药库收到药材后一律交管理药库医官查验，经过挑选交给御药房，再由医生炮制备用。买办药材和发放药品名称，药房领用纸张银两及配方等，在御药房医药档案中都有详细记录。

中药材中的不少种类要经过炮制以后才能入药，没有炮制前叫生药，

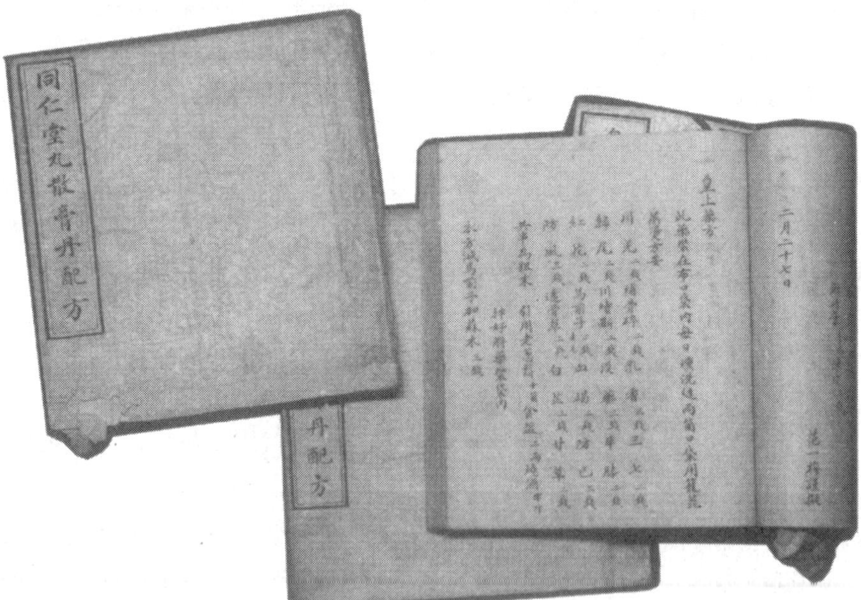

图 7　清宫珍档：同仁堂丸散膏丹配方

炮制的好坏，对药性影响很大，弄不好治病的效果会大打折扣。这少不了又有相应的制度与规定来保证炮制的质量，因此选药地道，炮制得法，制作精细，所谓“炮制虽繁，必不敢省人工；品位虽贵，必不敢省物力”的原则，在宫廷中得到了无以复加的体现。中药的炮制有的是在紫禁城的御药房进行，有的是在供药商号进行，

为了保证炮制的质量，按照宫中御药房的规定，同仁堂派有专人承办内廷用药这一皇差，承办人持有内务府颁发的专用腰牌，以便随时进出紫禁城。由于有了这份官差，可以进出宫禁之地，又是进奉药物，出不得半点差错，所选之人必须非常可靠，这就要求择人十分谨慎，审查也十分严格。同治四年（1865）四月三十日，因同仁堂药商张洪病故，招新商张景云顶替时，由同仁堂担保，送御药房验明身份，才发给腰牌。

五、伴君如伴虎的御医

清代皇帝、嫔妃日常的医疗与保健，都离不开御医，御医除指在太医院任职的医官外，还应当包括那些由地方举荐入京，供奉内廷的名医。他们侍候于君王左右，为“至尊”诊治疾病和进行日常保健，遇有疑难大症，朝野瞩目，责任极重。可是清代历朝皇帝、妃嫔大都养尊处优，每餐必膏腴杂陈，脯醢并存，像这样的生活方式，自然有损健康。身贵体弱，得病便不易治愈，反而责怪御医无能。御医进宫供职，有时须对内府官员、太监等施以贿金，如果不这样他们就会从中作梗，处处设置障碍，因此，即使是那些精于医术的太医，由于多方掣肘，也难一展身手。有的偶然幸中，医治见功，虽赏赉有加，荣耀异常，似乎可以平步青云，其实未必。甚至恩赐所得，尚不够贿赂之所出。加上宫禁之中，勾心斗角，尔虞我诈，政治风云，变幻莫测，有时太医则是首当其冲，难以逃脱。一药误投，生死所系，出了事故，要遭杀身之祸。所以有些名医把应召入宫视为危途，甚至闻讯远遁，希望能够一走了之。真正官运亨通的太医寥寥无几，屈指可数。民间流传着的“御医难当”、“伴君如伴虎”的说法，并非虚言，可其中甘苦，人们又知道多少呢?

现仅举数例，御医的甘苦就可略知一二：

（1）宫中治病，皇家对于疗效甚为强调。倘若治疗效果不佳，皇帝常予以严词申斥，重则受到严厉惩处。如康熙四十五年（1706）十一月二十

四日，太医院院使孙之鼎等奉旨治疗正黄旗内大臣颇尔盆痔漏复发症，病势已窜至左右臀，内通大肠，散发一股恶臭，脓血每天可流一碗，病情十分严重。孙之鼎等御医束手无策，只得如实奏报。康熙帝对此非常不满，在孙之鼎所呈的奏折上朱批："庸医误人，往往如此。"如此一批，御医又如何经受得起。乾隆二十年（1755），太医院院使刘裕铎领旨治疗侍卫内大臣伯依勒慎伤寒发疹之症，经过一段时间的治疗，病情加重，刘裕铎急忙上呈奏折报告皇上。乾隆帝闻讯，立即降旨内务府总管大臣王常贵：交给他们一个病人都治不好，你提防着点，去守着他们，看是如何治病的。显然乾隆帝极为不满。又如光绪帝死前一年间，因病情复杂，太医久治不愈，而光绪本人又怨天尤人，时常对御医恶语相加，发泄不满。光绪三十四年（1908）他在自述病原中谕示："近来耳堵鸣响，日甚一日，几不闻声，屡服汤药，寸效全无，名医伎俩，仅止于此，亦可叹矣！"此类恶语，比比皆是，足见光绪帝求愈心情迫切，也说明宫中御医治疗效果不佳时，所受申斥之严厉。显然，宫中对于治病疗效特别强调，御医治疗不能敷衍了事。

（2）清代的皇帝大多以知医自诩，有关的朱批或御旨，在清宫医案中随处可见。对处方用药，动辄指责，太医纵操神技也只得勉为其难，遵旨施治。如康熙四十二年（1703）七月十三日，康熙帝在御医张献等人治疗武英殿赫世亨疾病的奏折上朱批："理气健脾丸药，有补脾助消化之效，着每日早晨将一钱药以小米汤同时服下，想必有益。着由御药房取药试用。除此之外，禁止服用其他补药及人参等。"自然，病后调脾及防止滥用人参均有合理之处，但其论示不合医理，御医又怎么敢不遵旨照办。皇帝开方，也并非全都不合医理，也有凑巧治好顽症的时候，如乾隆十九年（1754）闰五月初九日，对医术颇有研究的乾隆帝得知大臣梁九功额头生有一个黄豆大的疮，亲自朱批下药："着速用藜峒丸。"不久，梁九功就痊愈了。再如光绪皇帝对把脉开药就属于一知半解。光绪三十三年（1907）八月的一天，光绪帝在御医给他自己开的处方上写道："若常用热剂一味峻补，恐前所发之恙复见于今。尚宜斟酌立方，如生地、元参、麦冬、菊花、桑叶、竹茹等清凉养阴之品，每日稍佐两三味，以防浮热时常上溢。"此类光绪帝钦定的药方在其脉案中随处可见，当时不管是否对症，御医也得遵旨使用。

（3）当然，御医进剂获效，皇帝也褒奖有赏，以资鼓励。雍正七年（1729）三月二十三日，太医院院使刘裕铎治好了大臣侯陈泰的伤寒病，

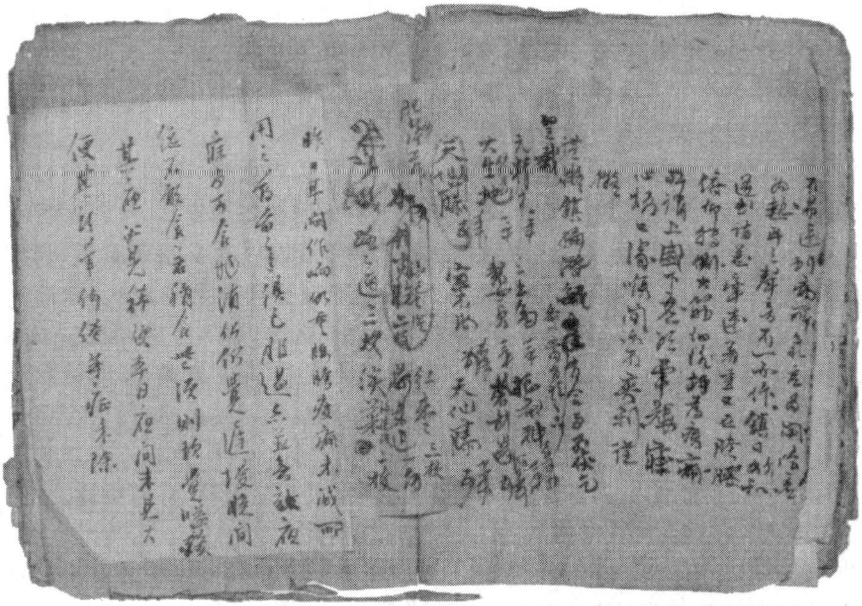

图 8　光绪皇帝自述病原的秘档

雍正帝特意降旨：侯陈泰病症难为，经刘裕铎诊治痊愈，着赏记功一次。皇帝有赏，自然有助于日后的加官晋级。可就是褒奖，其处境有时也并非全如人意，给慈禧太后治过病的薛福辰就是一例。薛福辰本是江苏名医，慈禧患病，应召入京。经精心治疗，效果颇佳。慈禧病愈后，特赐“职业修明”四字匾额，赏赐给薛福辰。大功告成，本应载誉回籍，但是“老佛爷”却不准他即时出京，因为在慈禧大病初愈之后，还须旧恙全无，方许报安，这叫做请太平脉，只得在京耽搁下去。不料其间，其女竟在家乡染病身亡，薛福辰悲痛万分，有言难诉。“伴君如伴虎”这句话，放在薛福辰身上再合适不过了。

清代御医，大多是医理精通，经验丰富，独具特色的医学家，曾为祖国医学宝库增添了光彩。清宫医案不仅吸收了历代名医的经验，而且荟萃了民间验方的经验，是中华民族的宝贵遗产。清代宫廷医疗与保健档案资料的发掘、整理和研究，是开拓、继承、发扬我国传统医药学的一个重要方面。随着发掘工作的深入，相信必将会有广受欢迎的清宫医案被开发出来，造福亿万民众。

光绪梓宫出殡始末

1908 年 11 月 14 日傍晚（光绪三十四年十月二十一日酉时），三十八岁的光绪皇帝在幽禁中死于中南海瀛台涵元殿。1909 年 3 月 12 日光绪梓宫（皇帝之棺椁称之为梓宫，因棺以梓木为之而得名）出殡，从京城景山观德殿移至西陵梁各庄行宫暂安。途中由日本东洋照相馆的摄影师拍摄了规模宏大的光绪皇帝梓宫出殡的情景。

清代皇帝驾崩后，没有正式葬入陵寝前称之为“暂安”。光绪皇帝梓

图 1　光绪皇帝梓宫出京

宫从观德殿移至西陵暂安期间，举行了繁杂的殡仪活动。尽管光绪皇帝生前是个傀儡，死时已是国敝民贫，内忧外患，殡仪活动比以往皇帝都要简略，但是丧礼仍然豪华铺张，耗银达四十五万两。当时，从京城至西陵已有火车可直达。但为了恪守祖制，清廷对这次最后的丧仪仍采取了传统方式。

光绪皇帝梓宫出殡之日，皇亲国戚和王公大臣、隆裕皇后、瑾贵妃等天刚亮就倾巢出动。首先，恭办丧礼大臣率内务府官员将册、宝案、宝床、香案、香几、银五供等项由观德殿搬出，送至芦殿（下一站临时停放梓宫的处所），黄幔素帷等项送往梁各庄行宫。銮仪卫同内务府官员预备册宝、黄亭，礼部和内务府官员恭捧香册、香宝安奉黄亭内，执事官备好大升辇于殡宫大门外。一切准备就绪，由监国摄政王代诣来到光绪梓宫前祭酒三爵，每祭行一拜礼，众官随行。祭过之后，由办理丧仪的大臣、礼部内务府銮仪卫大臣率领执事官及校尉等将光绪梓宫移出观德殿大门外登大舆。礼部尚书向大舆祭酒三爵，每祭行一叩礼，焚纸钱五千张，王公大臣等皆随行叩礼，一百零八名喇嘛在观德殿大门外诵经为光绪皇帝送行，恭办丧礼大臣、各项有执事官员、近支王公、御前大臣、御前侍卫、乾清门侍卫、内务府执差人员随行前往西陵梁各庄。四品以下官员、百姓、商人、学生等俱在城门外关厢内结集，待梓宫经过时皆下跪举哀。

光绪梓宫从京城殡宫至西陵暂安，遥遥路程二百四十里，行程需四天三夜，具体时间、途经路线是：

3 月 12 日，景山东门起、地安门、阜成门（十里）彰义村头宿（二十八里）共三十八里。

3 月 13 日，彰义村、韩村河二宿共八十一里。

3 月 14 日，韩村河、魏村三宿共六十五里。

3 月 15 日，魏村、梁各庄共六十五里。

送葬路上，庞大的送葬队伍浩浩荡荡，蜿蜒十几里，由太宁镇绿营马队做先锋开道，禁卫军及宪兵沿路警戒，六十四人组成的引幡队，举着花花绿绿的万民旗、万民伞走在前面，接着是一千三百多人的法驾卤簿仪仗队，所执器物五花八门，包括篦头四对、画角二十四支、鼓四十八面、大铜号八支、小铜号八支、金钲四面、杖鼓四面、龙头笛十二管、板四串、各种旗帜九十面、青赤黄白黑五色龙纛各二面、黄麾一对、仪锽氅四对以及方天戟、立瓜、卧瓜、御杖、静鞭、龙扇、红灯、金炉、金交椅、大辂、玉辂、大马辇、小马辇、香步辇、凉步辇、大仪轿等共六十八种，六百三十八件，仅法驾卤簿仪仗队就排了五里多长。

光绪皇帝梓宫跟随在法驾卤簿仪仗队之后，梓宫是由一根前安龙头、后镶龙尾的大杠为轴心的“独龙杠”，抬“独龙杠”的杠夫共七千九百二十名，每天分为六十班，每班一百二十八人，另配帮夫二百四十人随时替换体力不支的人。梓宫外装置葫芦金顶，黄缎绣金龙的棺罩，皇家忌讳死字，给经过乔装打扮的大棺材起了个漂亮好听的名字，叫“吉祥轿”。这顶“大轿”宽就达五米有余。罩顶系二条黄绒绳，披于前后左右，由四人各牵一头，保持棺罩的稳定与平衡。棺罩两侧各有杠夫十二人，每人举着一根红漆竹竿上挑二尺见方的黄旗，前面有两个身穿孝衣、头戴去缨秋帽的人，手敲响尺（系用二尺长和一尺长的木尺各一根，用绳相连，用小尺敲大尺），引导皇杠的行进。抬皇杠人员大多是从良乡、宛平、大兴、房山等县应皇差而来的包衣旗人，一律身着紫色团花麻驾衣，戴黄手套，穿黄靴罩，土黄套裤，头戴盆式黑毡帽上安朝天黄鹅翎。正式出殡前，他们要在德胜门外的广场上演习十天，人们称之为“演杠”，操练时按送葬的要求，在皇杠上放梓宫的位置摆上一桌一椅，在桌上放一碗水，并由一名官员坐在椅子上审视水碗，皇杠行进无论远近、快慢、转弯，以一百二十八人的步伐整齐划一，令行禁止，水不溢出为合格。光绪皇帝梓宫的后面是隆裕太后、瑾贵妃及王公大臣的车队，为光绪帝梓宫出殡的车辆达一千四百多辆。

从京城至西陵的送葬路上，沿途有专人负责撒纸钱，仅从景山东门至阜成门一段，便撒纸钱九十万枚，重达一千余斤。一连四天，撒钱不断，每到吉时还要烧纸钱。除了撒纸钱、烧纸钱外，光绪帝梓宫出殡前后要焚烧掉不计其数的纸人、纸马、楼库、器皿、松亭、松轿、衣帽、鞋履、衾枕、被褥。凡是光绪皇帝生前用过的衣物，除了作为遗念分别送给亲友外，不论新旧，都要分批烧掉。

在送葬沿途所停三宿，都要临时搭建芦殿与黄幄，作为迎送梓宫和暂时停放梓宫的临时处所。所用材料大多为高级布料，虽只为一夜之用，也极力达到玉阶金瓦、朱碧辉映的效果。芦殿搭造非常讲究，用黄绸布围成内城墙，用白绫布围成外城墙，在外城墙外围，还有一道网城。据文献记载，每座芦殿七楹，面宽十二丈四尺，檐高二丈，进深九丈，前檐隔扇五槽，抱厦一间。殿前有牌楼一座。两厢是銮辇棚、摆供棚四座。黄幔围墙八十二丈二尺。四角设马驾更棚四座。墙外支有黄绸白绫帐篷一百三十六座，巡房若干。以上三处芦殿用银二万九千两，仅芦殿内用大号白蜡即达六千五百二十八支。

光绪皇帝梓宫的暂安殿是西陵梁各庄行宫正殿，隆裕太后与瑾妃分住在左右配殿陪灵。暂安殿附近设有王公大臣六班公所，凡现任各都院和八旗都统，都要轮流值班，每日都要进行繁琐的祭奠活动。

当时，崇陵尚未建成。直到 1913 年 11 月，在行宫正殿停放了四年零八个月的光绪皇帝才入葬崇陵地宫，而在此前的 1911 年 10 月大清王朝已被辛亥革命的浪潮席卷而去了。

正说刘墉

一部四十集电视连续剧《宰相刘罗锅》曾风靡全国，尽管电视剧中的刘罗锅与历史上的刘墉本是两回事，可至今仍为街头巷尾人们议论的话题。那么，历史上的刘墉到底是怎样的一个人呢？

一、承祖荫荣、仕途坦荡

刘墉（1719—1804）字崇如，号石庵，谥文清，山东诸城人。刘墉生于书香门第，长于显宦之家。祖父刘棨，是康熙二十四年（1685）进士，官至四川布政使；父刘统勋，是雍正二年进士，官至东阁大学士。刘墉于乾隆十六年（1751）考取进士，并不是传说中所讲的考取了状元。他们祖孙三代为官，生活和服务于康雍乾盛世，在朝野内外享有盛誉。

中国第一历史档案馆所藏乾隆二十八年官员铨选履历片记载："刘墉，山东人，由编修乾隆二十一年（1756）九月内用安徽学政，二十四年九月调江苏学政，二十七年十二月内用山西太原知府。"乾隆皇帝在刘墉的履历片中批道："有出息，可用之人。"此后，刘墉官职屡有升迁，历任江西盐驿道、陕西按察使、内阁学士、《四库全书》馆副总裁、户部侍郎、吏部侍郎、湖南巡抚、都察院左都御史、吏部尚书、工部尚书兼管国子监事务、直隶总督、兵部尚书、协办大学士；嘉庆二年（1779）三月被擢为体仁阁大学士，加太子少保衔，嘉庆七年，皇帝巡幸承德，命刘墉在京主持朝政。

在民间传说中，都讲刘墉是个罗锅。这似乎不太可能，中国历史上一向以“身、言、书、判”四项标准选择官吏，“身”是第一位的，有生理缺陷的人是无法为官的。关于刘墉是个罗锅这一说法，可能是他晚年有些驼背，出自民间的一种昵称。我们在馆藏清代档案中没有查到有关刘墉是个罗锅的记载。

二、官居显赫、政绩平平

电视剧《宰相刘罗锅》多次提到刘墉人称“刘三本”，每次上朝都要上奏三本以上的奏章，议朝政，砭时弊，称得上是乾隆朝的栋梁。但从清代档案来看刘墉虽官居显赫，却政绩平平。查遍馆藏刘墉奏折档案，就其数量而言，实属不多，远不及和珅所上奏折的数量。现从中选出几例，向世人公布：

（1）乾隆二十四年（1759）四月，刘墉任安徽学政时针对地方捐纳贡生监生制度的弊病奏称：“捐纳贡监，向例责成教官约束，但贡监人数众多，既不岁考，又无功课，教官势难综核，请嗣后凡贡监遇有小过扑责示惩者，州县仍会同教官核办，其举报优劣，只责成州县办理。”部准议行。

（2）同年九月，刘墉调任江苏学政，他针对该省士习和吏治腐败，提出：“生监中滋事妄为者，府州县官多所瞻顾，不加创艾，既畏刁民，又畏生监，兼畏胥役，以至遇事迟疑，皂白不分。科罪之后，应责革者并不责革，实属阘冗怠玩，讼棍渎蠹吏因得互售其奸。”对于刘墉所奏，乾隆皇帝大加赞赏，降谕旨：“刘墉所奏，切中该省吏治恶习，江南士民风尚多属浮靡喜事，为地方有司者加以骫骳姑息，遂致渐染日深，牢不可破。故近来封疆解弛之弊，直省中唯江南为甚。督抚为属僚表率，大吏不能振作，阖属谁不承风？尹继善等当从此痛除旧习，刻自淬砺，州县官有怠玩相沿，如刘墉所奏各情节，即严行体察，据实参处。”

（3）电视剧《宰相刘罗锅》中讲刘墉在江宁知府任上，因修河堤有功，被乾隆皇帝召入京城为官。清代档案中未见如此记载，却只见有嘉庆二年四月，刘墉奉旨前往山东查勘漕河汛情事。上呈奏折：“漫口须至秋汛后堵筑，而下游一带间有淤垫，必一律挑濬宽深，大溜归入正河，方能畅达下注。”嘉庆皇帝降旨：“如所奏议行。”

（4）嘉庆四年（1799）正月三日，太上皇乾隆帝去世。初四日，已八十高龄的大学士刘墉、给事中王念孙和御史广兴等人纷纷上呈奏折，弹劾和珅种种不法情状。正月初八日，刘墉与仪亲王永璇、成亲王永瑆、亲王绵恩及兵部尚书庆贵等奉旨查抄和珅家产，列单具奏。经过王公大臣会同三法司对和珅进行审理，正月十八日，和珅以二十条大罪被嘉庆皇帝“赏赐”白绫一条，令其自尽。试想如果没有嘉庆皇帝的暗中布置与指使以及宠用和珅的太上皇乾隆皇帝的业已离世，刘墉等人又怎么能参倒和珅呢？

刘墉为官期间，也有被革职、降职的时候，乾隆皇帝有时对他颇有微词。乾隆三十一年（1766）时因刘墉于二十七年在山西太原任知府时，所属曲阳县令段成功犯有侵蚀库款一案，他负有失察之责，部议照扶同容隐按律拟罪，乾隆皇帝加恩免死，发往军台效力赎罪。乾隆三十一年降旨释还。

乾隆五十三年，乾隆皇帝借口刘墉言语不谨，有觊觎补授大学士之嫌和对皇子学习抓得不紧为由，将他“降为侍郎衔，仍在总师傅上行走，不必复兼南书房，以观其能愧悔奋勉否”。

刘墉在乾隆、嘉庆两朝为官，其贡献主要表现在文化方面，在纠正时弊、承风宣化、教育人才等方面也付出了相当精力。另外，他在为官期间，以清廉恤民称于世，受到了老百姓的爱戴。民间有：清介持躬，名播海内，妇孺老幼无不服其品谊，至以包孝肃（包拯）比之的说法。

三、文化方面功与过

（1）编书著述。在乾隆皇帝弘扬传统文化、稽古右文之时，刘墉因学识渊博、经学根底深厚，多次被谕令编纂官修典籍。乾隆四十一年，充任《四库全书》馆副总裁，并派续修《西域图志》和《日下旧闻考》。乾隆四十七年，充任《三通》馆总裁。乾隆五十一年，充任《玉牒》馆副总裁。嘉庆六年，充任《会典》馆总裁。刘墉奉旨，与各位总裁、副总裁及全体编修人员一起通力合作，如期完成各项官修典籍的编纂任务，为保存祖国文化典籍和发展繁荣学术文化事业作出了积极贡献。

刘墉才华横溢，喜文爱墨，除奏折、题跋外，个人的散文与诗作也不少，有《刘文清公遗集》十七卷传世。其中一首描绘盛世农家喜庆丰收、交官租后的合家欢乐之情，以及乐道朝廷豁免所欠的裕民政策的诗这样写道：

只轮车，秃尾驴，大户小户输官租。
官租输罢囷仓余，酿秫成酒不用沽。
雨足春畦撷春蔬，东邻西舍邀欢娱。
田翁诈醉泥孙扶，长男生子争舍哺。
中男取妇孝于姑，小儿假馆粗知书。
半年乐岁一事无，闲道皇家贯旧逋。

（2）书法名家。刘墉精通儒学，喜爱文学，多才多艺，诗、词、书、画俱佳，尤以书法最为擅长，与翁方纲、成亲王永瑆、铁保三人齐名，称为乾隆朝著名四大书法家。刘墉的书法用墨饱满，墨浓字肥，浑厚端庄，雄厚劲遒，时人有“浓墨宰相（刘墉），淡墨探花（王文治）”之美誉。他的书法作品被近代著名书法家张伯英、张海若等视之为“神品”。刘墉的墨迹传于世者，有由其侄儿刘镮之（嘉庆朝户部尚书）刊刻行世的《爱清堂石刻》。

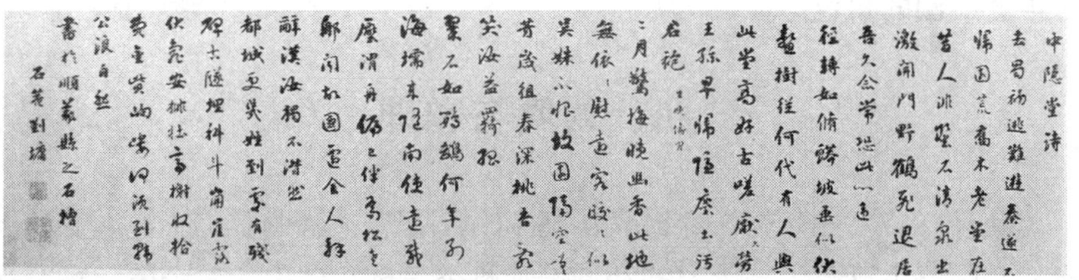

图1　刘墉书法

（3）参与制造文字狱。在《宫中档乾隆朝朱批奏折》《乾隆朝上谕档》中就记载了刘墉曾参与制造泰州举人徐述夔《一柱楼诗》文字狱一案。

徐述夔，山东东台人，字孝文，乾隆三年举人。著有《一柱楼诗》《学庸讲义》《五色石》等书籍。

乾隆四十三年（1778）四月，江苏省东台县监生蔡嘉树与徐述夔之孙徐食田因田地争讼，蔡嘉树挟嫌报复，欲告徐述夔《一柱楼诗》有违禁处，徐食田得知后遂向东台县县衙呈交其祖父所著《一柱楼诗》等书籍，蔡嘉树及如皋县百姓童志璘等人也同时赴县举报。经检阅发现书中有“明朝期振吁翮，一举去清都”诗句，被称为悖逆语句。此案上报给正在金台办理考试事务的江苏学政刘墉，刘墉视此事非同小可，七月二十九日上奏朝廷：“臣在金台办理事务，如皋县民人童志璘投递呈词，缴出徐述夔诗一本；沈得潜所撰《徐述夔传》一本，并称徐述夔已故，既见此书，恐有应究之语，是以呈出等情。臣查童志璘是否挟嫌，有无教唆之处，应行地方官究问，其徐述夔诗语多愤激，而沈德潜所作传内有伊弟妄为大辟之语，或者因愤生逆，亦未可定，其所著述如有悖逆，即当严办，如无逆迹，亦当核销，以免惑坏人心风俗。现移督抚搜查办理。并诗一本，传一本加签恭呈御览。”乾隆皇帝接到刘墉奏报后，即于八月二十七日谕令“严切查究”。十一月，经大学士九卿议奏奉旨：“将已故徐述夔、徐怀祖照议戮尸，徐食田斩监候，徐述夔之曾孙、孙媳等人给付功臣之家为奴。”涉及此案的县、州、府各级官员十余人均被问罪。此案成为清代著名文字狱之一。

《一柱楼诗》案的罪魁祸首无疑是乾隆皇帝，他想借此推进查缴禁书运动和震慑江南士子，以巩固其文化专制主义统治。刘墉则在此案中扮演了推波助澜的角色。

四、刘墉与和珅

和珅（1750—1799）字致斋，姓钮祜禄氏，满洲正红旗人，生员出身。乾隆三十五年，二十岁的和珅参加科举考试，未中。后经乾隆皇帝提携，官至文华殿大学士。和珅是乾隆皇帝晚年的宠臣，其人精明敏捷，办事干练，善解乾隆皇帝之意，被视为心腹。擅权纳贿，不择手段，进行侵贪。嘉庆四年，被嘉庆皇帝以二十条罪状逮捕，“赏”白练一条，令其自尽。当时就有“和珅跌倒，嘉庆吃饱”的民间谚语。

爱新觉罗·弘历，是清代第六个皇帝，是中国封建社会执政最久、年寿最高（享年八十九岁）、影响最大、文治武功兼备的皇帝，又是颇有争议的一位封建皇帝。乾隆朝是人们称之为“康乾盛世”的全盛时代，又是盛极渐衰的时代。刘墉与和珅就是生活在这个时代，扮演不同重要角色的两个人物。

长期以来，在北京、天津、河北、山东、辽宁等地，有关刘罗锅的民间故事流传甚广，其中相当多的章节是描述他同奸佞的斗争，其斗争的锋芒直指乾隆宠臣和珅。从《刘罗锅科考》在贡院受到和珅的百般刁难开始，一系列脍炙人口的传说故事展开了，《智斗和珅》《两座城池》《以砖换银》《计伤和珅双臂》等传说，灵活运用民间文学，经常使用反差大的对比手法。一方面着意渲染刘墉外貌的丑陋，同时又着意展示他的聪明才智、正直善良，让外丑与内美形成强烈的对比。一方面用和珅的奸诈、狠毒、贪婪、蠢笨来反衬刘墉的正直、和善、清廉、机敏。加上传说大多富于戏剧性，喜剧色彩贯穿始终，把刘墉幽默风趣、诙谐善谑的性格生动地表现出来。

那么正史中所记载的刘墉与和珅又是怎么一回事呢？乾隆十六年，刘墉考取了进士，这一年他三十一岁，而和珅刚刚一周岁，无论如何他们都是不可能在考场上见面的，在此之后，相当长的一段时间里，二人为官地点不同，官职不同，并没有在一起共事。直到二十五年后，乾隆四十一年，乾隆皇帝授予五十七岁的刘墉为内阁学士，官居二品；这时，二十六岁的和珅任军机大臣兼内务府大臣，戴一品朝冠。从这一年开始，刘墉与和珅才有在宫中共理朝中大事的机会，只是年轻贪婪的和珅要比年长清廉的刘墉所掌握的权力大得多。和珅是乾隆皇帝的宠臣，在朝中炙手可热，他揽权纳贿，打击异己，遭人怨恨。乾隆皇帝为了维护清王朝亘古盛世的虚名，加上和珅的儿子丰绅殷德是他的驸马，尽管乾隆皇帝惩办了众多的贪官大吏，但对和珅始终没能“忍痛割爱”。这些刘墉都看在眼里，记在心中，时时事事小心行事。传说二人偶尔也开些玩笑，相处还算平安。

乾隆四十七年，御史钱沣弹劾山东巡抚国泰贪污大案，乾隆皇帝降旨：命户部尚书和珅、左都御史刘墉与江南道监察御史钱沣一同前往山东查办国泰贪污案。有迹象表明，办案过程中，和珅曾派亲信向国泰通风报信，想方设法为其开脱罪责，刘墉主持公正，支持钱沣，费尽周折，终于查清国泰等人的贪污罪行。乾隆皇帝盛怒之下将国泰等贪官处以死刑。这是他们首次同任钦差大臣，共同办案。除此之外，正史中再也没有刘墉与和珅共事或者相争的直接记载。

附表：

刘墉、和珅在中央机构任官一览表

年 代	刘 墉	和 珅
乾隆十六年(1751年)	考取进士 31岁	1岁
乾隆四十一年(1776年)	内阁学士、南书房行走(从二品)57岁	军机大臣兼内务府大臣(从一品)26岁
乾隆四十三年(1778年)	户部右侍郎(正二品)59岁	领侍卫内大臣、正白旗都统(正一品)28岁
乾隆四十七年(1782年)	督察院左都御使(从一品)63岁	户部尚书、兵部尚书32岁
乾隆五十一年(1786年)	协办大学士(从一品)67岁	文华殿大学士兼吏部、户部尚书36岁
乾隆五十三年(1788年)	降为侍郎衔(正二品)69岁	晋封三等忠襄伯赐紫缰38岁
乾隆五十六年(1791年)	礼部、吏部尚书(从一品)72岁	兼刻石经正总裁41岁
嘉庆二年(1797年)	体任阁大学士(正一品)78岁	刑部尚书兼管户部47岁
嘉庆四年(1799年)	加太子少保衔80岁	经刘墉等人弹劾获罪"赐死"49岁

革命党人吴樾殉难

——从一张罕见历史照片谈起

这是一张令人看过不寒而栗的老照片，出自何人之手，我们已无从查考。但死难者的名字——吴樾，却写在了中国近代史上。

清朝末年，在日益高涨的资产阶级民主革命洪流的冲击下，清政府的统治摇摇欲坠。驻法大臣孙宝琦为此在上呈光绪皇帝的奏折中呼吁清政府应当效仿英、德、日之制，定为立宪之政体，先行宣布中外，用以团结民心，保全本邦。其他诸如江西、湖北、广东等省督抚也纷纷奏请“实行宪政”。连平时极端守旧的湖南巡抚端方，也奏请“宜附从多数希望立宪之人心，以弥少数鼓动排满之乱党”。

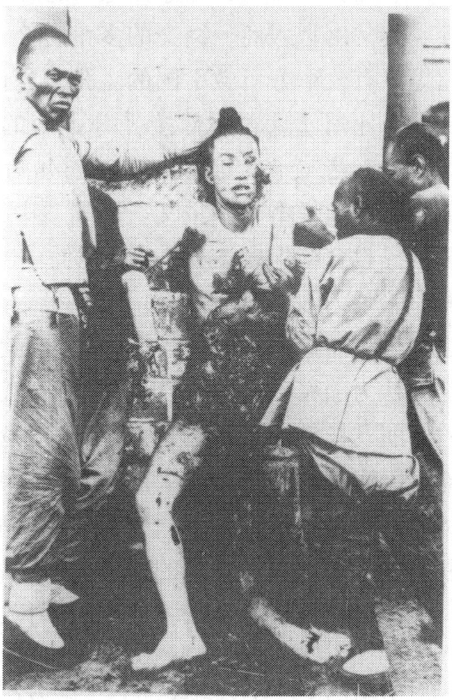

图1　革命党人吴樾殉难照

清政府为缓和国内阶级矛盾，对付日益兴起的资产阶级民主革命，推行新的统治策略，实行所谓新政。光绪三十一年六月十四日（1905 年 7 月 16 日），宣布委派镇国公载泽、户部侍郎戴鸿慈、兵部侍郎徐世昌、湖南巡抚端方、商部右丞绍英等五位大臣前往欧美、日本各国考察宪政，做出预备实行君主立宪的姿态，以示

“择善而从”。

清政府这种欺骗伎俩立即遭到广大民众的坚决反对，当革命党人吴樾听到载泽等五大臣将出洋考察的消息，异常气愤地指出“这无非是巧立名目，假借文明之名，行野蛮之实”，要救中国，必须推翻清政府这个封建王朝，他怀着“我四万万同胞，人人实行与贼满清政府势不两立之行为，乃德有生之权利”和“我愿四万万同胞前仆后继请为之先”的决心，不惜牺牲自己，以激励民众抵制清政府的立宪丑剧，准备炸死出洋五大臣。

八月二十六日（1905 年 9 月 24 日）上午，北京前门火车站内外，车水马龙，岗哨密布，吴樾怀揣炸弹，乘人群混乱之际，挤向五大臣乘坐的专车入口处，不料因人群拥挤，炸弹突然被挤落爆炸，吴樾当场牺牲，五大臣中载泽、绍英被炸伤。此次出国考察被迫推迟了行期。这次暗杀行动，虽然不能从根本上解决问题，但是它反映了全国人民对清政府“非驴非马之立宪”活动的抗议。

吴樾，字孟侠，安徽桐城人，保定高等师范学堂学生。吴家是桐城大族，其父由官入商，结交的多是官僚、幕客。吴樾早年深信康有为、梁启超等只有改革方可救中国的主张。当他读了《孙逸仙》《警世钟》《黄帝魂》等小册子后，毅然接受孙中山的革命思想，与革命党人结合，立志革命。光绪二十九年（1903）创办两江公学，出版《直隶白话报》宣传革命思想，信奉暗杀主义。光绪二十九年与杨毓麟等组织北方暗杀团作为军国民教育会保定支部。他认为：“排满之道有二，一曰暗杀，一曰革命。暗杀为因，革命为果。暗杀虽个人而不为，革命非群力即不效。今日之时代，非革命之时代，实暗杀之时代也。”吴樾力主暗杀清廷大吏，他首先认为陆军部尚书铁良是将来灭亡汉族的巨魁，一心刺杀铁良。正好他的好朋友杨笃生能够制造炸弹，吴樾经过试验，性能良好，吴樾喜出望外。恰逢清政府选派五大臣准备出洋考察政治，他认为立宪骗局实行，必将阻碍革命，于是写下《意见书》，怀揣炸弹毅然前往前门火车站，遂后便发生了这次震惊中外的事件。

吴樾牺牲后，全国各地纷纷举行追悼会，对吴樾之死深表哀思。革命党人陈天华在《民报》发表文章，高度评价吴樾的壮烈举动，称之为“在中国历史上真不可多见”，号召广大民众，继承吴樾遗志，撕去清政府假立宪的画皮。

清代钦天监

一、清代钦天监的历史沿革及其概况

钦天监，是研究天文历法的专门机构，即为掌管观测天象、编制历书、推算节气、测报日月交食及各大行星的运行周期，占卜吉凶，预报年岁丰歉与灾异有无之专门机构。自古以来，历代君王皆把天文历法机构所作的天象观察报告、预测预报和编制的历书，作为指挥国家行政管理、军事活动、农业生产以及规范民众日常生活的参考或依据，因此钦天监之类的机构在国家机关中占有重要的地位。虽然历代名称有所变化和不同，但是它的职掌和宗旨却逐代承袭相沿，并不断有所发展。

历代研究天文历法的职官和机构的名称各不相同，周代名为太史，隶属春官宗伯。秦汉时期，设太史令，隶属于太常寺，官级列为十三品，其级别是比较低的。隋朝始设太史监，唐朝设太史局，后又改称司天台，隶属秘书省（负责管理图书与文献资料之机构）。宋代有太史局、司天监、天文院等名称。元代改称太史院，与司天监并存，但测算之事皆归太史院，司天监仅存其名，明朝改为钦天监。清代沿袭明制，仍称钦天监。

钦天监衙署设置在天安门前东侧礼部衙门之后（今中国革命历史博物馆所在地），建于明朝正统七年（1442），于清朝乾隆三十一年（1766）重修，衙门之大门西向，在大堂前月台设立晷影一座，大堂之左立有明嘉靖二十六年（1547）刻碑一座，至清朝字已漫漶，又有石碣一座，记载雍正三年（1725）二月二日庚午日月合璧五星联珠之天象事，为钦天监官员明安图（蒙古族）等所立。钦天监衙署大堂后有三重，共有房屋一百一十间。

钦天监下辖观象台和时宪书局两个重要部门。观象台在京城东南隅

图1　钦天监观象台

（今建国门地铁站南侧），为钦天监安置天文仪器并常年观测天象之场所。按《万历野获编》一书记载，在古观象台上原设有宋、元两朝及明朝正统七年（1442）以前制造的天文仪器，今已不存。其原因是在乾隆年间，经钦天监监正西洋人刘松龄鉴定，认为这些仪器已经残损，失灵不准，由乾隆帝批准化为铜锭，送承德避暑山庄。其中一部分铜锭用为丽正门前铸造两只铜狮子。明崇祯二年（1629），礼部侍郎兼理历法徐光启奏请，钦天监制造象限大仪六件、纪限大仪三件、平悬浑仪三件、交食仪一件、列宿经纬天球仪一件、万国经纬地球仪一件、平面日晷仪三件、转盘星晷仪两件、时候钟三件、望远镜三件，拟安置在观象台，作为观测天象之用。

清朝的观象台承管天文仪器，至康熙初年各件仪器年久失修、失灵或受到残损，而被移到别处存放。至康熙十二年（1673），添制新仪六件，即赤道仪、黄道仪、地平经仪、地平纬仪、纪限仪、天体仪各一件。至今仍保存在古观象台之上。

时宪书局在宣武门内天主堂以西，原为明朝礼部尚书徐光启修历之所，时称历局。在钦天监工作的西洋人居住在这里，负责编修时宪书。

顺治元年（1644），仍沿明制设立钦天监，其衙署具体行文等事，俱由礼部统管，至顺治十五年（1658）钦天监从礼部分出，康熙三年

(1664) 复归隶礼部，十年 (1671) 再次分出，除立春日春牛芒神之仪式仍由礼部具体掌管外，其余一切俱归钦天监掌管。乾隆十年 (1745) 完全脱离礼部，成为独立衙门。

钦天监为五品衙门，由满、汉官员共同掌管。其中设管理钦天监事务大臣一人，监正满洲一人，汉一人（初制，满五品，康熙六年改为三品，九年规定俱为五品），左监副满洲一人，汉一人，右监副满洲一人（初制，满五品，康熙六年改为四品，九年规定俱为六品），及主簿、五官正、五官司书、博士、五官灵台郎、挈壶正、司晨、天文生等官。

顺治元年 (1644) 设监正、监副、五官正、灵台郎、保章正、挈壶正、司书、监候、司晨、博士、主簿等官，均用汉员。设天文生六十六人。康熙三年 (1664) 增设满洲官员，设灵台郎、挈壶正、博士、笔帖式、五官正等。康熙四年 (1665) 增设满洲监正、监副。康熙五年添设天文生九十四人。康熙八年规定汉监正改用西洋人，名曰监修。康熙九年每旗选取满洲官学生六名，汉军官学生四名，康熙十四年裁保章正，每旗裁满洲天文生四名、汉军天文生三名、汉天文生八十名。雍正三年 (1725) 任用西洋人为监正。雍正六年 (1728) 增西洋人监副一名。乾隆十年 (1745) 定监副以满、汉、西洋人分别担任，特派大臣兼理钦天监事务，增设西洋人左右监副各一人。乾隆四十四年以亲王管理监务。道光六年 (1826) 后不用西洋人，复设满、汉监正各一人，满、汉监副各二人。

二、清代钦天监的任务及其组织机构

1. 钦天监掌管的主要事项

钦天监“掌测候推步之政令，以协天纪，以授人时。凡观象占验，选择时候之事皆掌之”。其主管事项是：

(1) 编制时宪书　每年二月初一日，以次年时宪书样式呈送皇帝阅后翻译刊印，分时宪书和七政时宪书两种。时宪书又有御览本和颁行本。御览本缮写满、汉文两种，颁行本（印刷本）有满、蒙、汉文三种。十月一日将御览本和印刷的颁行本进呈皇帝，并将印刷本颁发各部院衙门。直隶、盛京、吉林、黑龙江及满、蒙各旗，由钦天监颁发。藩属国朝鲜、安南（今越南）、琉球由礼部颁发。

其余各省于四月初一日，咨呈兵部，由驿站递交各省布政使次年时宪书样式各二本，一本盖印，存司署，一本不盖印，照式刊刻，于十月一日印发各府州县。

（2）观测天文天象　按规定日期于立春、立夏、立秋、立冬之际各以交节之时验风、验雷。推算日月交食，要在前五个月报告皇帝，然后会同礼部官员登观象台测验。

（3）选择日程时候　凡遇应行的典礼、祭祀等，考其宜忌，由钦天监选择日程、时候。凡有修建坛庙、山陵、宫殿、城垣等营建工程，均要择吉开工。夏至、春分、秋分、冬至及祈谷、万寿节等时辰都要于前二年十月择定。

（4）推算日月食　日食、月食及其食带的分秒时刻，按法推算，于前五日绘图呈报。

（5）值更候时　原定每岁委博士二人，督率阴阳生十人，轮流到谯楼值更报时，每时以博士一人，值神武门指示更点。内廷时辰房，每日委天文生一人，负责候时。自有钟表以后，则照钟点报时。朝廷庆贺诸大典，赴乾清门候时，圣驾巡幸，委官随从，值更报时。

（6）分送春牛图　原定每年六月，由顺天府移交到钦天监，经校正次年春牛颜色后绘图，俟立春日由礼部进呈春山土牛后，再由钦天监分送诸王贝勒各一图。

2. 钦天监的组织机构

钦天监内部分科治事，初设时宪科、天文科、漏刻科、回回科。顺治十四年议准，因“回回科推算虚妄”，革去不用，只设三科。另设主簿厅、助教厅。

（1）时宪科　设五官正满、蒙各二人，春官正、夏官正、中官正、秋官正、冬官正汉各一人（以上俱为从六品），还有五官司书汉一人（正九品），博士满四人，蒙二人，汉军一人，汉十六人（从九品），天文生满八人，蒙四人，汉军八人，汉四十三人。掌编制时宪书，推算日月交食，七政（指日、月和金、木、水、火、土五星）相距等；各项祭祀则选择吉日，皆随时记于档册。

（2）天文科　设五官灵台郎满二人，蒙　人，汉军　人，汉四人（从七品），五官监候一人（正九品），博士满三人，汉二人（从九品），天文生满二人，汉三十一人等官员，掌观天象。凡晴雨风雷，云电晕珥，流星异星，皆观察而记之。晴明风雨，按日记录，汇编《晴明风雨录》，满、汉文各一本，于次年二月初一日进呈给皇帝。每日风向云气，晕珥单双，及流星出没，彗孛各异星，均要奏报或注册。

（3）漏刻科　设五官挈壶正满、蒙各一人，汉二人（从八品），五官司晨汉军一人（从九品），博士汉军一人，汉七人（从九品），天文生满三人，汉六人，阴阳生汉十八人等官员，掌候时、诹日、择地之事。候时，即昼夜轮流到谯楼，报时报更。诹日，凡皇帝因事御殿、巡幸、临雍、经筵、进书及诸事典，都要选择吉日。以及营建兴工、出师、开沟、换戴凉帽、封印开印、告即日期等，也都要考其宜忌，择吉、行事。择地，即以地势之起伏，视其气之行，以地势之回绕，视其之止，以此选择建都邑、觇山河、营宫室，以及山陵风水之地等。

（4）主簿厅　设主簿满、汉各一人（正八品）。掌天文生升补、任用吏员、管理工役、办理章奏文移及有关行政事务，保管图书。

（5）助教厅　设助教一人，教习二人，掌分教算学诸生。乾隆四年设汉算学助教一人，隶属国子监。

综上所述，可见当年的钦天监规模之大、机构设置之多、分工之细及其所起的作用等情况。

清代钦天监在其二百六十八年历史中，由中外天文官员共同努力，为天文学发展作出了积极贡献，他们制造了精巧的天文仪器，相继编辑出版了《历象考成》《历象考成后编》《御制律历渊源》《仪象考成》《仪象考成续编》等大型专门图书，并进行了大规模的实地测量工作。涌现出一大批优秀中外天文科技人才，西洋人主要有汤若望、南怀仁、徐日升、闵明我、戴进贤、刘松龄、傅作霖等；中国人主要有明安图、何国宗、张肱、博启等；仅何氏家族自康熙六年（1667）至道光十八年（1838）的一百七十二年的时间里就有何雒书、何君锡、何国宗、何国宸、何国卿、何国秀、何国栋、何廷禄、何廷璿、何廷瑛、何元泰、何元瀛、何良奎等七代二十余人先后在钦天监同一机构供职，这一现象自古以来实为罕见，为世人所称道。

图表（略）。

清代方略馆“方略”的纂修

清代，每当遇有规模较大的军事行动，统治者为了炫耀自己的“功德”，宣扬“武力”，专门设有方略馆，利用军机处有关战事档案，编撰“方略”或“纪略”史书，是一种用档案史料记述某一件大事始末经过的编纂物。所以无论过去或现在，都有人把“方略”视作纪事本末体裁的史籍。

方略馆的设立：是为纂修“方略”而设立的专门机构。因纂修方略或纪略的主要史料来源于军机处抄录存案的上谕档（包括廷寄上谕及明发上谕）及录副奏折（包括留中原折），所以方略馆划归军机处兼管，隶属于军机处。它最初为非常设机构，官方纂修方略的最早动议是由福建道监察御史戴玉缙于康熙二十一年（1682）八月十日提出。当时正是吴三桂等叛乱刚被镇压下去，从康熙帝到满朝的文武大臣都沉浸在欢庆胜利之中，戴玉缙不失时机地递上了奏本，奏称：“太祖高皇帝、太宗文皇帝、世祖章皇帝《圣训》应行纂修，及比年以来凡系用兵诏命、密旨征剿机宜，并应编辑成书，以垂不朽。”① 内阁、翰林院当即会议准行。康熙帝降旨：尔等可将此意述于九卿，确询再奏。仅隔三天，八月十三日，大学士明珠等即奏：“臣等奉旨传集九卿等官，将前戴玉缙条奏逐一与看。九卿等言，祖宗圣训固应编辑，至逆贼变乱以来，皇上宵旰忧勤，运筹决胜，八年之间，歼灭贼寇，克奏朕功，复见升平，皆皇上神明独运、指授方略所致，若不纂辑成书，恐宏功伟绩或有遗漏。况古来帝王武功告成，无不将所行之事逐一记载。今宜如台臣所请，勒成一书，昭示圣子神孙，

① 资料来源：《康熙起居注》第二册，第 879 页，北京：中华书局 1984 年。

以垂永久。臣等又遍问九卿，皆无异词。”① 康熙帝至此遂顺水推舟，当年十月，下令纂修《平定三逆神武方略》，书成去掉神武二字，名为《平定三逆方略》，是为设馆编纂方略之始。它是清代官修《平定三逆方略》的编纂缘起，同时也是清代官修的第一部方略。乾隆十四年（1749），军机大臣张廷玉逢迎乾隆皇帝好大喜功的意图，奏请纂修《平定金川方略》，奏请批准之后，当即设馆纂修，至此，方略馆成为常设机构，馆址设在紫禁城内隆宗门外咸安宫的左边。

方略馆设官：方略馆设总裁一人，由军机大臣兼任。馆内设有纂修官九名（汉员六名、满员三名），其中除有一名汉纂修官定制由翰林院派员充任外，其余汉、满纂修官均由军机大臣从军机章京内派充，以负责馆内奉旨承办的各项编纂事宜。另有提调官四人（汉、满各二人）、收掌官四人（汉、满各二人），亦由军机大臣从军机章京内选派，以负责馆内章奏文移事宜及管理吏役。还有译汉、校对等官及供事等人，无名额限制，遇有满译汉及校对、誊录任务时，均由军机大臣向内阁、翰林院、詹事府或吏部等衙门咨取或传取②。

《枢垣纪略》记载：方略馆以枢臣总领，于事无所不当问，馆书无不汇集。可见方略馆与军机处是一个有机的整体。军机处全部档案都存放在方略馆“大库”内，军机处办理朱批奏折的录副以及一些誊写抄录文牍事务等项工作，多为方略馆供事所承担；军机处赫部院等衙门间的一些文书往来也用“军机处方略馆”的名义，由于方略馆与军机处档案的诸多关系，才得以以军机处档案为基本材料编纂了大量方略史书。军机处是处理国家军政事务的中枢机构，如果另外派人编纂方略，不可能熟悉诸多事件的经过，更难以接触大量军机处所藏档案，因此，由方略馆人员具体负责编纂方略，在当时被认为是最可取的办法了。

方略馆“方略”编纂种类：根据清宫档案和有关史书记载，清代自康熙朝至光绪年间，由清廷官修的有关军事题材的“方略”或“纪略”，共有二十五部，其书目如下：

（1）《平定三逆方略》。六十卷，康熙二十一年（1682）编，记康熙十二年至康熙二十年（1673—1681）清军平定三藩之乱始末。

① 资料来源：《康熙起居注》第二册，第 880 ~ 881 页，北京：中华书局 1984 年。

② 资料来源：《大清会典·军机处·方略馆》。

（2）《平定察哈尔布尔尼方略》。上下两卷，康熙二十一年（1682）敕纂。记康熙十四年（1775）平定察哈尔布尔尼叛乱事。

（3）《平定海寇纪略》。四卷，康熙二十二年（1683）敕纂。记平定台湾郑氏事。

（4）《平定罗刹方略》。四卷，康熙二十四年（1685）敕纂，康熙二十八年（1689）后正式成书。记清政府在雅克萨等地抗击沙俄入侵事始末。

（5）《御制亲征平定朔漠方略》。四十八卷，另有《御制亲征朔漠纪略》一篇。康熙三十六年（1679）敕纂，记康熙二十九年至三十六年（1690—1697）康熙帝三次亲征噶尔丹反清事件始末。

（6）《钦定平定金川方略》。三十二卷，乾隆十三年（1748）敕纂。记乾隆十二年至十三年（1747—1748）征讨四川大金川事。

（7）《平定准噶尔方略》。前编五十四卷、正编八十五卷、续编三十三卷，乾隆三十七年（1772）敕纂。记清廷自康熙至乾隆三朝对新疆南北两路用兵之始末。

（8）《皇清开国方略》。三十二卷，乾隆三十八年（1773）敕纂，乾隆五十一年（1786）成书。记清王朝开国史事，起于天女生布库里雍顺的神话，止于顺治元年（1644）十月定都北京颁诏大赦事。

（9）《钦定剿捕临清逆匪纪略》。十六卷，乾隆四十二年（1777）敕纂。记乾隆三十九年（1774）清政府镇压山东王伦起义事。

（10）《钦定平定两金川方略》。一百五十二卷，乾隆四十六年（1781）敕纂。记乾隆二十年至四十四年（1755—1779）两次平定四川大小金川土司叛乱事。

（11）《钦定兰州纪略》。二十一卷，乾隆四十六年（1781）敕纂。记乾隆四十六年镇压甘肃回民起义事。

（12）《钦定石峰堡纪略》。二十一卷，乾隆四十九年（1784）敕纂。记

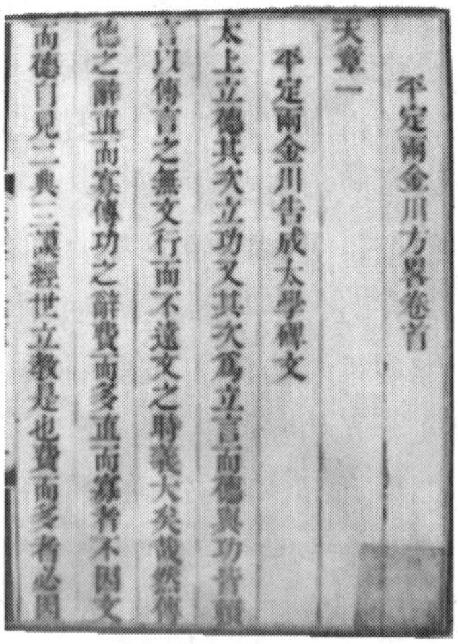
平定兩金川方略卷首
天章一
平定兩金川告成太學碑文
太上立德其次立功又其次爲立言而德與功皆賴
言以傳言之無文行而不遠文之時義大矣哉然傳
德之辭直而寡傳功之辭費而多直而寡者不因文
而德自見二典三謨經世立教是也費而多者必因

图1　平定两金川方略清阿桂等撰清乾隆朝武英殿刻本

乾隆四十九年镇压陕西石峰堡回民起义事。

(13)《钦定平定台湾纪略》。七十卷，乾隆五十三年(1788)敕纂。记乾隆五十一年(1786)镇压台湾林爽文起义事。

(14)《钦定安南纪略》。三十卷，乾隆五十六年(1791)敕纂。记乾隆五十一年至五十四年(1786—1789)清廷应安南(今越南)国王黎维祁之请求而出兵安南之始末。

(15)《钦定廓尔喀纪略》。五十四卷，乾隆六十年(1795)敕纂。记乾隆五十六年至五十七年(1791—1792)清军抗击尼泊尔入侵西藏事。

(16)《钦定巴布勒纪略》。二十六卷，乾隆年间敕纂。记乾隆五十六年(1791)清政府出兵平定地近西藏之巴布勒部落头人肇衅事始末。

(17)《钦定平苗纪略》。五十四卷，嘉庆二年(1797)敕纂。记乾隆五十九年至嘉庆元年(1794—1796)清廷镇压贵州、湖南苗民石柳邓及石保三等起义始末。

(18)《钦定剿平三省邪匪方略》。三百六十一卷，续编三十六卷，附编十二卷，嘉庆十五年(1810)奉敕编辑成书，官刻发行。记嘉庆元年至嘉庆九年清廷镇压湖北、四川、陕西三省白莲教起义事始末。

(19)《钦定平定教匪纪略》。四十二卷，嘉庆二十一年(1816)敕纂。记嘉庆十八年(1813)清廷镇压林清、李文成天理教起义事始末。

(20)《钦定平定回疆剿擒逆裔方略》。八十卷，道光九年(1829)敕纂。记道光七年(1827)平定新疆张格尔等反清事件始末。

(21)《钦定剿平粤匪方略》。四百二十一卷，同治十一年(1872)敕纂。记清廷镇压太平天国革命运动事始末。

(22)《钦定剿平捻匪方略》。三百二十卷，同治十一年(1872)敕纂。记清廷镇压捻军起义事始末。

(23)《钦定平定陕甘新疆回匪方略》。三百二十卷，光绪二十二年(1896)敕纂。记清廷镇压西北回民起义(咸丰五年至光绪十四年)(1855—1888)事。

(24)《钦定平定云南回匪方略》。五十卷，光绪二十二年(1896)敕纂。记咸丰五年至光绪五年(1855—1879)清廷镇压云南回民起义事。

(25)《钦定平定贵州苗匪纪略》。四十卷，光绪十一年(1885)成书。记咸丰五年至光绪七年(1855—1881)清廷镇压贵州苗民张秀眉、高禾等起义事。

此外，非军事题材的官修方略（或纪略），有雍正七年（1729）成书的《圣祖仁皇帝治河方略》，专记康熙帝修治黄河、运河的有关谕旨。雍正帝曾说："圣祖仁皇帝轸念民生，而于黄、运两河尤廑圣怀，自甲子以迄丁亥（即康熙二十三年至康熙四十六年）（1684—1707），六次亲历河干，指授方略，一切修筑堵塞事宜，无不出自宸衷规划，数十年来圣谟睿训，备载此书。"还有乾隆四十七年（1782）敕修的《钦定河源纪略》，三十六卷，专记探考黄河河源之事。有时方略馆也奉旨纂辑一些其他史书，如《大清一统志》《满洲源流考》《西域图志》《明史本纪》等。

当然，清代的"方略"或"纪略"，除官修者（指奉敕编纂）之外，由私人或地方官所撰修者更多。如：《平定罗刹方略》，四卷，不著撰人姓氏；《平台纪略》，一卷，蓝鼎元撰；《平定粤匪纪略》，十卷，附记四卷，杜文澜撰；《偏高苗纪略》，一卷，方显撰；《平浙纪略》，十六卷，秦湘业、陈钟英撰；《平定关陇纪略》，十三卷，易孔昭、胡孚骏撰；《粤东剿匪纪略》，五卷，陈坤撰等。有人统计，清代非敕修、非钦定的方略或纪略，约在四十五种以上①。

方略的材料来源：主要是依据军机处所存的档案与文书，即上谕档及以录副奏折为主的月折包。也有一些方略或纪略将一些庆贺战事获胜的御制诗文、大臣们的颂扬文字，以及记事记功的碑文之类一并附录。此外从方略的结构部件而言，在正文之前，一般有附录和首卷。如《钦定平定两金川方略》，就有"艺文"、"进书表"、"职名"、"纪略"等附录及首卷"天章"八卷。其中"艺文"所载是大学士于敏中、协办大学士程景伊等人的"平定两金川饶歌十六章"及"平定两金川雅"；"进书表"是总裁、总纂等官员向皇帝奏报方略（纪略）全书告成的表文；"职名"是参加修书的自总裁、总纂官以下全体官员的职衔和姓名；"纪略"是纂修官员所撰的全书内容概述；"天章"是乾隆帝的诗文，包括御制叙、碑文、记事及纪贺诗、功臣赞等。又如《钦定平定回疆剿擒逆裔方略》，在正卷之前，也有御制叙、进书表、天章、纪略、职名、目录等首卷及附录。其他如《钦定平定教匪纪略》、《钦定剿平粤匪方略》、《钦定剿平捻匪方略》等的全书结构部件也大致如此。凡敕纂钦定的方略（纪略）的序言，均是由皇帝御撰，其内容一般都是概述战事用兵经过，肯定庙谟方

---

① 资料来源：《大清会典事例》第1049～1051卷。

略的正确及纂修成的目的等。但也有彼此俗套而在序言中着重分析战争的起因，检讨用兵的得失，总结经验教训者等。如嘉庆帝在《钦定剿平三省邪匪方略》的序言内，指出这场战争的起因是官员“视官阶为利薮，不恤国计民生，唯思保位谋利……吏胥作奸犯科，锱铢较量，以致众怨沸腾，激而生变。官逼民反之语，信非谬言”云云。这在清代所有官修方略或纪略的序言中，可谓独具一格。但也有一些方略（纪略）只有正卷，别无序言、职名、目录、天章等首卷或附录。如《钦定平定云南回匪方略》、《亲征平定朔漠方略》及《钦定平定贵州苗匪纪略》等，都是开卷即为正文，无凡例可考，无目录可查。

方略编辑体裁及资料取舍：方略采取编年叙事“纪事本末”体裁，便于明了每一次战事的发展过程，它同以往传统的编年叙事体裁有所不同，不同之处在于它是一种正式官方体裁，全部利用档案材料为基础来完成的，清代以前的战史也多有记载，但都是由无官之人撰写的，不可能接触大量档案，而在方略中也从未使用过“方略”二字。方略，可谓是以档案为基础的官方编纂的专用名词。

由于纂修方略或纪略的主要目的是歌颂皇帝的所谓圣德神功，因此，在材料的使用方面，均是以辑录皇帝指挥战争的“上谕”为中心。故而对上谕的选取，可谓力求齐全，并且除删削其头尾处的照例套语外，基本上是全文照录。而对于臣工的奏报文件则有所选择，一般只选录有利于能证明皇帝“庙谟胜算”之件，并且只取其中可以与上谕内容相呼应的部分，其余内容则一概删除。方略与纪略，根本不去考虑所辑档案文件内容的完整性和忠于原文的原则，而在所辑文件的删削之处，由纂修官酌增文句，以使文件内容上下贯通而不落删削痕迹。以《钦定剿平粤匪方略》为例，尽管此书篇幅很多，有四百二十卷之巨，约辑录一万二千件左右的清廷官文书。但若与当时清宫军机处所存有关镇压太平天国革命的档案总数相比，也只占五分之三而已。而且那些已辑录的档案史料，与其原件相比，至少有百分之五十的篇幅被删除。例如，该方略的第一百一十卷，共辑录二十一件上谕和奏折，其中每一件奏折都被删削过，有的原件有一万八千余字，删改后只留下六千多字，三分之二的内容被删去。再如第一百零六卷，共辑录上谕及奏折二十五件，也是每一件奏折均经删削，其中被删去百分之五十至八十的篇幅者共有十八件。综观《钦定剿平粤匪方略》纂修官对所辑文件内容的删改，主要是集中在三个方面。即第一，凡是被认为有利于太平天国革命方面的奏报，诸如有关太平军战士英勇善战、顽强拼搏、至死不移的精神和气节，以及他们所到之处只打击地主恶霸而不扰及贫民之类事例。有些大臣的奏折中也常常如实奏报，而在编辑方略时，此类内容全在删除之列。第二，有关清军残暴腐败、畏死贪生等情节，方略内大都予以删除。第三，有关各地人民响应太平天国起义的情节，方略内也很难见及。可见方略的编辑，其政治目的性很强，在整个纂修过程中，纂修官们往往以很大一部分精力致力于对所辑档案文件的删改，致使许多文件被改得有失原貌以致支离破碎。

方略馆奉旨刊刻印刷：与“实录”、“圣训”等敕修书一样，方略或纪略的编纂，也都是在皇帝的直接干预下进行的，开馆纂修是要由皇帝降旨宣布，纂修官员也要由皇帝降旨钦派，书稿初成后必须进呈皇帝御览钦定。《清朝文献通考》内就有康熙帝审定《平定三逆方略》的记载：“康熙二十五年十一月上谕阁臣曰：‘尔等所修平定三逆方略四册，朕已览毕，其中舛错颇多。如王辅臣由云南援剿总兵官授为陕西提督，今谓由陕西总兵官升任；至论赞中援宋太祖杯酒释兵权事，吴三桂非宋功臣可比，乃唐藩镇之流耳。尔等其酌改之。’”① 可见皇帝在审定方略初稿时，从具体史实到观点，都十分注意。

方略或纪略初稿经皇帝审定发下后，由方略馆遵改并抄缮装潢为定本，再进呈御览，又另缮一份送武英殿刊刻刷印。其印数多少虽未见明确记载，但武英殿版本肯定印数不会很多。据中国第一历史档案馆所藏清代方略馆档案所载，光绪年间所编纂《钦定平定陕甘新疆回匪方略》等印数为粉连纸一百二十部、毛太纸二百部。所以当时只有京内部院大臣及地方督抚大员才有可能获得钦赐一部，作为一种特殊荣耀而加以珍藏，一般品级较低的官员及普通士庶学者，难以得而观之。所以，社会流传很少，十分珍贵。

清代官修的方略或纪略，虽由于受前述编纂宗旨的局限，选材既有所取舍，内容又被较多地删改，使后人在使用时不敢放心，影响了它们作为档案史料汇编的权威价值。但它们毕竟直接取材于大内或官府档案，来源可考，而且史料覆盖面广，卷帙浩繁。作为专题史籍而言，其

① 资料来源：《清朝文献通考》第 219 卷。

内容之丰富详尽，其记事之完整系统，仍不仅是其他私家笔记文集所不能及，而且也是“实录”、“圣训”等其他官修书所难比拟。因此长期以来，官修方略和纪略一直是人们据以研究清代战争史，尤其是清代农民战争史的主要史料来源之一。而且由于其成书时间距离事件发生的时间很近，当时的官方档案文书保存也比较完整，而书内辑录的不少官文书，现在已是有所佚失。所以，即使在清代档案已经可以公开提供查阅利用的今天，清代官修的“方略”和“纪略”，仍具有其一定的不可取代的价值。

清末的军事图书馆

清末，中国在西方列强的一次次武装侵略面前惨遭失败，民族危机空前严重。一些资产阶级改良主义者和政府官僚，逐渐认识到要使国家强盛起来，光凭购买、制造新式船炮是不够的。他们主张效仿西方资本主义国家，进行社会改革，并把开设各种类型的图书馆作为传播新思想、新知识，改变旧风气的重要措施。梁启超说："鄙人与诸先辈深感国事之危殆，非兴学不足以救亡，而当务之急，即为兴办图书馆。"冯桂芬、郭嵩焘、曾纪泽、郑观应等人也都注意到改良教育、兴办图书馆为中国富强要图之一。其中郑观应在其所撰《盛世危言》一书中，对西方图书馆及藏书详加析介，并提出兴建图书馆的具体建议。图书馆具有启迪民智、促进教育的作用，被普遍地介绍与鼓吹，建置新式图书馆的要求日益迫切。到十九世纪初，酝酿已久的各类图书馆，开始陆续建立起来。

图1　徐世昌像

1905 年，我国第一所官办公共图书馆正式建立于湖南。1909 年，我国第一个图书馆法规由学部奏请拟定，为各类图书馆的建立提供了法律依据。同年，东三省总督徐世昌为建立陆海军图书馆上奏朝廷，他写道："查东三省西北环山，东南控海，陆军故待扩张，海防亦应筹议。将来陆海军人员，日多一日，自非推广军学，不足以增进军人之智识，而作养其精神。考之各国，咸有海陆军图书馆之设。凡关于军事学术，国内外之图籍，无不搜罗购置，借供军人研究之需，意美法良，显收成效。东三省亟应仿办，唯以经营伊始，需款浩繁，拟暂借用前陆军小学堂东偏房屋，先行开办，以立基础。其开办及常年各经费，均由军界人等提倡捐集。嗣后如果建筑房舍，添购图书，需费过多，不敷支给，自应酌拨官款，以资补助，而图扩充。”这便是我国最早设立的军事图书馆，其规模甚小，藏书不多，条件也很简陋。

1910 年，军咨处大臣载涛等人上专折建议统筹全国军用图书管理办法，其奏折说：“军用图书关系全国军事，至为重要。……今拟由军咨处通咨转饬各局，凡已编已译之书，均送由军咨处通行立案……以谋求军用图书之齐一，亦因以并行进步者也。查近来各国新学日出，战法亦日精，凡关于战争之图书，其精密或精详新出之善本，往往搜求非易。今拟请仿照各国参谋本部办法，凡游往外国，有能搜得秘密之图书或精详新出之善本，准其将原书并翻译本一体送处，量为请奖；军人学生等如有能发明关于军事之新学、新械者，亦准将其所著之书或新械之模型图式，送处考核，分别请奖。”

载涛的奏章，特别强调了从国内外搜集军用图书的重要性，虽然从整体上来说尚不完善，但如果按照他的构想和具体办法去做，很可能会建成一个全国军事图书的版本图书馆。但一年之后，辛亥革命爆发，载涛等人的构想亦随之成为泡影。

清末筹建军事图书馆，是同西方文化在中国的传播分不开的。一些资产阶级改良派代表人物和政府官员，在推动建立军事图书馆上起了重要作用。今天，当人们回顾我国图书馆发展历史的时候，应当记起那些曾倡导筹建军事图书馆并为之努力的人们。

清代第一贪污大案

清代到了乾隆朝中期，开始走向衰落，官员腐败，贪污横行。每当遇到严重自然灾害，地方各级官员常常利用赈济借机大肆进行侵贪。乾隆四十六年（1781），甘肃总督勒尔谨与布政使王亶望等全省官员共谋作弊，捏灾捐监，改收捐粮为收捐银，虚办赈济，侵贪白银一千五百余万两，号称清代第一贪污大案。

一、捏灾捐监　一纸空文

捐监，清代沿袭明代制度，从顺治六年（1649）开始，地方官署采用收受百姓捐纳谷物的办法，用于边防，逐步演变成用于军需、河工、赈灾以及开垦农田等方面。康熙四年（1665）规定：民间百姓依据当地贫困富庶程度，只要捐出谷物数十石或数百石不等，就可以保送到国子监读书，并取得一次参加乡试或会试的资格；再经考试合格，便可以入朝为官，称之为“捐监”。地方官署将所收谷物存放在各地粮库内，以备急用。遇到灾荒即用这些粮食赈济灾民。这本是一项富有积极意义的措施，但在实

图1　乾隆皇帝像

行过程中，却被贪官污吏视为渔利肥私之道，由于弊端丛生，百姓无力报捐。乾隆三十一年（1766）经大学士舒赫德奏请乾隆皇帝，获准革除“捐监”旧例。

甘肃地处西北，旱灾经常发生，百姓十分贫困。乾隆三十九年（1774）四月，陕甘总督勒尔谨上呈奏折，以甘肃所属州县地瘠民贫，旱灾频频发生为由，请求按照从前“捐监”旧例，广开“捐粮”之门，所需赈济粮食，无须购买，每年可以节省数百万两白银。管理户部事务的大学士于敏中核议之后，亦极力赞同在该省恢复施行纳谷“捐监”旧例。四月十八日，乾隆皇帝未加详细审查就颁布上谕：“勒尔谨奏报肃州、安西两州收捐监粮一折，已批交该部议奏矣。甘肃捐监一事，上年业准令肃州以西收捐本色。昨据该督以甘省通省仓储一时未能全行足额，奏请仍照旧例，口内各属，一体收捐，业经部议，准令本色（粮食）报捐，仍饬该管上司，核实稽查，务使滋弊，业已允行。第念此事，必须能事之藩司（布政使），实力经理，方为有益……特调王亶望前往甘肃。”①

王亶望，山西临汾人，自举人捐纳知县，先后任甘肃山丹、皋兰诸县知县，宁夏知府，浙江布政使，署浙江巡抚等职。

乾隆皇帝自认为王亶望是一位有办事能力的地方官员，特意将他从富庶的浙江布政使任上调到十分穷困的甘肃任布政使，委以开捐监粮重任。王亶望赴任之前，乾隆帝在紫禁城专门召见了他，明确训示甘肃捐监只准以谷粮报捐，万不可滥收折色银两，参照他省减成收捐，监生捐粮定数为四十三石。

王亶望为了急于表功，上任仅仅六个月就奏称：收捐的安西州、肃州及口（内）外各属，到九月底止，共捐监生一万九千余万名，收各色粮八十二万余石。乾隆帝对甘肃省一向比较关注，熟悉该省的自然与历史状况，对特派前往办理捐监粮的布政使王亶望的奏折，自然要严格仔细地审阅，乾隆帝的精明睿智使他发现王亶望的奏折有多处令人不解之处，对此，乾隆帝于十一月十九日下达谕旨，仅仅用“固属承办认真”等寥寥数语略予称许，便尖锐提出四点质疑：“一、甘肃百姓艰窘，怎么会有两万人捐监？若系外省商民就彼报捐，则京城现有捐监之例，

① 中国第一历史档案馆馆藏：《上谕档》，乾隆三十九年四月十八日。

众人何以舍近而求远？二、甘肃一向地瘠民贫，当地人很少有余粮收藏，哪里有这么多余粮供人购买？若云商贾等从他处搬运至边地上捐，则沿途脚价所费不赀，商人利析秋毫，岂肯为此重费捐纳？若系收自近地，则边地素无储蓄，又何以忽而丰盈？三、甘肃半年收捐监粮就多达八十余万石，一年就应有一百六十余万石，年复一年，积聚日多，势必须添设仓廒收贮，而陈陈相因，更不免霉浥之虞，且各处尚有常平仓谷统计数复不少，似此经久陈红，又作何动用呢？四、既然每年借粮于民，为什么不留粮于民间，听其自行流转？"① 为此，乾隆帝责令总督勒尔谨逐一详细查核具实上奏。

在腐败的官场里，官员为了自身或他人的利益，大都官官相护，欺上瞒下。勒尔谨为了自身的利益，以及甘肃折收银两的事情不致败露，急忙上奏折撒了一个弥天大谎："甘肃报捐监生多系外省商民，缘新疆开辟，商贾流通，兼之路远物稀，获利倍厚，安西、肃州又为边陲门户，商民无不经由。近年粮价平减，伊等以买货之银，就近买粮捐监，较赴京实为捷便，是以倍形踊跃。甘肃向称地瘠民贫，盖藏少，连年收成丰稔，殷实之家积粮日多，实系本地富户余粮，供监生采买，并非运自他处。至于收捐监粮，原为仓储不足，开捐弥补，如果足敷贮额，即当奏明停止。今捐生出余资买粮上捐，固所乐从，而本地富户卖粮得银，亦无勉强，虽敛粟归仓，早晚要散之于民，均称便利。"②

经过如此饰词掩覆，乾隆帝一时也找不出什么破绽，便在勒尔谨所上奏折中批道："尔等既任其事，勉励妥当为可也。"③

勒尔谨、王亶望得以暂时蒙混过关，号称八十二万余石粮食，其实并无颗粒入仓，完全是一纸空文。

根据档案统计，从乾隆三十九年（1774）四月甘肃被批准实行捐监，至四十二年（1777）初，不到三年的时间，就收到监粮六百多万石，约有十五万商民纳粮成为监生。监粮之多，监生之多，成为全国之冠。地瘠民贫粮食短缺的甘肃，三年内突增六百多万石监粮，的确是件了不起的大事，乾隆四十二年五月，王亶望因办理监粮"有功"，被暂时蒙在鼓里的乾隆帝一道谕旨，又调回富庶的浙江，升任巡抚。

---

① 中国第一历史档案馆藏：《上谕档》，乾隆三十九年十一月十九日。

②③ 资料来源：《清高宗实录》第971卷。

王亶望走后，王廷赞接任甘肃布政使，继续办理捐监折收银两，从乾隆四十二年六月至四十六年初，王廷赞串通属下共收监粮五百多万石，十二万余名商民纳粮成为监生。

二、私收折色　乾隆察觉

乾隆四十五年，乾隆皇帝第五次南巡到浙江视察，王亶望为了讨好主子，大修特修楼台殿阁，张灯结彩，奢侈异常，花费银两巨多，对于这一点，乾隆皇帝也觉得过分。他对王亶望进行了严厉训斥，并告诫令后绝不能再这样铺张。

乾隆四十六年（1781）初，浙江杭嘉湖道负责官员王燧以及嘉兴府知府陈虞盛曾借上年乾隆南巡之机虚开浮冒进行贪污形迹败露，乾隆帝认为此案必有王亶望的庇护，命大学士阿桂借查办王燧、陈虞盛案情之机，调查王亶望是否有侵贪行为。王亶望闻知，预感大难临头，急忙于捐办浙江海塘工程认罚银五十万两，这一举动，反倒引起了乾隆帝的怀疑，认为："王亶望在浙江任官不久，拥有如此巨资，应当是在甘肃任上所得，甘肃收捐监粮，必有私收折色银两，据为己有之情弊。"①

谕令阿桂严切访查，阿桂率司道等将王燧、陈虞盛各案所涉贪官反复讯问与王亶望有无瓜葛，并未查得任何有价值的真凭实据，只得不了了之。

乾隆四十六年三月，甘肃河州地区发生苏四十三回民起义，四月初二日，乾隆帝谕令军机大臣和珅、大学士阿桂，及新任署理陕甘总督李侍尧前往甘肃督办军务，顺便查看王亶望当年在甘肃收捐监粮有无私收折色银两的舞弊行为。四月下旬，和珅一行到达兰州。他们在奏折里多次提到甘肃地方经常阴雨，往往延滞用兵，特别是清军追剿苏四十三起义军到兰州城外在华林山上，由于大雨不断，在华林山久攻不下时，引起了乾隆帝的疑心。他联想当年王亶望在甘肃任职期间连年奏报地方干旱，为何唯独今年雨多？其中必有虚报情形。五月十六日，乾隆帝谕令和珅、阿桂等人认

① 中国第一历史档案馆藏：乾隆朝朱批奏折，第45—48卷，乾隆四十六年闰五月初五日。

真查访甘肃地方历年捐监收粮有无舞弊行为，是应否停办，立即如实附军情报告。①

乾隆帝从甘肃雨水多，立即察觉到甘肃省连年报旱灾可能有伪，于是立即抓住问题的本质，即甘肃连年因旱情严重，赈灾大量用谷必有虚饰侵吞的弊端。事实正如乾隆帝所料，阿桂、李侍尧很快查出甘肃历年捐监收粮只是一个幌子，实际没有收到一粒粮食，而是折收了白花花的银子。乾隆帝闻知大怒，谕令闽浙总督陈辉祖，立即将王亶望拿交刑部审理，又命留京办事王大臣会同刑部捉拿时任陕甘总督勒尔谨、甘肃布政使王廷赞到京，讯问甘肃监粮私收折色银两的实情。

乾隆四十六年六月初，王廷赞供认：甘肃从乾隆三十九年被批准实行捐监，开始时只收监粮，不收银两，因无人报捐，改收“监粮”为折收“监银”。又恐各州县有低价勒买粮食之事，决定捐一名监生交银五十五两的数额，甘肃粮食较贱，此数足敷定额。又因捐生多在省城，就将此事通通交给道府办理，各州县收捐银两交兰州府存贮。然后再将所收银两配发给各州县，购买粮食补交仓库，按每一个季度报兰州府汇总。

针对王廷赞的这一说法，乾隆帝予以了驳斥：王廷赞所供根本不足为信，甘肃收纳监粮，原为仓储赈济起见，自应收取本色粮食，怎么能公然定数私收折色银两？并且从来没有一字奏闻。如果说甘肃粮贱，五十五两银购买的粮食，已符定额，则该处收成自必丰收，为何每年又需赈灾？如赈灾属实，粮价必昂，则五十五两银必不能买足所定的粮数。二者均不可解。可见供词不能自圆其说，其中恐怕有意不买补，虚开赈济，冒销情弊。且捐监一事，自应听凭本生自行平买，交纳粮食，为何必经地方官过手收银，并交兰州府总办？明明是官员折收银两于前，又复冒销于后，两边俱得便宜，而百姓从中受累。此事所涉舞弊甚大，不可不彻底清查。五月二十二日和珅奉旨返京，乾隆帝谕令阿桂、李侍尧继续查办此案：此时唯阿桂、李侍尧为中外最能办事之人，且于此事又从未经手，毫无回护，着传谕二人，即将此案情形，详细查明，据实具奏。② 甘肃捐监冒赈贪污大案在乾隆皇帝

① 中国第一历史档案馆藏：《上谕档》，乾隆四十六年五月十六日。

② 资料来源：《清高宗实录》第1134卷。

的层层质询下初露端倪。

六月十三日，闽浙总督陈辉祖奏报查询王亶望在甘肃布政使任内私收监粮折色一事，据王亶望供称：监粮折色确有其事，当时曾经责成兰州府进行查禁，并将所收折色银两都登录在册，目的在于银两收得多，表明谷多，以至一度放纵各级官员通融办理。

乾隆帝收到陈辉祖的奏报，对王亶望的供词大为不满，传谕陈辉祖，再行审讯王亶望，要审理出当时办理甘肃监粮折色的道府官员是谁？如何私收捏报？令其逐一供明复奏。传谕阿桂、李侍尧立即将王亶望在甘肃时道府结报监粮的事实查明具奏。至于捐收监粮，原为仓储起见，今既然称私收折色，仍行买补粮食归仓，且以捐多谷多为能事，则该省的粮食一定十分充足，但又为什么每年还需进行赈济？且既欲收捐，亦当听该生自行交纳本色，不致抑勒百姓，百姓仍得贵价，何须官府包揽，以致弊端百出？朕于监粮一事，本为甘肃地瘠民贫，每年不惜百十万赈济，以惠养穷黎。若以惠民之事，而转为累民之举，徒令不屑官员借端肥了自己的腰包，所关甚大。此事不发则已，今既经发觉，自应根究到底，令其水落石出。此事积弊已久，通省大小官员无不染指有罪，但亦断不能因罪罚不及众，就以人多不办为词。从前之结报各道府官员，此时已经升调，人数不会很多，也应当不难治罪。何况中外人才不乏，断不能因涉及官员多，就有不办之理。此时不严行查办，将来再遇到这样的事就难以为之了。并要阿桂、李侍尧：“务将此事如何舞弊分肥，如何冒销勒买各情弊，并向来蒙混出结之道府，严加根究，据实指明参奏。倘阿桂等此次稍存瞻徇，代为担承，将来别经败露，伊二人其何以对朕耶。”①

乾隆谕旨表明了他对此案清查到底的决心。阿桂、李侍尧二位大臣奉旨办案，不敢稍存丝毫怠慢之心，很快整个案件便彻底查明。

三、廷鞫审案　真相大白

乾隆四十六年七月，经军机大臣会同大学士、九卿（吏、户、礼、兵、刑、工各部尚书或侍郎、都察院御使、大理寺卿、通政使司的通政

① 资料来源：《清高宗实录》第1134卷。

使）在刑部大堂对勒尔谨、王亶望、王廷赞的逐一讯问，甘肃通省大小官员利用捐监私收折色银两贪污案真相大白。案情本身并不复杂，但性质之严重，情节之恶劣，侵吞银数之巨，涉及官员之多，实属自古罕见，真可称得上是清代头号特大贪污案。

经查，甘肃自乾隆三十九年四月被乾隆帝批准开捐监粮，在王亶望、王廷赞两任布政使的主持下，将每名监生报捐粮四十三石，改收折色银四十七两，另外加收办公银、杂费银八两，合计每名收银五十五两（加收的八两也就成为了日后甘肃官员侵贪的直接罪证）。至四十六年初，“甘肃共收监生二十七万四千四百五十名，计收银一千五百零九万四千七百五十两。合计侵贪捐监银二百一十九万五千六百两”①。

王亶望等人在收了折色银之后，即由兰州府知府蒋全迪将通省各属“灾赈”，按年“捏开分数”，以此作为侵冒监粮的主要手段。王亶望在供词中交代：“收捐监粮，改为折色银两，实为要分肥起见。自改收折色后，既可与属员通同作弊，随便勒扣，又想有散赈的事，可以将少报多，从中高下其手，是以每年令属员捏报被灾，酌定分数，将赈济余剩银两，分肥入己……至我历年所得的银两约有数十万。”②

王亶望及其甘肃全省官员利用捐监究竟侵吞了多少银两，总数实在难以确切查清，《清史稿》记载，“乾隆季年，诸贪吏首王亶望”，案发后，“籍其家，得金银逾百万”。从阿桂、李侍尧经过审讯被参革各级官员，频繁给乾隆帝的奏折中可以看到，全省大小贪官通通作弊，除了明目张胆私收捐监折色银两外，还巧立名目，利用各种手段大肆进行侵贪。如：

1. 侵吞捏灾赈济银两

甘肃实行捐监改收折色银两，并未买粮归仓，而是借图侵蚀，饱其私囊，王亶望公然授意各州县收捐银两总交兰州知府蒋全迪办理。并捏灾冒赈，各州县“赈灾”所需银两，俱由王亶望与蒋全迪随意派定，多寡任其借赈灾之名开销，仅从乾隆三十九年四月至四十二年初，开捐不到三年，捏灾赈济灾民就开销监粮六百余万石。而这些销去的粮食，实际上大多都折成银子落到了贪官的手中。监粮变成了白银，州县老爷们如蝇见

① 中国第一历史档案馆藏：乾隆朝朱批奏折，第48卷，乾隆四十六年八月二十四日。

② 中国第一历史档案馆藏：《上谕档》，乾隆四十六年七月三十日。

血，个个中饱私囊；皋兰知县蒋重熹贪污赈银四万七千四百两，宁夏知县宋学淳贪污赈银四万七千二百两，西宁知县詹耀霖贪污赈银三万四千五百六十两，金县知县邱大英贪污赈银两万两。……甘肃贪官还采用将“赈济”灾民人口以少报多、侵贪赈银于上年赈济数内销账、挪用他县赈银等手段，仅此一项，就侵贪赈银二百七十六万余两。

2. 冒销兴建官仓银两

甘肃贪官除了侵吞“监粮”外，王亶望还伙同州县官员大肆套取国家库银。甘肃历年上报捐监所收数百万石“监粮”，虽然全让他们换成了银子，可王亶望却向户部报告说，因收取的捐粮太多，原有的官仓已盛不下了，请求添建官仓二十三座，经户部批准，这二十三座仓库的全部经费均由户部报销了，但仓库并未实建，仅此一项，全省就冒领银二十六余万两。

3. 虚开赈粮运输费

按惯例，以往各地赈灾，须将赈粮运往受灾地区，发给灾民，因此需要开支一笔数目不小的脚价银，也就是运输费。甘肃收的监粮，早已变成了监银，都被大小官员以各种名目冒领，根本无粮可运，可仍按照旧例，以脚价银的名目支领帑银。仅王廷赞在任两年内就领脚价银二万八千两，署理藩司文德也领银一万七千两。王亶望在任内收的监粮和用于赈灾的监粮，数目多达六百多万石，所领的脚价银当然更多。

4. 行贿受贿家常便饭

王亶望等收受属下贿赂，已是家常便饭，小事一桩。当时甘肃官场有这样三句话流传开来：一千两见面，两千两吃饭，三千两射箭，这是对王亶望收受下属礼银、贿赂情形的真实写照。但王亶望收受银子有一个规矩，就是下属送银子不能让他看见，否则他是不收的。这也难不住行贿之人，他们将银子放到酒坛里、放到菜筐里，或者通过看门人转交。这其中的奥妙，王亶望和他的属下自然是心知肚明。总督勒尔谨住所看门人曹禄、宋兴仗着主子的势力，遇到前来求见总督的州县官员、乡绅商董等就公然索取银两财物，名曰门包费，不给就不准进门。事发后，经逮捕审讯曹禄、宋兴，查出平日勒索的银两达两万多两。

5. 上行下效贪污库银

甘肃全省各级官员明目张胆大肆侵贪库银，是此案的一大显著特点，哈密通判经方一人侵吞库银及豆草脚价银就达十六万两之多。据李侍尧奏报，甘肃皋兰等三十四厅、州、县仓库共亏空银八十九万两、粮七十四万余石、草四百余万束。全省州县官员采用各种手段侵吞监粮赈银两万两以上的有三十六人，一万两以上的有二十八人，一千两至九千两的有四十七人，人数之众，侵银之多，实为罕见。对此，乾隆皇帝大发感慨："其省大小官员通同作弊至此，实可恨亦愧也。"①

四、惩办贪官　追罚银款

甘肃贪污大案被揭露出来之后，清廷大为震惊。为了整肃吏治，安抚民心，乾隆帝于四十六年八月四日、八月二十三日两次降谕，批准阿桂、李侍尧的奏请，查办自乾隆四十年起至四十五年止，将捏灾报赈之道府直隶州五十三人，各州县内只办理捐监而未报灾者四十六人，办理捐监又捏报灾情者一百一十二人，大小官员共二百一十一人全部抄家捉拿归案；其中有的已经告老还乡离开甘肃，或升任他省为官，除病故的外，同样全部都被抄家革职，由所在地各督抚进行审办。经查如与王亶望案情有牵连，皆押解兰州归案，并谕令各地严加防范，谨防自杀与被杀灭口。案情审理涉及甘肃十二个州、九个厅、四十七个县；波及直隶、盛京、江苏、浙江、广东、云南等十九个省。

乾隆帝对甘肃贪污大案的处理，一方面强调从重从快，严惩不贷；另一方面又讲已事过多年，涉及官员太多，表示不忍一律诛杀。经一再法外施恩，四十六年七月三十日，乾隆帝降旨：令总督勒尔谨自尽，两任布政使王亶望和王廷赞、兰州知府蒋全迪依议正法。甘肃捐监一事，立即停止。并又于八月十八日下谕旨：所有侵冒银款在两万两以上者，俱当问拟斩决；在两万两以下者，问拟应斩监候，入于情实；其一万两以下各犯，亦当问拟斩监候，请旨定夺。由大学士阿桂、总督李侍尧等审明。各州县供认侵冒银千两以上者，经军机大臣会同行在大学士九卿科道详加核复。

四十七年十月，乾隆帝颁旨，将甘肃侵贪银款千两以上的五十四名贪官正法，他们是：

知府：陆玮、崧柱；

知州：那礼善、郑陈善、黎珠、陈常、王汝地、吴鼎新；

① 资料来源：台湾版《宫中档乾隆朝朱批奏折》，李侍尧奏，乾隆四十六年九月七日。

知县：程栋、杨德言、蒋重喜、宋学淳、李元椿、王臣、许山斗、詹耀璘、陈鸿文、伍葆光、舒攀桂、邱大英、陈澍、伯衡、万人凤、朱家庆、赵杭林、何汝楠、郑科捷、徐树楠、陈韶、林昂霄、陶士麟、陈起伪、杜耕书、杨有澳、孙元礼、王瑶、赵元德、顾汝衡、沈泰、成德、墨尔根额、陈严祖、庞柸；

通判：经方、博敏；

同知：孟衍泗、王万年、闵鹓元、伍诺玺；

县丞：周兆熊、史载衡、闵琨；

道员：福明、巴彦岱等。

其中合水县知县成德、甘肃布政经历司陈严祖本属可免一死，发配边疆之例，但只因成德是大学士高晋的儿子；陈严祖是两广总督陈大受的儿子，皆被从重处斩。

贪官万邦英、董熙、谢桓等三十一人，侵贪银款都在千两以上，按大清律例，都应当处斩。只因他们在乾隆四十六年，曾参加了镇压苏四十三回民起义，乾隆皇帝念他们能够“戴罪立功”，有“守城微劳”，被免于一死，发遣到黑龙江充当苦役。已经调离甘肃多年的奇明、周人杰、布瞻等十五名贪犯，同样被发往黑龙江充当苦役。涉及此案的富阿明、夏桓、赵明旭等十人虽侵贪银款不及千两，因各有情由，受杖笞一百，被发往新疆充当苦役。

侵贪银款较少的秦雄飞、刘光昱、文德等四十八人受到革职查抄，或革职留用，并追罚银款的处理。就连贪犯杨士巩、张何衡、叶中等三十一人虽已病故或自杀身亡，但其住所仍受到查抄，其子被发遣伊犁，或被革去官职。在如此众多的贪官中，只有臬司福宁于甘肃折捐冒赈侵贪案中首先彻底供出，才允许暂留官职，财产充公，八年没有过错，方准开复。

乾隆帝除了对情节恶劣的甘肃贪官施以酷刑外，对同该案有关玩忽职守的官员，也一律追究责任，进行惩办。陕西巡抚毕沅因先后两次署理过陕甘总督，对此案瞻徇容隐，未能举发，经江南道监察御使钱沣弹劾，降为三品顶戴，留任陕西巡抚，罚银八万两。江苏巡抚闵鹗元因庇护胞弟闵鹓元在甘肃同知任内的侵贪行为，明知其事也不予参奏，被乾隆帝斥责，令其按毕沅之例，降为三品顶戴留任，罚银三万两。闽浙总督陈辉祖因未能面究胞弟陈严祖在甘肃布政使任内的侵贪行为，亦受到同闵鹗元一样的处罚。

甘肃临时署理布政使印务达尔吉善，在任仅十四天，遵循前任布政使捐监办法，办理监生三千多名，每名监生多收银一两，按折收监粮滥加杂费，不能具实陈奏问罪，降为三品顶戴，自备资斧前往新疆和阗效力赎罪，并罚银三万两。

勒尔谨、王亶望、王廷赞、蒋全迪等二十六名贪犯之子，统统发往新疆，充当苦役。凡查出甘肃官员在任职期间，为其子、亲友捐纳官职、监生的，均被一律斥革。同时规定：乾隆三十九年以后，全国各地凡在甘肃报捐的监生，每名补交银六十两，停乡试三年；已经中举人者，停其会试三科；捐官见现任者，罚俸三年。

乾隆帝除了对此案贪官进行严惩外，还令对其任所资财及原籍家产进行查抄，用以追赔，以抵官项。其中，仅从王亶望原籍山西阳曲、临汾二县家中就查出房屋七十五所，铺面房三十三间，地一千零九十五亩，当铺一座，共估价值银近十万两；金皿三百九十八点八两，珍珠五千余颗，玉器四十三件，铜皿十七件，瓷器二十五件。在浙江任所查抄银九万零八百五十一两，金叶、金器、金条共四千七百八十四两，珍珠宝玉、绫罗绸缎等共五百六十五箱。以上金、银、珠宝、古玩字画等解交内务府广储司查收，其余衣物、房屋、土地、家具等就地估价变卖。另外，王亶望在苏州、扬州、北京所开设的银号、绸缎庄、首饰楼、杂粮店、酱铺房、油盐铺，以及置买盐引根窝运营现银等，均被查缴、没收。其名下资财除珠宝、古玩、玉器、衣物及田产等项不计外，所有查出金银数目及铺面房估值变价“共银一百零八万七千四百四十八两二钱”。其家资总估价值银三百余万两，他供认所有资财十之八九自甘肃勒索而来。

乾隆帝还降谕旨查抄了贪官的亲戚、家奴、佣人的家产。特别针对总督勒尔谨住所看门人曹禄、宋兴收受门包费一事，向全国颁布禁令：“严禁各省大吏设立管门人收受门包费，遇有官员求见，由中军巡捕传禀，并将此旨制成匾额高悬于各督抚衙署大门之上，每年都要在年终会奏，不得有误。”①

规定凡办理过赈灾的官员，全部按营私舞弊，冒销银两进行追赔，根据各涉案官员所供，规定办理赈灾合计冒销十分之二，一律按照办过赈灾银两十分之四追赔，以示惩儆。具体做法是于贪犯名下追缴三成，

① 资料来源：台湾版《宫中档乾隆朝朱批奏折》，郑大进奏，乾隆四十六年十一月七日。

另一成于各上司名下追赔，所赔银两如不能完缴，就从查抄家资中备抵，再有不敷，勒令限期严追。全省仅追罚赈灾冒销银两一项，就近三十万两。

有的官员并未报灾冒赈，只是办理过捐监之事，乾隆帝考虑到这些官员是秉承上司授意承办，尚与有心舞弊，借赈侵贪有所不同，属于违例行为，采取了弥补库存亏缺的方法。规定："每办理收捐监生一名，按多收银八两，于各该员名下按所捐监生照数追缴。一百两以下者，即令完交；一百两以上者，勒限一年；五百两以上者，勒限三年；一千两以上者，勒限五年。如限期内完清，该员留任，八年无过，方准开复，如逾期不能完交，将该员参奏革职，仍按律治罪。"①

新账老账一起算，乾隆四十五年前，历任甘肃州、县、道、府、布政使、督抚各级官员，共计追缴银四十二万两。

五、贪风不止　乾隆无奈

根据本案的发现以及查处过程，我们完全有理由得出这样的结论：甘肃以王亶望为首的全省大小官员共谋舞弊进行贪污，是清代第一贪污大案。第一，一个案子所涉贪官人数之多，在整个清代十朝二百六十八年历史当中，除本案外，再无二例。第二，所涉贪污银两之巨，除此之外，也不曾发生或发现。至于嘉庆朝处决的大贪污犯和珅贪污赃银三百万两（也有千万两的说法）以上，和珅是清代第一贪污大员，而本案则是清代群体贪污第一大案。和珅是以个体为主的贪污案，甘肃贪污案是群体共谋作弊的贪污案，二者还是应当区别来看。第三，在一个贪污案件发生后，查办速度之快，处决官员之多，判处之严厉，自古以来是绝无仅有的。

甘肃以王亶望为首的捏灾冒赈贪污大案，通省大小官员上下串通，形成一个庞大的贪污集团，"内外大臣，皆知而不举"，"天下无人不知"，"内外臣工并无一人言及"，竟然隐瞒长达七八年之久，可以看出乾隆朝的官僚政治已经腐败到了极点。面对这样极其严重的瞻徇顾私、官官相护的腐败官风，乾隆帝出于维护清朝统治、安定社会、平息民

① 中国第一历史档案馆藏：乾隆朝朱批奏折，第48卷，乾隆四十六年八月二十四日。

怨、笼络人心之目的，采取严刑酷法，对于甘肃众多贪官，不论官职大小，一律给予严惩，这对于整肃吏治、打击贪官，从时效上看，起到了短暂的震慑作用。

但是，由于地方督抚大臣和其他高级官吏的权势不断膨胀，善弄权柄；由于没有相应有效的监督与检查，官场的腐败与贪贿违法事件是很难遏制的。无论乾隆皇帝如何三令五申，仍然无法扭转江河日下之势。就在甘肃贪污大案发生前后，全国各地频频发生不同性质的贪污案，使各级官府完全为贪官所累，整日疲于应付。

甘肃省捏灾冒赈侵贪捐监银两大案的出现，绝非偶然，它是封建专制制度的必然产物。作为封建专制的代表乾隆皇帝本人有着不可推卸的责任。乾隆帝一生，在文治武功方面的确享有盛名，在统一多民族国家的历史发展中有过重大贡献。但是，由于他“好大喜功”，讲求排场阔气，随意挥霍国家钱财，有人戏称他是中国“首贪”。乾隆帝每逢年节都要接受全国各地文臣武将以进贡、祝寿、献礼等名义进献的大批珍玩器皿，用于“联上下之情”。在种种上行的启示和纵容下，大小官员紧跟仿效，贪官污吏乘机聚敛钱财，百般搜刮，乃至出现甘肃这样群官聚敛的案件，也就不是什么奇怪的事情了。

对于此案的发生，乾隆帝也曾引咎自责：甘肃于乾隆三十九年恢复捐监旧例，当时大学士于敏中管理户部，即行议准。又以若准开捐，将来可省部拨之烦，巧词饰奏，朕误听其言，遽尔允行，至今引以为过。仅此而已，又有谁能够对他进行查处呢？

图2　和珅像

非常巧合的是，乾隆帝钦派查办甘肃贪污大案的大吏，清代第一贪污大员和珅也在其中，尽管和珅在兰州停留的时间只有短短的一个月，可以他的身份为王廷赞、王亶望通风报信、出谋划策只是小事一桩。平日里王亶望、王廷赞与和珅臭味相投，私交甚好，他们每次进京，都少不了给和珅送银子。和珅到达兰州，王廷赞如同捞起了一根救命稻草，请其出谋划策。于是和珅让他："交出廉俸银四万两，以资兵饷；捐赏兵丁银一万三千四百两；捐赈城关贫民一万两。"企图以此减轻罪责。和珅还为王亶望、王廷赞的罪责巧饰其词，说什么：王廷赞在甘肃任布政使已有几年，其家境充裕，就是再捐多些，亦属从容，有人讲他有营私和贪渎之事，为什么王廷赞在兰州并无名声不好的说法呢？即使是从前王亶望在甘肃任布政使期间，亦未必竟敢勒索属员以肥私囊。如此明目张胆地袒护贪官的言行，根本没有引起乾隆帝的警觉，更谈不上对和珅的追究了。

在乾隆帝派人查办此案的过程中，一些官员预感大难临头，便串通一气，相互通风报信，急忙销赃，烧毁地契、房契，隐匿金银，转移浮财，所以当办案官员奉旨对贪官家财进行查抄时，也就所剩无几了。如从勒尔谨任所仅抄出白银七千八百两、玉器铜器三百多件，房地契已全部烧毁。在查抄岷州知州周植、平番县知县陈澍、奉安县知县史堂等贪官家产时，竟然分文没有。

闽浙总督陈辉祖的弟弟陈严祖、江苏巡抚闵鹗元的弟弟闵鹓元，都是甘肃贪污大案中的贪官，陈辉祖与闵鹗元各自对其弟贪赃舞弊的行为早有耳闻，但唯恐一经陈奏，其弟将遭重罚，他们竟装聋作哑，一言不发。

清廷一些高级官吏与地方督抚大员为了他们各自的利益，官官相护，知情不举，敷衍塞责，徇情失察，是形成甘肃群体贪污大案的重要原因。早在甘肃复开捐监之日起，乾隆帝就一直关注着监粮的办理状况。乾隆四十二年，乾隆帝派刑部尚书袁守侗为钦差大臣前往甘肃开仓查粮一事，岂料各州县官员一听到消息，相互报信，串通作弊，共同对付钦差大臣的检查，他们在粮仓的下面铺架木板，木板上面撒上薄薄一层谷物，造成粮仓满囤的假象。袁守侗等人竟然没能识破，回京复命之时，将本无"监粮"存在粮仓，上呈奏折称"仓粮系属实贮"，乾隆帝竟信以为真。

我们从乾隆帝严惩甘肃贪污大案的结果来看，似乎他是一位敢于惩贪的皇帝，其实他的惩贪是不彻底的，只是一时的权宜之计，实在是出于不得已。甘肃贪污大案刚刚结束，乾隆四十七年就又发生了山东国泰贪索营私大案，如此吏治因循贪贿之风，严重消弭着乾隆帝的惩贪效果，荡击着康乾时期的盛世局面。

附表：

清代第一贪污大案惩处官员一览表

姓名	官职	任所	原　籍	罪　名	结　果	其　他
勒尔谨	总督	甘肃	旗籍	失察私收折色，侵冒7余万两	谕令自尽	其子发遣伊犁
王亶望	布政使	甘肃	山西临汾	私收折色，侵冒100余万两	正法	长子王裘革职，其余10子发遣伊犁
王廷赞	布政使	甘肃	奉天宁远	私收折色，侵冒赈银2.86万两	正法	其子2人发遣伊犁
蒋全迪	知府	兰州	安徽歙县	侵冒3.5余万两	正法	其子发遣伊犁
程栋	知县	皋兰	河南汤阴	侵冒10余万两	正法	其子发遣伊犁
陆玮	知府	兰州	浙江	侵冒9.37余万两	正法	其子发遣伊犁
那礼善	知州	固原	旗籍	侵冒7.103余万两	正法	其子发遣伊犁
杨德言	知县	皋兰		侵冒2余万两	正法	其子2人发遣伊犁
郑陈善	知州	狭道州		侵冒挪用1.64余万两	正法	其子发遣伊犁
蒋重熹	知县	皋兰	江苏常熟	侵冒4.74余万两	正法	其子发遣伊犁
宋学淳	知县	宁夏	旗籍	侵冒4.72余万两	正法	其子发遣伊犁
李元椿	知县	武威	奉天	侵冒3.64余万两	正法	其子革职
王臣	知县	中卫	奉天	侵冒3.495余万两	正法	其子1人侄3人革职
许山斗	知县	会宁	广东	侵冒3.47余万两	正法	
詹耀璘	知县	西宁	广东	侵冒3.456余万两，开销添建仓厫银6250两	正法	其子发遣伊犁
陈鸿文	知县	平番	江苏吴江	侵冒3.45余万两	正法	
黎珠	知州	泰州	旗籍	侵冒3.2万两	正法	
伍葆光	知县	静宁	广东	侵冒31768两，开销添建仓厫银588两	正法	

续表

姓名	官职	任所	原　籍	罪　名	结　果	其　他
舒攀桂	知县	隆德	湖北	侵冒 3.1 余万两，开销添建仓厫银 4510 两	正法	
邱大英	知县	金县	江西南丰	侵冒 3.005 余万两	正法	其子革职
陈澍	知县	平番	江苏上元	侵冒 2.53 余万两，开销添建仓厫银 8460 两	正法	其子 3 人发遣伊犁
伯衡	知县	陇西	旗籍	侵冒 2.53 余万两	正法	
孟衍泗	同知	洮州	河南夏邑	侵冒 2.358 余万两	正法	
万人凤	知县	高台	江西南城	侵冒 2.3 余万两，开销添建仓厫银 7680 两	正法	
陈常	知州	泾州	河南济原	侵冒 5.8 万两	正法	其子 3 人发遣伊犁
朱家庆	知县	武威	旗籍	侵冒 4 余万两	正法	其子 2 人发遣伊犁
王万年	同知	花马池	山西	侵冒 1.711 万两	正法	
周兆熊	县丞	平番	江苏常州	侵冒 1.14 万两	正法	
赵杭林	知县	平凉	河北新城	侵冒 2.69 万两	正法	
崧柱	知府	凉州	新疆	侵冒 2.13 万两	正法	
何汝楠	知县	平番	江苏镇江	侵冒 5 万两	正法	其子发遣伊犁
王汝地	知州		四川	侵冒 2 余万两	正法	其子发遣伊犁
郑科捷	知县	永昌	福建闽县	侵冒 1.4 余万两	正法	
经方	通判	哈密	旗籍	侵冒 167518 两	正法	其子发遣伊犁
徐树楠	知县	大通	山东济南	侵冒 1 余万两	正法	
陈韶	知县	碾伯	湖北	侵冒 1.05 万两	正法	
闵鹓元	同知	盐茶	浙江	侵冒 5.954 万两	正法	
林昂霄	知县	永昌	台湾	侵冒 1.97 万两	正法	
陶士麟	知县	张掖	浙江	侵冒 1.76 万两	正法	已离甘
杜耕书	知县	平罗	河北静海	侵冒 3.377 万两	正法	

续表

姓名	官职	任所	原　籍	罪　名	结　果	其　他
杨有澳	知县	镇番	江西清江	侵冒 2.858 万两	正法	
伍诺玺	同知	宁夏	旗籍	侵冒 1.111 万两	正法	
福明	道员	宁夏	旗籍	侵冒 3.209 万两	正法	
王璠	知县	清水	浙江	侵冒 4.022 万两	正法	
赵元德	知县	通渭	广东	侵冒 1.798 万两	正法	
顾汝衡	知县	灵台	江苏金匮	侵冒 3.127 万两	正法	
沈泰	知县	平凉	江苏镇江	侵冒 1.749 万两	正法	
成德	知县	宁翔合水	旗籍	侵冒 4300 余两	正法	系高晋之子、书麟之弟
墨尔根额	知县	镇原	旗籍	侵冒 2.58 万两	正法	
博敏	通判	抚彝	旗籍	侵冒 4200 余两	正法	
陈严祖	知县	环县	湖南	侵冒 3700 两	正法	系陈大受之子陈辉祖之弟
闵焜	县丞	庄浪	辽宁海城	侵冒 3000 余两	正法	其子革职
庞析	知县	秦安	贵州	侵冒 2.614 余万两	正法	
巴彦岱	道员	镇迪道	旗籍	捏结又受贿 1000 两	正法	
陈起撝	知县	渭源	安徽	侵冒 1.76 万两	正法	已离甘
吴鼎新	知州	安西	江苏扬州	捏结及受贿 1.37 余万两	正法	已离甘
史载衡	县丞	皋兰红水	江苏镇江	侵冒 1.27 余万两	正法	已离甘
孙元礼	知县	漳县	浙江	侵冒 10705 两	正法	已离甘
万邦英	知县	山丹	贵州	侵冒 1.9 余万两	发遣黑龙江	谕令免死
舒玉龙	知县	山丹古浪	江苏山阴	侵冒 1.73 余万两	发遣黑龙江	谕令免死
李本楠	同知	盐茶庄浪	山东惠民	侵冒 1.28 余万两	发遣黑龙江	谕令免死
彭永和	知县	扶羌靖远	江西	侵冒 1.27 余万两	发遣黑龙江	谕令免死
谢桓	知州	河洲	顺天	侵冒 1.19 万两	发遣黑龙江	谕令免死

续表

姓名	官职	任所	原　籍	罪　名	结　果	其　他
麻宸	知县	庄浪张掖	顺天	侵冒挪用 1.131 万两	发遣黑龙江	谕令免死
周人杰	知县	西宁大通	浙江海宁	侵冒及受贿 8000 余两	发遣黑龙江	已离甘，谕令免死
杨赓飏	知县 知州	碾伯河洲	江西建昌	侵冒 7500 两	发遣黑龙江	已离甘，谕令免死
景福	知县	碾伯礼县	旗籍	侵冒 6600 余两	发遣黑龙江	已离甘，谕令免死
顾芝	同知	洮州	江苏苏州	侵冒 4400 余两	发遣黑龙江	已离甘，谕令免死
郭昌泰	知州	固原	山西	侵冒 4100 两	发遣黑龙江	已离甘，谕令免死
奇明	知州	秦洲	旗籍	侵冒 8300 两	发遣黑龙江	已离甘，谕令免死
广福	知县	陇西	旗籍	侵冒 3650 余两	发遣黑龙江	已离甘，谕令免死
吕应祥	知县	渭源	山东莱芜	侵冒 3500 余两	发遣黑龙江	已离甘，谕令免死
李立	县丞	东乐	山西	侵冒 2400 余两	发遣黑龙江	已离甘，谕令免死
佛保	通判	巴燕戎格	旗籍	侵冒 1700 余两	发遣黑龙江	已离甘，谕令免死
陈之铨	道员	安肃	浙江绍兴	侵冒及受贿 5300 两	发遣黑龙江	已离甘，谕令免死
朱兰	州判	肃州	山东历城	侵冒 1950 两	发遣黑龙江	谕令免死
钱成均	知县	敦煌	顺天	侵冒 8720 两	发遣黑龙江	谕令免死
王旭	知县	大通	山东高密	侵冒 5120 两	发遣黑龙江	谕令免死
陈金宣	知州	岷州	福建	侵冒 4950 两	发遣黑龙江	谕令免死
宗开煌	知州	直隶州	江西南昌	侵冒 1.09 余万两	发遣黑龙江	谕令免死
韦子瑗	同知	洮州	广东	侵冒 9400 余两	发遣黑龙江	谕令免死
尤永清	知县	伏羌玉门	河南洛阳	侵冒 8821 两	发遣黑龙江	谕令免死
丁愈	知县	安定	山东诸城	侵冒 8416 两，亏空 2980 两	发遣黑龙江	谕令免死
宗树穀	知县	宁翔两当	浙江	侵冒 7042 两	发遣黑龙江	谕令免死
黄道煚	知县	安定	山东郓城	侵冒 7000 余两	发遣黑龙江	谕令免死
蒲兰馨	知县	华亭	四川	侵冒 6884 两	发遣黑龙江	谕令免死

续表

姓名	官职	任所	原籍	罪名	结果	其他
章汝楠	知县	清水渭源	浙江	侵冒6432余两，亏空3200两	发遣黑龙江	谕令免死
侯作吴	知州	直隶州	河北吴桥	侵冒5900两	发遣黑龙江	谕令免死
董熙	州同	肃州	江苏湖阳	侵冒5000余两	发遣黑龙江	谕令免死
善达	同知	循化	旗籍	侵冒3859两	发遣黑龙江	谕令免死
贾若琳	通判	巴燕戎格	河南商丘	侵冒3200余两	发遣黑龙江	谕令免死
史堂	知县	秦安	江苏溧阳	侵冒2200余两	发遣黑龙江	谕令免死
承志	知州	岷州	满洲正红旗	侵冒1922两	发遣黑龙江	谕令免死
李弼	知县	正宁	广东	侵冒1699两，亏空4740两	发遣黑龙江	谕令免死
申宁吉	知县	秦安	陕西三原	侵冒1500余两	发遣黑龙江	谕令免死
谢廷庸	通判	抚彝	湖北武昌	侵冒1449两	发遣黑龙江	谕令免死
叶观海	知县	宁化	福建	侵冒1326两，亏空2900两	发遣黑龙江	谕令免死
张毓琳	知县	玉门	陕西	侵冒1090两	发遣黑龙江	谕令免死
张金城	知府	宁夏	湖北南皮	侵冒及受贿1800两	发遣黑龙江	谕令免死
熊启谟	驿传道	甘肃	江西安义	侵冒1800两	发遣黑龙江	谕令免死
汪皋鹤	知府	凉州	河南夏邑	侵冒1040两	发遣黑龙江	谕令免死
刘垌	知县	徽县		冒销建仓3800余两	发遣黑龙江	已离甘，谕令免死
布瞻	知州	固原	旗籍	侵冒7000余两	发遣黑龙江	已离甘，谕令免死
潘时选	知府	鞏昌	浙江绍兴	侵冒及受贿4600两	发遣黑龙江	已离甘，谕令免死
陈庭学	道员	镇迪	旗籍	侵冒及受贿1000两	发遣新疆	
富明阿	府判	镇西府	旗籍	庇护不行揭报经方一案	从重发遣新疆	

续表

姓名	官职	任所	原　籍	罪　名	结　果	其　他
赵明旭	州判	三岔州	山西	侵冒添建仓厫银两	从重发遣新疆	
夏恒	知县	漳县	浙江	侵冒 800 余两	从重发遣新疆	因供称“彻骨寒儒”等语从重处罚
钟赓起	知府	甘州	浙江长兴	侵冒及受贿 500 两	发遣新疆	
杨士玑	知府	兰州	江苏娄县	侵冒及受贿 1.55 万两	查抄（身故）	其子 6 人发遣伊犁
张何衡	知州	泾州	湖北应县	侵冒 2 余万两	查抄（身故）	其子发遣伊犁
周植	知州	岷州	江苏	侵冒 2400 余两	拟斩监候自缢	其子发遣伊犁
麦桓	知县	靖远	广东番禺	侵冒 1.98 余万两	查抄押解途中病故	其子发遣伊犁
叶中	知州	河洲	安徽桐城	侵冒 1 余万两	查抄案发前病故	其子发遣伊犁
王梦璘	知县	番县	山西	侵冒 9400 余两	查抄在监病故	
华廷飏	知县	崇信	云南宁河	侵冒 4494 两	查抄在监病故	死后又查出亏空银 4900 余两，粮 1260 石
李巨源	知县	会宁	河南	侵冒 1 万两以上	查抄（身故）	其子革职
康基渊	知州	肃州	山西兴县	侵冒 1 万两以下	查抄（身故）	
林德基	知县	武威	顺天	侵冒 1 万两以下	查抄（身故）	其子革职
何朝炳	知县	环县	福建	侵冒 1 万两以下	查抄（身故）	其子革职
刘甫岗	知县	安化	江西	侵冒 1 万两以下	查抄（身故）	其子革职
曾道中	知县	碾伯	云南	侵冒 1 万两以下	查抄（身故）	其子革职
胡兆龙	知县	西和	江西	侵冒 1 万两以下	查抄（身故）	其子革职
薛佩兰	州判	秦州	直隶	侵冒 1 万两以下	查抄（身故）	其子革职
杨士模	州判	沙泥	江苏吴县	侵冒 1 万两以下	查抄（身故）	
郭之屏	知县	清水	江西龙泉	侵冒 1 余万两以下	查抄	
邵维贤	知县	西河		侵冒 1 千两以下	查抄	
魏春年			顺天	捏结	查抄	

续表

姓名	官职	任所	原 籍	罪 名	结 果	其 他
德明			旗籍	捏结	查抄	
汪世琳				捏结	查抄	
李承瑞	知府	西宁	山东海阳	捏结	查抄	
博赫	知州	泾州	湖北应山	捏结	查抄	
谢廷谨				办理捐监折收银两	查抄	
田志苍				办理捐监折收银两	查抄	
张照宇				办理捐监折收银两	查抄	
阿青阿				办理捐监折收银两	查抄	
汤付业				办理捐监折收银两	查抄	
杨瀛仙	知县		云南	办理捐监折收银两	查抄	
尚五品				办理捐监折收银两	查抄	
周履培				办理捐监折收银两	查抄	
刘治传	知县	漳县	云南	侵冒700余两	杖一百、流三千里	
许士梁	试用知县		安徽	侵冒700余两	杖一百、流三千里	
张春芳	同知	循化	浙江临安	侵冒700余两	杖一百、流三千里	
吴诜	通判	沙泥	直隶	侵冒400两	杖一百、流三千里	
彦方	知州	秦州	旗籍	折捐捏结	杖一百、流三千里	
秦雄飞	道员	兰州	江苏金匮	捏结及捐监	革职查抄	追罚银两
刘光昱	道员	兰州	河南	捏结及捐监	革职查抄	追罚银两
文德	道员	秦州	旗籍	捏结及捐监	革职查抄	追罚银两
奎明	道员	安肃	旗籍	捏结及捐监	革职查抄	追罚银两
王曾翼	道员	甘凉	江苏吴江	捏结及捐监	革职查抄	追罚银两
永龄	道员	宁夏	旗籍	捏结及捐监	革职查抄	追罚银两

续表

姓名	官职	任所	原　籍	罪　名	结　果	其　他
程国表	道员	巩秦	江苏淮安	捏结及捐监	革职查抄	追罚银两
福明安	知州	秦州	旗籍	捏结及捐监	革职查抄	追罚银两
彭永安	知府	平凉	江苏江宁	捏结及捐监	革职查抄	追罚银两
彭时清	知府	庆阳	四川	捏结及捐监	革职查抄	追罚银两
观亮	知府	宁夏	旗籍	捏结及捐监	革职查抄	追罚银两
郭叚	知府	西宁	山东墨县	捏结及捐监	革职查抄	追罚银两
兴德	知州	阶州	旗籍	捏结及捐监	革职查抄	追罚银两
厉学沂	知州	安西	萧山	捏结及捐监	革职查抄	追罚银两
观禄	道员		旗籍	捏结及捐监	革职查抄	追罚银两
黄元圯	知府	庆阳	广西	捏结及捐监	革职查抄	追罚银两
姜兴周	州牧	阶州	湖南武陵	捏结及捐监	革职查抄	追罚银两
富斌	知府	凉州	旗籍	捏结及捐监	革职查抄	追罚银两
诺明阿	候补同知	甘州	旗籍	捏结及捐监	革职查抄	追罚银两
王凤仪	知县	秦安	云南海通	捏结及捐监	革职查抄	追罚银两
杨芳灿				办理捐监，未经办灾	革职留用	追罚银两
虞士煌				办理捐监，未经办灾	革职留用	追罚银两
陈士衔				办理捐监，未经办灾	革职留用	追罚银两
范履乾				办理捐监，未经办灾	革职留用	追罚银两
李文曾				办理捐监，未经办灾	革职留用	追罚银两
窩什浑	知县	奇台县	旗籍	办理捐监，未经办灾	革职留用	追罚银两
庆云				办理捐监，未经办灾	革职留用	追罚银两

续表

姓名	官职	任所	原　籍	罪　名	结　果	其　他
吴延芳				办理捐监，未经办灾	革职留用	追罚银两
沈清芳				办理捐监，未经办灾	革职留用	追罚银两
梁□				办理捐监，未经办灾	革职留用	追罚银两
李驷				办理捐监，未经办灾	革职留用	追罚银两
汪琳				办理捐监，未经办灾	革职留用	追罚银两
瑚图立				办理捐监，未经办灾	革职留用	追罚银两
王绍基				办理捐监，未经办灾	革职留用	追罚银两
佟跃岱				办理捐监，未经办灾	革职留用	追罚银两
刘鹤翔				办理捐监，未经办灾	革职留用	追罚银两
张履升	知县	合水	云南昆明	办理捐监，未经办灾	革职留用	追罚银两
皮昌焕				办理捐监，未经办灾	革职留用	追罚银两
佛柱				办理捐监，未经办灾	革职留用	追罚银两
杨缙云				办理捐监，未经办灾	革职留用	追罚银两
孔庆枚				办理捐监，未经办灾	革职留用	追罚银两

续表

姓名	官职	任所	原籍	罪名	结果	其他
岱禄			旗籍	办理捐监，未经办灾	革职留用	追罚银两
何瑞珣				办理捐监，未经办灾	革职留用	追罚银两
张瑾				办理捐监，未经办灾	革职留用	追罚银两
朱钟				办理捐监，未经办灾	革职留用	追罚银两
周廷元	知州	宁州		办理捐监，未经办灾	革职留用	追罚银两
德慧				办理捐监，未经办灾	革职留用	追罚银两
达尔吉善	署布政使	甘肃	旗籍	办理捐监，滥加杂费，不能据实陈奏	罚银3万两，发遣和阗效力	
福宁	道员	平庆		折捐冒赈	首先供明，从宽留用	
韩修凤	知县	渭源		只填捐监生未收捐	革职留用	

清代京师治安防务机构
步军统领衙门述略

我国古代历朝统治者都非常重视国都的安全，均建有治安机构。清代同样如此，它在以往历史经验的基础上，于京师（北京）设立了步军统领衙门，统管着京师八旗的步军和京城绿营的马步兵（即巡捕营），专掌缉捕盗贼、稽查奸宄、维持治安，巡视民情、清除火灾等项工作，对维护京师安全和王朝统治起了极其重要的作用。

一、设官、兵额及所管事务

清初，设步军统领一人，左右翼总尉各一人，以及步军校、笔帖式诸官员，专管统辖满洲、蒙古、汉军八旗步兵，定为二品衙门。到康熙十三年（1674），命兼提督京城九门事务，康熙三十年（1691），又兼管巡捕三营事务（初有南北二营，顺治十四年添设中营）。雍正七年（1729）始定步军统领衙门，并派部院堂官一人协理刑名事务。到了乾隆四十六年（1781），鉴于京师为朝廷重地，而原额设官兵不敷派拨，巡捕营又增加了兵额，改为中、南、北、左、右五营，其统领衙门也就成为“巡捕五营”了。嘉庆四年（1799），又增设左、右翼总兵各一员，遇有一切公务，与步军统领同堂办理。

步军统领衙门所辖兵额。八旗步军营，在康熙年间由八旗、满洲、蒙古各佐领下抽调步军领催二人，步军十八人，八旗汉军各佐领下抽调步军领催一人，步军十二人组成，共有领催一千一百五十二人，步军二万一千人。巡捕五营兵额，根据所辖地域大小，各营兵额不等，中营最多，二千七百六十人，右营最少，一千四百八十人，都分马兵、战兵、守兵三种，其中马兵五千零八十人，战兵、守兵各三千人，五营马、战、守三种兵额总人数为一万一千零八十人。合计步军统领衙门所辖八旗步军与巡捕五营马步兵三万二千多人。

图1　清军官兵

步军统领的设官额缺及其所管事务。设统领（满缺，从一品）一人，由皇帝特拣亲信大臣担任，掌九门管钥、门禁，统辖八旗步军、五营将弁。设左、右翼总兵（正二品）各一人佐之。八旗步军营设翼尉（正三品）、副翼尉（从三品）各二人，协尉（正四品）、副尉（正五品）各二十六人，分辖步军守卫、巡警、扫除等事。捕盗步军校（正五品）四十人，掌缉捕盗贼、稽查奸宄事；步军校（正五品）二百一十六人，委署步军校（正六品）七十二人，掌分汛警夜、清道、诘奸事。另设内九门城门领（正四品）二十五人，城门吏（正七品）二十五人，千门总（正六品）三十三人，掌司门禁，稽查出入事。巡捕五营设副将（从二品）五人，守备（正五品）十八人，千总（正六品）四十六人，把总（正七品）九十三人，外委一百三十八人，巡捕营各官掌分汛防守、巡逻、纠查以执御非违事。另在外七门设城门领（正四品）、城门吏（正七品）各七人，门千总（正六品）二十三人，掌司门禁，稽查出入事。白塔信炮设信炮总管（满缺，正四品）一人，监守信炮官（正五品）满洲、汉军各四人，催领四人，炮手八人，步军十六人，掌有警奉金牌声众事。

二、职　　掌

八旗步军与巡捕五营马步兵，都是按地区分汛防守稽查。八旗步军防守内城，按八旗方位分汛驻守，并调一部分官兵，专任缉捕事宜；巡事五营马步兵防守外城及京郊地方，分二十三汛驻守。其主要职掌为：

守卫　内城各处按八旗方位分汛驻守，以旗划界，满、蒙、汉各旗设若干个汛、栅栏（每汛设步军十二名，每座栅栏设步军三名，偶有变动），明确划分该管地方远近界址，防守稽查，夜则巡更、击柝。每汛设立更筹，自初更起，上下汛往来传送，黎明乃止。凡遇皇帝巡幸，皇城内外各紧要地方，增设堆拨若干所（每所设步军三名），严加巡防，直至皇帝回銮日撤回。凡遇皇帝谒陵、行围、皇子未分封者奉差，均派官兵随行。巡捕五营分为二十三汛驻守防理，中营五汛驻守圆明园，南营六汛驻守外城及南郊，北营和左、右营各四汛驻守北郊及东、西郊一带。在圆明园附近处，昼夜巡逻；在静明园、静宜园、西山、冷泉等处，增设马兵汛（每汛设马步兵三至五名），分驻防守。

断狱　凡八旗步军、巡捕五营马步兵拿获违禁、犯法、奸匪、逃盗等案件，审系轻罪，步军统领衙门自行完结；徒罪以上，录供后送刑部定拟。在崇文门、宣武门、朝阳门、阜成门、东直门、西直门、安定门、德胜门各设监狱一处。凡旗人获罪，刑部议定枷示，或步军统领衙奏明永远枷示的人犯，皆发门监羁禁。崇文门监镶白旗人，宣武门监镶红旗人，朝阳门监正蓝旗人，阜成门监镶蓝旗人，东直门监镶黄旗人，西直门监正黄旗人，安定门监正白旗人，德胜门监正红旗人。如果旗人命案已经验明，令其抬送，遇有勒索拦阻者，该堆拨及城门值班官兵，拿送刑部治罪；若知而不拿，将值班官罚俸一年，兵丁鞭打五十。八旗满、蒙、汉军正身犯奸案件，流罪以下，步军统领审理，以清字文案自行完结，其因奸罪至死者，步军统领会同三法司满堂官审明拟定，用清字具奏。乾隆三十九年（1774）谕：关于解送人犯一事，由五城、提督等衙门自行办理，究不免有流弊，嗣后，除直隶就近递回者，听各该衙门照就办理外，其余应解回别省人犯，均著述明案由，交刑部核明，应解与否，妥协办理，交该地方管束。乾隆五十年（1785）奏准：各门监内监禁永远枷犯，需要按月支给口粮，更需官兵日夜严密看守，监狱地处城门重地，所关尤重，嗣后，各项人犯，逾十年后，交刑部核其罪名，分别发往伊犁、乌鲁木齐、黑龙江等处为奴，这样城门要地既可肃清不安之隐患，口粮亦可节省。京师向来有各省民人赴都察院、步军统领衙门呈控案件，为广开言路，控告该省督抚贪渎枉法行为，遇有各省呈控之案，一律不准驳斥，其案情较重者，自应即行具奏，即有应咨回本省审办之案，皆由皇帝亲自批阅。

门禁 北京内城九门、外城七门，各设官兵驻守稽查。每月逢五常朝日，由礼部咨兵部转行步军统领衙门，于黎明启正阳门，每遇御门听政日，城外居住官员，有入朝者，由兵部行文于晓钟后启正阳门，遇坛庙祭祀日期，内外城陪祀各官，有应早入城或早出城者，均由太常寺先期咨兵部转行，于五更后启门。如无兵部行文，一概不准启门。大清门内、御道两旁，禁止喧哗，长安左右门外，每门派捕盗步军校二人，阻逐闲人，凡遇皇帝行幸地方，有叩阍者，该管步军校要受到罚俸六个月的处罚；午门外坐班行礼处，各官随从，交该旗派委之骁骑校及看守朝房之步军校，对所有留客，概行驱逐；康熙三十八年（1699）议准：正阳门领骁骑等，皆由八旗充补，为了管辖不致瞻徇，于门务有益，将各城门领、城门吏、千总等对调看守，其兵丁等仍按各旗留门看守。官民出殡者，不许走正阳门；直行御道者，系官，交部题参议处，系兵民，送刑部治罪；在正阳门、西直门各给阴文合符一扇，如遇夜有奉旨差遣及紧急军务，可持阴文

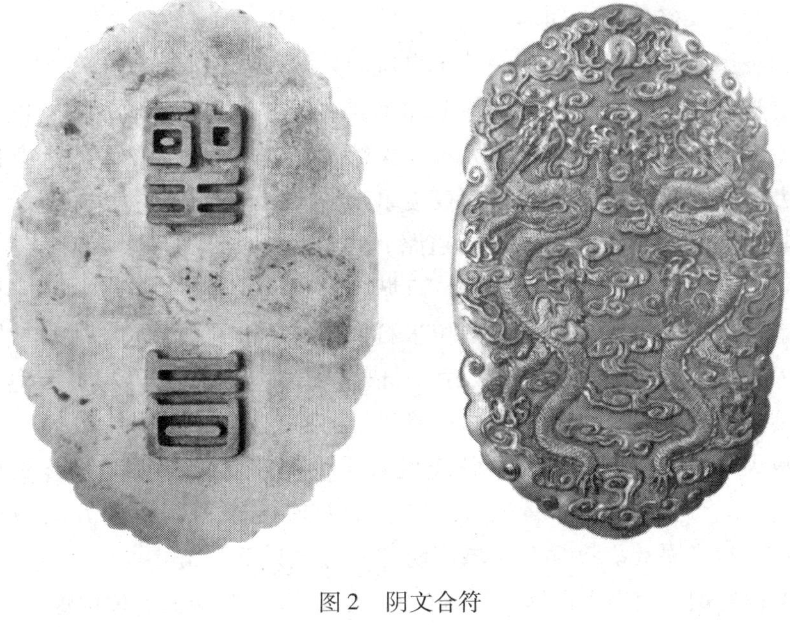

图2 阴文合符

合符验明，即行启门，凡遇皇帝乘舆经过，步军统领率督领步军，修垫扫除。内城九门城垣，分段安设堆拨及马道栅栏，轮派官兵驻守巡逻；所有内城各门官兵，均须值宿、巡逻。

编查保甲 内城地面，向系步军统领管辖，旧有十家户名目，即仿照保甲规制，核实编查，较为简易，其内城旗民户口，著步军统领衙门认真妥办，除王公满汉文武官员三品以上者，令其自行查察外，四品以下官职，均与旗民一体编查。对所辖地面，进行严查，遇有外来之人，要详究来历，勿令不法之徒，溷迹市廛。对于铺家业户门牌户册，随时严密稽查，如有迁徙增减，按照章程逐一更正，会同五城衙门，整顿保甲，申明夜禁。

缉捕 凡奸细放火，私铸公毁及掺和小钱、私仇杀死、匿名揭帖、利用非刑害人，盗案、抢劫财物、持刀伤人、违禁开设店面、留客来路不明之“匪类”、旗下逃人、斗殴致死、勒骗钱财、赌博等，均须缉捕。封建朝廷为了维护所谓“辇毂之地”的治安及官宦人家的利益，制定了高赏严罚的制度，规定步军尉抓获强盗一名，经审实，赏银五两，缉获光棍审实者一名，赏银三两，获窃盗审实者一名，赏银三两。遇有盗贼伤人财物者，该汛值宿步军校，罚俸六个月，光棍借端诈人财物，抢夺市肆，如得财私纵者，值班步军受革职处分；城内，有粘贴、匿名揭帖，该步军校，不行缉拿，一经发觉，罚俸六个月；等等。

巡夜 京师为辇毂重地，应于皇城内外按八旗地面，轮班下夜，认真巡缉。遇有明伙聚众抢劫盗匪，务即拿获，不准疏脱，倘敢拒捕，准其格杀勿论，如查有居民铺户聚多人吸烟聚赌及三五成群夜游街巷者，立即拿获究办。凡兵民人等，不得于深夜无事闲游，以符定制。

禁令 凡是皇帝所要经过的道路，称为御道。御道上不许闲人坐立，亲王以下出入，不许由道上行走；京城内起更后闭栅栏，亲王以下官民人等概禁行走；不许火化，不准囤积米石，内城不准开设戏园，外城戏园不准旗人进入，不准聚会，禁止妇女进庙烧香，禁止吸水烟和赌博；皂役人等，不准做官，其子孙不准应试；等等。

救火 按八旗所辖地面，每旗设若干个唧筒（每架唧筒设步军校一人，步甲三十五人），如有失火之事，即步军统领率其所属弁兵前往救护，左、右步军翼尉率兵弁于城门防守，并报兵部存案。

发信号炮 白塔山设炮五门，旗杆五支，内九门城楼上各设信炮五门，旗杆五支，昼挂黄旗，夜悬灯笼，遇有紧急事件，凭皇帝“金牌谕”奉旨放炮为号，如传报不及，系何方紧急，即先放何门之炮。一处鸣炮，九门皆应之。各旗闻炮，文武官兵立即披甲赴八旗指定地区集合听令。各王公门上章京、护军等，各集本府听候传唤。外七门闻炮，必须加紧防守、巡捕，外火器营官兵则向阜成门进发，健锐营官兵则向西直门进发，以备调遣。

三、内部机构及职掌

步军统领衙门内，在步军统领之下的机构有：总司，设郎中三人，员外郎五人，候补员外郎四人，主事五人，候补主事十一人，笔帖式三十四人等，掌监察左、右司一切公事，会审重要案件，审核稿件等事。以下还设有：司务厅，掌管兵役弁兵，办理庶务，管理监狱事。下设：正稿股，掌办理奏折事件，缮写办案情况事；副稿股，掌文件收发，封印开印，赴内阁传抄上谕事。左司（即步军营），掌管接受呈词及分理营翼地面解送案件等事。下设：两翼理法股，掌传讯、审理案件事；两翼兵政股，掌督办学堂，监制军装、器械，巡查漕粮事；两翼饷俸股，掌支领薪俸、米石，领销经费事；两翼功过股，掌办理八旗官员出身履历，两翼官员升移调补、奖励惩处事。右司（即巡捕五营），掌审理京控案件，分理营翼地面解送词讼案件事。下设：五营理法股，掌传讯、审理案事；五营兵政股，掌督办学堂，监制军装、器械、守卫事；五营俸饷股，掌支领薪俸、米石，批赏钱物，领销经费事；五营功过股，掌官员出身履历、功过、拣选、升迁调补事。

清紫禁城禁门护卫制度述略

紫禁城是明清两代的皇宫，南北长九百六十米，东西宽七百五十米，周围二千四百米，占地面积七十二万平方米。紫禁城南为午门，北为神武门，东为东华门，西为西华门，四周环以护城河。清代紫禁城内是皇帝日常处理政务活动之所，设有军机处、内阁等辅佐皇帝办理国家政事的中枢机构；设有宗人府、内务府等管理皇族和宫廷事务的机构。同时，皇帝及宫眷在紫禁城内生活起居，役使着大量太监、宫女、工匠等宫仆，这些宫仆构成了清宫活动的重要组成部分；宫廷内收藏着大量文书图录、奇珍异宝。鉴于诸多原因，清朝皇帝为了其王朝的社稷命运，为了自身的享受与安全，沿袭旧制建有一支庞大的宫廷护卫部队，并订有一系列严格管理制度和防范措施。清代紫禁城禁卫，有侍卫处、护军营、前锋营诸兵种。侍卫处直接警卫皇帝，其中又分御前侍卫和内外班侍卫。内班宿卫乾清门、

图1　紫禁城午门

内右门、宁寿门等，外班宿卫太和门。在宫廷禁卫制度中，紫禁城各门除最核心的部分由侍卫处警卫外，其余诸门如午门、东华门、西华门、神武门等均由护军营和前锋营中属上三旗的官兵负责。紫禁城以外，如太清门、天安门等都交给下五旗的官兵把守。

图2　神武门

一

早在入关以前的后金时代，曾设立"巴牙喇营"，以"巴牙喇纛额真"统领营务，以"巴牙喇甲喇额真"佐理营务。后金天聪八年（1634）将巴牙喇纛额真改为纛章京，将巴牙喇甲喇额真改为甲喇章京，由八旗中的上三旗（镶黄、正黄、正白）的护军甲喇章京、壮达等负责守卫禁门。清顺治元年（1644）清王朝"定鼎燕京"，顺治十七年（1660），定纛章京（汉语称呼为护军统领）、甲喇章京（汉语称呼为护军）、壮达（汉语称呼为护军校）。雍正八年（1730）设立八旗护军统领衙署，左右翼各一所，乾隆三十四年（1769）改为每旗设衙署一所，以资办公。负责紫禁城禁门的护军营，设护军统领八人（正二品），护军参领满洲八十人、蒙古三十二人，护军校满洲六百八十一人、蒙古二百零四人，"掌分辖营众”。紫禁城内景运门（为宫内一般人出入主要之门）设值班大臣一人，由前锋统领、护军统领十人轮流担任，印务章京一人，以前锋营八旗护军营印务参领十人轮流值班。上三旗司钥章京一人，由上三旗每旗所设司钥京章、署司钥京章（各以本旗护军参领奏充）轮值。下五旗司钥章京一人，由下五旗每旗所设司钥章京轮值。景运门值班大臣及印务、司钥章京“掌司门禁，率值班官兵，以守卫宫阙”。

守卫紫禁城门护军官兵的数额有着严格的规定：隆宗门设护军参领一人，司阅门籍护军一人，护军校、护军二十人；后左门、后右门、苍震门、启祥门、顺贞门设护军参领各一人，司阅门籍各一人，护军校、护军各五十人；太和门、昭德门、贞度门、协和门、熙和门、中左门、中右门、左翼门、右翼门、吉祥门、紫禁城内灯道栅栏处设护军校、护军各十人；午门、左右门设护军参领一人，司阅门籍护军二人，护军、护军校三十人；东华门、西华门、神武门设护军参领各一人，司阅门籍、护军各二人，护军校、护军各二十人；每当皇帝巡幸，午门、东华门、西华门、神武门各增设统领一人（统领为一个旗护军中职务最高的军官），乾隆二十三年（1758）又规定紫禁城四门每门增设章京二人，专司看守。紫禁城外阙左右门、端门、天安门、长安左右门、大清门、东华门、西华门、神武门外栅栏以及紫禁城外堆拨（相当于岗哨，设护军三人）由下五旗的护军守卫。

紫禁城禁门护军担负着守卫宫禁重地，负责皇帝安全的重任，所以选拔护军比较严格，有种种限制，护军主要来源于八旗满洲、蒙古之精者。凡八旗满洲、蒙古必须年纪轻、身体强壮、技艺娴熟的士兵才能挑入护军营，每佐领下挑选护军十七人。护军缺出，由各旗统领会本旗都统，于本佐领下马甲、拜唐阿、养育兵、步军、亲散内挑补。护军要经过严格的选拔、考核，护军营设立六力官弓数张，选拔护军时，先以官弓开试，并开弓射箭，弓拉得开，箭射得准才能被录取。咸丰三年（1853）规定：要先看步箭，如步箭合格再看马箭，步箭、马箭均合格才能入选。挑补护军要首先由该旗佐领进行考验，挑选年壮技艺娴熟者保送，并遴派认识官员一至二名，领催族长等带赴挑补处逐名识别，如果不是原保送之人，立即呈明究办。被挑选的护军一般是终身制。雍正三年（1725）规定：护军校到六十五岁，护军到六十岁；护军校、护军年纪虽逾岁而气力尚未衰者，仍留当差，年老残疾者革退，其中如有曾出过兵打过仗者，照例赏给俸禄，未曾出兵之人，给予马甲、养育兵钱粮。

顺治元年（1644）规定：凡紫禁城禁门及各汛（哨卡），护军校、护军值班之所，配有弓、箭、撒袋、长枪等兵器。并规定：弓，每天要由弓匠张弛；箭，每十天由箭匠端杆、磨箭头，并要磨枪，年终一律见新。康熙六年（1667）题准：每名护军备有甲、盔、撒袋、弓、腰刀各一份，箭七十支，每二人合用长枪一杆。咸丰三年（1853）午门、神武门、东华门、西华门每门设护军枪兵十名，鸟枪十杆；大清门、东长安门、西长安门每门设枪兵十名，鸟枪二十杆；天安门、端门、东阙门、西阙门，每门设枪兵十名，鸟枪十杆；紫禁城外围的八座栅栏，各设枪兵十名，鸟枪十杆。守卫紫禁城禁门护军的装束是：护军参领用獭尾盔顶，垂黑缨；护军校、护军均用铁盔顶，垂红缨，护军校穿白缎绣花衣，护军穿蓝布绣花衣。

二

紫禁城是清王朝最大办事机构的所在地，每天出入紫禁城的人，上至王公大臣，下至工匠厨役，人员繁杂，人数众多，故订有许多具体措施，各种禁令名目繁多，戒备森严，并不断加以完善。

紫禁城禁门出入，有严格的等级规定，不能擅行。午门的中门等级最高，是皇帝出入的门，皇后只在成婚日入宫时经过一次，再就是殿试时中了状元、榜眼、探花的三个人，出宫时能走一次，一般人是不能走的。平时，宗室王公出入皆走午门的右门，文武官员出入皆走午门的左门。其他如内阁官员、侍卫、内务府官员、各执事人、内监、厨役、工匠、服役人等，分别于东华门、西华门或神武门出入。在东、西华门外置有下马石碑，镌刻有“至此下马”的满、蒙、汉、回、藏五种文字。在紫禁城内骑马行走，只有一、二品大臣，年龄在六十岁以上，经皇帝恩准才可；年龄在七十岁以上的朝内重臣，经皇帝恩准可乘轿出入紫禁城。王公、文武大臣、官员进出午门、东华门、西华门、神武门所带护卫、仆从人数也都有严格规定：亲王、郡王准带十人；贝勒、贝子及一品文武大员准带八人；二品文武大员及三品京堂官准带六人；四、五、六品京堂官准带四人；文职五、六、七品，武职三、四、五、六品官员准带二人；文职八品以下，武职七品以下官员准带一人。如果超额多带者，罚俸一年。

紫禁城之内，御前侍卫、南书房大臣等，因与皇帝最为接近，可以出入乾清门。御前大臣、军机大臣等，走内右门。王公、大臣、官员进宫办事，除规定带护卫官员准予照旧随带外，自王公以下至文职三品以上、武职二品以上大员和内廷行走各官所带仆从人等，行至景运门、隆宗门外，均于台阶下二十步以外停止，不得至附近台阶处。文职四品以下、武职三品以下官员的仆从人等，一概于左翼门、右翼门台阶下为止，责令管门章京带领护军稽查，禁止逾越。其经由神武门者，出入俱循东、西夹道行走，不准在景运门、隆宗门外停立，有违者除处罚本人外，该管家主罚俸半年。

东华门内南三所西夹道向北过左翼门径至景运门外，这一带有章京一员带领护军二人巡查，禁止仆从人员出入行走。造办处和内务府衙门人役众多，往来行走可以径至隆宗门外，由内务府大臣每日派司员二人稽查出入，禁止闲杂人员在门外停留坐立，以杜混淆。

左右翼门除官员进内执事外，其所带仆从概行禁止，不许东、西出入，太和门外之协和门、熙和门为东、西往来必经之地，所有王宫、百官、仆从应各按定数照常行走。不应行走者，由管门官校、护军留心稽查，不得私自放入。至于午门前之阙左门、阙右门附近禁城，除官员、仆从等准予照常行走外，严禁闲杂人员任意行走。出入紫禁城禁门的重要凭证是腰牌。百官执事出入紫禁城门，都凭腰牌。腰牌由内务府颁发，上面烙着制造年代及各部院衙门等名目的火印戳记，使用者的姓名、年龄、编号和相貌等。内务府并将百官、差役人等详细开列，造具清册汇总成两份，一份留内务府，以备考核；一份送至东华、西华、隆宗、景运等门值班护军处，以便出入禁门时验看查对。紫禁城禁门均由识字护军专司检阅门籍，籍内无名及不带腰牌者不准放行，所有差役禁门的腰牌，不得转让、互换或借出，违者论罪。《钦定总管内务府堂现行则例·设官稽查》规定腰牌每三年更换一次，差役更换、充补，腰牌要随时更换。紫禁城禁门各设红杖两个，以护军二人轮番更值，坐于门口。亲王以下经行皆不起立，如有不报名妄自擅入者，即以红杖责打。顺治初年规定：每遇皇帝出入，各门均启中门，以景运门值班统领，率隆宗门参领袛承其事，并令护军清跸。每天傍晚，景运门值宿司钥长率官军至后左门、后右门、中左门、中右门、左翼门、右翼门、太和门、昭德门、贞度门依次验视扃钥；

午门以隆宗门护军参领、东华门以苍震门护军参领、西华门以启祥门护军参领、神武门以吉祥门护军参领分别视查各门扃钥。并责护军校缴钥于司钥长，汇贮于箧内，复加扃钥，其箧钥匙由司匙长亲自保管。次日，由各门护军校领钥匙，并责令闭者司启，日复一日，天天如此。夜间一般人是不能随便出入禁门的，如果遇奉旨差遣及紧急军务急需出入者，就要凭一种特殊出入证——合符才能开启城门放行。合符系铜制，由阴阳两扇组成，每一扇里侧分别铸有阴文和阳文“圣旨”二字，阴阳合一，浑然一体。其阴文合符，由各门护军参领掌管；阳文合符，均收藏于大内。如果夜间需要及时出门者，必须由大内持阳文合符到门，由该门护军参领将二者合对，照验明白可予放行，并于次日奏报皇帝。

紫禁城禁门的护军官兵，白天轮班守卫，入夜以后，值班护军要进行巡更传筹（即由值班护军传递一根长约一尺的木棒，循环往复，终夜不绝）。传筹分内五筹传递和外八筹传递，内五筹传递的路线为每夕自景运门发筹，西行过乾清门，出隆宗门往北过启祥门，迤而西过凝华门，迤而北过中正殿后门，迤北至西北隅，迤而东过西北门、顺贞门、吉祥门至东北隅，迤而西乃至景运门，凡十二汛为一周。紫禁城外八筹传递，每夕自阙左门发筹，西行过午门，出阙右门循而西经西一汛至南栅栏，再经西华门、神武门、东华门回至阙左门，中间要经过多处栅栏和二十二个汛。其主要任务是检查各处值更护军，防止有人玩忽职守。紫禁城内夜间一方面有传筹之制，再有就是夜巡。每日有进班之王公、领侍卫内大臣、部院大臣、都统、护军统领五人，每夜巡察各所属侍卫、章京、护军，从二更开始，至五更止，进班之领侍内大臣不时巡察该管侍卫亲军，护军统领不时巡察该管护军校、护军及外围之各堆拨，如果有旷班、任意睡卧、不坐更者，一经查出，即会同领侍卫内大臣，参奏治罪，以示惩儆。

紫禁城系皇宫重地，禁门警备森严，稽查甚为严密，制度繁多，但随着清朝的日益腐朽没落，紫禁城的防卫也江河日下，最后到了根本无力整饬禁门护卫制度的地步了，随之而来的是辛亥革命的洪流。

清末司法改革对皇族司法制度之影响

一、清末司法改革概况

光绪二十六年（1900），八国联军攻陷北京，清政府与八国联军议和，遂签订丧权辱国的《辛丑条约》。这一举动激起了全国人民汹涌澎湃的反帝反封建的革命浪潮，清政府朝不保夕，面临覆灭的危机。为缓和国内日益尖锐的阶级矛盾，避免覆灭的厄运，以慈禧为首的清政府被迫宣布"实行新政"，继而"预备立宪"。紧接着在政治上采取一系列改革措施，其中借鉴西方政治制度而进行的司法改革成为国家政治变革中的重要组成部分。

改定官制是清政府推行立宪、进行司法改革的重要环节。光绪三十二年七月十三日（1906 年 9 月 1 日），清廷颁布上谕："时处今日，唯有及时详细甄核，仿行宪政。大权统于朝廷，庶政公诸舆论，以立国家万年有道之基。"同时强调"目前规制未备，民智未开，不能操切从事，徒饰空文，须从官制入手，次第更张。并将各项法律，详慎拟定"[①]。同年九月二十日（11 月 6 日），清廷裁定中央官制，仿照西方资本主义国家三权分立的政治制度，对司法机关进行了较大改革，主要为：刑部改为法部，专管全国的司法行政，不再兼理审判；改大理寺为大理院，为最高审判机关，负责解释法律，并配置总检察厅。司法审判程序实行四级裁判所、三级审判的制度（即人们通常所称四级三审制）。

四级裁判所是：初级审判厅、地方审判厅、高等审判厅和大理院。三级审判制度规定：初级审判厅收审笞杖罪、无关人命之徒罪及二百两银价

① 资料来源：《光绪新法令》第一册、第二册。

以下的民事讼案，审判后可自行拟结，按目造册，已关押的报告法部、大理院，未关押的详付执法司，以备考核。如遇判决不服，可上诉地方审判厅为第二审，对第二审判决不服，还允许上诉至高等审判厅为终审，亦即第三审，地方审判厅收审自徒流至死罪案，及银价值二百两以上的民事诉讼案，审讯后拟定罪名，凡死罪案和在押的流徒案，分报法部、大理院，未在押的流徒案详付执法司再转法部，如不服判决者，可上诉至高等审判厅为第二审，再不服，还可上诉到大理院为终审。大理院是全国最高裁判机关。光绪三十二年十月二十七日（1906 年 12 月 12 日），大理院呈奏审判权限厘定办法称："嗣后凡宗室、官犯及抗拒官府并特交案件应归其专管，高等审判厅以下不得审理。"① 此外，在大理院和地方各级审判厅，相应地设立各级检察厅。原有的秋审、朝审、热审等清朝固有的审判制度一并废除。

清廷为了确认司法机关体制改革的成果，开始把修律的问题提上议事日程，特派沈家本、伍廷芳为修律大臣参酌各国法律，修订现行律例，以及拟定奉旨交议的各项法律与各项专门章程。清朝统治者为修律定调颁发上谕："今寰海大通，国际每多交涉，固不墨守故常，致失通变宜民之意，但只可采彼所长，益我所短，凡我旧律义关伦常诸条，不可率先变革，庶以维天理民彝于不敝。该大臣等务本此意，以为修改宗旨，是为至要。"② 根据清廷颁布的修律宗旨，沈家本主持修订法律馆期间，积极组织力量翻译西方国家的法典、法规，先后译出法、德、俄、意、美、日、芬兰等国刑法，德国民法，日、德、美等国诉讼法，共三十余种，与此同时，还聘请国外法学家担任法律学堂的主讲和直接参与法律的起草工作。通过这样一些途径使西方国家的法律进一步输入中国，使固有的封建法律体系逐渐解体。但同时也杂糅了传统的封建旧律的因素。

光绪三十三年（1907）沈家本、俞连三奉旨修订《大清律例》，宣统二年四月七日（1910 年 5 月 15 日），修订后的《大清律例》定名为《现行律例》正式颁行。该律分别就有关刑法、民法、行政法、诉讼法的违法犯罪行为，规定了量刑办法。并将有些纯属民法规范的内容分出，不再

① 资料来源：《光绪新法令》第一册、第二册。

② 资料来源：《大清法规大全·法律部》卷首，第 1、2 页。

科刑，以示民刑区分。废除了《大清律例》中的凌迟、枭首、戳尸、缘坐、刺字等酷刑，以罚金、徒、流、遣、死取代原来的笞、杖、徒、流、死五刑；流罪和军罪多半改为习艺所工作，或极边烟瘴无须实发。《现行律例》还根据形势的变化，删除了一些不合时宜的旧条文，如禁止同姓为婚、良贱为婚等。同时也增加了一些旧律所没有的新罪名，如：毁坏铁路罪、破坏电讯罪等。

宣统元年（1909），法部为使各级司法机关在审理案件中有所遵循，经清廷核准颁布试行《各级审判厅试办章程》。该章程的主要内容，一是规定民刑区分适用法律；二是明确了审级、管辖、回避、厅票、预审、公判和判决之执行的规范；三是申明起诉、上诉、证人及鉴定人、管收、保释与讼费的规则；四是确定各级检察厅通则；五是强调实施期间，规定：候法院编制法及民事、刑事诉讼法颁行后，本章即禁止施行。该章程带有明显的过渡法性质。此后，修订法律馆于宣统二年（1910）在《各级审判厅试办章程》的基础上编成《刑事诉讼法草案》六编十五章五百一十四条；《民事诉讼律草案》四编二十三章八百条。所编定的刑事与民事诉讼律草案，吸收了西方国家的近代诉讼办法和某些制度，对传统的中国社会几千年民刑混同且家族处断的皇族审判机制是一个极大的否定，表现了中国诉讼审判制度开始向近代化迈进。

宣统元年十二月二十八日（1910 年 2 月 7 日），修订法律馆结合司法机关的改革，编成《法院编制法》，该法共十六章一百六十四条。主要内容为：

（1）审判衙门通则，重申四级三审制，民刑诉讼及军法审理，审判用语，推事单独审判等原则。

（2）检察机关，分设初级、地方、高级检察厅与总检察厅。检察官的职权分为刑事案件实行搜查处分，提起公诉，实行公诉，并监督判决之执行。民事案件，为诉讼当事人或公益代表人，实行特定事宜。还规定行政主官及检察官“不得干涉推事之审判”，以确保司法之独立；推事及检察官的任用办法，以及司法行政监督权的实施。

此外，清末还修订了《民商法》、《结社集会律》、《违警律》、《强制执行法》、《大理院审判编制法》等法规。

二、司法改革措施对皇族司法特权的调整

清代皇族，是满洲贵族的核心，也是中国历史上最后一个庞大的宗族集团。清代皇族根据血缘关系的远近，明确规定："凡天潢宗派以显祖宣皇帝（即塔克什）本支为宗室，叔伯兄弟之支为觉罗"，"宗室系金黄带，觉罗系红带"。[①] 因为他们是"天潢贵胄"，享有许多特权，在清代，逐渐形成了一套独立的、完整的皇族司法制度。

清代皇族最初的立法，国法、军法、家法是相通的。天聪四年（1630）发生的二贝勒阿敏案，就是按照家法与军法并合论罪。皇太极时期审理宗室的重大案件，是由贝勒大臣等组成会审团，审断以后奏闻取旨，以定裁决。

清入关以后，顺治九年（1652）设立宗人府，凡有涉宗室觉罗的民事纠纷和刑事案件，统一由宗人府主持或参与审理。有关皇族立法，是以皇帝谕旨、臣僚议奏等形式，逐渐形成和确定下来的，最初载入《康熙会典》《雍正会典》。其后，在乾隆时期，将自清初以来陆续形成的谕旨和案例纂修成《宗人府则例》。该律例规定有：宗室觉罗犯罪按例分别折罚科断、宗室犯斩绞罪名分别实缓、宗室不准抗传不到、宗室觉罗不知自爱者以凡论、王等不应擅传示谕、宗室觉罗禁例、府署例禁、宗室觉罗呈送忤逆等二十六条款。是宗室、行政、民刑合体的行政法规。《宗人府则例》自乾隆朝制定，历经数朝多次修订，直至光绪朝再次修订，主要是附例的取舍增并，其维护皇族特权和利益的主旨始终未曾改变。

清代皇族司法审判机制，既无独立的诉讼法体系，又无独立的诉讼原则和审判原则，由于宗人府直接参与对皇族民刑案件的审理，往往使皇族人员能够逃避应得的法律制裁。鉴于清末司法改革措施的频频出台，皇族诉讼审判机制严重滞后，建立新的皇族诉讼审判机制已势在必行。

清廷于宣统元年十二月二十八日（1910年2月7日），即《法院编制法》正式颁布之日特降谕旨："嗣后宗室觉罗案件由审判衙门钦遵法律独立审判，毋庸由宗人府会审。有关宗室觉罗案件，著宪政编查馆另订细则办法奏明请旨。"[②] 宣统二年五月二十日（1910年6月26日），宪政编查馆拟

---

① 资料来源：《康熙会典》第1卷，宗人府。

② 资料来源：《宣统政纪》第28卷。

定《宗室觉罗诉讼章程》完成。同年十月二十日，宗人府律例馆奉旨修订《宗人府则例》。宣统三年（1911）四月二十日，修订后的《宗人府则例》更名为《宗室觉罗律例》，一整套宗室觉罗诉讼制度就初步建立起来了。

宪政编查馆在拟定《宗室觉罗诉讼章程》完成后奏请清廷批准时称："窃维诉讼者，为保障臣民身命财产之端，审判者，为维持国家安全秩序之要政。宗室觉罗同是臣民，其得享受法定裁定之权，自属毫无疑义，唯事涉宗支，究与齐民有别，故各国多设皇族诉讼之特法，而中国亦有议亲之专例，虽未便强同，义例不难一贯。现在朝廷预备立宪，于筹备审判各端，推行不遗余力，其会审旧制，均已奉旨一律废止，匪特事势所趋，亟应及时通变，抑且法权所在，尤宜日进大同。揆诸现今立宪精神，实应采因时制宜之善法，臣馆既奉明谕，另订办法，遵即督饬馆员，上稽我朝旧制，旁采列国良规，谨将有关宗室觉罗案件各办法，厘定为《宗室觉罗诉讼章程》。"① 这是中国司法史上第一部同时也是最后一部皇族诉讼法规。

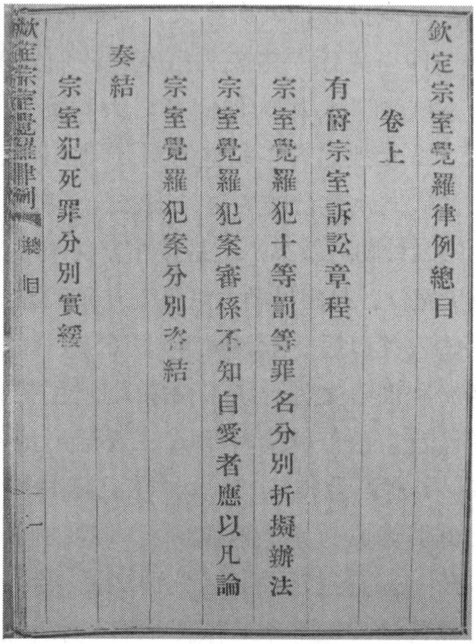
欽定宗室覺羅律例總目
卷上
有爵宗室訴訟章程
宗室覺羅犯十等罰等罪名分別折擬辦法
宗室覺羅犯案審係不知自愛者應以凡論
宗室覺羅犯案分別咨結
奏結
宗室犯死罪分別實緩

图1　宗室觉罗诉讼章程

该章程共有六章三十七条。第一章通则，规定宗室觉罗民刑案件诉讼适用范围。第二章管辖权，明确了审理宗室觉罗民刑案件衙署的管辖权限，申明上告、再审、再诉有关规则。第三章民刑案件的起诉办法。第四章传唤、讯问、证人、证据、搜查等相关规定。第五章审问、移交、报解。第六章执行与刑制。

《宗室觉罗诉讼章程》的出台，对以往皇族诉讼审判机制进行了调

① 中国第一历史档案馆藏：宪政编查馆档案，第52卷。

整，其具体表现在以下几个方面：

1. 皇族司法审判权限的变化

清末司法改革前，宗室觉罗的民事纠纷和刑事案件，统一由宗人府主持或参与审理。宗室犯法，宗人府会同刑部审理，由宗人府主稿；觉罗犯法，刑部会同宗人府审理，由刑部主稿。涉及户、婚、田地案件，宗室由宗人府会同户部审理；觉罗由户部会同宗人府审理。如果判其有罪，轻则责罚，重则施惩，而加圈禁，若罪大则奏闻皇帝以定裁决。

为配合清末司法改革，《宗室觉罗诉讼章程》对原先的皇族司法审判管辖权限进行了调整，下放了部分司法审判权限，规定，民事案件管辖：有爵宗室之间民事案件管辖权属于宗人府；有爵宗室与闲散宗室之间、觉罗之间，以及旗民对于宗室觉罗共同起诉的民事案件管辖权属于京师高等审判厅。刑事案件管辖：宗室及宗室与旗民共同犯案，依《现行刑律》罪该流遣以上，或其他法令罪该罚金二百两以上刑事案件管辖权属于大理院，其审判按大理院通常诉讼办法进行。宗室有犯依《现行刑律》该徒刑以下，或其他法令罪该罚金二百两以下，以及觉罗犯案，或觉罗与旗民共同犯案之管辖权属于京师高等审判厅。此外，民刑案件，宗室觉罗若为原告，旗民属被告，应仍分别由所属之地方及初级审判厅审理。

属于大理院之事件经判决之后，可在本院行使非常上告，或再审，或再诉。属于京师高等审判厅之事件经判决后而不服者，可在本厅行使第二审，其第三审则属于大理院，大理院为终审判决。东三省宗室觉罗诉讼审判权属于该省之高等审判厅，审判办法依通常审判诉讼章程进行。

宗室觉罗有犯应按《现行律例》以外之法令治罪者，经该管衙门判决确定后，即由该管检察厅监察执行。宗室觉罗犯违警律者，由该管巡警官署按律判断执行。

《宗室觉罗诉讼章程》对皇族司法审判权限调整，较原来的由宗人府直接参与对皇族罪犯的审判有了较大进步。但仍保留了宗人府对有爵宗室之间民事案件的管辖权，依旧执行司法审判中诸王不得擅行传唤制度。这些做法，并非优待有过犯之人，其目的是维护皇室尊严与利益，保留封建皇族的司法特权。

2. 皇族问罪和告诉制度的变化

清王朝的皇族司法制度带有十分浓郁的民族统治特色，《宗人府则例》在定罪和告诉方面严格规定了维护皇族特权有异于常人的内容。如其一，宗室觉罗犯罪不能擅自逮捕，须将所犯事情实封奏闻候旨，若奉旨推问，才可拘问，若奉旨免究，则不问其罪。宗室觉罗犯罪，除十恶外，可以折罪和免死，不必像一般罪犯那样施以重刑。其二，宗室觉罗犯罪，应先革去顶戴，实行跪审；犯笞杖罪名，实行责打；军徒流免发遣，分别枷号。同时，又有犯笞杖罪名，折罚钱粮；犯军流徒罪名，实行圈禁换刑和减刑的优待。其三，宗室觉罗告诉之案，必须与本人有干系之事，否则不予受理。如果不干己，且有诈骗之嫌，则所控案件，不可立案，并将原告咨送宗人府，照违制律杖一百，实行重责四十板。如诈赃得手，不分首从，俱发往吉林或近边充军，到配所重责四十板。

宪政编查馆在拟定《宗室觉罗诉讼章程》中对皇族问罪告诉办法规定：宗室觉罗犯案应按《现行律例》治罪者，无论呈诉、告发、现犯，由该总检察厅或高等检察厅照章搜查证据，先行询问，依法在三日内起诉，经审判衙门判决确定后，均由该管检察厅分别报解法部、宗人府存查，并依法监察执行，只有宗室犯服制并情节重大及杀人者，才定拟请旨钦定。将从前犯案不问是否无干俱先摘去顶戴，实行跪审的做法取消，并删除了从前笞杖枷号等罪名。对于宗室觉罗以不干己事具控诈骗者，如有审明，借端讹诈属实，应按照《现行律例》办理，毋庸按照违制律重科。皇族问罪和告诉制度在形式上较之从前发生了很大变化，但因事涉宗支，究与齐民有别。关于皇族诉讼，依然遵循“议亲”之专条，即使获罪，问刑衙门，很难越过“议亲”这一条戒律。

3. 皇族刑罚制度的变化

为变通刑制删除苛酷，光绪三十一年六月（1905 年 7 月），清王朝批准刑部《奏议请将州县刑名案内笞杖改为罚金一项酌提解部折》所议意见，把笞杖改为罚金。光绪三十四年（1908）法部拟出了罚金定章和具体实施办法。

宣统二年十一月二十八日（1910 年 12 月 29 日），清王朝批准宗人府呈奏的《酌改宗室觉罗笞杖等罪名所议意见》折，将笞杖枷号等罪名一律改为按日责罚养赡钱粮，罚金刑共分十等，罚银五钱至十五两不等，因宗室觉罗的养赡银数日不尽相同，所罚期限从五日至四百五十日不等。宗室觉罗妇女减半责罚。宗室觉罗犯徒流内遣等罪名者皆依原例减等改责圈禁，如：徒二年以下罪者，责圈禁三个月；徒二年半及三年罪者，责圈禁九个月；流二千里者，责圈禁一年两个月；流二千五百里及三千里罪者，责圈禁一年八个月。初次犯极边军罪者，责圈禁二年；犯烟瘴安置军罪者，责圈禁二年半。宗室觉罗二次犯徒者，责圈禁二年；一次犯徒、一次犯流，圈禁二年；二次犯流，或一次犯徒、一次犯遣及三次犯徒者，实发盛京（今沈阳）；二次犯徒、一次犯流者，实发吉林；二次犯遣，或三次犯流，实发黑龙江。宗室犯死罪未经秋审遇赦减等，或缓决一二次者，均发往吉林；三次以上者，发往盛京。

宗室觉罗妇女犯徒流以上罪名，依《现行律例》之规定，一律改收习艺所，按工作期限加倍责罚养赡钱粮。

此外，宗人府律例馆遵照《现行律例》还对宗室觉罗死罪、遇赦减等、圈禁后复滋生事、涉讼地亩案件等条款进行了改纂；并增订了宗室分产、冒领恩赏、诈生子女、禁烟条例等条款，进一步丰富了皇族司法改革的内容。

宣统二年五月二十七日（1910 年 7 月 3 日），清廷就拟定《宗室觉罗诉讼章程》发布上谕："嗣后宗室觉罗案件即照此次定章办理，其在新章以前未结之案，概由宗人府分别咨交各该衙门审讯。至有爵宗室民事案件，仍由该府审理，并着该官另拟章程奏请施行。宗室觉罗刑事案件定案时，由大理院咨行宗人府、法部查核后，由大理院具奏。余依议。"[①] 从第一历史档案馆所藏清末宗人府刑罚档案中可以看到，《宗室觉罗诉讼章程》暨相关律例制定后，对宗室觉罗的处罚，各审判衙门已开始着手实行。如宣统二年十二月二十日（1911 年 1 月 20 日），宗室瑞斌吸食鸦片案，就是由大理院按照奏定新章：凡宗室食三两银粮者，犯十等罚应责罚养赡银五个月。[②] 对宗室瑞斌处以罚养赡银五个月，移交总检察厅执行。然而，更多的皇族民刑案件，还来不及按照新章办理，清王朝便灭亡了。

三、皇族司法制度改革的评价

清末皇族司法制度改革集中在清王朝统治结束的前夕，这绝不是偶然的。它反映了历史进步潮流对固有的封建律法的猛烈冲击，也是统治阶级

① 中国第一历史档案馆藏：宪政编查馆档案，第 52 卷。

② 中国第一历史档案馆藏：宗人府刑罚，第 649 卷。

与各种社会政治力量相互斗争角逐在司法制度上的表现。同时也是清朝统治集团在危亡迫近的形势下所进行的自救活动。

作为清代皇族代表性法典《宗人府则例》，自乾隆时期颁行以后，便成为宗祖成法，未经奏准不得修改。清末统治集团由固守祖宗成法不得改动的祖训，到下令修改会审旧制，这中间的巨大变化，客观地说明了进入20世纪以后，清朝统治者尽管顽固，但再也无法照旧统治下去了。因此，清末皇族司法改革不能只简单归结是一场骗局，而是要从中国和世界进步潮流相互关系、相互影响，以及国内风起云涌的革命思潮和顽固封建思想的激烈冲突中看出它的必然性。

总结清末皇族司法制度改革，《宗室觉罗诉讼章程》的拟定，以及《宗室觉罗律例》的修订，尤其是前者，吸收了西方资本主义国家的诉讼原则，特别是参考了日本皇族民刑诉讼制度，表现了西方法律文化输入中国以后所产生的巨大影响。在当时说来，研究学习西方法律，走“宪政”道路，是朝野进步人士的共同主张，这符合在当时的历史条件下广大人民大众反封建专制的要求。即使是清朝统治集团，也是在抗拒、被迫、不自觉中一步一步地被推向这条道路，表明了中国司法制度的近代化。这无疑是历史的进步，反映了时代的要求。

清末皇族司法改革，就其形成和内容而言，发生了一系列变化，然而就在拟定《宗室觉罗诉讼章程》经奏准不到二十天，宣统二年六月十四日（1910年7月20日）清廷又发出上谕：“新定《宗室觉罗诉讼章程》，著候新定法律实行，及将来皇室大典，并民刑诉讼法颁布后，再行会同奏明实行。现在宗室觉罗诉讼一切事宜，著暂行仍照向章办理，毋庸按新章更改。”① 至于《宗室觉罗诉讼章程》暂停实行的理由，除新的诉讼办法为传统的司法制度所不能接受外，尚有该法推行会破坏传统的行政司法合一的审判体制，其根本原因在于清廷并不甘心因司法更改致使保护封建君主专制和维护皇族权益的实质受到伤害，在宗室及主张维护皇族司法特权权贵们的竭力反对下，拟定的《宗室觉罗诉讼章程》被搁置起来了。

宣统二年十二月二十二日（1911年1月22日），宗人府奉旨修订《宗室觉罗律例》，专门制定《有爵宗室诉讼章程》六条，明确规定，有

① 中国第一历史档案馆藏：《宗室觉罗律例》卷上。

爵宗室之刑民案件管辖之权，由本府判决执行，永著为令，并载入《宗室觉罗律例》中正式颁行。它的出台从一定意义上讲，皇族司法制度又重新在原有旧制的基础上徘徊。

1911 年辛亥革命爆发，溥仪被迫退位。1912 年 5 月 25 日民国政府废除了订立不久的皇族诉讼制度，规定："宗室觉罗同是国民，则法定裁判之权利，自应一律享有，其从前施行之各项法律、章程中有关宗室觉罗之特别规定者，概行作废。嗣后宗室觉罗遇有民刑诉讼，应分别案情轻重大小，照章在所属之地方或初级审判、检察厅起诉，经判决而不服者，可层递上诉。各审判衙门，法庭秩序及该管检察厅暨司法警察官署法定职权，宗室觉罗应一体遵守。各审判衙门对于宗室觉罗案件，应依法律独立审判，所有例应会鞫及行文、传、质、遣抱等故事，概从取消。审判衙门确定判决后，民事由该管审判衙门执行；刑事由该管检察厅监察执行。所有从前送交宗人府治罪及改责圈禁等特例概应废止。未经审结之宗室刑事案件，系赦免条款不准除免者，及民事案件，应由宗人府分别咨交该管审判、检察厅审办。"[①] 至此，由宗人府主持或参与皇族司法的审判制度宣告终结。1924 年溥仪被冯玉祥驱逐出宫，宗人府也完成了其历史使命，维护皇族尊严的宗法制度彻底消亡。沈家本等人当初设想"旗民一体同科"的愿望得以实现。不过，这已经不再属于清末皇族司法制度改革的成果了。

---

① 中国第一历史档案馆藏：宗人府刑罚，第 1721 卷。

事事非非话滇案

一、滇案——近代史上的又一座“罗生门”

光绪元年，正月，乙卯（1875 年 2 月 22 日）。

距离五岁的光绪皇帝登基大典还有三天时间，举国上下还残留着年节的欢悦余韵。

此时的云南腾越，却在悄悄酝酿着一场风暴。

腾越，古称滇越国，相传为秦汉时期的象乘国，当时已是一个商贸重镇；唐南诏“畴壤沃饶，人物殷凑”，宋大理国设腾冲府，元时改腾越州，明正统十三年（1448）由戍军用当地特产的火山石建为坚固的石城。时值清季，这座地处“蜀身毒道”的要冲之镇，以“交通缅猛”而著称，保留了其军事和商贸上的双重地位，是名副其实的“极边第一城”（徐霞客语）。

因其地利，腾越素蓄“翡翠城”之美名。缅甸玉大量输入，使腾越成为东南亚最大的玉石集散地；与此同时，生丝、丝织品和藤编等也源源不断地输出到缅甸国，致使当地商贾云集，店铺鳞栉，颇有几分户列珠玑、庭盈罗绮的气象。清末久婴时乱，云南一省更因旷日持久的回民起义而饱受摧残，发达的边境贸易却使腾越愈显风华。

但是，这种商贾辐辏的景象仅限于腾越一厅，其属地则不然。“东至永昌一百余里，西至盏西、北至古永均一百一二十里，南至南甸四十余里，皆系山深林密”①，仍然保持着雄秀而险阻的自然景观。在这些阴翳的密林深处，遍布沟渠，虫蚁麇集，与表面上“野芳发而幽香，嘉木秀

① 中国第一历史档案馆藏：外务部档案，480—13。

而繁荫”的旖旎风光大异其趣。或许正是这种困厄的环境，使得高居庙堂之上的人们把生活在这里的诸多土著民族统称为“野人”。一百多年前的“野人”们生活过的地方是何等景象，置身于现代文明中的我们很难猜测。姑且听听半个多世纪之前在缅甸战场上的中国远征军战士们的见闻吧：“野人山里古木参天，不见天日，河流交错，雨季泛滥，水势汹涌，作为交通道路的河沟小渠，皆洪水汹涌，既不能徒涉，也无法架桥摆渡。工兵扎制的木筏皆被洪水冲走，有的连人也被冲没。原始森林内非常潮湿，蚂蟥、蚊虫以及千奇百怪的小虫到处皆是。蚂蟥叮咬，破伤风病随之而来，疟疾、回归热及其他传染病也大为流行。一个发高热的人一经昏迷不醒，加上蚂蟥吸血，蚂蚁侵蚀，大雨冲洗，数小时内就变为白骨。官兵死亡累累，前后相继，沿途尸骨遍野，惨绝人寰。”这虽是对缅境的描述，举一反三，不难想象与之为邻的滇西在百余年前的蛮荒景象。

这一天，在腾越与缅甸交界的蛮允地方，户宋河畔，一阵颇带着一点现代文明气息的马蹄声，敲碎了这极边绝地的死寂。遥望密林深处的羊肠小径，一小队装束特异的人马正迤逦而来。除了几名黝黑而精悍的当地人和一匹捎载着货物的马驮外，与此时此景最不相称的成员，便是队伍中间那名年轻的英国官员了。他骑着马，姿态非常娴熟，神态间虽有几分慵懒，但仍然坐得笔直。这就像虽在行旅之中，身处边荒之地，衬衫的衣领和袖口依然保持雪白，是构成所谓英国绅士的一些小小条件一样。和所有出现在这种情境当中的人们一样，他带着武器——洋枪，手里还拿着望远镜——时谓千里镜，不时借以观望远处。他，就是以滇案而“一举成名天下知”的英国翻译官——马嘉理。此时的马嘉理并不知道厄运正在前方等待着自己，他的千里镜虽然先进，却没有预见命运的能力。

所谓滇案即是：同治十三年（1874）六月，英国以考察云南地区的商贸情况为由，派遣时在印度的柏郎上校带兵一百九十三人自缅入滇，实质上是为通商做前期的准备工作。当时，清政府依照英国驻华公使威妥玛的要求，为柏郎等人颁发了“游历”护照。为解决勘探队的语言问题，威妥玛在征得总理衙门照准的情况下，派遣翻译官马嘉理前往中缅交界处迎候。不料，光绪元年（1875）年初，在勘探队双方会合、进入云南境内之后，先期探路的马嘉理在蛮允地方的户宋河边遽遭劫杀，这就是近代史上的“马嘉理事件”。因其案发地点在滇缅交界处，亦称“滇案”或“云南事件”。

虽然对于这一事件的经过有着多个叙述文本，使它成为近代史上有名的一笔糊涂账。但大体而言，我国史学界所持的观点多是“中国正义论”，把事件的发生归咎于英方。如王绍坊主编的《中国外交史》就做出了这样的陈述：“腾越人民听说，英人前来通商，英兵随后将进攻腾越，为自卫计起来堵防。光绪元年正月十七日（1875 年 2 月 22 日），马嘉理和随行的几名中国人在蛮允附近被杀，柏郎也在中途受阻，被迫退回缅境。由上可见，这个所谓的马嘉理事件完全是由于英国蓄意侵略中国西南边疆而引起。”在事发地盈江县录里的陈述，感情倾向更为明显：“清同治十三年（1874），英军派上校柏郎率近二百人的武装‘探路队’，从缅甸向中国进犯。英驻华使馆派翻译马嘉理入缅接应。于光绪元年正月向我盈江蛮允一带入侵，我边境各族人民愤起阻拦。正月十六日，作为先导的马嘉理一行，竟枪杀我一同胞，各族群众奋起反击，将马嘉理一行五人击毙，接着又把柏郎等逐出国境。事件的结果是清政府签订了丧权辱国的《中英烟台条约》，但德宏边疆军民的反侵略壮举却永垂青史。”①

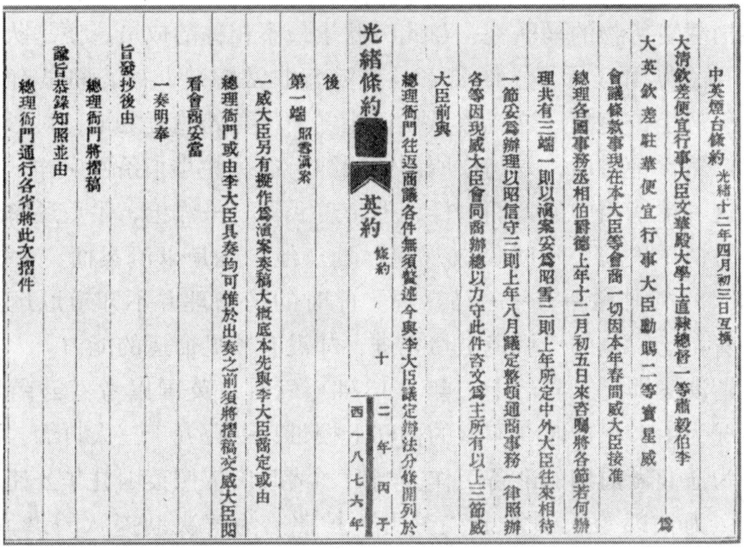
中英煙台條約 光緒十二年四月初三日互換
大清欽差便宜行事大臣文華殿大學士直隸總督一等肅毅伯李
大英欽差駐華便宜行事大臣勳賜二等寶星威 爲
會議條款事現在本大臣等會商一切因本年春間威大臣接准
總理各國事務丞相伯爵德上年十二月初五日來咨囑將各節若何辦
理共有三端一則以滇案妥爲昭雪二則上年所定中外大臣往來相待
一節妥爲辦理以昭信守三則上年八月議定整頓通商事務一律照辦
各等因現威大臣會同商辦總以力守此件咨文爲主所有以上三節威
大臣前與
總理衙門往返商議各件無須贅述今與李大臣議定辦法分條開列於
光緒條約 英約 條約 十 二年 丙子 西一八七六年
後
第一端 昭雪滇案
一威大臣另有擬作爲滇案奏稿大概底本先與李大臣商定或由
總理衙門或由李大臣具奏均可惟於出奏之前須將摺稿交威大臣閱
看會商妥當
一奏明奉
旨發抄後由
總理衙門將摺稿
諭旨恭錄知照並由
總理衙門通行各省將此次摺件

图 1　中英烟台条约

① 以上两个叙述版本中，滇案的发生时间稍有参差，前后相差一天。根据《清史稿》《清季外交史料·光绪朝》和中国第一历史档案馆藏的外务部史料，本文以 2 月 22 日（即正月乙卯）为信谳。

由此可见近代史家对滇案的一般看法：事由英国进犯我西南边疆而起，柏郎的武装探路队悍然入侵，马嘉理开枪打死我爱国的边疆军民，才引发了我方军民的反抗。

应该说，滇案从其发生的历史大背景来说，咎起英国的帝国主义扩张政策，当为定论，毋庸置疑。

众所周知，自由资本主义在19世纪70年代已经发展到顶峰，开始走向垄断，1873年的世界性经济危机，促使各资本主义大国之间争夺市场、原料和投资场所的斗争日益加剧。在这种情势下，资本主义发展的不平衡更为加剧。老牌的资本主义国家英国和法国，逐渐被后起的美国和德国赶上。此外，沙俄在1861年废除农奴制，意大利在1871年完成了国家统一，日本从1868年“明治维新”实行了不彻底的资产阶级改革以后，都迅速地发展起来。

这就意味着英国这个“日不落”大帝国的瓢把子地位受到了众多后起实力派的挑战，在世界市场，特别是在远东地区的工业竞争上，欲取而代之者大有人在，其势岌岌可危。再看一组简单的数据：英国对华出口的年平均价值，1869—1872年是九百三十五万镑，到了1873—1876年就下降为八百二十二万镑。[①] 对于这种有损于大英帝国永恒利益的现象，来自国会的怨声可想而知。虽然此时英国在对华贸易中仍保持一枝独秀的地位——垄断着鸦片和航运，但其并不因此而满足。就像一只贪婪的蜘蛛不管已经捕获了多少肥美的猎物都不会甘心罢手一样，英国也不断地扩张自己的势力范围，想把更大的利益纳入自己的罗网之中。

19世纪70年代初，英国在中国一方面力图扩大既有的特权，特别致力于限制中国政府对中国商人贩运英国货物征收厘金和内地的权利；另一方面则企图开辟新的市场，特别是当英国将缅甸纳入其殖民体系之后不久，便企图开辟一条自印度、缅甸到中国长江流域的通道，于是，向云南乃至更为广大的西南地区扩张势力成为他们的重要目标。早在19世纪30年代，英国陆军大尉斯普莱由印度经缅甸到云南考察回国后，就曾经建议英国政府修筑从缅甸仰光到云南的铁路，这一建议得到了英国大资本家的重视；此后不久，英国取得了在缅甸伊洛瓦底江的自由贸易权。随着时机

① 沙特金：《中英贸易与外交》（1907年英文版），第199页。引自王绍坊：《中国外交史》，第157页。郑州：河南人民出版社1988年。

的逐渐成熟，英方把试探的触角悄悄伸向了滇缅边境地区。

因此看来，柏郎勘探队的派出，绝非偶然，而是蓄谋已久。这支队伍以游历为名，实质上是考察入滇路线、商贸情况和当地的军事布局，其野心路人皆知。这种情况引发当地民众、官员的警惕是理所当然的。从根源上说，倘若不是英国窥伺我西南边疆，妄图扩大在华利益，滇案则无从谈起。

二、滇 案 始 末

前文所述，马嘉理一行已经行至户宋河畔——滇案的案发地。那么，在此之前，他又有哪些经历呢？且看看下面这张行程表：

出发 同治十三年（1874）六月，经英国驻华公使威妥玛照会总理衙门，有英国考察队自印度经由缅甸前往云南境内考察商情，英方派时在上海的翻译官马嘉理前往迎接，并请发给护照。总理衙门当下发给“游历”护照，并咨沿途各省及云南督抚等妥为安置照料。

也就是说，这支英国考察队事先告知并得到了清政府的认可，他们师出有名——考察商情，马嘉理也理直气壮——手持护照。那时的护照不用说，大概堪比戏文里的免死金牌，更何况总署还下了特别文件，要求各督抚以下都要加以优待，因此，马嘉理这趟公差出得是既合法又可心。

关于马嘉理情况的中文史料少得可怜，大概也属于被《烟台条约》的强光所湮没的黑暗背景吧。从事后双方照会等资料来看，马嘉理年龄不大——卒年二十九岁，既为翻译，大概中文底子不错；能被委派到云南接应，为人也应该相当干练。

入滇 马嘉理一路“游历”，经过四个多月的行程，同治十三年十月十九日到达云南。云南巡抚岑毓英派人护送马嘉理等人到永昌府。

关于马嘉理与岑毓英的会晤情形，据说并不愉快，李根源先生就形容其“语骄蹇不逊让”。马嘉理年轻气盛，又深觉衔负重要使命，即使有点自命不凡也并非不可理解。可他不知道，他的那点自命不凡比起大清的君臣来实在不值得一提。有护照又如何？外国人又怎样？在岑抚乃至大多数清朝官员看来，不过是非我族类其心必异的夷人而已。

马嘉理一行从进入云南开始，就仿佛置身于鲜花着锦、烈火烹油之地，受到了极为殷勤的款待。这里还要替马嘉理说句话，姑且不谈他在岑抚面前曾否有过桀骜的行为，基本上倒是颇知礼数的，比如临行时他还曾专门书写信函，表示对蒋宗汉等人款待接洽的谢意。

抵缅 同治十三年十一月二十六日，马嘉理进入腾越。腾越同知吴启亮、总兵蒋宗汉负责接待照料。打这住两日后，吴、蒋护送马嘉理一行平安进入缅甸。

会合 同治十三年十二月初五日，马嘉理到达缅甸蛮允，在此处休整三天，期间受到在此地公干的署鹤丽镇左营都司李珍国的关照。同治十三年十二月初八日，李珍国派人护送马嘉理前行。初十日，马嘉理到达新街，与柏郎会合。

滞留缅甸，是整个事件的转折期。甫入缅，马嘉理便受到了李珍国的以礼相待，其情意殷殷，与吴启亮、蒋宗汉如出一辙。对于这种优礼，马嘉理在日记中也曾写到李协台“相待甚厚”，十分满意。但是，种种迹象表明，恰恰是这名彬彬有礼的朝廷命官，对马嘉理案承担着不可推卸的责任。此是后话。

马嘉理在与柏郎顺利会合之后，在缅甸停留的生活也并不平静。十二月十九日，驻缅甸新街的英国领事向他们传递了一个惊人的消息：有中国客商称，腾越官员调集了四千人，准备在马嘉理等人的回程途中对他们予以拦击。马未予取信。

回滇 光绪元年正月初二日，柏郎、马嘉理一行启程前往云南。此时他们的队伍中又增添了一名中国人——李含兴。据李说，他是云南腾越厅人氏，幼年时因避杜文秀回民起义之乱，背井离乡逃到缅甸，学习缅话、英语，专门从事与英人的玉器贸易，离家几十年。最近听说家乡形势渐渐安宁，又思念老母亲，乃决定回腾。就在他打算回家探母的时节，恰巧偶遇了柏郎探路队，李含兴又恰巧认识这些英国人中的两人，于是被邀请加入队伍中；更有意思的是，事后在审理中发现李含兴恰巧是曾经接待过马嘉理的李珍国李协台的族侄。

马嘉理等人的原定路线是经由拱硐南坎前往云南永昌府，按照常理，这应该是马嘉理入缅时的原路，理应驾轻就熟。不料刚到拱硐，还未出缅，几名雇来赶驮运货的缅民就偷偷砍开了几件行李，图谋不轨。马嘉理当下大发雷霆。为保险起见，一行人又折回新街，从水路赶到蛮暮。在这里辞退了原班人马，另雇了驮子，转走铜壁关。

一路无话，光绪元年正月十三日，柏郎等抵达云南地界的南崩河边。

这时又有路人示警，这警告不是给英国人的，而是劝告随行护送的缅甸官员：前路危险，要小心啊！

缅甸人怀着惴惴不安的心情，把这个消息透露给柏郎等人。马嘉理到底年轻，连批“岂有此理”。还是柏郎军旅出身，晓得一些厉害，不愿意再贸然前行了。至此，在一行人当中出现了分歧意见。为了消除柏郎的疑虑，马嘉理决定先去探探前路的虚实。

他不听劝告，只让六名中国人随行，把护送的缅兵全部留在了柏郎身边。这六名中国人有五名是他一直随带的，另外一名就是身份可疑的李含兴。七人、一马、一驮、一杆洋枪，马嘉理就这样上了路。

行出不久，天色已晚，马嘉理等人到达雪列。这里已是李珍国的辖境。想起曾经对自己照料有加的李协台，马嘉理询问当地头人（档案中称野人），得知李还在猛卯出公差未回。这时，李含兴不肯走了。根据他的供词，是见当地人“形迹可疑”，可疑在何处，却语焉不详。第二天一早，留下李在雪列等候柏郎，马嘉理再度上路了。

正月十七日，马嘉理和随行的几名汉人到达了户宋河边，沿着河岸前行。在一棵大黄果树下，除一名厨子逃脱外，马嘉理及四名汉人随从均被劫杀，尸首被丢入户宋河中。

就在当天，柏郎等人启程与马嘉理会合。正月十八日晨，有雪列野人头目向柏郎通报，马嘉理一行已于昨天在蛮允户宋河边遇害；同时腾越厅官调集四千兵勇即将来犯。不久，柏郎一行便遭遇大队人马的包围截击，双方僵持至下午，柏郎买通随行野人到前面山林放火，阻截者惊慌溃散，柏郎等得以脱身，被迫返回缅甸。据柏郎回忆，当时匪徒中为首的汉人声称是李珍国之侄李叔君（音）。

光绪元年正月二十一日，柏郎等返回缅甸新街。大英帝国的探路队出师未捷，铩羽而归。

以上就是马嘉理被杀、柏郎被阻截事件的大体经过。

三、外交风云

克难而归的柏郎在到达缅甸后，第一时间把这一不幸的消息发回本国。驻华翻译马嘉理的罹难，在英国的国会里立刻引发了骚动。

与此同时，光绪元年正月二十七日，威妥玛接到了外相德比的忠告：

"记住印度政府派遣柏郎上校所带的队伍到云南去的目的。"[①] 来自伦敦的指示可谓一语中的。但是，威妥玛这位曾经以《新议论略》名噪一时的资深外交家，却并没有马上采取行动，而是实行了暂时的沉默。

沉默过后，是一连串闪电般的外交碰撞：

二月初六日，威妥玛始向总理衙门发布照会，正式通告案件的发生，要求予以解决。

二月初十日，恭亲王奕䜣照会表示，将按照过去处理山东福四案的成例妥善解决滇案。

十一日，威妥玛对此说法予以坚决拒绝。他在照会中指出："鄙意所见两案悬殊，何啻霄壤，溯念福四一案情由，则贵国聘佣之英民在山东成山头司理贵国官工，该处土民逞横阻挠工作，以致启衅斗殴之间，该英民用枪把向土人一名击打，该火枪忽以失放，从旁致死一人，此福四一案之实在情形也。念滇省一案，则本国官员等执有贵国护照取道前进，遽被兵勇阻杀，致该翻译官一员戕戮情形种种之凶残，本国一有所闻，难免不即思忆，比年以来定立戊午年《天津和约》，或前或后非逞凶暴即行诡谲，数案所致使中国与泰西各国友谊不沦于决裂，必邻有所伤各情。今以本案言之，要在究明腾越厅兵勇调遣之责，实属何所攸归。"强调两案起因、影响截然不同，对于滇案必须彻查究办。

十二日，威妥玛提出筹办滇案六项要求：①中英双方派员共同勘查此案；②英印政府另派探测队入滇；③偿款十五万两；④咸丰八年（1858）《天津条约》第四款所给予英国驻华公使的"特权"，应解释为皇帝应予合适的接待；⑤商定办法"保证英国贸易得免除关税及半税以外一切课税"；⑥"因中国官员的行动而产生的一切赔偿要求"应立即予以满足。威妥玛的六项要求，使英人希图以柏郎探路队为触角的所要达到的目的暴露无遗，面对英方的狮子大开口，清廷也十分意外。

十四日，奕䜣以马嘉理被戕一案，深感威妥玛用意叵测，在奏折中切陈情弊："大则由此开衅，遂彼进机；小则归到通商，偿其积愿。而在我应筹之策，总以弥此两层、固吾疆圉为要著。就该使臣照会所称集议等情，其稍得借口即由彼国派兵从印度及缅甸赴云南边界以为要挟一层，万万不可不防。相应请旨饬下刘岳昭、岑毓英一面将此案确切查办，勿得稍

① 王绳祖：《中英关系史论丛》，北京：人民出版社1981年。

涉含糊；一面请酌派明白事理之员，遴带得力弁兵前往就近驻扎，借弹压土司为名，暗杜彼族不测之谋。或腾越一带本有兵勇屯戍，尤为不着痕迹。统由该督抚相机密筹，勿事张皇，勿稍疏忽，总期边衅可息而后患无虞。”当日，清政府同意立案查勘，并以光绪皇帝的名义，谕令云贵总督刘岳昭、云南巡抚岑毓英“会同持平办理，毋稍含糊”。

同时，清政府对威妥玛要求中的关于优待驻京公使、免除英商厘金及解决悬案等与“滇案”无关的问题，加以拒绝。

二月十七日至二十四日短短一周之内，威妥玛先后递交照会多达十余次，并联合各国公使共同施压，勒令清政府至少先接受前三项要求，尤其着重于索取护照派英员去云南观审以及再从印度派人入滇调查。在二月二十一日的照会中，甚至以绝交离京相胁。

面对英方的步步进逼，清政府不敢据理力争，迅速软化了态度，如数发给护照，并原则性同意了前三项要求。英国从此取得对内地涉及英人案件调查审讯的干预权，美国公使对这一点大为称道，称此为“对未来案件的一个重要先例，对在华的所有外国人都是有价值的”。

得到护照之后，威妥玛仍于二月二十七日离京去沪，称要在上海遴选妥员赴滇调查观审。中英交涉因此暂时告一段落。

外交休战期间，威妥玛的活动并未停止。五月六日，他在上海会见了劫余的柏郎上校，了解了更多的内情——也不排除罗织、编造的成分，这些值得阙疑的第一手资料，成为他日后与总署交涉的重要筹码。

这一阶段的中英交涉当中，威妥玛充分表明了他在《新议论略》中所阐明的立场，他曾说：“各国在华各有要务不能弃置，系中国立约许为相保，如果肯保，深悉力有可及，所谓中外互结一也。盖中华果至终衰之时，诸国各有要务，见必受险，难免干预保全，一国干预，诸国从之，试问将来中华天下仍一统自主，抑或不免各属诸邦，此不待言而可知。”明示清廷应该坚持条约体制，保护各强国的在华利益，如此，则宾主尽欢；倘若主人不能保客人的生命、财产、人权之周全，则反客为主、喧宾夺主也不是不可能发生的。言下之意，西方在一定条件下有权干预中国内政。现在滇案出来，中方未能按照条约保护手持护照的外国人——而且凶手有可能是清朝官员，这种悖约的行径，当然要采取“非常”手段加以严惩。

威妥玛的六条要求，其利弊在英在中不言而喻。

清廷并非不了解这一点，因此希望案件早日水落石出，干净利落地予以解决。谁知事与愿违，在查案期间，因为自己人的问题，反而给了英国更多勒索的借口。

四、查案，一波之后还有三折

查办滇案，前前后后换了两拨人马。第一拨是上文所述的云贵总督刘岳昭、云南巡抚岑毓英，刘因故未能到任，因此实际上的主办人是岑毓英。

鉴于岑在此案中的关键作用，有必要对其生平进行简要介绍。岑毓英（1829—1889），字彦卿，号匡国，广西西林人，附生。咸丰七年（1857）间，曾率“义勇军”入滇镇压杜文秀回民起义，由知县升至巡抚。嗣后任黔、闽等省巡抚、云贵总督。中法战起，奉命节制关外粤、楚各军，曾创造“地营法”，击破法军援兵，攻克了越南山西、河内等地。后还曾代表清廷完成滇越边境的划界。

岑毓英以镇压回民起义起家，为人器识深稳，素称干练，颇有令名。但他在滇案中扮演的角色，较之李珍国更为耐人寻味。

清廷谕令发出两月之后，岑毓英乃于光绪元年四月二十日，派总兵杨玉科、腾越同知吴启亮带人前往马嘉理被害现场进行勘查。

此时，距离马嘉理遇害已经过去了三个多月。

吴启亮等人经过一番查勘，得出了结论：“实系被野人见财起意劫杀。”①

见财起意的野人又是哪些人呢？经过一番调查，目标被锁定在潜蔽在当地哇椒硐中的一群山民，为首的名叫而通凹。

又是近两个月后的六月十五日，李珍国会同左营都司徐成林，挑带二百名练军勇士，潜赴户宋山实施缉捕。二十三日黎明，他们攻占嫌犯据点哇椒硐，拿获而通凹等九名野人，混战中格杀两名，并起获洋枪等赃物，此役宣告完胜。经讯得知，尚有几十名嫌犯潜伏在户宋山后的云岩硐。再经过一个月的准备，又添派滕越镇总兵蒋宗汉带领兵勇一千五百名会营出击，乃于八月初二日攻破云岩硐，拿获腊都等八名野人，格杀四名，起获大量赃物。

---

① 中国第一历史档案馆藏：外务部档案，480—13。

至此，侦破阶段宣告结束。

在此期间，岑毓英向清廷提交了相关情况报告，但他的说法与威妥玛相去甚远，不能让英国人感到满意。早在案发之初，威氏心中已有定论，在照会中反复申述马嘉理被杀、柏郎被阻是中国官兵所为，声明调“兵勇三千众”击杀英员的就是“腾越厅大员”，甚至指出“李协台”与此案有直接干系，矛头直接对准了李珍国。

对于这种指责，岑毓英迅速做出反应，他先是强调马嘉理一行回云南之前没有先行知会，“冒昧前来”以致“在途失事”实属意外；又指出马嘉理一行曾在腾越厅受到中国官员“款待甚优”“并无嫌隙”，调兵拦击一说于理不合。他为李珍国进行辩白尤其不遗余力，在奏折中婉转陈述了李珍国的身世：在回民起义军攻破腾越时“父兄殉难”，李珍国本人“誓不从贼”，参加了地主乡绅武装，“与贼血战十数年”，立功无数，因而被保举为鹤丽镇左营都司，实属百战余生、忠心报国之士。同时，李珍国“深明大体，前遇马嘉理于途，尚知优加款待，必不至妄生事端”，并为威妥玛的指责找到了两个可能性：一是“野人冒名嫁祸”，一是李珍国旧部兵勇借其名义滋事。言下之意，马嘉理案纯属意外事件。

案件在岑毓英的主持下告破之后，果与其推测相去不远——是“野人”所为，且其中混杂着一些回民起义军的残部。由于回军身着号褂，而被误认为是官兵；又由于李珍国是扑灭回民起义的宿将，声名远播，回军要假冒他的子侄嫁祸于他也是情理中事。这样看来，李珍国完全是无辜的，是被牵连的受害人，于是在英方强烈要求将其提省候审的时候，李珍国还奉命带队前往宋户山抓捕杀害马嘉理的“真凶”。

但是，这种说法难以令威妥玛服膺。他指出了数个疑点：其一，早在事发前即有中国官员调兵阻击的传闻，马嘉理等人还曾受到警讯，从后来的事件结局来看，这些不应是空穴来风。其二，事发后，他们还查出一封缅甸人写给家人的信件，信称，马嘉理案的主使者要求缅甸人应该远离英国人，因为他们还有下一步行动，要把来云南的英国人全数杀光，对此应该如何解释？其三，岑抚台调查此案何以过六个月之久并无详细情形奏报，其中是否另有乾坤？

对此，清政府始终未给予正面回答。英国人于是渐渐失去了耐心，在威妥玛派出的中文秘书梅辉立与总署大臣就此案进行磋商时，称案件侦破延宕日久，清廷欲表明诚意，必须“将滇抚予以处分，宣示谕旨，使中外人皆知”，并护送英员到云南观审，这两件事如不允协，其余一切都无从谈起。可见，在威妥玛等人的眼中，岑毓英已经成为查明案件真相的阻碍力量，对于岑毓英的说法，英方采取了不信任的态度。

处罚岑毓英的提案一经提出，立时触及了清政府的底线。需知，岑毓英是被清廷认为“有大功于云南”的国之栋梁，对他的陟罚臧否，攸关国体，安能任由外人置议？总理衙门大臣沈桂芬当即做出回应：“中国办事向凭各省奏报。滇抚在滇多年，朝廷不能说其所奏全是假的。唯恐所奏尚有不实不尽，故又令该督抚确查，并命李制台到滇认真查办。此是格外慎重之意，总要俟李制台查出该抚所报果有不实不尽，自然予以处分，现在尚未查出，未便凭空处分。”①

沈桂芬所说的“李制台”，就是在威妥玛不断敦促下被派出调查滇案的钦差李翰章。

光绪元年六月十二日，光绪皇帝再下谕旨：“马嘉理被戕一案，事关中外交涉，不可稍涉含糊，致生枝节，著李翰章迅即抵滇，将此案原委确切查明，彻底根究。”

七月十八日，李翰章起程赴滇。李翰章深知该案利害，唯恐到云南后耳目难以周详，先期派湖南绥靖镇总兵李胜乔装易服，扮作卖布客商，赴大理、永昌、腾越、蛮允一带详细查访；又怕凶犯闻风逃窜，密令岑毓英迅速将英使再三指认的关键人物李珍国提往省城候审。

李翰章和另一位钦差——总理大臣薛焕的到来，使得岑毓英一时乱了手脚。他赶在钦差大臣抵滇之前，迅速改变了口风，特别是在对待李珍国的态度上。岑毓英称，由于李珍国在案发时有过约集乡绅齐团的举动，“边地绅民闻警齐团虽属常事，而马嘉理被野人劫杀适逢其会，究难释洋人之疑。该厅文武官绅岂能置身事外？”既然不能置身事外，自然要追究责任，李珍国等人于是被提往省城听候钦差讯问。

光绪元年十月二十二日，李、薛二人先后抵滇，距离马嘉理案的发生，已经过去了九个月，案件终于进入了审讯阶段。

滇案的审讯时间长、力度大。光绪元年年末至二年年初，分两个阶段进行，其中初讯五次，复讯三次。留存口供近三万字，但这只是冰山一角，这些口供是作为结案依据交给英方进行审验的，因此得以在宫中保存

① 资料来源：《清季外交史料》第一种，《光绪朝外交史料》第1卷，第22—23页。

下来，阙失的供词当远不止此数。

审讯涉及的人员，光是供册的点名单中就存有十五人：案发地所属的腾越厅官员，包括原鹤丽镇左营都司李珍国、原腾越厅同知吴启亮、原腾越镇总兵蒋宗汉；被认为戕杀马嘉理的直接凶犯是而通凹、腊都、而排腊、而样双、施奶、陆滥当、而同巴（即而腊）、而刚干、而腊感、而肝、而干十一名以劫掠为生的山民；关键证人李含兴，他既是李珍国的侄子，同时又是跟从马嘉理由缅甸回云南的同伴，身份比较特殊，单独归为一类。除此之外，根据总理衙门大臣沈桂芬的说法"其实此外所讯的供尚多，即绅士亦有口供"，足见牵连之广。

经过反复究诘，李翰章等人得出了对滇案的基本结论：杀害马嘉理与阻截柏郎应该作为两件事来看待，杀害马嘉理的是山民而通凹、腊都等人，事由劫财而起，属意外；阻截柏郎一行的是李珍国主使兵勇进行的有预谋的行动，并与而通凹等不期而遇。

据光绪元年十一月初三日的审讯记录中而通凹的供词来看，马嘉理之死应该是这样的：当马嘉理毫无防备地走在户宋河边，欣赏着淙淙流水和旖旎风光时，并不知道自己已经踏入了哇椒硐的范围内。哇椒硐是一群以劫掠为生的野人们的聚集地，他们的头目就是而通凹。他们早就听说有洋人从缅甸来，还带着大批货物（这个消息是可靠的，据李含兴所供，英国人带的行李和货物多达一百七十余驮），要从山界经过到腾越去，从而引起各路豪强的垂涎。而通凹怕势单力孤，就到临近的云岩硐，邀了该硐头目腊都入伙。正月间，二人带了两硐的人，计有：而排腊、施奶、而样双、陆滥当、而腊、而刚干、而腊感、麻干、蔺小红、而肝、雷大、而干、阿弄、裴小陀、裴六、而都、陆兰干、阿用、而敢干、而糯、而排干，共二十三人。这些人带上家伙，开始派出眼线，到处寻找猎物的踪迹。那一日，众人行至户宋河黄果树边，与马嘉理一行狭路相逢。但见那洋官骑在马上，身上带着洋枪，态甚悠闲；四个汉人伴当（马嘉理本带五人，事发时刘姓厨子不在）簇拥左右，还拉着驼马一匹。众人于是雁翅排开，开门见山要"过山礼物"。马嘉理对这群衣衫褴褛的人根本不屑一顾。岑毓英、李珍国是识货的行家，护照自然是护身符，把它拿给大字不识的强盗们，却与废纸无异。在互相叫嚷了几句"此山是我开"和"好狗不挡路"之后，马嘉理当即开枪打来。说时迟那时快，腊都、蔺小红一起上前，把他砍翻，跌下马来，腊都又砍了几刀，将之格毙。众人又一拥而上，把伴当一并杀了，尸首随即被抛入户宋河内。鲜血染红了河水，旋即又恢复了平静。之后，两硐人共同清点战果，颇有斩获，共"抢得马二匹，并洋布围帐、洋裤、洋单、洋枪及零星物件，共四十余件"。各自分割完毕，当即散去。后来，腊都听说尚有洋人在南崩地方，有驮子一百几十头，再邀而通凹去拦抢，而通凹因要将马匹、物件送回硐内，没有同去。腊都就带了他们的人去了南崩雪列地方，在那里与柏郎发生了冲突，被柏郎使计脱身，没能抢着物件。

其他案犯的供词大致相同。而通凹对事件的叙述，成为清政府在日后同英政府谈判过程中始终坚持采信的说法。

在阻截柏郎的事件中，李珍国被审理人认为是主要的策划组织者，而案件发生的根源在于腾越厅民众对英国人进滇意图的含混不清。腾越厅的地主乡绅在十几年镇压回民起义的战争中，组成了统名"十八练"的地方武装团体，李珍国就是十八练的团首。乡绅们得知马嘉理等人即将入滇，揣测其意图，认为不外乎传教、通商，无论哪一种都不是他们所愿意见到的。因此，他们致信李珍国，定计"如马嘉理过境，即防护前进。倘借故逗留，欲传教通商，即仿照河南、广西、湖南数省，聚集多人，围之鼓噪，责以大义，动以危言，使不能施其伎俩"①。及至马嘉理等人平安出境到达缅甸后，坊间又起传闻，说马嘉理等人将带洋兵数千人回经腾越。乡绅疑虑再起，他们认为"……洋人入境之患，伊等此来，其心莫测，若非先事预防，较之发匪更甚万倍"，再度要求李珍国参加齐团。对于乡绅的提议，李珍国于光绪元年正月初二的回信中表示"即将诸山野贯□□调齐，大加犒赏，取具刀标木刻为凭"，并"各于要隘堵截"，事实上采取了防范措施。

乡绅和李珍国的行为，按照李翰章的解读是这样的："绅士等风闻有洋兵数千由缅甸来腾，深虑关外余回乘机混入，欲齐团自卫本境。因李珍国向为团首，时在蛮允、猛卯一带，遂写信约他回来。绅士之意，谓洋官安稳过境，自当听其行走，倘有回匪混入，必须截阻。孰知李珍国向本好事，一得此信，顿起贪利之心。招集多人，布置要隘。亦非有心杀害外国之人，不过欲将柏副将等拦阻回去，借为开销口粮，向地方索摊银钱。"②

①② 中国第一历史档案馆馆藏：外务部档案，480—26。

乡绅齐团阻截柏郎一行，目的是防范回民起义军的余部混在洋人队伍中入境；李珍国响应，是出于贪利，均没有杀死洋人的意思。况且，杀死马嘉理的本来就是山民，乡绅兵勇只是参加了阻截事件，并没有造成洋人的伤亡，充其量是个“未遂”。如此，则滇案的发生，依然没有脱离“意外”的范畴。

这个结论中不尽不实处多矣。且不说英方如何反应，就算是李翰章本人也知道其中存在着诸多疑问。案件的核心人物——“策划人”李珍国就自始至终不肯认罪。他在供词中坚称事发时自己在缅甸公干，距离案发现场八百余里，对该案并不知情；面对与绅士往来信函这样的铁证，他的解释是虽然收到了乡绅的来信，但“事关重大，不敢做主，于正月将书信禀明宫保请示。因路途遥远，未奉批示”，完全否认有过与乡绅相约齐团、阻截洋人的行为。吴启亮、蒋宗汉承认曾听闻同治十三年腊月间十八练曾有过齐团举动，但此后对于李珍国各路布置的情形一概不知。与之相呼应，而通凹、腊都等山民对劫杀马嘉理一事供认不讳，腊都还承认带人阻击了柏郎，但他们口径一致地说“我们在户宋河抢杀洋人，并没有官叫我们去”，“我们去抢的人并没官兵在内，也没有人叫我们去抢”。

上述各犯口供的一致性，令李翰章备感头疼，他在光绪元年十二月初一日的奏折里反映了审讯进展得并不顺利：“各匪犯……于听从谋杀一节并未承认，吴启亮、李珍国呈递亲供亦称并无主谋及齐团聚兵等事”，虽然对他们“委婉开导”，“各该犯坚供如初”。

经过一番僵持，鉴于英方观审官员即将到来，最终只能以李胜易服查案搜集到的情报及李珍国给腾越乡绅的回信作为证据，草草定案。光绪二年三月二十六日，出于国体与民情考虑，李翰章上呈奏折称：“办理中外交涉案件，固当脚踏实地，方足以折服远人。然中国臣民往往激于义愤，逞一时之气，致罹重咎而不知其情，亦甚可悯。此案腾越绅士与李珍国来往信函均实有阻扼洋人之意，若竟照原函究办，不唯李珍国获罪太重，即绅士亦必株连无已，于国体民情两有关碍。滇民久婴祸乱，饷匮援绝，誓无二心。锋镝余生，知圣心尤为衿恻。臣等通盘筹划，只得以绅团系防内患非御外侮为词。”察其结案时的心情，绝无轻松之意，而是明知暗藏玄机，但不欲扩大事态、牵涉太过，只好把李珍国等阻截洋人的动机含糊过去。这表明李翰章也知道自己的结论并非是脚踏实地、实事求是得来的。

五、隐藏在幕后的主使人

这边李翰章等人刚刚拿出结论，英方一再要求观审的官员就于光绪二年二月十一日抵达云南。他们是参赞格维讷、副领事达文波、翻译官贝德禄。经过一番筹划，二月二十五日，李翰章等又进行了一次公开审讯，格维讷等人参加了旁听。此时，正式审讯已经基本结束，一干人犯的供词早经缮结，只是等英员观审后结案，这与威妥玛照会中反复强调的"俟领护照之英官到后始得提审"相去甚远。这次的审讯就是一次公开的表演。

格维讷等人对李翰章的审理结果未置可否，等待清廷的是来自威妥玛的发难。由于李翰章未能指认事件的官方主使人——而这正是英方关注的核心，因此审理人也成了威妥玛的指责对象："岑毓英以及各官各犯，必须提京审讯；李翰章、薛焕查办不实，亦应一并处分"，并威胁"中国如不照办，是国家愿自任其咎，自取大祸"。[①] 此后关于主使人的论辩就成了中英双方交涉的聚焦点。

威妥玛认为，按照供词，是乡绅先寄信给李珍国，那么起意的应该是乡绅。但此案兹事体大，别说区区几个腾越乡绅，就连"李珍国也决不敢阻杀洋人，即岑抚台主使杀阻洋人，亦非伊所敢为。总是内里主意"。因此"现在滇案所办不实，如只办野人，我不答应；如只办李珍国及吴同知等，我不答应；如只办岑抚台，我亦不答应"。照此逻辑，乡绅背后有李珍国，李珍国背后有岑毓英，岑毓英背后又是谁呢？"内里主意"一说，将矛头直接对准了清政府。

不只主使者存在疑义，就连而通凹等人见财起意劫杀马嘉理的动机也很难成立，英方的中文秘书梅辉立曾说："滇省杨提督查来，以为野人见财起意；此次我们查来，正月十七日中国兵勇开枪时驮夫等即行逃逸，柏副将初意行李一切无从得还，乃至正月二十一日，仍据缅人将行李数件带至新街，可见并不是野人见财起意了。"此议一出，从根本上否认了李翰章的审讯结果。

李珍国等人与结论相悖却始终统一口径的供词，而通凹等人站不住脚

① 资料来源：《清季外交史料》第一种，《光绪朝外交史料》第1卷，第6、7页。

的杀人动机，缅甸官员关于主使者是中国官员的指证，马嘉理等人预先得到的警讯——关于滇案结论的阙疑多矣。对于这些问题，必须台上观戏、台下求解。答案早就潜藏在幕后，呼之欲出。

《烟台条约》签订后，李鸿章的两封信函对滇案内幕做出了重新诠释。其中之一是写给两江总督沈葆桢的信，李鸿章写道："岑中丞去滇后，犯供全翻，与威使（威妥玛）访查情节一一吻合，足见彦卿（岑毓英字）手眼神通，能障家兄（李翰章）耳目，而几贻国家之大祸。"另一封则是写给新任滇督刘长佑的，所述更详："闻彦卿去滇后，案犯口供顿翻。威使灼知其情，必欲将彦帅及腾绅提京复讯。政府不以提京为然，弟不得不与力持，以维国体。迨成议之日，威使密告：以李珍国眷属在其新街领事处密养，是此案颠末固所深悉。迁就了结，则非滇边通商、江海开口岸，不足厌其心矣。"

在第二封信上，李鸿章提到威妥玛所了解的案件详情，是来自李珍国的眷属。倘如此说属实，则滇案系由岑毓英主使的可能性就大大提高了。查此时和议已成，尘埃落定，李鸿章作为缔约人亲身参与了滇案的善后工作，负责审理滇案的又是他的兄长，对内情的了解不可谓不深详，他的说法应该是比较可靠的。

按照此说，则岑毓英所主持的案件查勘工作何以久拖不决，动用前后共计一千七百多人捉拿不足五十人的凶犯何以耗时数月，以及前述诸疑都可以找到合理的解释了。特别是岑毓英在钦差到来之前先将所有案犯提至省城这个举动，事后看来很具有决策性，一方面是积极准备，迎候钦差共同审案，表明自己合作的态度；另一方面也并不排除经过多方筹备、密谋策划，为统一证供进行了精心准备。

那么，岑毓英这位素谙戎机、才具明练的封疆大吏又为何要暗中布局、策划滇案呢？究及根源，与当时清廷上下普遍存在的"攘外"心态有关，反映出特殊历史背景下的狭隘的爱国主义、本土主义情结。

长期以来与周边国家所形成的以朝贡——册封为核心的外交体制，在闭关的氛围中逐渐酝酿出一种唯我独尊的上国习气，举国上下都沉浸在这种习气里，陷入了千年不变的酣睡中。孰料，在西方炮舰的猛烈轰击下，一朝梦醒，风云骤变。从此，非但很难保持对别人的俯视（且看日本窥视琉球与朝鲜、法人"保护"越南），还要转回头来仰人鼻息，更何况仰视的对象竟然是非我族类的夷人！这种巨大的心理落差，遭到外夷侵凌的痛苦与被迫适应近代外交体制的无奈，使得外攘之心遍布朝野上下。同光之际的洋务运动虽然起到了一定的纠偏作用，却难以撼动根深蒂固的华夷观。这是岑毓英策动滇案的深层心理原因。

对于岑毓英来说，还有一个较为直接的原因，那就是维护自己的辖地云南不被外来经济势力所侵犯。在他看来，滇省地瘠民贫，久乱之后商贾营生本已艰难，如果“洋人来滇通商，彼族多财善贾，又只纳半税、不上厘金，垄断独登，贫民生机尽为所夺”①。马嘉理等人所希图的通商、开放是绝对难以接受的，越是贫困就越是要封闭自守，就越是要维护既有的经济形态。为了阻止洋人的阴谋变为现实，发动（或默许）同样害怕传教通商的地主士绅们将马嘉理及其从人杀害、阻截柏郎的进犯，不失为以儆效尤的长策。

但是，事与愿违，岑毓英的锦囊妙计不但没能阻止洋人的图谋，反而给英人遗以口实加以贪求，成为加速其经济侵略的催化剂。

六、缔约，怎一个痛字了得

滇案的真实情况，在调查过程中逐渐显露山水。但中英双方从一开始就志不在此，所谓醉翁之意不在酒。

在事件的审理过程中，威妥玛反复离京、回京，又炮舰相陈，不断提出新的要求，为胁迫清廷就范可谓出尽百宝。光绪二年五月二十四日，清廷派赫德到上海斡旋，经过一番磋商，建议清政府派大员去烟台和威妥玛举行谈判，并指明“所奉上谕若仅如以前妥商马嘉理一案字样，尚觉不够，该大员须奉有全权便宜行事之谕旨”，表明谈判必定涉及马嘉理案件以外的问题。赫德指名要李鸿章亲自一行，希望他能“替中国设想，从前两国利害光景，对比目下强弱情形，处以和气大方，所有不免相让之处，不妨善让，莫要推辞”。光绪二年六月八日清廷降旨，委派李鸿章为钦差大臣“全权便宜行事”，前往烟台和威妥玛举行谈判。

烟台谈判于光绪二年七月三日开始，当时的国际形势对英国并不完全有利。在欧洲，英俄之间正因近东问题发生严重分歧，英国外相德比在五月十七日（1876 年 7 月 8 日）给威妥玛训令中表示“非常希望云南问题

① 资料来源：《清季外交史料》第一种，《光绪朝外交史料》第 1 卷，第 23 页。

从速解决”。在中国，英国在外交上也处于孤立地位，由于威妥玛一年多以来在和清政府的谈判中独断专行，不断引起其他国家的猜忌。在中英谈判期间，美、德、俄、奥和西班牙等国驻华公使都以避暑为名，云集烟台，密切注视中英谈判的动向，力图防止由英国单独处理与各国利益有关的问题。在这种情势下，威妥玛企图在原来所提出苛刻条件的基础上尽早“和平”了结此案。

为了迫使清政府迅速就范，英国在谈判中一面调动了海军舰队停泊于大连，做出武力威胁姿态；另一方面故意提出清政府一再表示万难允准的条件——将云南巡抚岑毓英提京审讯，作为要挟，最后表示“所拟条款须全答应即转请本国结案，不必再说提京”。在随后的谈判中，李鸿章“就势转圜”，提出同意英方提出的全部条款作为交换，这正符合了英方的意愿。光绪二年七月二十六日（1876 年 9 月 13 日），李鸿章和威妥玛签订了《烟台条约》。

《烟台条约》的签订，本来是因马嘉理事件引起的。可《烟台条约》规定中国偿银二十万两给英国、派员赴英表示“惋惜滇案”等了结滇案办法，在条约中只占次要地位，而主要内容则远远超出了马嘉理事件本身，如增开通商口岸、限制中国征收洋货税厘主权、扩大领事裁判权、租界的推广，以及英国在中国滇、藏等方面的特权。

既已缔约，威妥玛也就不像当初交涉时那么步步紧逼，而是摆出了胜利者的“宽容”姿态。他很快偃旗息鼓，不再纠缠滇案细节，甚至做主赦免了李珍国、而通凹等“要犯”的一切罪责。这也从一个侧面证明，在威氏看来，真正的罪犯既然无法绳之以法，那么也不妨对替罪羔羊网开一面——反正该要的东西都已经尽在掌握中。

借着这个条约的签订，英国终于实现了其十余年来孜孜以求的扩大通商范围、权利的夙愿，其所失的不过是一名驻华小职员。反观清廷，为平息这一简单的案件，不得不接受英方全部条件，在外交上吃了一个大败仗。李鸿章曾在事后上折明志：“臣虽权宜拟结，实属愤恨填胸”，究其根源，他认为，这正是以岑毓英为代表的大批官员不能正视被迫开放的现实，对历年来与列强签订的条约抱持着轻慢之心造成的。滇案由岑的“任性”而起，他的“贻误”是清廷在案件处理上不能果决的重要因素，而为了保全岑毓英、保全天朝的国体，《烟台条约》也以不处分滇抚为底线缔结，当真是：成也，岑毓英；败也，岑毓英！

光绪年间中英“高升”轮索赔案述要

光绪二十年（1894）六月，朝鲜发生东学党领导的大规模农民起义，朝鲜政府进行镇压，屡遭失败，请求清廷出兵。清政府允准，遂向英商印度支那轮船公司租用“高升”号商船。六月二十三日，清军北塘官兵共一千一百一十六人，乘“高升”号从塘沽出发，向牙山进发。行驶到丰岛附近洋面时，被日本军舰击沉，全舰官兵大多遇难。此后，中英两国围绕“高升”号商船赔款一案，进行了将近九年的谈判。

一、交涉初始

日本海军击沉“高升”号商船一事，震惊中外，成为举世瞩目的国际重大事件。对此，中日两国的反应自然不同，而作为“高升”号所有国，英国的态度才是问题的关键所在。

光绪二十年六月二十五日，李鸿章得知日本海军在丰岛袭击中国军舰和击沉英商船消息，当天下午即电告驻日本公使汪凤藻：“二十三日，日兵船在牙山口遇我兵船，彼先开炮接仗。”① 他又致电总理衙门，特别指出：“至‘高升’系怡和船，租与我用，上挂英旗，倭敢无故击毁，英国必不答应。”②总理大臣奕劻接到电报后，立即紧急召见英国驻华公使欧格讷。在这次召见中，总理衙门试图抓住日本击沉“高升”号商船事件，激起英国政府的义愤，以制止日本的战争行动，而欧格讷只是淡淡表示：我英国不能不同日本讲理，对事态的发展，希望贵国按理缓缓去办。一句

①② 资料来源：《李文忠公全集》电稿，第16卷，第32、33页。

图 1　日本军舰击沉“高升”号图

无关痛痒的表态，清政府抱定了英国会公开干预的幻想。

六月二十八日，清政府总理衙门照会各国驻华公使，公开指责日本挑起战端：“何意该国忽逞阴谋，竟于本月二十三日，在牙山海面，突遣兵轮多支，先行开炮，伤我运船，并击沉挂英旗英国‘高升’轮船一只。此则衅由彼启，公理难容。中国虽笃念邦交，再难曲为迁就，不得不另筹决意办法。想各国闻此变异之意，亦莫不共相骇诧，以为贵有专归矣。”①清政府发表照会揭露日本破坏国际公法的侵略行径，希望公理得到伸张。当时“理”确在中国一方，但问题在于：在“力”的方面，中国却不如日本。而且，西方列强又各有其“利”之所在，在中国的“理”、日本的“力”、列强的“利”三者的关系中，“理”的分量是极其轻微的。在此情况下，清政府欲求公理伸张，又怎么能办得到呢？

日本政府在获悉日舰击沉“高升”号的消息后，便决定采取恶人先告状的做法。六月二十七日，日本海军省制定了三条原则：一是诬称中国军舰首先发起攻击；二是谎称事后才知道“高升”号是英国商船；三是把丰岛之战与击沉“高升”号拉在一起，以混淆视听。日本政府鉴于击沉“高升”号深恐引起日军内部的纠纷，很可能使正在付诸实施的侵略

① 资料来源：《光绪朝中日交涉史料》第 15 卷，第 34 页。

图谋前功尽弃，便决定在制造谎言的同时，采取以守为攻之策，首先从英国外交部下手。七月七日，派驻英国公使馆德籍秘书西博尔德代表日本政府约见英国外交副大臣柏提。在这次会见中，西博尔德危言耸听地编造日本“浪速”军舰有被击沉的危险，一再强调不要因为“高升”号沉船事件而影响日本与英国的关系和共同利益，暗示英国不要小题大做，为了区区小事而忘了联日防俄的战略。正是这次英日外交会晤，双方达成共识，英国政府开始考虑采取淡化“高升”号被击沉事件的方针。

起初，英国政府为了不使自己偏袒日本的态度过于暴露，指示上海英国海事裁判所办理“高升”号被击沉一案，并命令英国远东舰队司令斐里曼特就此事提出报告。斐里曼特遵照政府的意图，据日本所制定的原则，竟认为：“‘高升’号作为中国人的船只被击沉是有理由的。日本政府对该船之损失不承担责任。”① 斐里曼特的报告给英国政府在“高升”号被击沉一案中完全倒向日本提供了“依据”。但是，对于如何向中国要求赔偿，即由英国政府出面向中国提出，还是支持印度支那轮船公司直接向中国提出，还一直拿不定主意。到年底，英国外交大臣金伯利只好请英国皇家法院拿出解决办法，而皇家法院含糊其词以应付之，答复道：“依据国际法，此事取决于对‘高升’号所造成的损失。”② 于是，金伯利亲自出面，指示柏提对印度支那轮船公司明确指出：“……女王陛下的政府曾被劝告将赔偿英国国民生命财产损失的责任归于中国，金伯利大臣准备按照贵公司的要求，支持贵公司向中国政府提出合理要求，或者通过驻北京的公使馆提出这样的要求，然而，在提出任何要求之前，应该提供有关遭受损失的程度，以作为可供利用的证据。我建议，在计算船的价值时，应以合同上写明的总额作为基础。调查了各个情况的细节之后，应估定个人的索赔数目。”③

英国外交部明确表明了态度，在其大力施压下，英国印度支那轮船公司决定由在上海的代理人提出向中国索赔的金额。经过几个月的准备，印度支那轮船公司于光绪二十一年四月八日，提出了一份四万八千八百英镑的索赔清单。英国外交部与印度支那轮船公司商定，索赔要求将通过驻华公使欧格讷正式向清政府提出。而欧格讷认为这样做将会引起争议，甚至

① 戚其章主编：《中日战争》（丛刊续编九），第369页，北京：中华书局1994年。

② 戚其章：《甲午战争国际关系史》，第47页，北京：中华书局1994年。

③ 戚其章：《甲午战争国际关系史》，第53、54页，北京：中华书局1994年。

会失去英国在华的利益，若在伦敦提出索赔或交付仲裁，将会减轻摩擦。他在四月十二日给英国外交部的电报中把索赔的事推给了伦敦，建议将此案交付仲裁：“我相信，没有严厉的制裁，中国政府是不会接受索赔的。唯一和平解决的办法，是希望他们能够同意服从仲裁。如果有外国政府及法官的支持，我们作为索赔人就会少遭非议。”①

英国外交部采取了欧格讷的建议，于七月十八日向中国驻英使臣龚照瑗提交了一份详细的、经过部分调整的“高升”号索赔清单：

“西人恤款应照《英格兰恤寡章程》推算，随船沉没者拟给三分之二，遇救得生者拟给十分之五。计开：遇救得生之西人：管带一员，年三十岁，应给英金二千八百九十镑。遇救得生之西人：大副一员，年三十九岁，应给英金一千零三十四镑。随船沉没之西人：二副一员，年三十一岁，应恤英金二千一百九十二镑；三副一员，年五十五岁，应恤英金一千零十八镑；大管轮一员，年四十一岁，应恤英金四千六百五十三镑；二管轮一员，年二十六岁，应恤英金三千九百三十七镑；三管轮一员，年二十二岁，应恤英金三千零七十八镑。以上共英金一万八千八百零二镑。华人恤款，遇救得生者拟给一年辛工，随船沉没者拟恤二年辛工。计开：遇救得生之华人：舵工三名，每给二百八十八元，合洋八百六十四元；水手五名，每给一百四十四元，合洋七百二十元；管油管汽二名，一给二百四十元，一给二百十六元，合洋四百三十二元；生火三名，每给一百六十八元，合洋五百零四元；厨子一名，应给三百元；扒炭一名，应给一百四十四元，合洋四百四十四元。随船沉没之华人：舵工一名，应恤洋五百七十六元；水手头目一名，应恤洋四百三十二元；一等水手二名，每恤二百八十八元，合洋五百七十六元；二等水手五名，每恤二百一十六元，合洋一千零八十元；托拔士一名，应恤洋一百九十二元；木匠一名，应恤洋四百三十二元；三等管油一名，应恤洋三百八十四元；生火三名，每恤三百三十六元，合洋一千零八元；扒炭五名，每恤二百八十八元，合洋一千四百四十元；管事一名，应恤洋五百二十八元；厨子一名，应恤洋六百元；官厅夫役二名，每恤二百四十元，合洋四百八十元；饭厅夫役一名，应恤洋二百四十元；管事房夫役一名，应恤洋一百九十二元；副账房一名，应恤洋二千四百元；大副大役一名，应恤洋 百九十二元，共洋一万三千七百

① 戚其章：《甲午战争国际关系史》，第407页，北京：中华书局1994年。

十六元。账房项下各色人等，应恤洋六千元。计华人恤款共洋一万九千七百一十六元。按照时价每元折二先令二便士，合英金二千一百三十五镑十八先令。‘高升’船价赔款洋十九万元，按照租约所载，在船煤炭料件洋六千元，包雇一个月租洋九千元。三款共洋二十万零五千元。按照时价每元折二先令二便士，计英金二万二千二百零八镑六先令八便士。又，前款以七厘行息算，截至一八九五年七月二十五日止，计一年合英金三千零二十镑四先令四便士。统共英金四万六千一百六十六镑九先令。”①

总理衙门接到索赔清单，以日本不宣而战，首先开炮，击毁“高升”号，按照中英双方事先约定，英国应向日本索赔。此后一段时间中英两国政府各执己见，谈判出现僵局。

光绪二十三年，罗丰禄为新一届驻英大臣，英国外交部复催清政府进行赔偿，总理衙门仍未答应。

二、通融商结

光绪二十五年六月，英国外交部致电驻华公使艾伦赛，称两国对“高升”号商船赔款所持意见不同，应另请公证人判断，以定如何赔偿。艾伦赛将此意通告清政府总理衙门、奕劻等人经过核议，并查当年租船合同内载有将来租船主船东如意见不合，互相辩论，两家共请公证人判断条款。爰拟电告知罗丰禄与英国外交部妥商公断办法。经过“协商”，英国外交部推出美国驻英国公使涂德为公证人，总理衙门同意此方案，并照会美国驻华公使康格聘请美驻英公使涂德为公证人。光绪二十六年二月，由比利时律师椐斯德会同英国两名律师草拟中英两国《“高升”船案聘请公证人判断专条章程》。其核心内容为：“高升”号系英国船只，为日本“浪速”快船击沉，此事由涂德公使询明：①“浪速”所为是否合理及有悖公法。②雇船之中国国家与受雇之轮船公司孰应担当失船之责。并请涂德公使予以公断。其船价值多少，如何估算，皆由涂德公使估计酌夺，或由公证人另派他员估计办理，悉听涂德公使之便。②并对中英两国申辩时限做了规定。对此章程，中英两国持有不同观点，清政府总理衙门认为，“高升”号船案解决的关键，在于“浪速”击沉“高升”是否合理，有无

①② 中国第一历史档案馆藏：外务部档案，第465卷。

违背公法一节，必须先请公证人判断曲直，然后再议赔款之事。而英国外交部坚持要于章程内删去“浪速”所为是否有悖公法的判断，改为“高升”号沉船之故，由于华官所致，其意就是要中国赔偿。由于中英两国彼此各执己见，《“高升”船案聘请公证人判断专条章程》未能实行。

光绪二十六年，八国联军侵华。七月二十五日，英、美、俄、法、德、意、日、奥等十一国驻华公使，在北京同清政府的代表奕劻、李鸿章正式签订了《辛丑条约》。全约共十二款，另有十九个附件，其中仅赔款一项就达四亿五千万两白银。英国获得五千零六十二万余两。如此数额巨大的赔款，仍没填饱英国的胃口。光绪二十八年四月，英国驻华公使萨道义继续向清外务部送交“高升”号船案赔款清单，赔款的数额又涨至白银四十余万两。奕劻认为，在断明“浪速”所为是否合理之前，不可能认赔，何况款数太大，万难允准。萨道义坚持清政府赔款，并设词恫吓，声言中国如不赔款，不排除用武力解决的可能。

十月初，萨道义为“高升”号赔款事会晤外务部大臣奕劻，声称：考虑到中国有大赔款（指庚子赔款），“体谅中国的难处”，但“高升”号赔款在前，大赔款在后，“高升”号船案赔款一定要还。现英国愿速结此案，拟减少赔款数目，以三点三万英镑作为了结，请中国从速付款。不久，萨道义回国。十一月十一日，署理英国驻华公使焘讷理再次向外务部催索“高升”号船案赔款，指出：“现又奉本国政府来电，仍行催办‘高升’之案，查此案减半办法，系立时赔补，如迟日久，则难以稍减也。倘庆邸能现在定明于一两个月内偿补，日期似尚可以照办，否则本署大臣无已，只可电达政府不能在北京将此案办结，仍应归于公断为妥。”①

已被庚子赔款折腾得焦头烂额的外务部大臣们，实在不愿再让“高升”号赔款另生枝节。光绪二十八年十一月十九日，奕劻为通融解决“高升”船案赔款上呈奏折：“臣等再四筹商，窃以‘高升’船案事阅多年，彼此辩论，几于笔秃唇焦，而英政府命意始终不移，若日久不决，诚恐在彼借为口实，转致别生枝节，计不如就此和商了结，尚不失两害取轻之意。当即复以此项赔款，虽经核减，唯中国财力一时难以筹措，尚需从长计议……臣等窃维公断之举，英政府既执意开除‘浪速’船有悖公法一节，专断租船之国是否应出偿款，诚恐既断之后，仍归中国认赔。按照

① 中国第一历史档案馆藏：外务部档案，第465卷。

西例，一经断定，彼此即应遵办，恐中国亏损愈多，届时更难改议，似不如通融商结，尚可稍省财力。如蒙俞允，拟请旨饬下户部迅筹赔款，解交臣部应付。恭候命下，即由臣部将应需英金三万三千余镑折成银两确数，咨行户部遵照拨交，并照复英署使焘讷理转达英政府，知照结案。"① 当日，光绪皇帝降旨，照此办理结案。

三、赔款筹解

"高升"号船案赔款经光绪皇帝钦准后，户部立即着手筹款。光绪二十八年十二月六日，户部紧急致电两江总督魏光焘："'高升'轮船赔款合银二十八万两，他款无可指发，唯宁、苏两属税厘清赋等项内有专候部拨之款，尚可照数提解。倘前两年实存数目已挪用不敷，除另行核算外，即由本年应候部拨款内先行提出凑足报解前款，英使来催立等拨付，务克期如数解沪。"②魏光焘接到户部电报后，请求同英政府协商分期进行，宁、苏两处先行凑解银十三万两，其余银十五万两缓至明年再解。他通过户部致电外务部："请外务部切商英使，务望商允，免致年关逼迫，致妨新案大赔款。"③但英国驻华署使焘讷理断然拒绝，声称根本没有协商的余地，定要年内立即付款，如有拖延，就要偿付利息。十三日，外务部在给户部的咨文中称："'高升'船案赔款原需六万英镑，现已同英使切商，按英金三万三千四百一十镑，每镑合银九两有奇，约银三十万两有零，方能足数。英使已称此款不能缓付，请贵部迅即设法筹款。"④户部乃于二十日致电魏光焘："由宁、苏两属增收各项下提款解沪拨还。如此款实在不敷，除尽数提解外，下余之数由沪关在所收存款内先行垫付，仍由宁、苏两属陆续归垫。"⑤同时，英国外务部令驻上海总领事满思礼查收此款。

宁、苏两属收到户部的电报后，绞尽脑汁，落实还款办法。十二月二十五日，苏州布政使陆元鼎报称："经查苏省税厘清赋节饷，光绪二十六年以前业已造报无存，二十七年分收起之款，尚存银七万二千四百一十五点六九九两，并于二十八年收起清赋款内动支银三万两，共银十万零二千四百一十五点六九九两，作为苏省报解'高升'号船案赔款，已放交号

①②③④⑤ 中国第一历史档案馆藏：外务部档案，第465卷。

商裕源、顺康汇解江海关道兑收转拨。”①

二十六日，江宁布政使李有棻报称：“经查明宁属节省盈余……截至十一月二十三日止，收数仅及五成，约计应解部库银六万六千六百两。司库支绌，难以筹垫……兹查前项赔款，关系紧要，应将江宁所收二十八年节省盈余款内先行提拨银六万两汇解江海关道收存汇付，作为解部款内划付之款，余俟二十八年前款续解，有银再行汇沪。现经备具文批，发交宝善源、豫昌厚、兆丰商号汇解，限于年内解到。”②

江海关于光绪二十八年岁末，收到江宁、苏州布政使解到库平银共计十六万二千四百一十五点六九九两。赔款共三万三千四百一十一镑，合规平银三十一万二千九百二十二点五四两；折库平银二十八万五千五百一十三点二六六四两。不足部分，由江海关垫付。光绪二十六年正月二十九日，江海关按户部所拟办法，购足三万三千四百一十一英镑，交汇丰银行转付英国政府，并致函英国驻上海总领事满思礼查收。③江海关道为“高升”号船案共计筹垫库平银十二万三千零九十七点五六七四两。

光绪二十九年四月十六日，英国署理驻华公使焘讷理致外务部的照会称：“‘高升’轮船一案，本月初七日接奉本国外务部大臣来文，据该公司禀，已由汇丰银行交付英金三万三千四百七十一镑为赔补‘高升’轮船沉失之款等情。本政府闻此等久悬之案，一旦通融完结，深为惬意。等因。本署大臣奉此，合行备文照会，即希贵大臣查照销案可也。”④至此，历时将近九年的“高升”号赔款案最终以中国再一次蒙受屈辱而告结束。

一场清政府完全有理的官司，就这样稀里糊涂输掉了，公理何在？在长达九年的过程中，侵略者的凶残与贪婪和清政府的无能与腐朽暴露无遗。此案赔款三十万两白银与《辛丑条约》所欠下的四亿五千万两白银一样，使中国人民蒙受到了极大的屈辱。“高升”号赔款案，造成了宁、苏两属不得不倾力搜刮民财，加重地方的税厘清赋，沉重的税赋负担，都毫无例外地加在老百姓的身上。地方社会经济愈加停滞落后，人民的生活状况愈加贫困不堪，财政制度愈加纷乱繁杂，造成国家财政运转呈恶性循环之态势。

①②③④ 中国第一历史档案馆藏：外务部档案，第465卷。

晚清中美茶叶贸易

中国的茶叶自16世纪由荷兰人通过海上贸易传入欧洲，首先成为英国人所喜爱的一种饮料，并很快风行于欧美市场。其间，中美茶叶贸易一方面经历了兴起、发展阶段，同时，又经历了美国主要针对来自中国劣质、掺假茶叶制定专门章程，导致中国茶叶出口萎缩的过程。

一、中美茶叶贸易发展轨迹

当英属北美殖民地建立后，随着英国移民的大量涌入，英国人的饮茶习惯也被带到了北美。在1690年前后，麻省的波士顿出现了北美第一个出售中国茶叶的市场。1720年后，北美开始正式进口中国茶叶。到18世纪中叶，北美殖民地的人民开始普遍饮用来自中国的茶叶。据不完全统计，从1760—1766年，北美殖民地对茶叶的消耗量平均每年为一百二十万磅，其中大部分来自中国。[①] 但是，当时茶叶的采购和销售，大部分控制在英国人手中，尤其是英国东印度公司，他们从中获取了巨额利润，却以《航海茶例》来限制殖民地商人，使之不得与外界进行独立自主的通商活动。到了1773年英国国会通过了《茶叶税法》，规定每磅茶叶征收三便士茶叶税，这个税法引起了英属北美殖民地麻省波士顿民众的强烈反对。1773年12月16日，东印度公司满载中国茶叶的船只到达波士顿港口，当地人民拒付茶税，兴起抗税运动，数千人愤怒登上船只，把价值一万八千英镑的三百四十三箱茶叶全部抛入海中。这就是美国历史上著名的

① 拉巴瑞：《波士顿茶党》，第7页，伦敦，1966年。

“波士顿茶叶事件”，从此英美决裂之端遂起，揭开了美国独立战争的序幕。从这一事件也可以看出北美殖民地人民对取得与中国茶叶贸易自主权的渴望。

美国独立战争后，美国商人立即开始对中国做试探性的通商活动。1784 年 2 月 22 日，纽约和费城的商人在费城大商人莫里斯的倡议和出面组织下，装载着三百六十吨美国土特产品的“中国皇后号”商船自纽约首航广州。在广州，美国商人与中国商人进行了中美之间的首次直接贸易。他们顺利地售出了全部美国货物，购入了所需要的大量中国商品。其中，红茶十三万八千公斤，绿茶二万八千一百公斤，另外还有棉布、丝绸、瓷器、香料等[①]。由此可见茶叶是这些美国商人最感兴趣的商品。自此不断有美国商船从中国运回大量茶叶，仅在 1784—1790 年的六年时间中，来华贸易的美国商船就有二十八艘。其中 1784—1785 年只有两艘，而 1789—1990 年增加到十四艘，增长达六倍之多[②]。这一时期的中美茶叶贸易随着两国商业的交往而得到初步发展，自 1784—1794 年，中国平均每年输美茶叶约五百多吨，但贸易量不稳定，常出现波动。如 1786 年从广州输美的茶叶是四百四十三点四吨，1787 年则减至二百八十一点六吨，1789 年增为一千一百五十吨，1790 年又骤减为二百七十八点七五吨。直至 1795 年以后，两国之间的茶叶贸易才开始稳步上升。

进入 19 世纪后，随着美国经济的发展和国内市场需求的扩大，中美茶叶贸易度过了 18 世纪八九十年代的试探期，进入了一个相对稳定的初步发展阶段，这一阶段一直持续到鸦片战争之前。从 1795—1809 年，中国出口至美国的茶叶年平均约二千三百吨，较 1784—1794 年由五百吨增长三倍半。1810—1816 年，由于英美战争的影响，茶叶贸易量有所下降。但 1817 年以后，很快逐年递增至年平均四千吨，并且呈稳定状态。1831 年与 1784 年相比较，输美茶叶量增长近二十七倍。[③]

这一阶段中美茶叶贸易不仅在贸易量上大增，而且茶叶品种也发生了变化。中美通商之初，美国采购的中国茶叶主要是武夷岩茶中的红茶。随着贸易的发展，购入的茶叶也由原来的一些低档产品转变为较高档的红

---

① 马士：《东印度公司对华贸易编年史》，第 2 卷，第 95 页，伦敦，1826 年。

② F. R. 杜勒斯：《旧中国贸易》，第 210 页，波士顿，1930 年。

③ 梁碧莹：《茶叶贸易与早期中美关系》，美国史论文集（1981—1983），第 321 页，中国美国史研究会编，北京：三联书店 1983 年。

茶。1800年以后，绿茶，特别是熙春、雨前、嫩熙春等品种大批出口美国，到1810年中国的红、绿茶出口量几乎相等。随后，绿茶所占的比重超过红茶。据当时记载，1836—1840年，中国每年平均输美绿茶为四千九百九十四吨，占输美茶叶总量的百分之七十九，而红茶为百分之二十一。① 由此可见，19世纪上半期，美国进口中国茶叶的品种上出现了多样化的趋势。

在这一时期，中美茶叶贸易进入了稳定发展阶段。茶叶在中美贸易总额中所占的比重日渐提高。据统计，1821年输美茶叶占输美货物总值的百分之四十二，到了1839年，已增长为百分之六十五。② 同时，这一阶段的中美茶叶贸易是在基本平等的基础上进行的。由于早期美国的经济实力比较薄弱，又要与经济实力强大的英商进行竞争，美国商人不得不小心谨慎地进行贸易，设法与中国商人和政府保持“协调发展”、“来者不拒”的关系。这也使中国民众对美国商人的印象较好，有利于茶叶贸易的顺利开展。

鸦片战争爆发后美国通过中美《望厦条约》《天津条约》等条约，取得了对华自由贸易和部分贸易最惠国待遇等一系列贸易特权，美国的中国茶叶进口量飞速增长，到19世纪末，中美茶叶贸易达到顶峰。

在这一时期，由于中国多处开放了通商口岸，美国进口中国茶叶的渠道更多，数量也有更大的增长。五口通商以后，美国对华贸易的比重，与英国相比表现出较高的增长速度。仅在1860—1865年的五年中，中国对美的出口额所占总出口的比重，由百分之九点八上升到百分之十三点六。中国茶叶对美出口从1845年的七千四百五十吨猛增到1895年的二万零六百七十五吨③。同时，美国采购中国茶叶的口岸由原来的广州一隅扩大到江南，茶叶贸易的中心也随之北移。据统计，1855年从上海运往美国的茶叶，比广州口岸的茶叶还要多。在个别口岸中，美国的茶叶贸易量已超过英国，越居领先地位。如在19世纪50年代后期的厦门，出口到美国的茶叶，几乎相当于到英国的十倍。④

---

① 资料来源：《中国丛报》第9卷，第191页，1840年。

② 戴维斯主编：《美国外交文件：美国与中国》第一辑第18卷，第5、26页，威尔明顿，1973年。

③ 陶文钊、梁碧莹主编：《美国与近代中国》，北京：中国社会科学出版社1996年。

④ 戴维斯主编：《美国外交文件：美国与中国》第一辑第18卷，第119页。

这一阶段，中美茶叶贸易的另一个特点是美国洋行在贸易中逐渐居于主导地位。19世纪中期以后，美国对华贸易已经开始集中于少数美国商号手中。其中美国在华的四家大商号控制了对华贸易的百分之八十八。这些美国商号在中国的主要通商口岸开办了不少从事茶叶贸易的专办洋行，如设在汉口的慎昌洋行、美时洋行，上海的惠利洋行、协隆洋行等。绝大部分的中美茶叶贸易都被这些茶叶专办洋行垄断。中国虽然也有茶商从事茶叶出口的活动，但数量非常有限。

二、美针对粗劣茶叶制定专门《条例》和《查验章程》

茶叶一向是中国传统大宗出口商品。随着世界贸易市场对茶叶需求的激增，中国茶叶大量进入美国市场。然而面对日益扩大的需求，中国茶叶生产仍然沿用传统的茶叶种植和手工加工方式，效率低下。在生产规模和效率上不及迅速崛起的日本等国的同时，产品的质量又得不到保证，相反却竞相粗制滥造，将劣质、掺假的茶叶源源不断地输入美国市场，以应付日益增长的需求。结果导致中国茶叶信誉急剧下降，美国茶叶市场不信任感增强。1888年美国驻华公使田贝在给本国政府的报告中指出，华茶贸易量下降的重要原因在于掺假行为及混乱的包装。[①] 1897年11月14日，驻美、日（西班牙）大臣伍廷芳在给总理衙门的咨呈中指出："美医院以近来各国入口之茶叶拣择不精，食者致疾。……从前中国无识华商，往往希图小利，搀和杂质，或多加渲染以

图1　伍廷芳像

① 潘序伦:《美国对华贸易》，第139页。

售。其欺洋商偶受其愚，遂谓中国之茶皆不可食，而销路因之阻滞。”[①]

美国政府为了遏制来自中国的大量劣质、掺假茶叶，于 1883 年 3 月 2 日经美国上下议院一致通过《美国禁止粗劣各茶进口条例》[②]，并由美国总统格罗弗·克利夫兰亲自批准实行。接着又于 1897 年 3 月 2 日、1897 年 11 月 6 日、1897 年 2 月 7 日，数次对《条例》进行修改。从这个条例的内容可以看出，对来自中国茶叶的检验是十分严格的，其大致内容为：由美国商检部门成立七人组成的验茶委员会，核准进口各种茶类样品，并分发纽约、旧金山、施家谷以及各口税关收存，以资对验。规定凡茶商装运进口茶叶报关时，须要呈具保据，交该口岸税务司收存。茶叶未经检验之前，不得转移出栈。当由茶商将货单所载茶叶交茶师呈验，并声明单货相符。当入境口岸未设茶师，商人应当自备各种茶样，并立誓词呈送该口岸税务司查收。另取各茶样式一并送交附近海口茶师收验。经茶师检验与官定茶样相符，税务司亦无异言方准放行。如查得茶品比官定茶样较下者，则令茶商具结，限于六个月内由验明之日起运出美国，若过期不照此办理，由税务司设法焚毁。《条例》规定进口美国茶叶需要进行检验的共计十八种，①台湾乌龙；②福州乌龙；③厦门乌龙；④中国北方功夫茶；⑤中国南方功夫茶；⑥印度茶；⑦印度锡兰茶；⑧平水绿茶；⑨A 字山里绿茶（即嫩熙春）；⑩B 字山里绿茶（即熙春茶）；⑪锅焙日本绿茶；⑫日晒日本绿茶；⑬蓝焙日本绿茶；⑭日本碎茶；⑮上香茶；⑯松制茶；⑰广东茶；⑱广东香茶。

对于茶叶的检验，美国还制定了专门的《整顿进口茶叶查验章程》。具体详细规定了《查验茶叶法》和《查验茶末法》。[③]

《查验茶叶法》规定，凡进口之茶比较茶样，查验之人应行查验。其法有三：一曰杯泡法；一曰泡验浮翳法；一曰泡后验叶法。凡杯泡法须照茶商行规，每杯取茶重与美银半元相等，凡山里绿茶，如圆珠茶、熙春茶、粗叶珠茶、顶嫩熙春茶诸种，均当与熙春茶样比较；其余各种熙春茶、细叶珠茶诸种，当与嫩熙春茶样比较。至茶品之高下，须与茶样相等。而其气味则各处不同，只求香气相等而已。比如屯溪可以与梅润（音译）同等，但徽州茶有烟味者，或温州茶有酸气者，不得与两种茶并论。凡泡验浮翳法与泡后验茶法所用茶叶比杯泡法须加一倍，先留心验看

---

①②③ 中国第一历史档案馆藏：外务部档案，第 3385 卷。

水面有无浮翳，然后去水取出茶叶，验其杯底本质如何。若查得茶叶比诸茶样气味过淡，或霉坏过甚，或质地较下，或泥沙过多，即系茶品欠佳，当即退回。至绿茶与日本茶其茶品之高下，则视其茶之光滑与否为据，如照上开三法试验茶品，有一不及茶样之美，虽二者过之，亦应退回，不得单凭茶叶外面颜色以定去留。凡澳门功夫茶或广东功夫茶，当与中国南方功夫茶比较。砖茶当与其地所出之茶样比较。华人运来自销之广东茶，如验有霉坏气味，即应退回。厦门乌龙暂以福州茶样比较。

《查验茶叶末法》规定，凡台湾、福州、厦门等处乌龙茶、广东功夫茶、印度茶、锡兰茶诸种，须要用铜丝筛筛过，所有茶末至多不得逾一成。唯幼细叶，以及白毛尖不得混作茶末同视，须将细叶与白毛尖叶和同茶末另筛过一两次，以叶末两分为度。验茶人员验茶时至少也要每样查验两包，如茶末过多，不准进口。

凡查验之人查验各种茶叶,须将每样茶叶放入洋铁匣内收储一年,因为恐有人谓其查验不甚合法,责有烦言之故。并须提出每样半磅,放入洋铁匣内封固,标明名目送呈查验货物总理人收存备考。伏祈大人谕令查验之人务将每种茶叶若干运来,进口若干,驳回若干,逐细载明册内,以便稽核。

《美国禁止粗劣各茶进口条例》与《整顿进口茶叶查验章程》一经颁布，立即引起国内茶商的极大不满。如经营上海平水茶的商人就认为：“美国海关查验过严，茶叶多被扣留，大为亏折，禀请总理衙门照会美国外交部转饬税关秉公查验，毋得挑剔。”[①]

对此，清政府的态度是明确的，浙江巡抚廖寿丰发布《告示》晓谕全省：“……本衙门查中国土货出口，以茶叶为一大宗。从前因茶商焙制不精，兼有掺和杂质等弊，以至洋商营运受亏，销路因而阻滞。今美国改行新例，如果焙制益求精美，实为中国茶务振兴之机。”[②]并将《美国禁止粗劣茗茶进口条例》与《整顿进口茶叶查验章程》大量印刷，发给各产茶处所，规定“凡园户茶庄制茶务须焙制如法，精益求精。并饬各海关出示晓谕，华商运茶出口，毋得掺和杂质，致阻销路。倘或掺和杂质，或将茶渣重制运售，致损华茶实益。一经查出，定行严罚。此固为华民谋生计，亦中国整顿商务之一端也”[③]。

尽管茶商不满，清政府也采取了一些措施，但终究没能挡住中国茶叶

---

①②③ 中国第一历史档案馆藏：外务部档案，第3385卷。

右仰咸知
告示
光緒貳拾叁年拾貳月　日給
實貼

图2　告示

出口美国以极快的速度走向萎缩的趋势。从1895—1899年，中国茶叶输美量由二万零六百七十五吨快速减至一万八千零四十五吨，1905—1909年更是减少到年平均一万二千七百八十吨。

三、中美茶叶贸易萎缩的原因

十九世纪末，中国茶叶在美国的地位逐渐下降，中美茶叶贸易日趋萎缩。美国市场的中国茶叶日益受到日本、印度、锡兰等国的强有力竞争。以日本为例，自1895—1914年，中国茶叶占美国茶叶输入总量的比例从百分之五十四下降到百分之二十四点一，而日本则从百分之三十九增至百分之四十八点七，获得了中国所丧失市场份额的三分之一。

中国茶叶在美国的地位逐渐下降，中美茶叶贸易日趋萎缩，表面上看是中国出口劣质、掺假茶叶造成的，进一步探求原因，至少还应该包括以下几方面：

（一）生产技术落后。茶叶质量的好坏，重在色、香、味的不同，这些都与茶树的品种、生长土壤和茶叶生产技术有着直接关系。中国茶树大多栽培在山坡丘陵地带，茶农一向采取墨守相传、听天由命的生产方式。产茶之地的茶园一般土地贫瘠，茶农无力施肥，当茶叶在萌芽时期，由于缺肥不利生长，茶味就淡。茶树生长到一定时期就应更新茶树，可更新茶树需要时间，意味着茶农收入的减少。他们只得多采低品质的茶叶来维持起码的生活收入，结果造成恶性循环。而印度、锡兰等地茶山土壤肥沃并讲求科学管理与培育。一片茶园就是一座大农场，分工合作，多年培育出的乔本茶树比中国灌木型茶树的味道更为浓香。

就茶叶生产技术而言，中国制茶技术落后，是影响茶叶质量的一个重要原因。时任江海关雷税务司在给总理衙门的禀文中指出："近来西人不喜用华茶，而喜购锡兰茶者，盖华茶系用旧法以手足揉搓，锡兰茶系用新法以机器碾压，气色香味实较胜于华茶。"① 清政府驻外大臣在给农工商部的报告中谈道："闻印度茶叶公司近有告白，散布流言，以炫己之长，而攻人之短。谓中国之茶诸多不洁，每于拣茶及载茶之时用足践踏，无所不至，思以诋毁华茶冀得广其销路。欧洲各国自食其言，不加考察，华茶颇受影响。又焙茶之法，印度悉用机器焙制，其火色视寒暑表之高下以为准衡，而补人力所不及。华茶烘焙率守旧法，以至香气为火候所夺，间或有之，而令饮者稍觉有烟味，西人每以此为缺憾。"②

人工制茶，受各种自然因素的制约，很难做到机器制茶色香味与规格大小的统一，茶叶品质即无法保障。在日本、印度、锡兰，茶叶的生产制造采用先进的机器生产代替了传统的手工生产，碾茶、炒茶、装茶无一不用机器，生产效率大为提高而成本却大大降低。在世界已经进入机器制茶的年代，中国仍采用古老的人工方式，落后的制茶技术和原始的设备，影响了茶叶品质的提高。在早期中国茶叶独占世界市场时，外国消费者没有

① 中国第一历史档案馆藏：外务部档案，第3385卷。

② 中国第一历史档案馆藏：农工商档案。

对比，没有选择余地，中国的茶叶尚能独占鳌头。一旦中国茶叶进入国际竞争的行列，由于缺乏科学的茶树栽培技术，加以小作坊式的手工制作，因而很难和日本、印度、锡兰三国竞争。印度茶和锡兰茶采用的是大农场式种植栽培，工业化的制作，产销一条龙的经营，是在英国商人投入大量资金后发展起来的。它受英国商人的控制，带有浓厚的殖民色彩。而日本则是外国商人一手经办茶叶收购、制作和销售。

（二）营销方式不力。清政府没有茶叶出口专门管理机构，中国始终没有自己掌握茶叶出口的主动权，中国茶叶全部出口业务由洋商一手承揽，商人自行向洋商出售茶叶，彼此竞相压价，茶叶出口价格受洋商控制和盘剥。户部员外郎陈炽在《条陈茶政事》中指出："中国皆散商，洋商抑勒太甚也。……洋商欺其愚懦，因而始则放价，继则故意挑剔，低盘割磅之弊生。每一人制动全局，今年茶叶万不能留至明年，洋商不买即无销路。资本半由揭借，至期不得不还，遂相率以至贱之价哀求洋商购买，而折阅难堪矣。"通商口岸的大型贸易货栈大多由外商开设，茶叶收购价格受外商操纵，"茶商运茶至埠，中国茶栈皆狭窄不能容，唯洋商高大宽深可以堆放。交易者运送之货已入行价仍未定，嗣后欲移售他处百倍艰难。如有小商同在一行，以贱价先卖，不得不吞声忍气苟且成交，暗成西商之抑勒矣"。①

缺少先进的运输工具，延误了茶叶交易的最佳时机，造成经销茶叶的亏损。由于安徽、江西的茶船须渡鄱阳湖，湖南以北的茶船要渡洞庭湖，往往茶市已开，茶船受阻延误到场，部分茶叶已经发生霉变，洋商借机压价，令茶商叫苦不迭。

在营销方式上，日本政府从促进出口、占领国际市场出发，制定了一系列规范化措施，严格控制质量标准。由于措施得力，在1897年美国实行《禁止粗劣各茶进口条例》与《整顿进口茶叶查验章程》时，日本出口到美国的茶叶量不但没有减少，反倒呈现出逐年上升的趋势。

此外，在广告已成为推销商品手段的时代，中国茶商不重视宣传和很少推广自己的商品，也丧失了不少贸易机会。而国外茶商就很会利用广告推销自己的产品，如锡兰茶叶本身就价格低廉，加上英商设法广告销售不

① 参见吴兆波：《浅谈清代茶叶之兴衰》，见《明清档案与历史研究论文集》，第801页，北京：中国友谊出版公司2000年。

遗余力，甚至设肆摆摊煮茶赠送路人。印度茶商考虑到美国人的饮茶习惯，使用小袋包装，开发速溶茶、混合茶粉等品种来迎合他们的口味。

（三）出口税收过重。茶叶出口税是清政府的一项重要财政收入，晚清政府对茶叶出口所征的出口税一直沿用1843年以来的税率每担二点五两海关税。这种高税率造成茶叶成本过高，使中国茶叶的价格竞争力下降。除此之外，还有茶课税、子口税、善堂捐、海塘捐等名目繁多的苛捐杂税。据1901年统计，茶叶的厘税和出口税加在一起，约占茶叶价值的百分之四十。[①] 这无疑加大了茶叶的生产成本。在其他国家中，茶叶出口贸易则采取了减免税的办法鼓励出口。中国茶叶税捐之重，与其他产茶国根本无法相比。另外，中国茶叶至美国，每磅收入口税银合中国库平银一钱二厘九[②]。这同样是阻碍中国茶叶出口美国的一个因素。

在以上各种因素综合作用下，晚清茶叶产量锐减，茶叶质量下降，中美贸易中茶叶的地位日趋下降，中国茶叶生产陷入困境，走入低谷。

① 戴维斯主编：《美国外交文件：美国与中国》第一辑第18卷，第26页。

② 中国第一历史档案馆藏：外务部档案，第3385卷。

清末中德关于《商标注册试办章程》的交涉

1904 年 10 月 23 日，清政府颁布《商标注册试办章程》，这是中国近代第一部商标法。但这个章程颁布前后，却遭到了德国的强烈反对和抵制，中德之间关于暂缓施行《商标注册试办章程》进行了长达三年之久的外交交涉。最终《商标注册试办章程》也未能正式施行。关于清政府所颁布的《商标注册试办章程》，近年来已经引起国内外史学界的关注，并已取得了一定的研究成果。如左旭初《我国第一部商标法规诞生始末》（《中华商标》2004 年第 4 期）、崔志海《中国近代第一部商标法的颁布及其夭折》（《历史档案》1991 年第 4 期）、古屋文久《中日驰名商标保护的比较研究》（《华东政法大学》2007 年第 4 期）、熊达云《西方国家对清末中国商标保护法规的影响——中日两国相关交涉》（日本山梨学院大学《法学论集》2007 年第 57 号）等。但是，由于缺少足够的档案资料，清末中国与西方国家关于《商标注册试办章程》交涉的研究，仍然存在着一定局限性。有鉴于此，本文试图在现有研究成果上，依据中国第一历史档案馆最新发掘的原始档案以及相关资料，谨就《商标注册试办章程》颁布前后，清政府与德国政府关于暂缓施行的交涉过程试作述评。

一、《商标注册试办章程》的制订及奉旨颁行

商标，是工商企业为区别其制造或经营某种商品的质量、规格和特点的标志。一般用文字、图形或记号注册在商品、商品包装、招牌、广告的上面。而商标法是以法律形式保护商标的专用权，是各国商标立法的宗旨。商标通常要向国家的商品管理机关注册或登记，并取得专用权。

欧洲是现代商标立法、注册和管理等各项有关商标工作的诞生地，如德国于1874年颁布了《注册商标法》。到二十世纪初，商标法规作为一种商品经济管理法规，在很多国家都得到了确立和完善。现代商标广泛被一些西方国家的企业，尤其是著名的大企业使用之后，它就日益成为人们树立自己的企业形象，推销自己的商品，参与国际市场竞争，并获得高额利润的极为重要的“经营工具”。

商标一词在中国的最早出现，与近代西方列强入侵有着直接关系。十九世纪末，当外国商品上用于区别生产者的标记即商标传入时，中国正处在一个受西方列强政治、军事、经济等侵略时期。当时一些西方列强在对中国进行军事入侵的同时，还将大量日用商品销售到中国境内，并从沿海地区逐步向内地渗透。中国市场上的绝大多数商品，包括老百姓使用的日用商品，大到轮船（当时叫洋船），小到元钉（当时称洋钉），如德国的“礼和”牌洋针，“麒麟”牌、“鹰球”牌洋袜等，几乎被外国洋货、洋牌所垄断。中国城乡各地市场上，到处都可看到外国的洋货、洋牌商标。

1844年，清政府在西方列强的压力下，设置各国通商事务大臣，即五口通商大臣。当时五口通商大臣在办理各国通商、海防、交涉事务等的同时，还兼任保护外商商标不被国人仿冒之职。1861年，始设南、北洋通商大臣，兼管国家沿海地区通商事务并代管商标审批工作。这是中国中央政府最早管理商标的机构。当时北洋通商大臣分管天津、山东、辽宁等北方沿海地区，南洋通商大臣分管上海、江苏、浙江、福建和广东等南方沿海地区。中国近代火柴生产厂——上海燮昌火柴公司使用的“渭水”牌火柴商标，就是于1890年经南洋通商大臣批准使用的。这是迄今为止所发现的最早经中央政府批准使用的中国商标。

关于中国商标法规的起源，中外签订的有关通商行船条约中相互保护各国商标的条文，可以说是中国商标法规的源头。1902年9月5日，英国政府与清政府在上海签订的《续议通商条约》第七款规定：“中国应允许保护英商贸易牌号，以防中国人民违犯迹近假冒之弊。由南、北洋大臣在各管辖境内设立牌号注册局所一处，派归海关管辖其事，各商到局输纳秉公交费，即将贸易牌号呈明注册。”①这是中国最早涉及保护商标的法律条文。随着中外各种商务活动的大量增加，原来由南、北洋通商大臣兼管

① 王铁崖：《中外旧约章汇编》第2、3册，三联书店1957年版。

的沿海地区通商事务，已无法代管内地其他地区的商务活动。又由于外商的大量涌入，中国沿海地区及内地城镇各种商业贸易活动逐渐发展起来。西方列强为了能够使本国商品在中国得到有效保护，不断要求敦促清政府制订相应的商标管理法规，以保护本国商人使用在商品上的商标。

1903 年年底至 1904 年年初，德、美、英等国商人不断通过本国驻华公使致函外务部，要求尽快制订有关商标注册、保护商标专用权等商标法规。由于西方各国的催促，清政府不得不加紧制订商标注册章程。1904 年初，外务部致函总税务司赫德，请其协助尽快拟订出商标注册章程。不久，赫德将一份在听取了英国驻华公使萨道义和驻上海领事馆贸易参赞修改意见后的《商标法草案》14 条送交外务部审核。这份商标注册章程内容上明显偏袒外商，更多是在维护外商的利益。

1903 年 9 月，清政府设立管理各种商务及铁路矿务活动的商部。1904 年 2 月 9 日，商部咨呈外务部，请将总税务司赫德拟订的《商标法草案》送交本部审核，指出："查本部正在修订法律之际，其公司律业经奏定，奉旨颁行在案。现各商纷纷在本部禀请保护商牌注册，亟须订定商标律，奏请钦定颁行，以昭划一。"[①] 3 月 20 日，商部又向外务部提出商部一经成立，商标局即应自然归本部专司管理，理由是 1902 年中英商约系在商部设立之前，因此第七款载有由南北洋大臣在管辖境内设立商标局所一处，派归海关管理一事，但现在本部既已成立，"责有专归，此项商牌注册局所自应照各国通例，由本部专司管辖"[②]。

商部对赫德所订的《商标法草案》明显袒护外商表示不能接受，主张中外商人应当一体对待，指出："惟注册商品，同为行销中国之货物，华洋商注册公费及保护之法，自应无分轩轾。"[③] 4 月初，商部拟定《商标注册章程》二十二条，咨呈外务部向赫德征求意见，后又参考各国商标法拟定《商标注册试办章程》二十八条，《细目》二十三条，于 8 月 4 日上奏光绪皇帝，奉旨自 1904 年 10 月 23 日起施行，这是中国近代史上第一部由清政府批准颁行的商标法规。

商部拟订的《商标注册试办章程》较之赫德所拟，主要在商标注册

---

① 《清季外交史料》卷 173，第 10 页。

② 中国第一历史档案馆藏：外务部中英关系档案，卷 626。

③ 总税务司署统计科印行，《Document illustrative of the Origin, Development, and Activities of the Chinese Customs service》（《中国海关的起源、发展和活动文件汇编》）第 2 卷，第 402 页。

的条件方法、商标的管理权、商标侵权控告的审判、商标权的取得和商标注册收费等方面存在诸多不同之处。见下表：

涉及内容	商部所拟《商标注册试办章程》	赫德所拟《商标法》草案
商标管理权	第二条规定：由商部设立注册局专办注册事务，津、沪两关只作为总局下设的两个挂号分局，以便挂号者就近申请。	第一条规定：津海关和江海关设立商标注册局，由两关税务司作为特派注册之员，凡商人有登记注册商标者，或本商亲自赴局办理，或由他口的税务司转致该局注册。
商标侵权控告的审判	第二十条规定：如果双方均为华人，或均系洋人，由各该衙门管理；但如被告系外国人，则应有中国地方官照会该管领事会同审判；如被告系中国人，也应由该领事照会该地方官会同审判。	第十二条规定：若系洋商冒用他人商标，应由该商标主向该局税务司处报明立案，同时自行赴该管领事处控告，中国政府不得参与审理。
商标权的获得	第一条中明确规定：无论华洋商欲专用商标者，须照此例注册。所有商标的有效期均为二十年。将华洋商标注册置于同等的地位。在商标获得权上，该章程在采用申请在先原则的同时参用使用在先的原则，第六条规定：同种之商品及相类似之商标呈请注册者，应将呈请最先之商标准其注册。	第八条将商标分为洋牌、专牌、华牌三类。洋牌系洋商已在外国按照该国章程挂号的商标；专牌系洋商在中国使用，但尚未在外国挂号的商标；华牌系华商使用的商标。对洋牌、专牌商标从注册、获得期限、缴费等都进行各种保护，对商标采取了使用在先的原则。而对华牌商标只是象征性地附带提及。
商标注册收费	第二十三条写明：无论华洋商均一律同等对待，注册给发印照每件三十两；合用转授注册二十两。	第十三条规定：华牌商标呈请领照需要关平银三十两，而洋牌商标注册领照只需要关平银十两。

清政府颁布的《商标注册试办章程》虽对总税务司明显袒护外商的地方稍作改动，但在商标权的取得以及领事裁判权问题上仍对西方列强存在让步与妥协。然而就是这样一份被时人称为“采择各国通例，参协中外之宜，毫无偏袒”的章程①，却遭到了德国的强烈反对和抵制。

二、中德关于《商标注册试办章程》暂缓施行的交涉

1. 中德关于缓行《商标注册试办章程》的交涉

德国驻华公使穆默在收到《商标注册试办章程》的照会后，对其所涉及的内容大为不满，1904 年 9 月 3 日，照会清政府外务部：“此项章程在未精细备妥之先，请勿宣布……将施行之日期，向后推展到根柢备稳方

① 《论商标注册不应展限》，《东方杂志》第 1 卷，第 12 号，商务，第 143-144 页。

妥。如此商务始克有益，乃若卒然轻率定章，引无穷之因革，此则商务有害，今特言明。”①穆默在这份照会中提出，章程中所规定的外商注册商标条款实在难以接受，如收费标准与德商所能接受的数额相差甚远；章程所涉内容繁杂，中国目前制定该章程尚缺乏具有内行之学问的专门官员；德国驻华商民人等不属中国政府管辖，关涉领事裁判权等问题。

9月10日，外务部将穆默的照会转致商部。9月21日，商部回复："本部查阅穆大臣原照内称，注册公费与德商所应欲者相差甚远一节。按中国地大人众，商货通销较他国为畅。美国注册公费每件二十五他拉，合华银五十七元；奥国则每件五沽而敦，合华银四十四元；英法等国中央注册局会议规定每件公费百法郎，合华银四十元。本部所订公费官平银三十两，较之德国注册规费虽觉见多，而与美、奥等国平均絜比不甚悬殊。至于穆大臣又称，应造就专门人才足以胜任，始能照章办理一节。此言可谓洞中窥要，本部亦深知此项章程为最紊杂繁难之事。故于拟定章程时，业经遴择专门熟习之员审慎将事，并派通达事理各章京随同习练，始行奏明宣布施行。”对于《商标注册试办章程》是否能够暂缓施行这一问题，商部称："现在既经奏明，通行各国大臣并各省将军督抚，晓喻中外各商在案，碍难作辍……至于名为'试办'，原以为中国创行此事，或有未尽完全之处，期可随时改良。各国办事章程亦类多逐渐增损者，本部但期有裨商务，并与各国通例相符，决无成见。"②

2. 中德关于修改《商标注册试办章程》条文的交涉

穆默对于商部的回复大为恼火，于10月6日照会外务部，指出："本大臣前驳此章程时，商部答以不过'试办'，后可更改。商部如此抵塞本大臣所驳之语，不知本大臣转因'试办'二字是为此拟章程最大险要处……因此不如将所定试办章程作为罢论，向后推展日期宣布，商议透彻决定无疑之章程。"③穆默见《商标注册试办章程》缓行的建议未被清政府采纳，又提出章程所拟条款不妥之处甚多，要对该章程进行修改，他请来德国法律专家格论代表在华德国商人，对该章程提出八条修改意见，请外务部咨商部给予答复。

---

① 中国第一历史档案馆藏：外务部中德关系档案，卷1380—4。

② 中国第一历史档案馆藏：外务部中德关系档案，卷1380—7。

③ 中国第一历史档案馆藏：外务部中德关系档案，卷1380—9。

商部对于穆默所提出的向后推展日期宣布《商标注册试办章程》，待商议透彻之后再决定没有疑义章程的提法，明确指出不能答应。10 月 17 日，商部首先答复："至于'试办'，乃是初办之意，以备一二年后或有扩充增益，然实系本部奏定宣布之章程，他日即有所增改，亦决不致前后互异，并非不定之词，亦无不定不稳之情形。再，穆大臣慎重商务，自应考核加详，然商人重利惜费，乃为常情，似亦不宜偏重，致碍本部照约施行之定章。"①

同一天，商部对穆默所提出的八条修改意见，一一予以驳斥，见下表：

商部所定章程条款原文	穆默所提修改意见	商部驳斥内容
（1）第六条规定：如系同种之商品，及相类似之商品呈请注册者，应将呈请最先之商标准其注册，若系同日同时呈注者，则均准注册。	末句"若系同日同时呈注者"，此语应删去。	此句乃为同种之商品及类似之商品而设，此为常例。故所请删除此语，碍难照准。
（2）第六条规定：如系同种之商品，及相类似之商品呈请注册者，应将呈请最先之商标准其注册，若系同日同时呈注者，则均准注册。	在第六条拟请添加一句：此章程施行之日，各洋行在中国已有之华文字号，或一律，或一号，而分数色者，如呈请注册专用，应准注册。无庸期限，亦无庸续注专用，此项字号者随意亦可转授于人注册，此项字号亦无需纳公费。	碍难照准。①本局乃保护商标，非保护字号。但该号有欲专用之商标，不愿他人侵害，而欲得中国保护者，则须将该商标呈请，本局审查合例，则允注册。②贵国商人欲享专用商标保护之利益，可于贵国声复互保华商之后，照章呈请纳费，则本局为之审查合例注册，如贵国商人不来注册，亦未便相强。
（3）第十条规定：专用年限届满时，如欲续用此项商标者，如在期满之前六个月以内，准其呈请展限。	请添"必"字。	汉文文义"准"字已足，添一"必"字，于文意未顺。
（4）第十三条规定：业经注册之商标……准其呈请注销。但注册已过三年者，不在此例。	请添加：开办时须有内行谙练之人二员，相助为理。	本局已有练习内行之人员办理，自能胜任，章程内无庸加添。
（5）第二十三条规定：华洋商人呈请挂号注册给照，应缴各项费用清单。（略）	第二十三条拟请添：此项公费呈请注册，给发印照均包在内，于现在所有，或后所列各类，如请每一类应给一照。	凡商品之属于每一类者，可使用一商标，本局按一商标给一照，与来文所言，每一类给一照相同无异，例意本明，无庸加添其他内容。

① 中国第一历史档案馆藏：外务部中德关系档案，卷 1380—13。

续表

商部所定章程条款原文	穆默所提修改意见	商部驳斥内容
（6）第二十六条规定：本局未开办以前，在外国已注册之商标，如在注册局开办六个月内呈请注册，则当应允注册。本局当认此项商标为呈请之最先者。	第二十六条系补第六条者，拟请移入第六条，“在外国已注册之商标，如在注册局开办六个月内呈请注册，则当应允注册”。于第十五条无涉。	第二十六条只限于开局创办之初，与第六条之永久办法者不同，碍难移入。至第十五条之六个月，乃为批驳呈请之期限。
（7）细目第一条规定：凡关商标所用之禀牍、说帖等，每一件作一通。将呈请人姓名、住址及呈请之年月日，均明白记载。禀牍、说帖内之文字，须用汉文，其有用外国文字者，亦须加译汉文。	细目第一条第二句拟请改为：禀牍、说帖内置文字须用汉文，洋商亦可仅用英文。	各国商标局之内外国商人禀牍、说帖，均一律用其本国文字，此乃万国通例。本局按照通例，故订为须用汉文。究以中西文法不同，恐各国商人有不熟悉汉文者，故又加一句，其有外国文字者，亦须加译汉文。
（8）细目第十三条：……呈请人即于注册局指定期限内，将注册费及商标印版等项，一并呈交本局，或挂号分局。	请添如：商标已在外国注册，及有官出文凭并商标图样则无庸携印版来。	印版乃为刊印商标公报之用，如商人不携自己之版交局，则无从刻报，设有假冒侵害等事，本局即无凭审判，于商人不利，故印版仍不可不呈交。

3. 中德关于绎明《商标注册试办章程》条文的交涉

10月13日，穆默在尚未得到回复的情况下，又照会外务部称：“时日如流，施行之期日近一日，驻上海各商心中焦急，诚恐该章程果照现在形势于九月十五日（10月23日）施行，则于商务所害甚重，故经该商等公举各国素有见识、明练数人，再将此项章程详查，因查时见出章程如今之形式实与商务有害，众商急于请缓日期……且有四端章程文义不甚明显，在未施行之先，尚须释明，以免误会，而害商务。”① 穆默在照会中强调，以上各端尚未明晰，彼此议定之前，此章程不宜施行，否则伤损各商应享之理。与其于如此促时内欲办结此难办之端，何不如将此章程施行日期向后推延，对彼此而言都是一件好事。

10月19日，商部就穆默10月13日的照会予以回复：“查穆大臣于商标开办之期一再商缓，言非不详。本部亦均体察明晰，所有碍难展缓情形，于九月九日复文内亦经详告……之穆大臣绎明章程四端，或因本章程汉文字义未能明显，今另单解释清楚，附送稽核。”② 见下表：

① 中国第一历史档案馆藏：外务部中德关系档案，卷1380—11。

② 中国第一历史档案馆藏：外务部中德关系档案，卷1380—16。

商部所定章程条款原文	穆默提出的四端疑问	商部针对疑问解释的内容
第八条第三款：他人已注册之商标又距呈请前二年以上，已在中国公然使用之商标，相同或相类似而用于同种之商品者。	照第八条第三款之意，系在章程未施行以前，所有在中国二年以上，公然已用之商标，虽不用注册，而仍享保护之利益。	按第八条第三款之意，如甲呈请之商标，而乙已使用在二年以上者，广得信用，今忽为甲注册，使其中途废止，实为不幸。故此章程欲乙之使用，得以安全，是以不许甲注册，然乙未请注册，则不得有专用之权，故不能禁止他人使用，故他人使用其标，非乙所得控告侵害。总之保护者，乃保护其专用之权，故未注册者，仍不得享此利。
第二十三条规定：华洋商人呈请挂号注册给照，每件商标应缴各项费用清单。（略）	第二十三条内所提注册公费不过系一次计算，不论专用类多少。	按第二十三条之意，呈请者每商标须按品分类，故二十三条所收公费，亦须按件分收。
第二十五条规定：本局未开办以前照条约应得互保者，即在相当衙门呈请注册之商标，本局当认其已经合例呈请。	第二十五条意系注册局未开办以前，呈请注册之商标不属最先。	按第二十五条之意，外国已注册之商标，于本章程未施行以前，照条约享有保护之权，即在相当衙门呈请注册之商标。本章程施行之后，自应照章办理。
第二十六条规定：本局未开办以前，在外国已注册之商标，须于本局开办六个月以内，将此项商标呈请注册。本局当认此项商标为呈请之最先者。	第二十六条之意，所有在外国已注册之商标，如于章程施行后六个月以内呈请注册者即当注册。	按第十六条之意，系在外国已注册之商标，于章程施行六个月以内，呈请注册者，即当注册，惟须与第八条无碍方可。

可以看出，商部的态度是坚决的 ，《商标注册试办章程》既然是奉旨行事，就容不得半点更改。但10月23日，外务部迫于德国及西方列强的强大压力，同意穆默的请求，将《商标试办章程》开办日期向后暂缓施行，并由左丞绍昌通告德国驻华公使穆默。10月24日，穆默照会清政府外务部："《商标试办章程》既经暂缓，须立即电知上海、天津两海关挂号分局，章程业经暂缓开办，俾众商一体周知，谅此层商部必已计及矣。"①

商部得到外务部已经同意将《商标试办章程》暂缓施行的文件后，表示难以接受。10月26日，商部片呈外务部："查商标开办一事，承穆大臣先后来文关垂一切，实深纫感此事实系反复，深思再三，斟酌所定开办日期奏明奉旨在案，碍难缓办……现在既将穆大臣所开四端，逐条声复

① 中国第一历史档案馆藏：外务部中德关系档案，卷1380—21。

通融办理，自可无庸再展日期。且本部亦并未具奏请旨，所有来文所商暂缓日期，量穆大臣必不始终坚持。"[①] 当天，外务部将商部的态度以照会的形式告知穆默公使。穆默对此表示大为不解，他认为，身为驻华公使全权办理交涉事宜，不能与商部商议，自应与外务部总理大臣庆亲王奕劻商议。既然总理大臣庆亲王奕劻已于10月23日告知施行商标章程日期暂缓，此事已成事实，商部所称各语与其没有关系。

商部的态度十分坚决，10月29日，商部就商标章程施行一事咨呈外务部："本部查商标施行之期并未请旨暂缓，德国穆大臣既明言不能与本部商议……本部无从接洽，应如何照复之处，应请贵部查照办理。"[②]商部的态度表明，既然外务部答应穆默公使商标章程暂缓施行，德国公使穆默又不与商部商议，应如何办理就由外务部斟酌吧。

三、德国联合英、法、意、奥五国重新炮制《商标注册修改章程》

对清政府制定的《商标注册试办章程》，各国的反应大不相同。日本商人积极抢先呈请注册。美国国务卿给驻华公使康格的指示是，没有必要延期执行《商标注册试办章程》[③]。而德、英、法、意、奥五国要求将《商标注册试办章程》延期执行。德国驻华公使穆默对于《商标注册试办章程》暂缓施行的态度最为坚决。

由于德、英等列强的强烈反对，1904年12月，商部在上呈光绪皇帝的奏折中讲到，《商标注册试办章程》未能按时颁行："是因德、英各国公使以欧洲道远，迭请展缓开办日期，并称此项章程尚有应行更改之处。而日本公使又以日本商人呈请注册者较多，屡请如期开办，持议未决。现经臣部商准外务部王大臣与德、英各国及日本国公使详细磋商以期妥洽。应俟议有就绪，再行奏闻。"[④] 虽一时不能办理商标注册，商部却没有停止接受各国商人呈请。特别是日、美两国商人呈请注册较多。德、英等国

---

① 中国第一历史档案馆藏：外务部中德关系档案，卷1380—28。

② 中国第一历史档案馆藏：外务部中德关系档案，卷1380—33。

③ "The Secretary of State to Minister Conger , October 12, 1904." Papers Relating the Foreign Relations of the United States . 1906, P. 241-242.

④ 中国第一历史档案馆藏军机处录副奏折，外交类，缩微胶卷，572卷。

对中国商标注册试办章程所订商标注册除了认为收费过高以外，对其商标的定义、商标的获得以及领事裁判权等方面都存在着严重分歧。

1905年4月22日，德国联合英、法、意、奥五国共同照会外务部，提出："前因本国政府未能应允贵国所拟商标注册试办章程一节，本大臣等照贵亲王前所商请者，现将该章程量为修改，想与中外商务应享之利权均有裨益，兹将拟改章程汇送查核。"[①] 这份经过重新炮制修改的章程，被德、英等国称为《商标注册修改章程》二十六条，与商部原订章程比较，有很大的变化。特别是关于商标纠纷处理，即领事裁判权，商标权的获得、收费标准等项均有较大改动，几乎又回到了赫德最初所订商标注册章程的套路上。

在商标注册问题上是执行清政府颁布的《商标注册试办章程》，还是接受德、英等国驻华公使重新炮制的《商标注册修改章程》，这是一件事关中国主权和华商利益的事情。在这场交涉中，商部及后来的农工商部既有妥协，也有抗争。1905年5月，外务部将德、英等国共同拟就的《商标注册修改章程》咨达商部。商部在审阅其合议的《商标注册修改章程》后，当即表示不能认同。6月28日，商部咨复外务部重申华洋商"无分轩轾"的立场，声明："此次商改之宗旨均属力主和平，凡各国商利所关，中国主权所系，均当兼筹兼顾。商标章程为中国旧律所无，又经各国一再共同商酌，按诸各国定例大致相同，则裁判商标事例自应照各国通例办理，以昭平允。至注册给照及各项公费，查中国销货之地既广，注册年限又宽，且与美日两国所定公费相较，亦复无甚悬殊，自应悉从原拟。现在裁判之法既拟酌改，则公费项下似应酌增数则，以臻完密。此外，商改之处均为便于办理起见，于中外公益均属两得其平。"[②] 商部一方面声明自己观点，一方面对德、英等国炮制的《商标注册修改章程》部分条款进行交涉与反驳。见下表：

德、英等国炮制的《商标注册修改章程》	商部商改意见
（1）第一条：惟光绪二十九年正月初一日以前已在中国实行使用商标之人民行商，或可按照此项章程呈请注册，或可将所用商标式样及货品详细名目并主人姓名呈局存案，商标注册局即将此项存案之商标按列于专册之内。	应改为：光绪二十九年正月初一日以前本章程施行以前，惟须本局开办六个月之内呈报，过期不准专册商标存案，除准免纳呈状费外，余均按本章程所定应纳各项公费办理。

① 中国第一历史档案馆藏：外务部中德关系档案，卷1381—3。

② 中国第一历史档案馆藏：外务部中德关系档案，卷1381—10。

续表

德、英等国炮制的《商标注册修改章程》	商部商改意见
（2）第二条：保护工商一切利权，既为商部专责，施行此项章程自归商部主持，商部当在上海设局经理商标注册事宜。	按照各国办法，其局所皆设于各国京城，隶属于商务、工务部内。今若分设于上海，体制既嫌不合，其房地各项公费必增加数倍，实觉为难，此语应删。
（3）第三条：各地呈请商标注册或由各口海关速行代为转递。	应改为：各地呈请商标注册或由商部排定之商标挂号分局转递。
（4）第六条：如系数人同日以相似之商标用于同类之货品呈请注册，而其间并无持有已经使用确据者，除让一人得以注册外余均不准注册。	应改为：而其间并无持有已经使用确据者应均不准注册。
（5）第十条关于商标续用年限（略）	应添加：续用年限不得逾于初次注册之年限。
（6）第十五条：凡注册局有批驳不注，或注销，或驳回呈状等事，均准被损之人禀请商部专派之员审理。如有外国人；既由该国领事官委派之员会同审理。	应改为：均准本商人呈请本局再行审查，如再审查之后仍复不服，准其呈请审判，如不服审判之判断，准其赴商部上告。审判详则另定。
（7）第二十条：控告侵害商标权利之办法，①如被告人系外国人，原告系中国人，应由注册局照会该管领事官照约办理。②如被告系中国人，原告系外国人，应由注册局照会该管领事官及该管中国官会同审判。③如两造均系外国人，或均系中国人，遇有违背章程之事，应由各该管官员分别审理，以示保护。	此三条应并作一条，应改商标主被人侵害权利，可赴本局商标裁判所呈控，不服可赴商部裁判所上告。
（8）第二十一条：本所所列违章各端，其罪名均系按照被告系属何国人，即照何国律例惩罚，但须俟被害之人控告，方可论罪。如被告系中国人，而中国至今尚未定有专律，即应罚以一年以内之监禁，及三百两以下之罚款。	应改为：凡程控人准用文书审理法，两造控辩，均用禀牍。如遇必须传讯者，准由商会公举公正商人一人为陪审员，会同裁判官裁判。若有外国人为原告，或被告者，亦由商会公举外国公正商人一人为陪审员，会同裁判官裁判。所有惩罚详则另定。
（9）第二十三条第二项：注册给发印照每件关平银十两。 第三项：按照第十一条因转授其权利应行注册每件关平银五两。第四项期满复行注册每件关平银十两。第五项：抄录文件在百字或百字以下关平银二两，过百字者，每百字或不及百字加五钱……	第二项应改为：每件关平银三十两。第三项应改为：合同转授注册每件关平银十五两。第四项应改为：每件关平银二十五两。第五项应加：外国文字百字以内三两，过百字或不及百字加一两；如须绘图另议……
（10）第二十六条：业于光绪二十九年正月初一日以前已在外国注册，至今在中国使用的商标，以及未在外国注册但能呈出确据，至今仍在中国使用的商标享有优先权。	应改为：业于本章程施行以前，在中国地方相当衙门存案，准其专用于某种货物。至今正当使用，而无相同相似之商标与之抵触者，惟须于本章程施行后六个月以内呈请方为合例。

德、英等国驻华公使对商部所提出的商改意见一概拒绝，强调第十五条内容系为保护本国商民特意加入，不能删去，指责商部对第二十、二十一条

内容的修改"实与条约甚不相符",认为商部所列的各项规费比较各国甚属高昂,"各国政府似不能准使通商担受如此重费"。最后德、英国等驻华公使表示在上述内容未商妥之前,尚有应驳之处,暂且"先可无庸议论"[①]。

针对德、英等国驻华公使的反对,商部对上述各端的修改理由进一步进行了阐释,指出所拟各项规费也是参照各国通例,所订规费"即属有绌无盈"[②]。有关商标审定和冒牌商标的处理办法问题,商部申辩说,章程第十五条所开内容专指商标的审定,它属商标局的职能,与控告裁判毫不相关;章程第二十、二十一条内容专指商标纠纷的裁判和处置办法,对此以前条约并无明文规定,根据中美、中日商约所载"商标均由中国官员查察保护及遵守中国所定之商标章程"各语推断,那么,因商标而产生的各种事端理应属商标局管辖。再者,从前条约所载领事裁判权专指干犯刑事而言,不能与此次商标裁判相提并论,更何况英、美、日三国在商约中均答应"俟中国法律改正,即弃其治外法权……何独于此次参酌各国通行照约应行遵守之商标法不愿意遵守耶"[③]。

德、英等国驻华公使对商部的上述辩驳根本不予理会。10 月 25 日,他们照会外务部,指责商部在商标法问题上牵扯与此事无关的领事裁判权,与此前所订的中外条约的内容相违背,表示"在未奉本国政府命令以前,本大臣等无从议论此项事宜,至来文及复论所拟各节,本大臣等碍难应允,惟有转达各国政府"[④]这样,《商标注册试办章程》在中国的实施再次陷入僵局。

就在清政府与德国就《商标注册试办章程》进行交涉的同时,德国与西方列强各国之间一方面共同竭尽全力对清政府所制订的《商标注册试办章程》进行抵制和反对,一方面为了保护他们各自本国商人在华商标的利益,同样存在着严重的纠葛与分歧。当 1905 年 4 月德、英等国提出新的《商标注册修改章程》后,他们非常清楚地认识到,这一章程要想在中国付诸实施,首先列强之间就必须消除纠葛与分歧,进而取得统一的意见。例如,1904 年清政府发布《商标注册试办章程》后,美国、日本有很多商人纷纷向商部抢注商标,而德国等国没有商人注册商标。按照德、英等国议定章程的第二十五条规定:"凡本章程未开办以前所有中国

---

①②③④ 中国第一历史档案馆藏:外务部档案,综合类,卷 4468。

该管衙门转递之呈状，一律作为同于开办之日呈递。"① 美国、日本商人原来已经注册的商标归于无效，仍须重新申请注册商标。经过一系列的谈判，德、英等国制订的《商标注册修改章程》得到了美国政府的认可。紧接着，西方列强之间又相互订立了保护商标协定，剩下的就是共同反对和抵制清政府所制订的《商标注册试办章程》了。

此后，清政府继续不断催促德国等西方各国按照商部 1904 年所订《商标注册试办章程》施行，而德、英等国采取不与中国谈判，或坚持要以 1905 年的五国章程作为商标注册章程基础。1906 年 12 月 5 日，外务部正式将农工商部（1906 年 11 月 6 日商部奉旨改为农工商部）重新拟定的商标章程照送德国驻华公使雷克司，请其转达各国驻华公使，并表示各国最为反对的领事裁判权和收费问题，这个章程充分给予考虑。外国人犯罪案件照《烟台条约》和《天津条约》办法处理，收费也减少三分之一，其内容已经与各国驻华公使的用意基本相符②。同时，外务部请各国驻华公使尽快答复，以便早日开办商标注册事宜。

对于农工商部新拟定的商标注册章程，雷克司的态度更为强硬，称："查此最新之底稿，仍与光绪三十一年二月间在事驻京各国大臣所拟之章程相去曷啻霄壤，故本大臣惜未奉由本国政府训条以前，无从答复。"③其余各国对此反应也极为冷淡。1907 年 5 月 2 日，外务部又将农工商部再次修改过的商标注册章程再次照送德国驻华公使雷克司。5 月 29 日，雷克司在致外务部的照会中提出了一些具体意见，同时，表示仍不能同意本次修改章程，最不能接受之处，如认为商标注册缴费过多，章程内并无禁止通用公标注册暨保护店名、字号之条等，此等事端仍未删除，且商标局设于北京，洋商并无分行在此代表，难保不无各种阻碍。同时表示可以向本国政府报告④。此后，外务部多次催问雷克司德国政府的态度，但雷克司始终以尚未奉有本国政府批复为由搪塞外务部。

由于清政府与德国以及西方各国关于《商标注册试办章程》所涉领

---

① "The Acting Secretary of State to Minister Rockhill, August 17, 1905." Papers Relating to the Foreign Relations of the United States. 1906, P247. 转引自 李永胜：《清末中外修订商约交涉研究》，天津：南开大学出版社 2005 年版，第 72 页。

② 中国第一历史档案馆藏：外务部中英关系档案，卷 626。

③ 中国第一历史档案馆藏：外务部中德关系档案，卷 1381—15。

④ 中国第一历史档案馆藏：外务部中德关系档案，卷 1381—20。

事裁判权及商标注册收费等条款有着严重分歧，中德之间以及中国与西方各国之间就《商标注册试办章程》的交涉始终未能达成任何协议。一场耗时三年之久的暂缓施行《商标注册试办章程》交涉就这样无果而终。

综上所述，从中德关于暂缓施行《商标注册试办章程》的交涉过程和结果来看，笔者认为：

二十世纪初，清政府腐败无能，国人饱受西方列强掠夺之苦，当时的工商业处于举步维艰的地步，社会并不重视商标的保护。清政府迫于西方列强的压力，对于制订《商标注册试办章程》既有无奈的一面，又有积极的一面。这一现象的出现，反映了立法者的一种意向，即由中国人自己来掌握商标注册的管理权。清政府对《商标注册试办章程》的制定，是中国在商标管理领域，从无法可依，到有法可依，迈出的艰难一步。

自十九世纪末开始，德国为了提升国际大国地位，其外交战略发生了变化，后俾斯麦时代欧洲政策的方向性调整直接导致了其世界政策的强化，尤其表现在对华政策上。特别是当德国经过 1900 年发生在中国的庚子战争、德国驻华公使克林德被杀、《辛丑条约》的签订等一系列事件后，德国政府认识到仅靠战争在东南亚实行殖民政策是不够的。对于一个工业生产能力急剧上升，积极寻求扩大产品市场的后起的帝国主义国家，德国对华政策的主要战略开始转向扩大它在中国的经济利益，首先是扩大对华贸易。随着德国大量工商企业产品大量进入到中国，为了推销自己的商品，增强国际市场竞争能力，产品商标需要得到有效的保护，直接影响到中德之间关于暂缓施行《商标注册试办章程》交涉。

清政府在与德国等西方国家交涉过程中的经验教训，为后来民国时期商标立法的完善提供了有益的借鉴。1921 年 5 月 20 日，中德签署《中德协约》。该协约第三条规定："此国人民于生命财产方面，均在所在地法庭管辖之下。"[①] 至此，德国在华侨民不再享有领事裁判权，而必须遵守中国司法机构的管辖。1923 年，中国北洋政府颁布了《中华民国商标法》，不过，这已经不属于本文所涉及的内容了。

总之，作为清末中德之间乃至中外之间关于暂缓施行《商标注册试办章程》交涉过程中的经验与教训，仍具有重要的历史和现实意义。

① 王铁崖：《中外旧约章汇编》第 2、3 册，三联书店 1957 年版。

清政府参加比利时万国博览会后的政策调整

万国赛会亦称万国赛奇会、聚珍会，今称万国博览会。1851 年首开于英国伦敦，以后法国、日本、美国等许多国家相继举办。随着规模的逐渐扩大，万国赛会成为世界各国传播本国物产、技术与文化的商贸盛会，是现代国际博览会的前身。光绪二十九年（1903），比利时外交部致函邀请清政府参加即将于该国黎业斯举行的万国赛会。清政府按惯例将参会事宜交海关总税务司办理。光绪三十一年，黎业斯赛会如期举行。会后，清政府决定将以后的参加赛会事宜改由商部经办，结束了持续三十余年的主要由海关总税务司，即其中的外籍雇员承办参赛的历史。

一

鸦片战争以后，《江宁条约》《望厦条约》《黄埔条约》等不平等条约的签订造成中外不平等的贸易方式，如增开通商口岸、外商自由贸易不受限制、征收外国商船关税（夷税洋税）办法、海关税则等。清政府原有的、由各地军事官员分治督辖海关的制度已经不能适应新的贸易形式需要。咸丰四年（1854），英、法、美三国领事与上海道兼江海关监督吴健彰订立了《江海关协定》，确定由英、法、美三国各委派一人，与上海道组成海关税务管理委员会，共管江海关。由此，外国人开始涉足中国海关管理。同年九月十八日，《中英通商章程善后条约》签订。条约中的第十款规定海关“各口划一办理”，“任凭总理大臣邀请英国人帮办税务”①，从而把江海关实行的接纳外国人帮办海关税务的办法强行推广于各口岸。

咸丰九年，两江总督何桂清为落实《中英通商章程善后条约》，任命英国人李泰国出任总税务司一职，负责统辖海关税务。② 咸丰十年十二月初十，在李泰国的倡议下，清政府成立总理各国事务衙门，负责处理外交事务，总税务司署成为总理各国事务衙门的下属机构。咸丰十一年，英国人赫德在李泰国的举荐下，出任署理总税务司，同治二年（1863）出任总税务司，由此一直持续到光绪三十四年赫德七十三岁时返回英国，任此职长达近半个世纪。

赫德任职后，起草和颁布了《通商各口募用外人帮办税务章程》，从制度上确定了各关雇用外籍人士担任税务司的合法性。同时明确规定，各关税务司一律听命于总税务司，总税务司全权负责各关税务司及其关员的人事任免、升降调遣、奖惩考核、休假福利等事务，海关监督“不能去取”③。各关税务司虽然在名义上是海关监督的助理，但各关监督实际上却被架空，海关的管理制度转变为外籍税务司制度。正是在这一制度的规定下，清政府各海关的税务司之职由总税务司赫德任命的外籍雇员担任（光绪三十三年亚东关税务司除外），赫德则全权统领各关税务司。海关成为“国际性的组织，这个组织是由洋员统治的，这是中国近代海关一个最大的特点”④。而总税务司虽然在名义上是总理衙门的属员，但总理衙门也并不能对其实行有效的管理和监督。万国博览会这样一个国际性的集展览与销售为一体的商业集会，在当时清政府

图1　赫德像

① 翦伯赞、郑天挺主编：《中国通史参考资料》上，第123页，北京，中华书局1979年。

② 魏永理主编：《中国近代经济史纲》上卷，第142页，甘肃人民出版社1983年。

③ 《筹办夷务始末》（同治朝）第54卷，第5107页，故宫博物院1930年。

④ 陈诗启：《中国近代海关史问题初探》，第33页，展望出版社1987年。

对国际商贸知之甚少的情况下，只有海关的外籍人员具备办理外贸的专业知识和渠道。同治十一年，奥匈帝国邀请清政府参加维也纳赛会，“总理衙门授权赫德迅速妥善处理”[①]。这样，万国博览会的参会承办权，就归属到了赫德管辖下的海关。其筹划、落实权与最终决定权，只属于主办税务司和总税务司赫德。因此，由充斥洋员的海关承办参会事宜，是由中国当时半殖民地半封建的社会性质所决定的，“实属无奈之下顺理成章之举”[②]。

自同治十二年维也纳赛会至光绪三十一年比利时黎业斯赛会，三十余年的时间里，赫德共承办了二十多次清政府参加万国赛会事宜。[③] 其指导思想有二：一是借此向世界展示中国各口岸进出口商品贸易的种类、数额、税率和流向，供各国商贸人士参考。[④]二是希望“产生一种有用的结果，一方面，激起（中国人）对别的国家正在做的事情的好奇心；另一方面，（会上）给予中国产品的赞扬可以大大改变过去对这种参与的不情愿，而每一次参与，都使中国可以与外界建立更密切、更友好、更有利的联系”。[⑤]

因此，赫德掌管下的海关承办参会，其运作方式是：赫德选择参会人员及他们的职能分工。他通常会派遣在举办国休假或回国休假的税务司，负责与组委会接洽办理展地会务，国内部分税务司负责赴会宣传、展品筹集、托运，数名洋员负责将展品和工匠送到主办地，交由办会税务司落实展馆建设、展品布置以及会期事务；关于展品和商品，通常要结合各博览会的主题进行筹集，但以丝、茶、谷物、药材、瓷器、绸缎、古玩、绣品、雕刻等为主。在华商很少参加的前期，海关既筹展品，也筹商品。以后华商筹集的商品多了，海关就主要负责展品。展品在博览会结束后，基本采取赠送给当地博物馆的办法处理；而参会经费，一部分由清政府划拨，不足部分从海关经费中垫支，报赫德核销；展览场地通常是建起富有

---

① 《赫德与中国海关》上，第535、536页，厦门大学出版社1993年。

②④ 李爱丽：《赫德与博览会——以奥、法、英博览会为例》，《赫德与旧中国海关论文选》，第214、217页。

③ 《Documents Illustrative of the Origin, Development, and Activities of the Chinese Customs Service》. Edited and Published by Statmtical Department of General Inspectorate of Customs in 1940, Vol. 1, p. 28. 该书列出参会25次。《赫德与中国海关》上册，第576页提到有28次。两处材料均为魏尔特整理和著述，统计却有差异，确切次数待考。

⑤ 资料来源：《总税务司通令》第2辑，第12号。

中国特色的展馆，配之具有民族特点的装饰，比如藤椅、字画、灯具、工艺品、帷幕等，并协助中国商人在展馆内开办茶馆、饭馆、商店，进行经营活动。

随着中国参与赛会次数的增加，国内部分官员及商人对赛会的认识开始深入，自主意识开始觉醒。浙海关中方雇员李圭，在随团参加光绪二年的美国费城赛会并随访欧美各国后，著书《环游地球新录》，除对赛会详加介绍外，还特别提出华商应该亲自赴会，以便更好地了解国际贸易。此书受到李鸿章等政府要员的重视，李鸿章为该书写了序言，并由总理衙门拨款在海关印刷发行。光绪十九年的美国芝加哥赛会，展出了电灯等电气产品，驻美公使崔国因指出，算学、化学、气学、重学、光学等新的科学技术，已经成为西方各国“进富强之业基”[①]，中国人不应该继续斥之为奇巧，应鼓励科学技术的发明创造。他还论述了博览会在促进外贸发展方面的重要作用和带来的丰厚收益。光绪二十四年，美国芝加哥商务赛会结束后，驻美公使伍廷芳和参赞汪大钧都撰写专文，介绍赛会情况和观感，呼吁中国商人应该主动掌握自己的出口贸易，改变目前由洋人把持的状况。对光绪三十年的美国圣路易斯赛会，外务部大臣、庆亲王奕劻已经从“商务振兴，升平共享”[②] 的高度加以认识。清政府此次不仅派出了以亲王溥伦为正监督、政府官员与海关外籍人员联合组成的代表团，而且督促地方官员通过各商务局向商家进行广泛宣传，使得商人踊跃赴会。由于认识的提高和影响的日益广泛，加之报纸等传播媒体的介入，圣路易斯赛会结束后，比较于西方先进的工业与军事产品，海关所筹的小脚女人鞋、人物照片等昭示中国诟病的猎奇性展品，以及海关洋员欺辱国人的行为，受到了国内有识之士的强烈抨击，要求博览会自主的呼声愈加高涨。这些都形成了清廷参加万国赛会政策调整的舆论环境。

二

光绪二十九年二月二十八日，比利时外交部致函清廷：“定于西历

① 崔国因：《出使美日秘日记》，第461页，合肥：黄山书社1988年。

② 黄嘉谟主编：《中美关系史料》（光绪朝五），第3201页，台湾中央研究院近代史研究所1990年。

1905年4月在比利时里爱时（即黎业斯）地方开办赛会，已由外交大臣通行敝国出使人员转达各国政府在案，照请贵国政府派员入会。”[①]清政府在接受邀请后，确定委派时任驻比大臣的杨兆鋆“届期前往”[②]。同时，回国度假的比利时籍厦门海关税务司阿里嗣，被赫德委派为“帮同料理会务”[③]。此次赛会于光绪三十一年三月二十三日开幕，六月二十四日结束，历时三个月。在这次赛会上，参会华商联名上诉，要求撤换阿里嗣。杨兆鋆作为清政府参加此次赛会的钦差大臣，也持支持立场。华商的上诉及杨兆鋆的建议，成为清廷参加万国赛会政策调整的直接契因。

赛会进行中的五月二十五日，周懋功等参会华商向外务部、商部发出电禀：“税司阿里嗣僭充监督、欺凌商人、遇事阻梗，请即撤退。苏商困，崇国体。商等不愿再归洋员节制。情急电禀，伏乞恩准。”[④]第二天，周懋功等人向杨兆鋆呈送禀文：“自开会以来，诸多困难，就中情节，早在大人洞鉴之中。推其缘故，皆由洋员阿里嗣措置不善所致。彼既不能相助，近又遇事梗阻，种种苦状，商等万难再忍！昨曾发电禀请外务部、商部撤退该员以苏商困。唯是愚论，恐不足动当途听闻，伏乞钦宪再电外务部、商部，设法去阿，使商等不致再遭苦难，实胜感激。万一阿不能去，商等唯有收货罢会，从此归国。唯是商等背井离乡，远适异国，原冀际此盛会，稍得赢利。今既不得终局，则亏累更复不支。现公议，凡同人，此次来往舟车川资及关税旅费等用项，皆需责阿一人赔偿。盖事势所迫，有不得已，非商等好生事也……尚祈大人鼎力维持，实为公便。”[⑤]

五月二十七日，商部在接到华商的电禀后，致电杨兆鋆，请其查明办理。六月初一日，杨兆鋆回电商部：“阿里嗣系总税务司赫德所派，傲愎寡俦，从商激愤，坚求撤退，否必罢会，责偿赔费……请咨商部、外务部饬总税务司赫德，电饬阿里嗣离开会事，专管工程宝塔，弗干预商人赛会事宜。”[⑥]接到杨兆鋆的上述回电，六月初二日，商部向外务部发出咨呈：

① 中国第一历史档案馆藏：外务部档案，3871—1。
② 中国第一历史档案馆藏：外务部档案，3871—4。
③ 中国第一历史档案馆藏：外务部档案，3871—14—1。
④⑤ 中国第一历史档案馆藏：外务部档案，3873—18。
⑥ 中国第一历史档案馆藏：外务部档案，3873—15。

“如果激成罢会，尤为中国体制有碍。相应咨呈贵部查照，札饬总税务司，速电阿里嗣离开会市，以顺商情。”初三日，杨兆鋆向外务部发出咨呈。该咨呈抄录了华商呈给他的禀文，说明自己将“妥筹办法，电复商部核夺施行”，亦由此请求外务部“查照办理”①。

六月初七日，周懋功等商人就阿里嗣在赛会期间的主要问题继续向外务部详细禀明：“兹将该员到会以来种种作为据实胪列……一、僭充监督。查税司阿里嗣系属比国人……故于钦派大臣之外，添派该员在会场接受货物，并无监督之名目……乃到会之后，即思盗名，冒充监督，以图擅权，竟敢违旨请易钦使为名誉领袖，而以赫德总税务司为总监督。幸经钦差争执，不遂所愿。乃暗于中国货物表内用法文叙曰，无论在何国赛会，只要是中国参赛，其总监督即该国所任之太子少保衔总税务司赫德任之。其自称为三品顶戴二品宝星税务司比国赛会监督，故凡与比国国家来往，处处欲彼一人出名，竟置我国钦使于后……此其背旨僭妄之实在情形也。二、损失国体。向来我国赴赛各品，具系洋员承办，大都粗陋笨俗之物，不堪入目。去岁圣路易赛会，税司柯乐尔曾带去偶像、纸人、弓鞋、烟具、神主小柜，种种秽亵之物，当众陈设，贻笑外人。去冬经钦使电请驻美梁钦使，止其勿运来比以损国体……不料帮办巴世博仍将该物携带来比。阿里嗣竟一一陈设于会场，而各省所送到之学校图表、矿石标本等匿而不陈……又平时逢人每诟骂中国之所短，一若非此不足遂其轻视中国之心……其于会场所建中国衙署一所，卑陋湫隘，殊不足以壮观。瞻其工料装饰之粗劣，尤不堪言……此其昏庸妄为伤我国体之实在情形也。三、滥耗公帑。查该员……于数日内耗法银十万法郎……尚有英金一千镑汇彼处，该员私存伦敦银行，匿不以闻……冀图中饱。此其滥耗公帑希图乾没之实在情形也。四、凌辱商人……该员多方嫉忌、动辄阻拒（钦使特派保护商人之专员），且大言钦使不应与闻会务等语。又此次会场赛品，海关各品窃劣不堪，幸商人到会，赛品渐见增色，理宜去旧列新。乃与之商议，坚不退让。且大声恫吓，谓官货不能去，商货不必列……言赛会总监督系赫德，非奉赫德之命，不能让地……又极力反对（集体共交一千法郎售物税），坚称每商非捐三百法郎不可。屡经钦使催询，乃复延宕。嗣后查知，该员实先与赛会公司暗中串通，多

① 中国第一历史档案馆藏：外务部档案，3873—18。

方梗阻……又（该员）告会，华商皆富，理应重税。于是华货到关，关吏遂有留难之事。又商人张人杰……开设茶肆（一事），该员一味袒护酒商，与我为难……皆该员暗中分利……阻我营商之利……又商人林子材运售华货到会之始，该员并不查询，即诬指为夹带洋货……此该员假公营私、借势欺商之实在情形也。"①

上述史料清楚地表明，负责协助料理黎业斯赛会会务的阿里嗣，在处理会务过程中，存在着僭充监督、损失国体、滥耗公帑、凌辱商人等严重问题，致使参会华商联名向清政府提出撤换该员的要求，并陈明如若请求不得允准，必将收货罢会，今后不再参加任何赛会。这种华商集体收货罢会的压力，迫使清政府不得不考虑由此可能引发的外交困境。况且华商在分析海关承办参会的弊端时，切中要害地指出："我国聘用洋员，本属一时权宜之计。其深明大义、顾全国体者固不乏人，而设心狡猾、背义忘恩者比比皆是……去岁在美商人……余因闻仍派洋员监理会务，恐为所欺，因而裹足不前。近来各国赛会数年一举，若不预筹善法，商人群相裹足，中国商务永无振兴之日……伏求专派华员监督。"②将调整政策、自主参会提到了振兴国家商务的高度。这是从赛会参与群体的需求出发提出的改革政策的要求。

负有督饬此次赛会之责的杨兆鋆能够正确及时地处理华商上诉，并向清政府提出相关建议，也对参会政策的调整起到了积极的促进作用。在赛会筹备期间及开赛初期，杨兆鋆即发现了阿里嗣的问题，主要是在费用开销、展品陈设和保护华商三个方面。关于费用开销，他在四月十四日致外务部的咨呈中，指出阿里嗣"折耗太巨"，并且由于阿里嗣从赫德那里得到了数目可观的经费，"渐形倨傲"、"庞然自大"，并且对华商多有限制③。关于展品陈设，他在五月十八日写给外务部的信中谈道，像偶像、纸人、女鞋等在美国圣路易斯博览会上曾受到国内严厉指责的物品，上年冬天就电告不要运到黎业斯赛会，而负责该会的税务司柯尔乐还是运来并且被阿里嗣公开展出。非但如此，阿里嗣还陈设了木主、小棺、刑人照片等。由此"始知各税务司购办土产，大率取糟粕而遗精华，兼以儿戏出

①② 中国第一历史档案馆藏：外务部档案，3873—19。

③ 中国第一历史档案馆藏：外务部档案，3872—21—2。

之，徒博西人骇视，斥为野蛮”，应该撤换阿里嗣①。在写给光绪帝的奏折中，他介绍各国赛会的展品，都是以新型奇巧的制造取胜，而中国的展品一向由税务司办理，这种以官货为主的参赛情况，是各国所没有的。况且官货中有涉及秽亵的物品，有损国体。另外，考虑到现在正是各国商贸竞争之时，中国工商应力争进步，应提倡工艺精良畅销的土物，以挽回利益。② 关于保护华商，四月二十二日，他咨呈外务部，说明华商耗资办货，远涉重洋，备尝艰苦，却事事受制于办理会务的海关洋员，因此应该设法保护。为此，他委派了自己的下属参赞和随员共三人随同入会，要求他们轮驻会场，稽查保护华商。如果再遇到洋员欺压华商的情况，务须据理力争，“以崇国体而保权利”③。正是由于杨兆鋆的正确认识，所以在发生华商联合上诉的情况时，他不仅及时地向清政府反映，个人也坚决支持华商关于撤换阿里嗣的要求，而且适时地提出了改革建议。他在给光绪帝的奏折中，请求以后参与赛会，政府应该派员监督：“赛会关系商务，向由总税务司领办，以西人置华货，所择未必精，陈所不应陈，每贻笑柄。嗣后应由商部奏派熟悉业务丞参充当监督，会同驻扎该国使臣办理。”④ 在致商部的咨呈中，又建议妥定赛会章程：“赛会宗旨，专为改良工艺。非精致华丽之品，不足争衡。现当贵部整饬商务，无美弗臻。拟请妥定赛会章程，使商业挽回利权，获益匪浅。”⑤ 这两点建议，均在以后的政策调整中得到落实。

三

尽管黎业斯赛会的矛盾焦点是阿里嗣，但对清政府而言，需要解决的问题更在于：是否同意将海关筹备的“官货”让位给华商筹备的“商货”，是否同意撤掉“有损国体”的官货，是否同意撤换阿里嗣，最终归结到是否要改变赛会的承办权限——变海关外籍雇员承办参会为政府商贸职能机构承办参会。正是在华商罢会的压力和杨兆鋆的据理力争与建议下，清政府选择以后的赛会参会事宜改由商部自主办理。

---

① 中国第一历史档案馆藏：外务部档案，3871—15。

②③ 中国第一历史档案馆藏：外务部档案，3871—17。

④ 李允俊主编：《晚清经济史编年》，第944、945页，上海古籍出版社2000年。

⑤ 中国第一历史档案馆藏：外务部档案，3873—35。

五月二十九日，外务部在收到杨兆鋆关于请求酌撤海关货品并速电阿里嗣遵办的电报后，向海关总税务司赫德发出函件，要求他将此事电告阿里嗣遵照办理。[①] 六月初一日，外务部又向赫德发出函件，要求赫德电饬阿里嗣“保护华商，是所至要”[②]。赫德在六月初二日回函外务部，除说明已电饬阿里嗣遵照办理，但撤货存在困难，还特别为阿里嗣美言，夸其“竭尽心力，布置颇为美善”，并对华商的行为表示“殊不可解”[③]。但外务部在六月初九日，将华商电禀、商部要求撤换阿里嗣的咨文和杨兆鋆的相关文件一并附函赫德，要求他电饬阿里嗣八项内容。这八项内容中的第一项，要求黎业斯赛会由杨兆鋆负责，“一切事宜举行定办，均应杨大臣一人作主”；第二项，要求阿里嗣不得干预华民入会和商货陈列……第五项，决定官货亦由杨兆鋆指定[④]……第七项，“若该税务司此时欲乘在假期内到他处游历，即可离会”。这成为变海关外籍税务司办理赛会会务为中国官员全权负责的转折点。

十月初一日，在接到杨兆鋆关于请求妥定赛会章程，使中国商业挽回利权的咨呈后，商部经过参照各国赛会情形，拟定了《出洋赛会通行简章》共二十条，并征求了外务部的意见[⑤]。十月初五日，经查核准复，向各省颁行[⑥]。其中的第一条，即确定了赛会参加事宜由商部负责承办：“外国遇有赛会，由商部咨行各省督抚，晓示商人，有愿赴赛者务于期限内呈报本省商务局、商会，转报督抚，汇咨商部办理。”第二条，确定了由中国官员负责的总事务所是经理参会的机构：“外国会场应设立总事务所经理华商赛会事宜。届时或奏派监督，或出使大臣就近照料，或派员监理，由外务部、商部酌核办理。”……第六条规定“凡有害风教卫生各品不准赴赛”[⑦]。由此，实现了变海关外籍税务司办会为政府商贸职能机构办会的政策调整，从而改变了赛会参会的承办权限，结束了持续三十余年的主要由海关外籍雇员承办赛会参会的历史。

《出洋赛会通行简章》颁行后，光绪三十二年二月十八日，商部在详细检阅杨兆鋆函送的黎业斯赛会点货清册时，认为其中“如神像、木主、烟具、赌具、妇女鞋帽及一切碍目之件甚多。现今各国重视赛会，中国方

①②③ 中国第一历史档案馆藏：外务部档案，3873—14。

④ 中国第一历史档案馆藏：外务部档案，3873—20。

⑤⑦ 中国第一历史档案馆藏：外务部档案，3873—23。

⑥ 中国第一历史档案馆藏：外务部档案，3873—46。

应借此为开通风气、振兴商务之机。若如上各件，徒滋外人讪笑，殊与赛会宗旨不符"，要求外务部转行总税务司通行各关税务司，如遇由税务司置办官货之事，要一体遵照《出洋赛会通行简章》办理[1]。由此，在黎业斯赛会结束、依照惯例将赛会物品赠送当地博物馆收藏前，外务部要求总税务司赫德转电阿里嗣"将一切碍目之件撤去，再行送交博物院陈设"[2]。光绪三十二年七月十九日，外务部咨呈商部，说明江海关税务司上报，运到上海的四十四箱由黎业斯赛会撤出的物品，其中三十七箱都是"碍目之件"，请求如何办理。七月二十六日，商部回复外务部，说明依照《出洋赛会通行简章》第六条"凡有害风教卫生各品不准赴赛"的规定，要求外务部转饬江海关税务司"择其尚可有用者就地拍卖，余亦一并销毁"。[3]至此，黎业斯赛会存在的"损失国体"问题，也以拍卖、销毁相关货品得到解决。

---

①③ 中国第一历史档案馆藏：外务部档案，3873—46。

② 中国第一历史档案馆藏：外务部档案，3873—50。

李圭——参加世博会的中国第一人

世博会历史源远流长，第一届真正意义的世博会是1851年在英国伦敦举办的，世博会是综合反映世界各国政治、经济、文化、科技水平及成就的大型展示活动，被称为经济、科技、文化界的奥林匹克盛会。

追溯历史，1851年英国伦敦举办了第一届世博会。中国广东商人徐德琼（1822—1873），即以他自己经营的中国“荣记湖丝”参加此次世博会，引起轰动，一举摘得英国维多利亚女王颁发的金、银奖牌各一枚，为中国人争了光。然而，遗憾的是徐德琼本人并未亲自到英国参加世博会。据史料记载，1867年读书人王韬游历欧洲，有机会在法国参观过巴黎世界博览会，但当时中国人对遥远的西方世界还很陌生，与其说是参观，倒不如说是走马观花为好。

1876年（光绪二年），一位在宁波海关任职名叫李圭的中国人，受大清政府的委派，漂洋过海参加了真正意义上的在美国费城举办的“万国博览会”。这是中国人第一次走出国门专程参加世博会。

事情的经过是这样的，1876年为美国独立战争一百周年，也是美国建国一百周年纪念。为了庆祝这一隆重节日，美国政府决定在费城举办世界博览会，一方面展示美国一百年各行各业发展的成就，另一方面促进世界各国在商务活动方面的交流与合作。美国在向世界各国发出邀请的同时，由时任美国驻华公使西华向清政府总理衙门正式发出邀请。总理衙门不知如何是好，于是，委托海关总税务司赫德办理这件事。受大清政府的委托，赫德积极筹划参加世博会的人员和展出事宜。

很快，赴费城参加世博会的代表团组成了，他们是：东海关税务司德璀琳，闽海关税务司林德维，奥海关税务司赫政，津海关前税务司关秉文，潮海关税务司哈门德，另外还有美国帮办鼎达、穆好士等人。毕竟是中国参展，从主管到帮办统统是外国人实在说不过去，不但大清国没了面子，而且从表面上看赫德也显得过于霸道。于是，赫德选中了在宁波海关充任中文秘书的李圭，由他担任中国工商界的代表参与其事。这样，李圭这个本来名不见经传的小人物，因为偶然的机遇，成为了中国参加世博会的第一人。

李圭（1842—1902），字小池，江苏南京人。家道殷实，自幼读书没有取得功名。太平天国起义后，其家毁于战火，李圭本人辗转漂泊至上海谋生。后在常胜军里担任类似文书一职，由此结识外国人，开始洋务生涯。1865 年之后到宁波海关担任中文秘书。如果没有 1876 年赴美参加费城博览会一事，李圭终其一生最多也只是一个办理洋务并在洋人把持下的海关的普通职员。

1876 年 5 月 13 日，李圭带着一名翻译，和中国馆的另一名聘来的工作人员美国人鼎达乘船离开上海，经日本，约一个月后到达美国加利福尼亚州的旧金山，然后从这里改乘火车抵达费城参加了世博会。此后，他的费城世博会之行全都写进了《环游地球新录》里。这本书详实地记录了他在费城博览会的所见所闻。

据李圭的所作《环游地球新录》一书记载，这届博览会规模宏大，占地面积达三千五百亩，如果要参观完全部，至少要两天。展品琳琅满目，其中有康涅狄格出产的工具和刀剑，新泽西出产的缝纫机，普林斯顿的改良自来水笔、打字机，纽约出产的手表，费城为儿童制造的幻灯和放映机。这些东西在今天看起来没有什么，可在当时人们的眼中却是十分稀罕的物件。

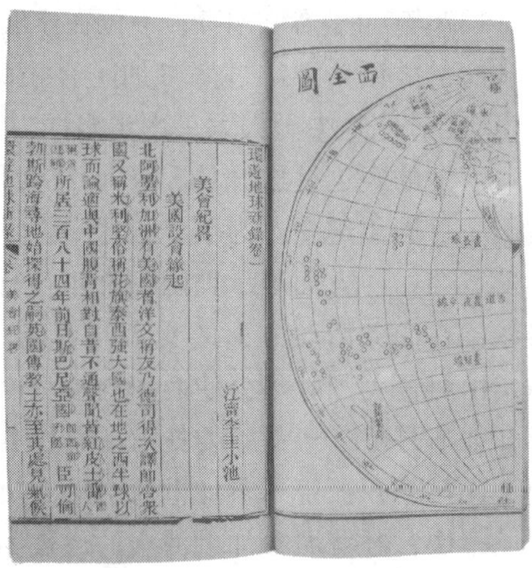

图 1　《环游地球新录》

费城博览会展览厅屋长一千八百八十尺，宽四百五十四尺，整个框架为金属结构，巨大玻璃装饰墙壁，极富现代气息。该次博览会共有三十七个国家参加，中国亦在其中。美国展出的产品最多，约占全部展馆的百分之四

十 。西方各国展出的各种先进精巧的机器产品最为引人注目。如当时号称全世界最先进的机器——柯林斯蒸汽机，以及造纸机、绞棉籽机、农田机械等，令人目不暇接。

据李圭介绍，中国物品展厅在整个博览会大厅的西门内，左为智利、秘鲁展厅，右为日本、埃及、土耳其展厅，对面为意大利、挪威、瑞典等国的展厅。中国展厅面积不大，展出场地显得有些拥挤。其原因是博览会组织部门只为中国代表团划定八十平方米的展地面积，没想到中国各省送展的物品竟大大超出预料。这也是博览会组织部门始料不及的。

在中国馆，其展品受到了参观者的欢迎。参展的展品价值二十万两白银，总计七百二十箱货物。展出场地规模虽然比不上其他国家，甚至只是日本馆的一半，但是布置得宜，规模齐整，充满着东方情调。正中是木质大牌楼一座，横匾上大清国三个大字分外醒目。左右两副对联，写的是："集十八省大观，天工可夺；庆一百年盛会，友谊斯敦。"横批是"物华天宝"。这副对联是李圭受主管德璀琳的委托写的。像中国建筑讲求对称一样，牌楼两侧各设辕门，辕门上插着黄龙国旗，典型的中国韵味。若不是参观者均为金发碧眼，人们还以为是到了中国官府的衙门呢！

在中国展馆的正厅，用玻璃橱柜陈列着中国各省出产的绸缎、牙雕、玩物、银器、古玩等，所有展品均为中国传统手工艺制作。即使是陈列物品的木架、橱柜以及桌椅铺垫、办公场所的陈设字画，都具有浓郁的中国特色，中国展厅还有一部分设在南门外平房中，陈列各省的丝、茶、五谷、药材等，其中药材不下七百种，丝、茶亦各种都具备。大受参观者的欢迎。在这届费城商品博览会上，中国送展的丝、茶、瓷器、绸缎、雕花器、景泰蓝等产品，在各国展品中备受推崇；相比之下铜器、漆器、银器、藤竹器略显逊色。整个博览会期刚刚过半，其中瓷器就已经售罄，其他古玩绸缎也是购买者踊跃，并有不少洋商迫不及待地寄信中国托购，与会的各国来宾、客商对中国展品评价颇高，中国展品在这届博览会上获得巨大成功。

李圭在这次世博会上，既看到了西方国家精美的展品，也了解到世界对中国商品的需求。像丝绸、茶叶的加工方法，瓷器、雕花、景泰蓝的出口量以及其他产品在世界市场的前景，这些都因博览会的交流而心中有数了。李圭大发感慨：据闻一两年后，法国举办下一届博览会，若中国派商界代表参加，置货必有把握，不会像我一样凭空揣测。当然，中国要在世界贸易中占有光荣的一席，则不仅只是靠传统的土特产与手工制品，而要大力发展近代工商业了。

在费城世界博览会上，美国馆还特别为中国代表团的到来，展出了康涅狄格州州立图书馆馆藏的中国留学生的笔记作业。包括：绘画、地图、数学、自然等各门功课，所写的文章有游美记、风俗记等，这些文章都是用中英文对照写的，令李圭激动不已。

李圭借这次参加费城博览会的机会，还顺道参观了美国的华盛顿和纽约、英国伦敦、法国巴黎，后取道里昂、马赛，过地中海、红海、印度洋，最后返回上海。历时九个月，行程八万里。就李圭而言，大开了眼界，长了见识，破天荒地代表中国同西方国家进行了工商贸交流，开创了有中国人亲自参加世博会的先河。

乾隆朝文化使者王文治

——出使琉球诗文考析

琉球国王之册封，是明清两代中琉关系史上的重要活动。清代派赴琉球的册封活动共有八次。历次册封活动，正、副册封使臣大都著书立说，或留有诗文。如康熙五十八年（1719），册封副使徐葆光撰有《中山传信录》；乾隆二十一年（1756），册封副使周煌撰有《琉球国志略》；嘉庆十二年（1808），册封正使齐鲲撰有《东瀛百咏》；等等。而乾隆二十一年以从客身份出使琉球的文化使者王文治，则用诗歌形式记录了参加册封活动的全过程，回国后选诗六十五首，集成《海天游草》专辑。这在清代册封活动中，是绝无仅有的。《海天游草》是中琉和平友好的真实记录，同样，也是当今我们研究中琉历史不可多得的宝贵资料。

一、欣然受命临东海

乾隆十六年（1751）正月二十九日，琉球国王尚敬去世，乾隆十九年其世子尚穆上表奏请袭封。表文称："先父敬于康熙五十七年，叨蒙册封为中山王。先父嗣爵以来，夙夜惟寅，矢勤矢慎，虔输忠诚，恪恭匪懈，一旦婴病，医药无效，于乾隆十六年正月二十九日易箦薨逝。念小子穆恭循例典例，以嫡继统。谨遣耳目官毛元翼、正议大夫蔡宏、谟都通事蔡功熙等趋叩丹墀虔齐奏请。伏乞圣恩体循先玄高祖父事例，差选天使，按临蛟岛，俾拜纶音于海邦，永守藩疆，赝诏令于波区，代贡供职。"①

① 资料来源：《历代宝案》（校订本）第五册，第190页。

乾隆二十年五月七日，皇帝降旨：侍讲全魁充正使、编修周煌充副使，前往琉球册封国王。

清代按例规定："正副使奉命封，许随带从客、医士等，正使跟丁二十名，副使跟丁十五名。经礼部奏定有案。"① 据史料记载顺治朝就有册封正使张学礼从客陈翼，授王世子、王婿操琴，医士吴燕时传授琉球国人医理。康熙朝册封使徐葆光从客陈利川，授那霸地方官毛光弼琴法。但琉球人质朴好文，册封使臣赴琉球后，索诗求字，日不暇给。有了前几次的经验，册封使臣全魁、周煌认为，从客中长于笔者，自必不可少。二人竭力邀请王文治作为文化使者一同出使琉球参加册封活动，王文治欣然应允。与王文治一同前往琉球的从客还有琴师徐傅舟，以及随封之弁员、兵役、匠作、船艄人等四百余名。

王文治（1730—1802），中国清代著名文学家、书法家。字禹卿，号梦楼，江苏丹徒（今江苏省镇江市）人。少年时即怀有奇志，诗歌和书法皆闻名于丹徒。乾隆二十年（1755）入京师，负气好奇，立定欲取天下异境，以成其文。时年二十五岁的王文治精于诗文，善于书法，尚能抚琴，修容美好，获此殊荣，自然是情理之中的事。乾隆二十一年年初，乾隆皇帝召见王文治，对其大加赞赏，朱批："似能办事，学问也好。"② 不久，王文治以从客身份出使琉球参加册封活动，回国后授翰林院编修、侍读，曾出任云南临安知府。后人称王文治天才豪纵，眉宇轩举，少有国士之称，文章瑰丽，诗文雄杰洪亮，不愧唐音；书法尤为秀逸，得董其昌神髓，有王羲之、王献之风范，与刘墉、翁方纲、梁同书并称当时四大书法家。

王文治接受赴琉球的使命后十分兴奋，在京师邀好友朱子颖、姚姬传等人饮酒赋诗，抒发心志。诸知己以渡海远赴琉球，重瀛路险，极力劝阻。王文治以必欲一观于海，拓其胸臆，遂违众议，赋《将往琉球留别诸同学》诗一首，作为临别赠言：

平生沧海心，十载困羁绁。京华缁素衣，策蹇行蹀躞。
迫隘思远游，烦渴成内热。何当怀抱宽，暂使樊笼脱。
琉球东海东，世界隔潮汐。重译求分符，亦足美皇业。

① 齐鲲、费锡章：《续琉球国志略》下，第168页。
② 中国第一历史档案馆藏：王文治履历片。

浮查使者星，夙昔故相识。兹行偶然遂，聊用穷溟渤。
洪涛割阴阳，中流云汉没。寒风吹天空，白日大鱼出。
惊险绝比伦，心胸庶开豁。丈夫不得志，湖海随播越。

乾隆二十一年二月初九日，册封使臣全魁、周煌，从客王文治等人自京城出发，软舆仪仗，百官饯行。途经直隶、山东、江苏、浙江、福建五省。王文治每到一处都留下一首首诗作，有的借景抒怀，有的描绘沿途美景，更有路过家乡故里亲朋好友热情迎接、挽留、相送他的情景：

经过故闾里，重觌旧林樾。亲朋欣我至，壶榼自提挈。
帆挂浮玉风，屐穿黄鹤雪。十日累千觞，流恋不知歇。
欢会无常期，怆焉念离别。夜寒江月落，鸡鸣催晓发。

亲朋好友得知王文治要出海远赴琉球，都苦苦挽留他。可他去心已定，题诗一首向故里父老乡亲辞行：

我欲穷溟渤，汗漫赋远游。言附博望槎，东向溯女牛。
亲戚拦道哭，朋好抵死留。挥手弃之去，千唤不回头。
独茧为丝纶，珊瑚为钓钩。上春别江邑，孟夏临海陬。
望洋发长啸，豪气横齐州。蠲吉揭百尺，祭告罗珍羞。

四月二十四日，王文治随册封使臣抵达福建，闽浙总督喀尔吉善、福建巡抚钟音已将册封船准备好，分为一号船与二号船供册封使臣及随封兵役人等乘用。其一号船："船长十一丈五尺，宽二丈七尺五寸，深一丈四尺，加上棚六尺，前九舱，中八舱，后七舱，水柜二，水桶二，共受水六百二十石。"① 二号船略小一些。册封使臣忙着验看册封船，检派兵役，检查员丁及随船所带货物。万事俱备，只待信风。出洋前一天，王文治心中念及即要从五虎门出海，写下了《渡海前一日观剧口占》一诗，用来表达乘册封船航行在茫茫东海上，远赴琉球的激动心情：

---

① 周煌：《琉球国志略》第5卷。

把酒休辞玉盏深，扁舟明日东海寻。
吴儿天一夜销魂曲，怅触中原万里心。

二、册封大典赋诗篇

乾隆二十一年六月初二日，王文治随册封使全魁、周煌恭捧诏敕乘一号册封船，由福建南台江出发，初十日经五虎门放洋。航行之初，一帆风顺，海阔天空，一望无际。王文治平生遨游沧海之心，终于得以实现，他在《渡海吟》一诗中写道：

海门一扬帆，浩荡不能止。地维天轴乍低昂，老鱼屈强潜虬起。元气顷刻风雨惊，天外罔两阴阳争。眼中谁辨路遐迩，耳边但听击雹轰雷声。

六月十四日，册封船抵达琉球所属姑米山，不料就在距岸三四里时，风向逆转东北，姑米山沿岸礁石狞狰，铁沙荡激，册封船不得近前，不得已之下，全魁令下碇，待风顺势再行。延至二十四日夜："台飓大作，碇索十余一时皆断，舟走触礁，龙骨中折，底穿入水，时昏黑，距岸约六七百步许，自分此时百不一生，呼吁之顷，忽神火见于桅顶。又海面烟光浮来，若烟雾笼罩状，举舟之人皆所共见，乃胥呼曰：'天妃救生矣。'须臾船稍向岸，赖一礁石透入船腹，得不沉溺，复不漂流，以故解放本舟小船。次第救免。"① 这次册封船遭遇飓风而船毁，但能化险为夷，不能不说既是奇迹也是"神迹"。

册封使臣手捧诏敕节印，陆续乘小船登上姑米岛，全船二百余人同庆死里逃生。可遗憾的是，王文治随身携带的行笥、典籍、泉私、个人著述，都被飓风吹落海中，他一身湿衣，赤着双脚，踉跄上岸，死里逃生，好像在梦中。岛上的琉球官民热情款待册封使臣一行，端上热饭热汤，为其驱寒压惊，并安排他们在姑米岛公馆暂歇。王文治在《海舟为飓风所败》一诗中记述了这次遇险的经历：

---

① 周煌：《琉球国志略》第7卷。

是夜海云黑，万鬼声飕飗。阴风扇腥雨，怒鲸斗潜蚪。
洪涛排连山，上下相蹦蹂。巨舰触礁石，似臼以杵投。
顷刻胥及溺，自断今生休。珠灯起天末，金光灿星游。
若非神扶持，全活可幸求。

接下来诗人用幽默的笔调描绘了获救后的情形：

岛夷亦来援，破浪负我泅。沾湿出海岸，踉跄赴行邮。
赤脚缘鸟道，披发度荒丘。生死不自识，反喜皆同俦。
夷官勤职事，咄嗟命豆区。颒面得暖汤，饘粥还相赒。

其诗表现了王文治处事不惊、乐观豁达和为赴琉球早已将生死置之度外的精神境界。同时姑米岛上官民热情好客、淳朴民风和美丽景色亦给他留下了深刻印象：

姑米固穷岛，民愚俗未偷。既欣禾稼登，[①] 况有林塘幽。
翼日转晴霁，碧海如泼油。暮景独散步，鸣蝉绿阴稠。
何啻无魏晋，浩然望殷周。

七月四、五日，中山王世子接连派遣遏闼理官向廷器、长史魏献芝等官率国中海船前来迎接册封使臣，七日，告别姑米岛，继续前行，过马齿；八日，抵达琉球国那霸港，中山王世子尚穆亲自率百官到港口迎接远道而来的册封使臣。自姑米至那霸，本来只有一天的路程，因遭遇飓风，竟用时二十三天（二号护封船因飓风所致飘回福建，直至十二月十二日才又重返琉球那霸港）。尚穆闻知随封人等所带货物、行笥等悉被海水濡湿，或损坏，或漂失，立即命令："将银五千两分施抚恤，尚不足剂，再发二万两优待。"又："扇夫途则坚吐血，派医官两名，每日看病调治，医药无效，后来身故，给发棺木、衣服、白布、祭品等项埋葬。"[②]

作为文化使者的王文治有幸随册封使全魁、周煌在琉球，参加了迎诏

① 既欣禾稼登：当地人九月种稻，四五月收获，这一年是个丰收年。
② 资料来源：《历代宝案》（校订本）第五册，第275页。

礼、谕祭礼、册封礼、谢恩礼及各种宴筵等册封礼仪的全部活动。册封礼是全部册封活动中最重要、最具实际意义的典礼，中琉双方都十分重视，八月二十一日举行册封大礼。琉球方将册封使臣寓所天使馆至中山王府沿路扎搭彩棚，在王殿中备好行礼所用之龙亭、彩亭、香案、御案及金鼓仪卫；设置好宣读台、拜台；安排好行礼的次序及各官应在的位置等。册封日，黎明之时，法司等官皆穿吉服迎诏敕于天使馆外，前导入国门殿下，礼官唱礼，宣读官宣读册封世子尚穆为中山王："皇帝敕谕琉球国中山王世子尚穆，唯尔远处海隅，虔修职贡，属在冢嗣，序应承祧，恪守典制，奉表请封。朕念尔世守藩服，恭顺可嘉。特遣正使翰林院侍讲全魁、副使翰林院编修周煌，赍敕封尔为琉球国中山王，并赠尔及妃文币等物。尔其只承宠眷，克懋先猷，和辑臣民，增修德政，永延宗社之嘉庥，长作天家之屏翰。"[①] 册封使还代表乾隆皇帝赠国王、王妃缎币，各项授礼毕，国王率众官三跪九叩首礼，礼乐齐鸣。然后国王跪请留诏敕为传国之宝，法司官捧前代诏敕一一呈验，册封使验明后，允所请，由副使周煌捧诏敕亲授国王。法司官捧旧印授给国王，国王授给正使全魁。礼成后，册封使告辞，出欢会门，回天使馆。八月二十四日，国王率众官于王府内行北面谢恩礼，十六日国王率官至天使馆拜谢册封使。至此，册封礼竣，册封使琉球之行的主要任务即告完成。

王文治目睹了册封大礼的全过程，他以长诗《观册封礼成并赠紫金大夫郑秉哲》[②] 记下了这场空前宏伟的册封大典：

大瀛三岛外，小界九州同。合沓山蟠踞，鸿沦气郁葱。
有王称首礼，奉职最输忠。正朔沧波远，名藩辨岳雄。
琛曾重译献，琛已百年通。缵绪修侯服，封章达帝聪。
尔书仪部发，使命侍臣充。秉节将天语，扬帆驾海风。
迎恩冠盖肃，适馆豆边隆。蠲吉开丹诏，凌晨启雪宫。
前驱黄绣伞，后骑紫花骢。周道平如砥，连桥曲似虹。
街邻椰子碧，牖出佛桑红。处处垂朱箔，家家结绮栊。

---

① 周煌：《琉球国志略》卷首。

② 郑秉哲，曾作为琉球官生入国子监读书，王文治在琉球期间参加册封大礼及各项礼仪活动时，他是主要陪同官员。

拜瞻来父老，喧笑聚儿童。次第穿云磴，回翔转锦幪。
建邦良已古，乔木尽成丛。翚阁闻银漏，蛟涎滴石硔。
大廷宣圣训，香案表臣衷。黄纸题缄凤，彤墀序列鸿。
趋跄如对阙，舞蹈听呼嵩。内殿开筵敞，官厨办膳丰。
错喹酋长贡，[1]鲜得兽人量。奔走俱肤敏，盘飧逮仆僮。[2]
歌征弦呖呖。乐奏鼓逢逢，帘卷山光秀。窗延海色融，
杯行欢已接。火继燕方终，小相趋章甫。儒臣倚郑崇，
诗书邹鲁士。鬑鬑绮黄翁，石鼓曾披藓，金台旧剪菘。
翩翩响入夜，哕哕鸟鸣桐。君意劳倾盖，予惭类转蓬。
鸡居厌钟鼓，鹦鹉避樊笼。汗漫身何托，风尘面久蒙。
星槎随幕府，蛮语学条戎。雪暗孤鸿过，天高一鹤冲。
乾坤青眼狂，山海碧云空，冷露馨岩桂，清霜变岸枫。
相期携酒榼，还与递诗筒。一笑人间世，交亲气概中。

图1　琉球中山王府

① 错喹酋长贡：三十六岛之长，岁贡方物，悉以宴宾。

② 盘飧逮仆童，是日使臣仆役俱有宴。

全诗四百余字，对奉命出海，琉球国举国欢迎册封使的到来，册封大典的举行，以及中琉两国人民的友谊，缓缓道来，起伏激荡，一气呵成，无论从其形式、内容还是情感的抒发等，都是册封大礼的最好见证，堪称中琉文化交流史的经典之作。后人齐鲲编纂《琉球国志略·艺文篇》中就收录了王文治的包括这首诗在内一共六首诗，而清代参加历次琉球册封活动的从客，所作诗词在任何一部著作中都不曾受到过这样的“礼遇”，足可见其深厚诗文功底和在中琉文化史中的地位。

三、题字作诗千古留

在这次册封活动中，王文治是友谊的使者，更是文化交流的核心人物，册封礼成后，册封使臣的使命即告完成，而王文治的文化使命则刚刚开始。历次赴琉球的册封使，夏去冬来，一般要在琉球滞留半年之久。这次册封活动，因信风，更主要的原因是册封船来时在姑米被飓风摧毁，琉球国王命工匠打造新船尚需时日，王文治随册封使臣在琉球生活了二百二十九天（从乾隆二十一年七月八日抵琉球那霸港算起，至乾隆二十二年一月三十日离开琉球回国止）。此间，王文治除了参加例行的典礼宴筵活动外，主要是到各地参观游览，了解琉球的风土民情或与琉球王公大臣唱和诗文，以文会友，每到一处，他都题字作诗，对中琉文化交流起到了积极的促进作用。

王文治一行在琉球居住生活期间，受琉球国王、王叔、法司的盛情相邀，随全魁、周煌一起游辨岳，登枯山，以及访问瑞泉、圆觉寺、东苑、兴禅寺等名苑古寺，处处都留下了他的美妙诗篇。当王文治在圆觉寺游览时，看到寺壁上题有明代随封从客胡靖题写的《圆觉寺古松》诗一首：

知是天工巧自裁，遥瞻海色回蓬莱。
孤根劲挺亭三尺，古干横斜盖二台。
夜静龙鳞明日照，天空鹤影片云来。
青葱已湿千年露，曾见山花几度开。[1]

① 齐鲲、费锡章：《续琉球国志略》下，第146页。

王文治有感而发，在圆觉寺题壁诗三首，其中一首为：

王家宫殿锁云深，[①] 日暮清烟罩薄阴。
松桧乍疑雷雨音，钟鱼齐作水龙吟。

王文治以文化使者的身份赴琉球，参加册封大礼。他能文善诗工书法，在琉球期间，主人餐筵酬酢，求诗求字，日不暇给。综观王文治所题写的诗文，琉球的历史、文化、舞蹈、音乐和书法艺术等都一一反映在他的笔下。如在《王孙曲赠何文彦国王之同姓也》一诗中写道：

王孙亭亭似琼树，瑜珥瑶环佩宝璐。
华胄天孙千百年，[②] 猗兰奕叶舍清露。
贤王开宴延嘉宾，宗臣子弟舞罗巾。
绮纨队里行云遏，弦索声中白雪春。
王孙少小谙音律，一曲梁尘有谁匹。
绛口应羞北地脂，红颜正似东方日。
首里长虹逶迤通，金鞍珠勒玉花骢。
到处看人如堵壁，谁家娇女笑书空。
殷勤就我求奇字，螺盏香醪银烛腻。
怜才情性是天生，不惜歌喉劝沉醉。
王孙翰墨有深缘，国书悬腕挥云烟[③]。
蛟龙满纸我不识，但觉体类芝与颠。

对有关琉球社会尤其民间生活，王文治观察得非常深入细致，如一天傍晚，一群少女雨中赶集归来，犹如一幅美丽的画卷映入他的眼帘，即题《墟市》诗一首：

斗镂风枝软，芭蕉雨叶肥。
谁家十三女？薄暮趁墟归。

① 王家宫殿锁云深：寺中有龙渊殿奉历代先王木主。
② 华胄天孙千百年：中山王始祖天孙氏。
③ 国书悬腕挥云烟：琉球国书如中国草藁，而奇文多不识，王孙颇善之。

寥寥数语，琉球的美情美景已跃然纸上，如此写法，在任何一部史书中都不曾见过。正可谓：正史讲真实，诗歌颂真情，吟诗读史，真实与真情相融，历史与文化史相结合，这才是一部真正完整的中琉交往的历史。

从王文治的诗文来看，对其琉球的山川风貌、民间习俗泼墨不少，同时在情景交融的诗中思乡之情也流淌于笔端。如：

匆匆无奈归期近，未得微辞酬雅韵。
瑶天一碧驾飞艘，瀛海三山但朝晕。
从此相思更九州，世中世外两悠悠。
邯郸一夜游仙梦，往事都随逝水流。

又如：

迢迢碧海送归程，唱到阳关第四声。
好是夜凉人薄醉，月明如昼拨银筝。

月光下悠悠古乐，拨动着诗人按捺不住的思乡之情。

王文治用诗歌的形式记录中琉两国交往，加深了中琉两国人民的友谊。他的诗篇乃至书法博得琉球各界人士的喜爱，同时也受到册封使臣全魁、周煌的赞许。全魁称其："争夸客有钟王笔，敢说仙同李郭舟。"[①] 周煌称他们之间的友谊是："天外相携几故人。"王文治是一位为中琉文化交流作出积极贡献的人物，他在乾隆二十一年的琉球之行，为中琉文化交流史书写了重要一页。

源远流长的古代中国与琉球的文化交流，建立起两国传统的友谊和亲密感情。王文治所撰写的《海天游草》，大部分诗篇是他文学艺术造诣清新自然、韵味醇厚的精心之作，颇具史料价值和文学艺术价值，是当时琉球社会的客观反映，更是王文治思想感情的流露。

① "争夸客有钟王笔，敢说仙同李郭舟。"意为：主人争相夸赞客人中汇聚有王文治这样工于书法的人，我敢说就是神仙落笔也赶不上他。

附：王文治《海天游草》篇目

1. 将往琉球留别诸同学
2. 丹阳口号
3. 丹阳怀彭晋雨
4. 宿毗陵驿
5. 雨中望九龙山
6. 真娘墓
7. 烟雨楼
8. 杭州十首
9. 周亦韩晨告昆仲招全侍讲暨诸同学游西湖
10. 钱塘江口号
11. 严子陵钓台
12. 七里濑闻子规
13. 度仙霞岭
14. 山田
15. 福州雨后
16. 食荔枝
17. 福州寓斋怀邱玉卿
18. 南台听雪堂上人弹琴
19. 渡海前一日观剧口占
20. 渡海吟
21. 六月二十四日夜海舟为飓风所败
22. 姑米岛和友人韵兼呈周景德垣，全斗南两册使
23. 治将有海外之行
24. 海外七夕
25. 长风阁立秋和全侍讲韵
26. 停云楼听杭州徐傅舟弹琴
27. 观册封大礼成兼赠紫金大夫郑秉哲
28. 八月十五夜笋崖坐月有忆隔岁同朱子颖姚姬传陶然亭之游
29. 望山南王故城
30. 安里桥古松歌
31. 九日泛舟游奥山同周全两侍讲暨中山郑秉哲大夫

32. 龙潭
33. 瑞泉
34. 墟市
35. 万松岭
36. 圆觉寺题壁三首
37. 闰九月九日同全周两册使雨中登泳田崎欲游城岳不果归憩冯氏园小饮周诗先成即次其韵二首
38. 笋崖月夜听徐傅舟弹琴
39. 游东苑呈中山王
40. 赠前法司蔡温二首
41. 中山王席上赠首翁盛卿翁允温马克礼毛文麟四公子二首
42. 次日丰见城按司携首里诸公子见访更索新诗再赋二首
43. 全侍讲招同徐傅舟倪卷阿冯象泉张正其会饮
44. 游兴禅寺
45. 善兴寺晨起
46. 善兴寺雨夜向全侍讲索酒
47. 向法司招游辨岳归宴今归仁王叔宅
48. 虎岩行为今归仁王子作
49. 迢迢
50. 王孙曲赠向文彦国王之同姓也

中国在海外开设的第一家银行

1907 年 6 月 10 日，中国合盛元银行在日本神户正式挂牌营业。

合盛元银行本为山西祁县合盛元票庄，号东郭荣，总号经理贺洪如。在北京等地设有三十余处分号，资本金五十万两，公积金六百五十万两，专门办理存放汇兑等事。

鸦片战争以后，随着中国五口通商口岸的开放，中外贸易进一步发展，西方列强大量向中国倾销商品。为适应西方列强向中国倾销商品的需要，大批金融资本家也纷纷来华，在中国设立银行。自 1845 年起，西方金融资本家陆续在中国设立了东方汇理银行、道胜银行、德华银行、汇丰银行等机构。外国银行在中国经营一切银行业务，发行纸币，吸收存款，向清政府大放外债，掌管中国的关税，操纵中国的财政经济命脉，成为西方列强对中国进行经济侵略的大本营。

西方列强对中国的侵略压迫与剥削，激起了中国人民的强烈反抗。国内一些士绅和官吏逐步认识到外商“攘我大利”的危险，先后掀起了向外商赎回路矿权等的斗争。中国北方山东、河北等地的农民也纷纷打出“反清灭洋”的旗帜，开始酝酿着大规模的农民起义。也正是在这样的形势下，督办铁路大臣盛宣怀上奏光绪皇帝批准，于 1897 年 5 月 27 日在上海成立中国通商银行，这是中国出现的第一家大银行。1905 年 9 月设立户部银行，不久，改名为大清银行。

具有代表国家性质银行的出现，与中国地方票号、钱庄形成了激烈竞争的局面。尽管地方票号、钱庄敌不过国家银行，但它们在金融市场上还是有相当实力的。特别是精明的山西票号，依旧是金融市场的主要力量。它们在逆境中寻求得以发展和摆脱西方金融机构控制的契机。

中日两国的贸易历史悠久。在清代早期中国商人就长期从日本进口红铜，供国内铸钱使用；而日本则从中国东北进口大豆等物。鸦片战争暴发，特别是八国联军侵华战争发生后，中日两国贸易迅速发展，日本货物在中国进出口货物中所占比重直线上升，赶上甚至超过了英国。中日两国进出口贸易的发展，引起国外汇兑的增加，这就需要国内银行业的相互配合，而刚刚兴办不久的中国通商银行和户部银行根本无暇顾及海外发展。山西合盛元票庄总理贺洪如经过深思熟虑，决定抓住时机走出国门，他认为除了日本是中国近邻的地理因素外，更重要的是中日两国贸易和中国人大批留学日本以致两国之间的国际汇兑增加，在日本设立银行一定会大有作为。

1906 年秋天，贺洪如禀请两江总督端方咨呈外务部：自中外互市以来，我国商业进而为世界之竞争，外人辇货东来，载资西去者日益加盛，而各国之在我国设立银行遂相踵起。由此以推，则银行与商业之关系良可烛见，然各国设立银行，则其利在彼，不特列邦之财政，借以扩张，商政财权浸为所夺。自设立通商、户部银行，调盈济虚，于商界不无裨益，惜仅设于内地，不能推于外洋。我华商在东西洋与南洋群岛者，实繁有徒，因无本国银行，不免仰外人鼻息，现遴选妥人，伏恳批准远涉东瀛，设立分号于神户，名曰合盛元银行神户支店。

贺洪如的设想很快得到外务部的批准，当年年底由中国驻神户领事宗室长福向日本政府出具证明书：清国山西省太原府祁县合盛元银行，行主贺洪如，支配人申树楷。银行系个人组织而成，已历七十余年之久，并于中国各省多设支店，该行主贺洪如拥有资产数百万，身家殷实，现委申树楷来神户充当支店支配人予以全权。经本领事查明确实，特予证明。

时隔半年，经日本大藏大臣坂谷芳藏批准开张营业。合盛元银行设在兵库县神户市海岸通二丁目三十八屋敷，经理人申树楷。至 1907 年年底，合盛元票号在神户、东京、横滨、大阪和朝鲜仁川设立机构五处，统归神户分号管辖，自合盛元银行在日本开张营业，上海海关所有汇往日本的出使经费和江苏省派往日本留学生等项费用，均由合盛元票号上海分号汇往日本。以 1907 年、1908 年为例，中日两国年汇兑在两千万日元以上。

合盛元票号在海外设立银行，开创了中国金融机构走向世界的新纪元，贺洪如的远见卓识和开拓精神是值得后人称道的。

清政府派出的首支赴欧旅游考察团

西方人来中国旅游，早在汉代就有记载。在此后两千年的岁月中，西方与中国的交往断断续续，来往不绝。至元代威尼斯商人马可·波罗来中国旅游，写有著名的《马可·波罗游记》，详尽地叙述了他在中国的所见所闻，在欧洲引起不小的轰动。明末清初的大批西方传教士前来中国之潮，更是谱写了东西方文化交流史上的新篇章。但是，19 世纪中叶以前，西方人在中国内地旅游是要经过清政府各级衙门严格控制的。这种局面一直持续到咸丰八年（1858）清政府与英国政府签订《天津条约》时才被打破。该条约第九款规定："英国人准其持照前往中国内地各处游历通商。"此条约的签订，使大批西方人蜂拥而至到中国内地旅游。同时，总理衙门的大员们认为，来而不往非礼也，他们也在寻求着一种于适当的机会，选择合适的人选，又不失天朝大国面子的方式，也到西方世界走一走，看一看，以此了解西方"蛮夷"到底是个什么样子。

这个机会很快就不期而至。1866 年，时任中国海关总税务司三十一岁的英国人赫德向总理衙门请假回国完婚，并提出愿意带几名中国人前往欧洲旅游考察。总理衙门大臣奕䜣觉得正好利用这个机会让赫德当个免费向导，带领一个由总理衙门派出的代表团到英国及欧洲国家转一转，看一看外国的风土人情，更要紧的是，这样一来就免去了由总理衙门高级官员带团的麻烦，这倒不光是为节省几个盘缠钱，而是堂堂中华大员，绝不能低三下四地去访问夷狄之邦，这是一个体制攸关的大问题，关系到大清国的脸面，一点儿也马虎不得。赫德的主意正中奕䜣的下怀，既然是赫德自愿，大清国又不失面子，岂不是两全其美的好事，于是这事很快就定下来了。所派出的出访者是同文馆的优秀学员张德彝等三名学生，意在奖励上进，而且还担负着为国家去考察洋人的动静虚实。和张德彝同路的有凤仪和彦慧，队伍中还有一个负责照料生活兼管束之责的“老成可靠之人”斌椿，再加上他的儿子广英，一行共五人。于1866年3月，这支旅游考察团从北京起程，开始了为期一百一十天的欧洲之行。

这是中国有史以来第一次不以政治和商务活动为目的的出洋活动，也是第一次由官方组织的旅游考察团，是大清国第一次放下天朝大国的架子，没有带着册封、布施的使命，单纯地去看世界。只是在旅游考察的背后，还或多或少地带着了解各国政治、经济、文化以及社会风俗的任务。在这一行五人中，张德彝为我们留下了《航海述奇》一书，斌椿为我们留下了一篇欧洲见闻的出洋笔记。

张德彝笔下的《航海述奇》

张德彝（1847—1918）字在初，又叫德明，汉军镶黄旗人。他是中国近代第一所外语学校——京师同文馆的第一批高才生，主修英文。1865年，张德彝以优异的成绩毕业，被奏保为八品官。毕业之时，恰好赶上一个国门初开的时代，尽管空气里弥漫的都是些关于西方世界的种种荒诞不经的说法，然而毕竟在浑浊的空气里有了一股清新之风在轻轻地吹来，也许是命运使然，这个并没有想借学外文而出人头地，甚至在他晚年之时仍然对他自己同文馆的非正途出身而深感自卑的小青年，却意外地成为载入史册的第一批出洋看世界的幸运者。

在第一篇《地球说》中，张德彝饶有兴致地描述了地球的形状、大小、运转、球体上的五大洲、七大洋和三百多个国家，整个一个地理知识大全。在当时的中国，大多数人还根本不知道地球是个什么样子。

张德彝平生第一次走出家门，在天津塘沽港踏上了一艘叫做“行如飞”的英国火轮船。在他的眼里还是前所未见的庞然大物。火轮船巍峨壮丽，特别是当它喷吐着浓烟，发出金属的撞击声，满载着乘客和货物起航的时候，在张德彝的内心世界里发生了震撼。“行如飞”把张德彝载向了大海，在他眼前展现“烟飞雾结，万顷迷离，水天一色”的壮观景色。他一路记下了中国香港、新加坡、锡兰（今斯里兰卡）、埃及和地中海等地的风土人情，随后在法国马赛上岸。

世界给张德彝的印象是五彩缤纷的，他最先看到的是外国人那么特殊的饮食习惯，与我们中国人祖祖辈辈习惯了的谷物蔬菜以及很少的肉食相比，外国人却爱吃面包、黄油、禽蛋、水果，另外还有咖啡、巧克力、牛奶、啤酒。别的好说，对于烧烤的牛羊肉，张德彝和他的伙伴们实在是不习惯，以至于一到开饭时间就想吐。幸好，这些只是旅游考察生活中很少的一部分。此后，他的目光焦距更多地集中到了西方丰富多彩的社会生活以及工业革命给人们的社会生活带来的种种便利。他写道："如果你懒得攀登四百八十多级台阶，这也无妨，梯旁有一门，内有一间可容纳四五个人的小房子，里面有消息（即开关），按则向上，抬则停止。欲上几层楼时，自能止住。"这大概是中国人对乘坐电梯的最早记述。

随后，他们乘火车去了里昂。张德彝描述了第一次看到火车的情形："火车车形如平台，每辆长二丈许，宽八尺，高七八尺，平顶无檐。铁轮铁轴，四轮各大约二尺。行时一行五十辆或六十辆不等，都以铁环连之，首尾相衔……"好奇的张德彝特地跑到火车的前后上下仔细观察了一番，得出结论是，这种运输工具承重力大、速度快，办铁路与火车，此举实为一劳永逸，不但无害于商，且有益于家国。此时此刻，他似乎恍然明白了，西方国家之所以强盛发达，这些先进的工业机械起了关键作用。

对张德彝来说，西方世界一切都是陌生的，他全神贯注地观察、思索着。所有与中华习俗不同的东西，他都试图努力地进行一番了解，并且郑重地记录下来以备"周咨"。比如外国的丧葬，他写到没有烧纸祭奠等事。

比如电报，他写到此物一时间就可以传信息于千万里之外，既便利百姓，又使国家每年得到不少收入。还有照相馆、缝纫机、街景、路灯、建筑……几乎无所不包，无所不记。

在巴黎，张德彝尽情描述了法国首都巴黎美丽富庶的市区生活。如日月电云，有光有影；风雷泉雨，有声有色的巴黎大剧院等。他还参加了各种社交活动，受到了法国首相以及许多官员的接见。在英国，他实地考察了英国的议院，参观了英国军队的阅兵式，男女同堂的大学校、地下铁路、科技界的学术活动等，这都是他以前从未见过的。他还观赏了伦敦举行的赛马会：游人皆买吹筒、豌豆，无论男女老少，彼此对吹。女子有往车内掷金钱、纸团、草团者，左右追逐，举国狂欢。

斌椿所描述的欧洲见闻

斌椿，汉军正白旗人。原任襄陆县知县。后来与儿子广英一起在赫德主管的税务司中担任办理文案的小职员，颇为得力。在这一番经历中，斌椿同洋人、洋务打了几年交道，接触到很多孔孟之道中不曾有的科技知识，他知道了地球是圆的，太阳并不动，地球却自转不息。为此，他常感叹自己是“井底之蛙”，不由得产生了出洋看世界的愿望。这对他日后毅然选择出洋旅游考察不无帮助。1866 年年初，总理衙门派人到欧洲旅游考察的议案刚获批准，正在应召随行人员的时候，受传统观念的影响，那些大小官员要么称身体不适，要么说咽不下洋餐，竟没有一个人肯应召前往，只有六十三岁的斌椿一副慷慨应征的架势，揽下了率领三名同文馆刚刚毕业的学生远渡重洋去看西方世界的重任。

听说斌椿要去西洋旅游考察，一些好心的朋友赶来劝阻，有的说，几万里的行程，充满了惊涛骇浪，以先生的年龄，恐怕难以胜任。有的说，此番征程，是凶是吉很难判断，万一像张骞出使西域那样被匈奴人扣押，难保不客死他乡，哪怕只做个当代苏武也是后半生的不幸啊！有的更危言耸听，告诉斌椿所至之地非夷即戎，西洋人吃人肉，如果把你当点心吃了，这辈子岂不死得冤枉！劝说的人虽属无知，却不乏好友的古道热肠，斌椿谢绝了他们的好意，更加坚定了出洋的决心，甚至把此行当作“天公欲试书生胆”的非凡考验，非要去闯荡一番不可。

斌椿跟着赫德，带着儿子和三个青年一起上路了。这一趟旅游公差，他们行程数万里，行期四个月。去了法国、英国、荷兰、德国、丹麦、瑞典、芬兰、俄国、比利时近十个国家。他们身临其境才知道，中国之外，还有这样一块广阔的天地。尽管斌椿深受中国传统文化的影响，四个月的收获也仅仅是两万字的欧洲见闻，但是，他们仍然直率地承认：“中华使臣到国外游历绝无仅有，此次奉命游历，方知海外竟有如此胜境。”

在荷兰，他看到了街道清洁整齐，路旁排列着栋栋高楼，有的高达六七层。斌椿下意识地统计了一下阿姆斯特丹市内的大小桥梁，竟达七百六十座之多。他注意到装满货物的船只在河面上穿梭不息。早在那个时代，阿姆斯特丹已经初具了世界最大港口城市的规模。斌椿眼里的荷兰已经不是《明史》中所说的那个人人长着红毛的红毛番国了。

斌椿西行最大的收获，应该说是对西方文化的简单了解。对于问世不过十几年的自行车，他写道："有木马，形长三尺许，两耳有转轴。人跨马，手转其耳，机关自动，即驰行不已。"看了飞奔在路上的自行车，斌椿瞬间便想到了中国古时的木牛流马，他认为西方的自行车应该是由木牛流马演变而来的。后来到了巴黎他又见到了自行车，这回因为事先有了经验，描述得就更加准确了一些，他说，街道上有人"只用两轮贯以短轴，人坐轴上足踏机关，轮自转以当车。又有只轮贯轴，两足跨轴端，踏动其机，驰行疾于奔马"。斌椿看到的西洋景还有火车。不过到底有年龄上的距离和长者、带队的身份，他不像张德彝那样爬上爬下，把火车的尺寸、行驶的原理打听个仔细，他偏重介绍的是坐火车的感受。他告诉人们："每节车厢就像房屋一样，可以坐卧、饮食、踱步，当火车启动的时候，其感觉：启动时非常缓慢，心中默默从一数到五，即如万马奔腾，勇往直前。车外屋舍、树木、山冈、阡陌，皆疾驰而过，不可逼视。"寥寥数语写出了坐在火车上的全新感受。

作为清政府破天荒派出的第一批旅游考察团，张德彝、斌椿等人便是第一批出洋看世界的幸运者。尽管当时他们的出洋感受对大多数中国人来说没有多少影响，并且很快就在愚昧的封建士大夫们的心中淡忘，但毕竟是中国官方首次派出旅游考察团的受益者。

1907 年：北京—巴黎汽车拉力赛

汽车工业发展到今天已有百余年的历史了，随之应运而生的汽车运动也逐渐风行起来。1854 年“巴黎—里昂”汽车拉力赛举行，这时，内燃机还没有发明，是蒸汽机车赛，当喷着白烟热汽的庞然大物上路时，引来了成千上万的围观者。1895 年“伦敦—布莱敦”首次使用汽油作为燃烧动力的汽车拉力赛在伦敦起程。此后，德国的柏林以及俄罗斯的圣彼得堡等地先后举办了以检验汽车质量为主要目的的较短路程的汽车拉力赛。随着汽车工业的飞速发展，1904 年汽车运动的权威机构——国际汽车联合会（FIA），在法国巴黎诞生了。这一新兴的体育运动遂纳入了健康有序的发展轨道。1907 年，北京—巴黎首次汽车拉力赛，即在此背景下拉开了序幕。

北京—巴黎汽车拉力赛由法国巴黎的拉马丁报社主办。参赛车由轮船从海上运抵上海、天津，再到北京。1907 年 3 月初，法国驻华公使巴斯德在致清政府外务部的照会中称：巴黎汽车联合会拟自中国北京—法国巴黎，举行汽车拉力赛，大约于 6 月中旬自北京起程，请于中国境内垂情相助。此次汽车拉力赛得到了清政府的认可，但由于中国首次破天荒参与汽车拉力赛，其境内路途坎坷，唯恐发生乱子。3 月 27 日，外务部在致民政部的咨文中特别指出：汽车行驶急速，难以保护周全，其入赛之车以八辆为定数，在中国境内不论发生何等危险，中国政府一概不担责任，汽车经过各处，如有伤害中国人民生命财产之处，应由巴黎汽车联合会负责赔偿。

北京—巴黎汽车拉力赛在中国境内最初的赛行路线是：过东三省、西伯利亚等处，后经过多次论证，又改走张家口、恰克图等地。为了保障汽车拉力赛的行车安全，6 月 9 日，外务部在致民政部、步军统领衙门和顺天府府尹的文件中称：该洋人车队等均于明日早晨起行，所有汽车经过地方，应妥为照料，留意弹压。并晓谕沿途居民人等，勿在汽车路线行走，免致受险滋事。

图 1　1907 年 6 月 10 日，车队由北京出发，经由德胜门时的情景

6 月 10 日，五辆当时最时髦的汽车从中国北京出发，终点设在一万七千公里之遥的法国巴黎。出发仪式在北京的外国使馆区举行，之后，车队离开使馆区，走东交民巷，出德胜门，当天到达南口。因为参赛选手中有一位意大利的伯格斯（Prince Scipione Borghese）亲王，意大利驻华公使馆十分重视，特意派出武装卫队，一直护送到张家口。车队按照预定行车路线，出中国长城，经张家口，过蒙古，进入西伯利亚、乌拉尔，横跨波兰、德国，然后抵达巴黎。路途艰辛，险象环生，各种各样的原始道路，路况不明；地域跨度大，气候变化剧烈，在漫长的旅途中，要忍受蚊虫叮咬，要经历酷暑与严寒两种极端气候，要挑战恶劣的自然环境。可想而知，这是一次极富挑战性的超长途行程。途中经过的许多地区还处于原始的地形地貌，很容易迷失方向。幸亏当时已经有了通讯的长途电报，沿途的电线杆，可以用来辨认方向，每隔一段的电报站，成了车队最好的休

图 2　汽车经过八达岭路段崎岖山路

息点。

在那个年代，汽车拉力赛是汽车制造商展示产品性能的最好机会，通过竞赛有助于厂家在汽车结构、引擎、底盘、制动器、轮胎、照明设备等部件制作工艺上做进一步改进。那时，以汽油作为燃烧动力的汽车

图 3　参赛车 Cortal 号在南口抛锚

问世才十余年，设备还十分简陋。该次汽车拉力赛报名参赛时有二十五辆，出发时就只有五辆了，其中最小功率的只有六马力，最大的也不过四十马力。

参加比赛的车辆经过特殊的改装，可以随时拆成散件，一旦攀高山、过大河、越沙漠时，就用人力搬运。汽车无封闭，一路上任凭风吹雨淋。经过七十天的顽强努力，意大利的“ITALA”号赛车于8月20日第一个到达终点，取得了冠军。在所有参赛车辆中，这辆由意大利的伯格斯亲王驾驶的车马力也最大，为四十马力，与他同车的还有机械师格萨迪（Ettore Guizzardi）和随行记者巴兹尼（Luigi Barzini）。其余四辆参赛车分别是：一辆德国的Spyker（十五马力），由高达德（Godard）驾驶；一辆法国的Cortal（六马力），由珀斯（Pors）驾驶，这是一辆三轮汽车，也是车队中唯一的一辆三轮车；两辆法国的Dion-Bouton（十马力），分别由阔米尔（Cormier）和科里安（Collignan）驾驶。Dion-Bouton是法国的迪安伯爵与波顿合创的一家汽车制造公司，迪安首先设计了汽车的后轮驱动以及悬架系统，由波顿制造引擎。当时，这样的引擎比德国人戴姆勒制造的第一台引擎转速提高了两倍。此外，新型的引擎还有一个附有接触断续器的点火装置。

图4　清晰可见陷于泥泞不堪的道路中的汽车前面“北京—巴黎”的字样

值得一提的是，汽车拉力赛随行记者巴兹尼，他用手中的相机捕捉到了一幅幅具有历史意义的珍贵照片。巴兹尼高超的摄影技术为后人直观了解这次汽车拉力赛的情形留下了珍贵的历史镜头。

图 5　参赛的法国迪安·波顿汽车，图为驾驶者 M. Collignan

从清宫档案看驻巴拿马总领事馆的设立

清代驻外领事馆的建立，是从光绪初年开始的。直至清朝灭亡，先后在海外设立了四十多个领事馆。清代驻外领事馆的设立，是中国外交近代化过程中重要的组成部分。关于这段历史，现存有大量国内外文献，为研究者提供了很多方便。本文利用清代档案，梳理清政府驻巴拿马总领事馆设立的缘由和开展的活动。

一、驻巴拿马总领事馆设立的历史背景

鸦片战争的爆发，西方的坚船利炮不仅打破了清王朝以天朝自居、闭关锁国的美梦，也将腐朽的帝国卷入了世界的旋涡。一系列条约的签订，使得中国进入了一段屈辱的历史。赔款、割地、开放通商口岸，允许外国在中国派驻领事。道光二十二年（1842）签订的中英《南京条约》规定：开放广州、福州、厦门、宁波、上海五处为通商口岸，并允许英国派设领事。这是西方正式在中国派驻领事之始。随后，英、法、俄、德等国也先后在各口岸设立领事馆。然而，在西方列强的步步紧逼之下，长期闭关自守的清王朝仍然处于被动防守的状态，并没有立刻做出海外设领事的反应。

咸丰十年（1860）十二月，因各路军机络绎不绝，外国事务头绪纷繁复杂，设立总理各国事务衙门，以王大臣总领。光绪二十七年（1901）六月，在各国驻华公使的要求下，正式设立了外务部。从总理衙门到外务部，清王朝拥有了国内专门办理各国事务的机构。与此同时，对外则派出各驻外大臣及领事，管理各国华工侨民事务。

随着咸丰十年（1860）《天津条约》签订，使得华工出国合法化，海

外华侨人数激增，交涉事件也日益繁多。同治十一年（1872），古巴、秘鲁有华工被虐待的事件发生，清政府便于同治十二年派留美学生主事陈兰彬、帮办容闳前去调查。得知了华侨在海外被虐待的惨状，清政府才做出决定，“必须照约于各国就地设立领事等官，方能保护华工”。虽然目的是保护华工，但归根结底还是为了维护早已不存在的没落帝国的脸面，“以免被外邦耻笑，启轻视中国之心”①。光绪元年（1875），清政府正式派郭嵩焘为驻英大臣，并以此为肇始陆续向各国派驻使节。以郭嵩焘为代表的这些驻外大臣一方面认识到领事的作用，“西洋各国以通商为制国之本，广开口岸，设立领事，保护商民，与国政相为经纬，官商之意常亲”②。因此设立领事的原因之一就是“保护商民”。光绪三年（1877），“英国属地新加坡等处，中国流寓经商人民共计数十万人”，因此驻英大臣郭嵩焘奏请于新加坡设领事，并请派当地侨商广东道员胡璇泽为驻新加坡领事。这是中国向外派遣领事的开始③。

派遣驻外使节，是清王朝数百年未有之事。即使是最先面对海外诸国的使臣，对设领事制度的认识也有限，大多认为设立领事只是为了保护侨商和维护清政府的形象，并未充分认识到华侨对国计民生的意义。就连郭嵩焘也认为，领事的设立于国计民生没有丝毫裨益，“此时设立领事，取从民愿而已，毫无当于国计”④。总体上来说，这个时期的清政府对海外设领事还只是初步认识阶段。主要的原因是由于清朝统治者对国际方面缺乏全面的了解，对华侨的存在价值也缺乏足够重视，对海外设领事的意义缺乏正确的认知。尽管如此，驻外领事馆的设立，已成为一种不可更改的历史趋势。自光绪三年至光绪二十年，清政府先后在新加坡、横滨、大阪、檀香山、古巴等国家和地区设立了领事馆，并在箱馆、槟榔屿两处设立了副领事。

甲午战争之后，清王朝对于海外设领事的态度发生了变化。到光绪二十二年，委办朝鲜商务总董唐绍仪请求在汉城设立总领事，并派领事分驻各口。唐绍仪指出若不设领事“凡遇交涉及争讼事件，无人保护，与国体商情诸多窒碍”。总理衙门议后立即表示：“自应及早开办。”⑤ 以在汉

① 《总理衙门奏请派员出使美日秘国保护华工折》，《清季外交史料》，湖南师范大学出版社 2015 年版，第 64 页。

②③④ 《新嘉坡设立领事片》，《郭嵩焘奏稿》，岳麓书社 1983 年版，第 384 页。

⑤ 台湾“中央研究院”近代史研究所：《清季中日韩关系史料》第 8 卷。

城设领为契机，到光绪二十六年（1900），清政府先后在仁川、釜山及小吕宋、海参崴等地设立了领事馆。

光绪二十七年实行新政之后，清王朝设领事的态度渐趋积极。这一年，清政府在与荷兰议定商约时，一面令吕海寰与盛宣怀在国内与荷兰议约，订立领事关系的条文；一面令荫昌与其外交部交涉在荷属地设领事问题。之后，清政府加快了设领事步伐，从光绪二十八年到宣统三年（1911）不到十年间，在海外设立领事馆达二十七个，数量之多是以前几十年无法相比的。

正是在这种大背景下，清王朝在巴拿马设立了总领事馆。我们可以从清宫档案的记载中，尽力还原巴拿马总领事馆的设立过程。

二、驻巴拿马总领事馆设立的过程

巴拿马地处拉丁美洲中部，土地面积七点七万平方公里。十六世纪初巴拿马为西班牙殖民地，1718 年归属哥伦比亚，1903 年脱离哥伦比亚独立，称巴拿马共和国。同年美国取得巴拿马运河开凿权和运河区永久租用权。

光绪二十九年九月二十八日（1903 年 11 月 16 日），美驻华公使康格（Edwin H. Conger）专门为此发来照会，称原属于美国的“巴那（拿）马一省，现分立为民主新国”，据美国外部于本月十四号电，美国总统已经承认“巴那（拿）马为新民主自主之国”，并准该国“派来使臣呈递国书”[①]。就这样，“以西历一千九百零三年离哥伦比亚国，仰美保护宣布独立”的巴拿马，第一次以独立国家的形象，进入清王朝的视线[②]。

光绪三十三年六月初六日，美驻华公使柔克义（William Woodville Rockhill）转来巴拿马给外务部的信函，因信函系西班牙文，外务部“现无通晓此项文字之员”，因此将原信函送到海关赫德处希望帮忙找人翻译。但因海关“并无西班牙国人员”，而副总税务司裴式楷“虽于该国文

① 中国第一历史档案馆藏外务部档案：1903 年 11 月 16 日美驻华大使康格为本国政府承认巴拿马为自主之国并准使臣呈递国书事中文照会，档号：18-3663-001。以下外务部档案、军机处录副奏折，均为中国第一历史档案馆所藏。

② 外务部档案：宣统二年十月三十日试署巴拿马总领事欧阳庚为巴拿马地方华民工商及现办各事情形揭帖，档号：18-3674-001 附件。

字略经学习，未甚精通”，故将原信抄录寄到上海，令江海关的头等帮办绵嘉义代为翻译后再行送回。但是赫德、裴式楷在光绪三十三年六月十四日将巴拿马照会大意译出寄回[①]。

巴拿马外部照会以“欲与贵国设立通商之事，以固两国邦交”为由，提出“宜在中国设立一总领事府。现已选派东亚肋柏多穆来诺白来司为总领事，其公署则在香港驻扎，所办皆属中国一切公事”。同时，将巴拿马总统递交国书“封于照会内，即系遣派穆来诺白来司来华以膺总领事之职”，并请外务部将国书代为呈递光绪皇帝[②]。

巴拿马总统向中国递交国书的时间为公元1907年5月25日，即光绪三十三年四月十四日。国书中除了与照会重复的内容外，还强调了驻华总领事的职能，即“能以保护本国子民及巴纳玛（拿马）国之利益。无论何项，凡关乎合理体面及应为之事，均归该总领事办理。本总统亦饬本国商人船户及一切所属本国之人民，均当承认遵其命令”。为此巴拿马总统“特请中国大皇帝暨属下官员，祈即接纳此巴纳玛（拿马）国总领事”，“并祈允饬所属官员随时与其交接，深望遇事帮助保护”。同时表示，“倘以后贵国有派官员来本国者，亦互相一体看待”，明确允诺了中国可以同样在巴拿马设立驻总领事[③]。现存的外务部档案中，附有汉文巴拿马总领事的照会和巴拿马总统的国书，应当是后来正式翻译归入的。

但是，清王朝在允许巴拿马设立驻华总领事的同事，并未立刻设立驻巴拿马总领事。直到宣统朝时，驻巴拿马总领事的问题才真正提上议事日程，而其直接的原因是华工的保护问题已刻不容缓。

当时中国沿海地区的居民，由于生活所迫或者是怀着寻求新的出路的愿望，一批又一批华人背井离乡，漂洋过海，陆续到达中美洲的巴拿马。档案中就记载了当时修建巴拿马运河招募华工的情形。光绪三十年十月二十三日，外务部接到驻美大臣梁诚的咨文，“巴拿马埠自主立国，将开通海峡全权让归美国，迭议招雇各国劳工前往开掘”，“美国开河公局准其

---

① 外务部档案，光绪三十三年六月十四日海关总税务司赫德为抄寄上海税务司代译巴拿马在中国设立总领事原信致外务部信函，档号：18-3665-002。

② 外务部档案，1907年5月25日巴拿马外交部大臣为在中国派驻总领事事照会（译文），档号：18-3665-002附件。

③ 外务部档案：巴拿马总统为在中国设立领事署并派驻总领事事国书（译文）档号：18-3665-002附件。

包雇华人承工”。但是梁诚认为条件艰苦，“每工每日只索美洋六角，凡住屋医药衣食一切均包在内。本大臣以该处水土最恶，工作艰难，佣价过廉，公司苛刻种种情形均与华工有损无益”。并“据巴拿马商董戴国栋禀陈各节”印证，因此，梁诚要求国内查明情形刊布告示，“俾华人知所趋避，不至误遭骗诱”。因此外务部给两广总督咨文，由地方预为防范，“如果为疏通游惰起见，亦应由地方官勒令该公司优给佣值，妥定章程由美国领事官签印作保，始不虞或生他变”①。

光绪三十二年八月，驻美大臣梁诚再次报告，巴拿马开河拟招华工。“河局业已决议，暂招华工二千五百名作为试办，经刊发条款招人承雇。”并于“本月初三日在华盛顿开标出投，计到者四家”。其中，“中美招工公司允收每工每小时美金一角”，而且“此工资一角并非全为工人所得，而承雇公司一切薪工费用、招募费用、载运来往船价、衣服、食用、意外赔恤种种规费均在此内。并有代理人工头种种剥扣，其实到工人之手者不知能有三分之一否”。再加上“巴拿马天气酷热，水土恶劣，掘工开河工程艰苦，谈者以为畏途，而所得工资不及此间寻常劳动之半”。因工作条件及待遇恶劣，况且“按之公法度以邦交，美国既有招雇华工之事，应先向我商准订立专约，设官保护，始为合办。今乃迳与贪利华人私相授受，希图蒙雇，蔑我国权，轻我民命，而彼之藏头露尾，举止羞涩，自待亦甚薄矣”。因此提出，“我国既未地彼政府正式照会，尽可于公司来华招工之时，明出告示禁人应招。一则保全国体，二则执行公法，三则慎重民命。”前车之鉴不远，“南非洲华工滋事受虐补救无从”，“岂可任听子民再蹈覆辙”？“即使美人狡谲，专向飞猎滨（菲律宾）、香港、澳门等处雇使，我无从禁阻。然无论寄居何处，皆系中国子民，人数多至万千，我应有权保护。亦可据理力争，不容稍有含混”②。光绪三十三年二月，外务部向南洋大臣发出咨文，要求“严饬随时稽查，复出示晓谕”，以禁止华人应募③。

---

① 外务部档案：光绪三十年十一月初六日外务部为巴拿马招工一事已函复驻美大臣梁诚希饬地方官绅防范事致两广总督岑春煊咨稿，档号：18-3673-001。

② 外务部档案：光绪三十二年八月初八日驻美大臣梁诚为译呈美国开工局招工条款事信函，档号：18-3673-004。

③ 外务部档案：光绪三十三年二月初四日外务部为巴拿马招工之事无须具奏事咨稿，档号：18-3673-012。

在外务部档案中，暂时还没有发现巴拿马开河招募华工最后的交涉情形，但其结果可以从其他的资料中得到佐证：应该是有二千五百名左右的华工最终赴巴拿马开挖运河。

宣统元年，驻美大臣伍廷芳的报告称：巴拿马华侨“约三千余人，商多工少，营业颇称发达”[①]。到宣统二年十月时，巴拿马华工数量“约五千人，商居其九，耕种畜牧约二百人，洗衣及业裁缝者亦二百人，不工不商衣食于赌者百余人”[②]。从当时的记载可以看出，这些华人居住在巴拿马，绝大多数是从事经商事宜。当时中国尚未与巴拿马订立条约，也没有派驻使领，所有涉外事务向来由驻美大臣代为管理。但对于巴拿马地区的华人来讲，肯定是鞭长莫及的。宣统元年，驻美大臣伍廷芳曾言，“前由臣照会美外部转饬驻巴美使代为保护，虽稍资得力，然假手他人，终虞隔膜”[③]。因此，当时巴拿马华侨“只以未设领事官，时有被虐待情事”[④]，因此亟须设立驻巴拿马总领事。

为了设立领事，保护在巴拿马的华工，经清政府批准，驻美大臣伍廷芳于宣统元年（1909）七月十六日，开始了巴拿马之行，七月二十二日抵达巴拿马[⑤]。其时的巴拿马，“侨商数千，投资千万，几握其全国商务权之半”[⑥]，但由于“无代表专员，则于内政外交均时形不便”[⑦]。因当时英法“列国虽未立约，业已遣派驻使设有领事”。因此伍廷芳提出：“沿现在各国现在尚未立约先行派使之惯例，先与通好设领徐商订约”，“否则将来美国势力日益扩张”，不免出现“其一切华人利益竟为美国苛例所牵掣”的情形。再加上“此间华民三千咸作贸易，鲜有为工人者。华民习海便商竞争营业，均远出土人上，故土人亦深忌之”[⑧]。伍廷芳与巴拿马总统会晤，达成共识，“先行设领，继与订约”[⑨]。同时伍廷芳还给外

①④ 外务部档案：宣统元年十二月初六日外务部为拟设驻巴拿马总领事各官员缺试署事奏折，档号：18-3666-006。

② 外务部档案：宣统二年十月三十日试署巴拿马总领事欧阳庚为巴拿马地方华民工商及现办各事情形揭帖，档号：18-3674-001 附件。

③⑤⑦ 外务部档案：宣统元年八月初四日驻美大臣伍廷芳为旋美日期并查巴拿马商业情形事奏折，档号：18-3671-009。

⑥⑨ 外务部档案：宣统元年七月二十三日驻美大臣伍廷芳为请于巴拿马先行设立领事馆事电报，档号：18-3666-003。

⑧ 外务部档案：宣统元年八月初五日驻美大臣伍廷芳为请于巴拿马先行设立领事信函，档号：18-3671-007。

务部发了一份电报进行说明，明确提出“巴拿马应设领保护”，并且已经得到了当时巴拿马总统的允许[①]。伍廷芳根据调查巴拿马华侨的情形，以各种方式和途径多次恳请设立巴拿马领事馆。“现在美巴条约尚未妥定，我可先设领事，徐商定约，以期简捷，免将来华侨为美国苛例所牵制”[②]。现存的档案中，就有伍廷芳给外务部的信函、电报，也有请外务部代递的奏折等[③]。

宣统元年十二月初六日，外务部在拟请设立驻巴拿马总领事馆的奏折中，介绍了巴拿马重要的地理位置。“中美洲巴拿马旧隶哥伦比亚管辖，近年离哥独立，美国首认保护，借美款开巴拿马运河，以通太平洋航路。西欧诸国皆将改道于此，工商麇集，实为南北美转运之要冲，英法各国均设有领事。”且当地已有华侨三千余人，大多从商，因为没有使领保护，经常会受到不公正对待，因此“亟应设立巴拿马总领事”。外务部提出，“拣派熟悉外情人员前往驻扎，以资保卫所有一切。所有一切开办常年经费、俸薪、章程均照坎拿大美利滨新设总领事办法，添设二等通译官一员，二等三等书记官各一员”。分别有“温哥华正领事、江苏侯补道欧阳庚堪以升署驻扎巴拿马总领事；其二等通译官请以温哥华领署二等通译官留学美国毕业生欧阳琛调署；二等书记官请以温哥华领署二等书记官广东候补从九品章清鑑调署；其三等书记官请以候补通判缪蔚桢试署”[④]。欧阳庚在温哥华埠正领事任上，是江苏候补道衔，在被任命为巴拿马总领事官后，“仍留原有官衔先行试署”[⑤]。

十二月十六日，清政府以宣统皇帝名义颁布敕谕：“驻巴纳玛（拿马）国总领事官欧阳庚，兹因巴拿纳玛国华侨甚众，稽查保护责任宜专特派尔充巴拿纳玛总领事官前往驻扎。所有该处华商人等务须随时照料，

---

① 外务部档案：宣统元年七月二十五日驻美大臣伍廷芳为巴拿马应设领并巴拿马总统已允事电报，档号：18-3666-002。

②④ 外务部档案：宣统元年十二月初六日外务部为拟设驻巴拿马总领事各官员缺试署事奏折，档号：18-3666-006。

③ 外务部档案：宣统元年八月初五日驻美大臣伍廷芳为请于巴拿马先行设立领事信函、宣统元年七月二十五日驻美大臣伍廷芳为巴拿马应设领并巴拿马总统已允事电报、宣统元年七月二十三日驻美大臣伍廷芳为请于巴拿马先行设立领事馆事电报、宣统元年八月初四日驻美大臣伍廷芳为旋美日期并查巴拿马商业情形事奏折，档号：18-3671-007，18-3666-002、003，18-3671-009。

⑤ 外务部档案：宣统二年二月十六日驻巴拿马总领事欧阳庚为报交卸温哥华领事印务并起程前赴巴拿马日期事申文，档号：18-3667-002。

遇有商务交涉事件妥为办理，仍秉承外务部核示遵行，俾臻详慎。尔其殚竭智虑，敬谨将事，毋负委任[①]。”十二月十八日，外务部照会巴拿马外部，告知将派出欧阳庚充当驻巴拿马总领事官，“奏颁委任敕谕，发交该总领事官祗领前往任事”，请“给予认准文凭照章接待”[②]。此次致巴拿马外部的照会仍然“由驻美张大臣转交”[③]。十二月二十一日，外务部抄录委任巴拿马总领事馆官员的奏折及谕旨，并将“部刊给关防一颗”札行欧阳庚[④]。欧阳庚领到“颁发到敕谕一道、驻巴那纳玛（拿马）总领事官关防一颗”[⑤]，正式成为清代第一任驻巴拿马总领事。

宣统元年十二月十五日，欧阳庚从温哥华给外务部丞参发来电报，请求拨给开办巴拿马总领署的经费并添派三等书记官[⑥]。宣统二年正月二十八日，外务部札行欧阳庚等人。于是欧阳庚于宣统二年二月十六日将“温哥埠领事官关防”印务及相应文书、薪俸银两等，移交新任署温哥埠正领事官张康仁接收，通译官欧阳琛、书记官章清鉴也于二月十六日随同交卸。新任巴拿马总领事官欧阳庚就于二月二十日率同通译官欧阳琛、书记官章清鉴由温哥华起程前赴新任[⑦]。

在欧阳庚给外务部丞参的信函中，可以了解到整个赴任行程。欧阳庚率同通译书记各官，“由温哥华起程取道美境，由舍路砵仑经金山纽柯连等处，前赴巴纳玛（拿马）”。“沿途六易舟车，盖巴那纳玛（拿马）虽隶属中美而由温至巴道路颇为曲折，非一水可达，又因风雨阻滞，旬日直至四月初一日始抵巴那纳玛（拿马）国”。侨寓巴国的华侨商民等“先期联同在个啷埠伺接迎请登岸”，欧阳庚当即“宣布朝廷德意，设官保护，优加抚慰”，侨商人等“莫不异口同声感戴皇仁”。一番往来之后，该处

---

① 外务部档案：宣统元年十二月十六日外务部拟写驻巴拿马总领事欧阳庚敕谕，档号：18-3666-007 附件。

② 外务部档案：宣统元年十二月十八日外务部为派欧阳庚充驻巴拿马总领事希发文凭事致巴拿马外交部照会稿，档号：18-3666-009。

③⑤ 外务部档案：宣统二年四月十八日驻巴拿马总领事欧阳庚为接准巴拿马外交部照复接待文并谒见该国总统日期事申文，档号：18-3667-005。

④ 外务部档案：宣统元年十二月二十一日外务部为总领各缺录旨抄送并发给关防札件事致驻巴拿马总领事欧阳庚札稿，档号：18-3666-012。

⑥ 外务部档案：宣统元年十二月十五日驻温哥华领事欧阳庚为请拨开办驻巴拿马总领署经费并添派三等书记等事电报，档号：18-3667-001。

⑦ 外务部档案：宣统二年二月十六日驻巴拿马总领事欧阳庚为报交卸温哥华领事印务并起程前赴巴拿马日期事申文，档号：18-3667-002。

"个唧埠总督遣员前来接待"，欧阳庚婉言致谢。"随即搭车前赴巴京，即于是日开办领馆"①。

四月初一日欧阳庚抵达巴拿马，同时二等通译官欧阳琛、二等书记官章清鉴、三等书记官、缪蔚桢均也在同一天随同到达，开办领事馆，启用关防②，驻巴拿马总领事馆正式设立。

三、驻巴拿马首任总领事欧阳庚的活动

欧阳庚，广东香山人。清同治十一年，十四岁的欧阳庚考取官费留美幼童，在九年内完成了十六年之课程，于光绪七年毕业。在出任第一任驻巴拿马总领事前，曾任旧金山总领事、温哥华正领事等职。光绪十八年，欧阳庚在驻美大使辖下任"金山翻译官候选通判"。父亲去世按例应丁忧，但当时的驻美大臣崔国因奏称："欧阳庚熟悉情形，经手事件甚多，无员可派接替"，因此留用，待差满后补制③。光绪二十四年，因出洋期满，时任江苏直隶州知州衔的欧阳庚等人"升叙加衔"④。宣统元年十二月之前，作为温哥埠正领事，欧阳庚授衔为江苏候补道⑤。在试署巴拿马总领事官之后，欧阳庚授布政使衔江苏存记道⑥。

图 1　驻巴拿马总领事欧阳庚

从档案记载内容上看，欧阳庚任驻巴拿马总领事以来，任内活动主要有：开办总领事馆、启用关防、申报领事馆各员履历、赴巴拿马外部接洽

① 外务部档案：宣统二年四月十八日驻巴拿马总领事欧阳庚为抵达巴拿马大概情形事信函，档号 18-3667-006。

②⑥ 外务部档案：宣统二年四月十五日驻巴拿马总领事欧阳庚为已到巴拿马开办总领事馆及启用关防事申文，档号：18-3667-003。

③ 军机处录副折，光绪十八年三月二十一日驻美大臣崔国因候选通判欧阳庚请留用事奏片，档号：03-5290-069。

④ 《清德宗景皇帝实录》，光绪二十年四月。

⑤ 外务部档案：宣统二年二月十六日驻巴拿马总领事欧阳庚为报交卸温哥华领事印务并起程前赴巴拿马日期事申文，档号：18-3667-002。

并谒见巴拿马总统、调查侨民状况并处理相关事务、代递国书等。

宣统二年四月初一日，试署巴拿马总领事官欧阳庚并通译官书记官等抵达巴拿马，"即于是日开办总领事馆"①，标志着驻巴拿马总领事馆的正式设立。

驻巴拿马领事馆设立之后，首先要获得巴拿马政权的承认，正式确定驻外领事馆的合法性。因此欧阳庚"恭录敕谕并将开办总领事馆日期备文照会"递交巴拿马外部。四月十二日，巴拿马外部"复称照章接待"，并"送到由该国现任总统签押承认文照一张"收存备案。四月十三日，欧阳庚前往巴拿马外部接洽，当天"即由该外部大臣带领晋谒总统，承其款接，优礼有加，并道通好之意"②。

在与巴拿马外部及总统往来的同时，总领事馆还将初设事务向国内相关机构汇报。宣统二年四月十五日，试署巴拿马总领事官欧阳庚将四月初一日开办领馆并启用关防之事向外务部申报③。同日，并将领事馆署二等通译官欧阳琛，署二等书记官章清鉴，试署三等书记官缪蔚桢等衔名及出身履历备造清册报外务部备案④。四月十八日，将巴拿马总统"签押承认文照暨谒见该国总统日期"申报外务部⑤。

至于调查当时的侨民状况，欧阳庚在宣统二年四月十八日致外务部丞参的信函中，就详细记录了巴拿马侨民的大体情形。当时的巴拿马，共分为七个地区。"自独立之后，禁我华民入境甚严，无论工商各界概不准入境。间有未经向该政府领有册纸者，一经查获立即拘留拨发回华，因此侨民时有被扰情弊。该侨商等从前曾延律师与该政府驳论禁例，几费辩驳，始准该大行商店遇有店伴回华，先期报明该政府给发凭照，准予另换一人前来。"侨民在巴拿马生活之艰难显而易见。同时，侨民在巴拿马的商业经营情况也发生了变化。"华民商务之在巴国者，以巴京为最大，次则个啷埠。由巴京至个啷埠开河一带，火车路所经约共华里一百四十余里，华民店铺约三百家，零星散处各埠者，亦不下百十家，约共有三千余人，商多工少。我华民商务从前本甚发达，自前岁美国在开河一带开设卖平货公

①②⑤ 外务部档案：宣统二年四月十八日驻巴拿马总领事欧阳庚为接准巴拿马外交部照复接待文并谒见该国总统日期事申文，档号：18-3667-005。

③ 外务部档案：宣统二年四月十五日驻巴拿马总领事欧阳庚为已到巴拿马开办总领事馆及启用关防事申文，档号：18-3667-003。

④ 外务部档案：宣统二年四月十五日驻巴拿马总领事欧阳庚为报送领事馆各员履历清册事申文，档号：18-3667-004。

司专售物件与开河工人，我华民商务逐致减色。现在商务情形大非昔比，然尚有微利可图。又我侨民在该国置有产业者，亦不乏人”①。

侨民在巴拿马置业也存在问题。根据当地侨民严生意等到领事馆汇报的情况来看，“民等在此侨寓，日久娶妻养子，置有产业”。巴拿马政府屡次以“中国能否允准巴国人民在中国置业”为由，提出“如中国允准，则巴国亦允准中国人在此置业，给发执照”。当时侨民所置办的产业，巴拿马政府大多没有发给执照，必须由中国领事官签字方可发给。对此情形，欧阳庚提出解决办法：“此事关系我侨民身家财产甚大，经即答复，如巴国准我侨民置业，则我国亦可照办。”欧阳庚通过迭次接见华侨商民人等，了解到侨民平日所受到的种种苛待情形以及“屡次呼吁请设领保护”的缘由，认为“现在亟宜妥筹保护之法，挽救之方，择其尤苛之例与之交涉删除，始足以慰侨情而维商务”。为了交涉事务便利，欧阳庚还打算“延聘法律优长之洋员一名”，每月由欧阳庚发给薪水，“以便遇事顾问，似与交涉上不无小补。将来如有成效，再当另筹津贴办法”②。

未设立中国驻巴拿马总领事之前，与巴拿马的交涉往来文书往来依靠驻美大臣转交。比如递交欧阳庚的委任敕谕及致巴拿马外部的照会，便是由当时的驻美大臣张荫棠转交③。随着驻巴领事馆的开办，中国与巴拿马两国之间递交国书的职责自然就从驻美大臣转归于总领事欧阳庚。从档案记录来看，宣统二年七月，外务部接到巴拿马外部照会及其新任总统国书后，一方面上报皇帝，另一方面将答复巴拿马的国书及照会札送巴拿马总领事欧阳庚，并要求“该总领事配译洋文一并转送”④。欧阳庚收到外务部文书后，按照其要求进行翻译，然后将“答复国书一道，该外部照会公文一角配译洋文二件送交该外部大臣接收”，由巴拿马外交部将国书代呈总统。欧阳庚除收到巴拿马外交部回复备查外，同时将递交国书照会日期报外务部⑤。

①② 外务部档案：宣统二年四月十八日驻巴拿马总领事欧阳庚为抵达巴拿马大概情形事信函，档号 18-3667-006。

③ 外务部档案：宣统二年四月十八日驻巴拿马总领事欧阳庚为接准巴拿马外交部照复接待文并谒见该国总统日期事申文，档号：18-3667-005。

④ 外务部档案：宣统二年七月十四日外务部为答复巴拿马国书及照会一并转送事致驻巴拿马总领事欧阳庚札稿，档号：18-3669-004。

⑤ 外务部档案：宣统二年十月初三日驻巴拿马总领事欧阳庚为报答复国书赍送日期事申文，档号：18-3669-005。

从档案记载来看，作为首任驻巴拿马总领事的欧阳庚，自陈“自顾菲材，渥荷委任，责无旁贷”，希望做到“凡可为侨民汰一分之苛例，即吾民获一分之幸福。惟有尽职分之当为，以期无负委任而已”。但在实际的交涉事件中，作为领事官的欧阳庚必须做到“随时随事”“禀承”外务部的指示而行，不太可能有个人选择的余地。欧阳庚曾提出，解决侨民在巴拿马置办产业的合法化，需要中国能够允许巴拿马国人民在中国置产①。这种办法，基本符合当时的国际惯例。但在当时，外务部的答复却是：“查中国向章，非通商口岸除各国教堂公产外，无论何国人民不得在内地购置产业，载在条约。华侨之在各国置地置产者，不独美洲，并无两国人民得以互相置产之例。”所以在给欧阳庚的信函中称，其所提议解决方案，“万勿轻易提及为要”②。

小　结

当清王朝闭关锁国的美梦被无法阻挡的西方坚船利炮及其伴随的淋漓鲜血所破灭，已经破败不堪的天朝帝国身不由己地卷入了世界的旋涡。清王朝驻巴拿马领事馆的设立和其他的驻外使领馆的建立，共同组成了中国外交近代化的进程。其中，驻巴拿马领事馆的设立，是清王朝试图融入国际舞台的一次艰难尝试，也勉强算得上是中国外交史上的一小步了。

但在同时，历史的细节不容忽视。新兴的巴拿马，从 1903 年独立建国到 1907 年提出在中国设领事，也不过用了四年的时间；而老朽的清王朝则踯躅反复，等到派出的首任总领事官欧阳庚正式抵达巴拿马的时候，历史的脚步已经迈入了宣统二年的农历四月。而此时，距离这个末代王朝的最终覆灭仅仅只有十四个月的时间。从这个角度看来，驻巴拿马领事馆设立这种事件的发生，仅仅是当时清王朝在历史大潮的裹挟中，所进行的谨小慎微的弱国外交的一抹剪影。对于日暮西山的清政府来说，更像是一种黑色幽默，带着深深的穷途末路的苦涩。

① 外务部档案：宣统二年四月十八日驻巴拿马总领事欧阳庚为抵达巴拿马大概情形事信函，档号 18-3667-006。

② 外务部档案：宣统二年七月十四日外务部为答复华侨在巴拿马置产事致驻巴拿马总领事欧阳庚信函稿，档号：18-3672-009。

清末福建官脑局兴办始末

清末福建官脑局在福建近代工业的兴起上占有重要地位，无论在企业性质、资金来源、经营方式以及存在问题等方面，都有自身特点，是我国近代工业发展史上的典型事例之一。

一

樟脑（古称龙脑）曾是福建林业的一项重要产品，五代时就已经成为贡品。[①] 清末，樟脑因其特殊的化学价值，特别是在火药上的特殊用途，逐渐受到重视，它的销售价格在国际市场上也不断看涨。光绪二十一年（1895）以前，中国出口的樟脑每年约有一万担，每担产地价为十元，在香港市场为十六元，主要产地在中国台湾。光绪二十一年以后，台湾被日本侵占，在日本政府的支持下，日本商人在台湾哄抬樟脑价格，并不断有人到福建采购樟脑，在福建民间引发一股砍树熬脑之风。古田县樟树“大者每株可售千金，小者亦可售数十金”。[②] 霞浦县“樟脑盛行，砍斫数十寮，历十余年而不尽”。[③] 建安县“大樟制油及脑，每年约有万余斤，各处至县，由溪载船，转运至省，装轮船出口外国及香港等处，省垣销售至上海，香港多销外洋较广”。[④]

福建地方樟脑产业，在相当长一段时间里，是由本地人林朝栋开办的

① 徐晓望：《闽国史》第五章，第321页，台湾五南出版公司1997年。

② 余钟英等：《古田县志》第20卷，震文江记印务局1942年排印本。

③ 徐友梧：《霞浦县志》下册，实业志，第18卷，第3页，1929年。

④ 王宗猛：《建安乡土志》，商务，清光绪三十一年。

裕本樟脑公司办理，因生产不得法，亏损很大，至光绪二十七年年初，处于即将破产的境地。就在福建樟脑事务举步维艰之际，日本驻厦门总领事上野专一与技师爱久泽直哉一同拜见闽浙总督许应骙，提出愿代借成本，由福建政府收购裕本公司，设立官脑局，并由日本技师爱久泽直哉专理制炼销售事宜。同时，日本驻华公使内田康哉就创办福建官脑局一事向外务部鼓吹："福建之地樟树多散在各处，他省不视其比，殊以漳州、永春、龙岩等处为最多，倘能制脑得其法，售卖察其途，货色不差，供需制宜，则兴前古未开之利源，民亦因之新得业，实为一举两得之策矣。"并提出："福建设官脑局，延聘熟练之技师，专理局内之考验、制炼、定价以及广筹销售各事宜。"①

许应骙很快同意了上野专一等人的建议，他令福建洋务局议订福建官脑局试办章程，于光绪二十七年十一月二十七日，咨请外务部核准，但未获同意。就在许应骙往返于商请之际，日本驻华公使内田康哉偕同日本技师爱久泽直哉于光绪二十八年三月赴京，至外务部会晤庆亲王奕劻，面订节略六条，其宗旨为：为福建省新开财源起见，创设官脑局，由总督派定监督，总理通省脑务一切事宜；闽省官脑局所需开办成本银两，由闽浙总督设法筹拨，雇用日本技师爱久泽直哉试办六年，制脑事务乃至销售事宜由日本技师经理。外务部就福建创办官脑局一事，在致闽浙总督许应骙的咨文中称："其详细合同仍由贵督派员与技师面订，至开办资本应俟技师到闽察看情形方能估定数目，如果为数较巨，闽省未能尽数筹拨，不妨与日本银行商借，凑足其借款，合同即

图1　奕劻像

① 中国第一历史档案馆藏：外务部档案，第2579卷。

由闽省与该银行议订。”① 许应骙收到外务部的咨文后，立即着手筹备成立福建官脑局，并同林朝栋商定，以两万元的价格将裕本樟脑公司收购。

光绪二十八年闰五月二十七日，福建官脑局在厦门成立，闽浙总督许应骙委派兴泉永道延年督办官脑局事务。在福建官脑局成立之日，中日双方在厦门签订了《福建官脑局试办章程》，大意如下：

（1）福建现设官脑局，试办漳州、永春、龙岩三属及本省产脑地方脑务，由闽浙总督委派兴泉永道延年常驻官脑局，督办一切脑务，并聘请日本专门技师爱久泽直哉经理制炼、销售事宜。

（2）本章程宣布施行之后，不准内地民人私自设灶熬脑，倘有自备资本熬脑者应向官脑局申请，批准后按有关熬脑规定办理，其由官脑局借款熬脑者，所熬之脑及渣余之物尽数送交官脑局，由官脑局照所定公平价格收买，交由技师考验，灶户人等不准私擅售卖，以免货色参差，有碍商务。

（3）内地樟树局如愿批量购买其树，树价应由官脑局督办，派妥实可靠之人前往检查樟树品质，再行订购。

（4）产樟熬脑地方均属内地，所有请照设灶之人，必须确系中国百姓方准照办。此外，外国官商以及台湾籍民，一律不准开办。

（5）产樟熬脑地方系属内地，各国洋商如有需用官脑，应准向官脑局照价购买，不准违反条约，自入内地设灶制造。

（6）官脑局所制樟脑由局给予护照，指定通商口岸，经过内地沿途局卡，准其查验免厘，至出口时应缴纳海关各税。

（7）华洋商人在内地购运官脑，只准在指定通商口岸出口，如有走私者，一经查出，照章罚办。

此外，在《福建官脑局试办章程》中还明确指出，待官脑局正式开办之后，将由福建官脑局与日本技师爱久泽直哉陆续制定《官脑局办事细则》《熬脑售脑细则》《收买民人樟树之法》《督察民人熬脑之法》等一系列具体实施办法。

光绪二十九年三月，福建洋务总局与日本技师爱久泽直哉签订了《延聘日本技师合同》，在合同中明确规定：由官脑局聘请日本专门技师爱久泽直哉，负责考验以及熬制樟脑，责成该技师遇事应首先禀请官脑局

① 中国第一历史档案馆藏：外务部档案，第2579卷。

督办，经批复后方能施行。至于销售事宜由技师酌视情形商明督办，禀候总督部堂批准。在合同中还明确说明作为官脑局延聘日本技师，不得视为日商包办。如该技师违反章程，准其告退，或可由官脑局辞退。总之，福建官脑局应符合官督商办的本意。同时，中日双方还签订了《福建官脑局借款合同》，主要内容为：官脑局应需成本，现拟筹措洋银二十万元，由技师爱久泽直哉向日本三五公司全数保借，该公司自愿不取利息，试办六年。待合同期满后按年提还成本，并交报效银十万元。制出樟脑出售时，每担扣缴税银七元，每年总结一次，除去应缴关税及一切薪金费用款并酌提公积金归还成本外，实得余利分作十成，以三成给技师花红，以二成赏给官员杂役，以五成归官脑局存储候拨。

光绪二十九年六月二十四日，署理闽浙总督崇善接办福建官脑局事务，将《福建官脑局试办章程》《延聘日本技师合同》《福建官脑局借款合同》奏报光绪皇帝，八月十四日获准施行。

二

福建兴办官脑局，其本意是闽省地方官筹款自办，聘请日本技师帮助办理，技师自应遵照合同办理，不得视同日商包办，以至妨碍中国主权。可事实是官脑局开办之后，在一年多的时间里，并未设厂制炼樟脑，根本无利可言。爱久泽直哉越权办事，不遵守合同，将官脑局所借三五公司二十万元存入银行，就连官脑局督办官员应得的月薪，也是经常拖欠不发。而该技师经手用款，随意挥霍，从不造册报销。甚至多次派日本人分赴内地以考察脑务为名，查拿私脑，滋生事端。官脑局督办、兴泉永道延年也对官脑局的管理漫不经心，一味含糊迁就，遇事从不向闽浙总督禀报，以至事态越发难以控制。

不久，李兴锐署理闽浙总督，上任后立即着手解决官脑局这些弊端，首先改委黎国廉赴厦门督办官脑局事务。责成延年饬令爱久泽直哉将官脑局成立后所用款项一一统计造报，经过核实，已耗费洋银十三万元，仅该技师一人薪费每月就报支一千二百元，纯系由他私自做主。此外，滥支浮费的现象也非常严重。李兴锐批饬黎国廉继续仔细核查，以便酌情进行整顿。

就在李兴锐准备整顿福建官脑局事务之际，日本技师爱久泽直哉依然我行我素，经手款项从不造册报销，办理脑务依旧不报请官脑局督办，官脑局屡次催饬核报，他竟置若罔闻；爱久泽直哉其所派缉查私脑的日本人，李兴锐多次让他撤回，但他拒不照办；各国商人购运樟脑，执有地方政府发给的三联报单，爱久泽直哉也违约进行阻拦，先后截获樟脑数十起，如何处置一概由他个人说了算。官脑局中方督办形同虚设。爱久泽直哉如此办理福建樟脑事务，违背了中日双方所订的各项合同，显然与官督商办的原则大相径庭。

李兴锐越发感到事态发展的严重性，指令福建按察使杨文鼎、黎国廉电邀爱久泽直哉来福州，会同日本驻福州领事上野专一磋商解决官脑局诸多弊端的具体办法，经过双方多次会晤，问题非但没有解决，反而产生更大分歧。光绪三十年五月十六日，日本技师爱久泽直哉提出议改章程二十条，侵权逾利更加明显，较原合同更加变本加厉，杨文鼎、黎国廉据理力争，酌拟大纲八则进行驳斥，特列表加以对照：

日本技师爱久泽直哉议改章程二十条		杨文鼎、黎国廉驳斥内容
1	20 万元借与福建政府，年利 5 分，借期 10 年，每年还款 2 万元。	三五公司借款 20 万元，由官脑局承借，原约本无利息，现改每年付息 5 分，应由改定之日算起，分 6 年还期，或一次还清，此约即行停止。
2	赔偿裕本公司林朝栋之 2 万元，归政府负担，由官脑局支出，督办、技师会同当面交与。	此款应由官脑局与林朝栋直接办理。
3	福安等处樟树归三五公司，以福建官脑局的名义进行制造，用来补偿本息。	因借款之故，福建官脑局愿将所出之脑全数卖与三五公司，逐渐清还所借本息。
4	爱久泽直哉以福建脑务监督之名总办脑务，福建政府不得聘请他人。	脑务系中国官办之事，一切应由督办做主，日本技师应享有的权限已经写在原订合同中，此外不用再议。
5至10	设置官脑分局 30 处，以适任者为分局长。各分局依三五公司的推荐，设日本技师及通译若干名，不得聘请他人。各分局技师督办一切脑务事宜。每名技师每月俸薪 200—1000 元，由中国政府支给三五公司。中国政府每月交 2000 元给各分局，用以购买樟脑，其支配权归日本技师。	脑务系中国内政，一切用人理财、设局办事均由福建政府做主，三五公司所派技师不得以任何借口干预。

续表

	日本技师爱久泽直哉议改章程二十条	杨文鼎、黎国廉驳斥内容
11至12	福建全省境内百姓经特许制造樟脑及脑油等类似产品，无论是收买者、充公者及直辖制造者在福州或厦门以樟脑上等50元以下，中等47元以下，下等44元以下；樟脑油以上等13元以下，下等10元以下卖与三五公司。当市价下落之时，三五公司其收买价也随之下调。	官脑局收买樟脑，即可转卖三五公司，但市价涨落不同，所有收买樟脑价格应由官脑局随时酌定。
13	政府以买入樟脑及樟脑油之原价加包装、搬运、雇用费3.5元；此外，每百斤樟脑加10元之价于福州或厦门交与三五公司，但三五公司于海关税之外免除一切课税。	就价加税及装运各费，时间、地点不同应由官脑局酌情制定办法。
14	三五公司售脑获利与政府均分。	官脑局受亏太甚，莫如官脑局收脑卖与三五公司，脑价自行制定，公司不得干预，公司赢利，官脑局也不过问。
15至16	樟脑油每百斤各分局长获佣金1元，樟脑油以每百斤18元之价格卖与三五公司，但其价格随香港产品价格涨落。	樟脑油佣金、卖价应照樟脑办法由官脑局随时酌定。
17	福州、厦门检定油脑品质、重量与包装，但制造各分局以110斤作100斤，以补水分之损耗。	脑油品质可由官脑局询访三五公司斟酌办理，收脑应否添加重量应由官脑局视实际情况自行酌定，公司不必过问。
18	严禁百姓过量制造及买卖行为，超量部分予以罚款，其款项三五公司与中国政府平分。	事关内政，三五公司不得干预。
19	福建政府不得违背本契约之各条。	日本技师应得权限，早载原订各约，现另议办法实无必要。
20	前各项政府之还偿金钱，若支出迟延，每百元加利息4仙，作为延滞之罚金。	还金自有定期。

从上列表格可以看出中日双方就办理福建脑务一事，已经产生严重分歧。在双方多次协商无效、双方人员难以共事的情况下，署理闽浙总督李兴锐于光绪三十年五月二十八日致函外务部庆亲王奕劻，要求解除原订合

同，辞退日本技师爱久泽直哉。很快，外务部同意了闽浙总督的请求，并责令福建官脑局事宜暂行停止，分设局所一律裁撤，所有日本技师经手款项由督办查核清楚，分别扣抵归还。① 爱久泽直哉得知闽浙总督这一举动后，表示要予以起诉，并请日本政府出面进行干预。

当日本驻华公使内田康哉得知闽浙总督李兴锐欲将福建官脑局全行撤废，并将日本技师爱久泽直哉辞退一事，于光绪三十年十月三十日照会外务部："奉本国政府训条，撤出福建省内地之本国人一事，断难允行，但闽督如能将撤废官脑局照会收回，即可派驻厦门上野领事前往福州将此事宜妥为商结。"②外务部在收到日本驻华公使内田康哉照会后，立即明确表示续办福建官脑局已不可能，只能是开议停撤官脑局，别无选择。日方见中国的态度如此坚决，只得作罢。

光绪三十年七月魏光焘署理闽浙总督，继续查办福建官脑局事务，坚持将福建官脑局全行裁撤并辞退日本技师爱久泽直哉。

三

光绪三十一年八月，上野专一领事带领爱久泽直哉，与福建洋务局鹿学良、孙传兖就解除合同一事举行多次会晤，日方仍坚持认为原订合同以六年为限，双方约定期限未满，不能中途更改，必须接办，并要求赔偿爱久泽直哉一切损失。福建洋务局官员以合同虽载有六年期限，但亦载有期限内辞退技师之条，爱久泽直哉越权行事，办理脑务不符合规定，按照合同应当辞退，并且福建脑务属于官督商办，并非日商包办，不能由爱久泽直哉一人把持。

上野专一领事见福建官脑局已没有接办的可能，只得同意停办。九月十八日中日双方签署了《停撤福建官脑局合同》，其内容为：

（1）技师爱久泽直哉前代福建官脑局向日本三五公司所借资本二十万元，现由福建政府全数认还。除内有七万元存放台湾银行，由福建政府通知该银行交还技师抵归前借外，福建政府实认归还三五公司本银十三万元，另认利息三万元，统应还银十六万元，内一万元俟技师将内地樟树悉数点交中国委员接收清楚后再行核给，其余十五万元由签字日算起，以六

①② 中国第一历史档案馆藏：外务部档案，第 2579 卷。

个月为限，分作三期均还，每期两个月，各还银五万元，每期均交由领事转交技师。

（2）技师前代官脑局经手在内地所购买之樟树，现经算明均应归福建政府收回。应由技师将各树主所立之字据于本合同签字之后立即交出，由福建政府委员，并由技师或派人同往，将内地所有购定樟树如实点交委员及地方官接收，并经领事官证明樟树系全数交出，并无遗漏一株。所有从前由技师派赴内地各分局办事之日本人，于本合同签字之日起，限二十五日内一律撤回，并将官脑局督办从前发给各分局的戳记一律缴回。

（3）官脑局停撤后，脑务如何办理概由中国自主，但福建政府承诺今后不再将此脑务与别国人订立与此项办法相似的合同。

（4）嗣后日本人如在内地采买已成之脑，照外国人赴内地采买土货之例办理，不得有违约章。倘日后中国内地许可外国人在内地制脑，日本人亦同获其利。

（5）以上各条既经签字实行，所有从前因办官脑局所定合同章程一律作废。[①]

就此，中日合办三年的福建官脑局宣告终结。

综上所述，不难看出清政府为开辟财源，维护其摇摇欲坠的封建统治，兴办了福建官脑局。但面对突如其来的中外合作方式、外来资本的介入以及经营管理方法，没有及时制定出相应的对策，这一愿望并没有迎来好的结果，福建官脑局最终以失败而告终。这与晚清政府的腐败、中国半殖民地半封建的社会状态是分不开的。日本对福建官脑局的投资，其目的就是要垄断中国樟脑市场，为其侵略扩张政策服务。中日合办福建官脑局，在一定程度上瓦解了福建地方自然经济，高额贷款给百姓增加了沉重的负担，使民族工业的处境愈显艰难。

① 中国第一历史档案馆藏：外务部档案，第2579卷。

清末延长油矿建立述略

2005年是陕西延长油矿创办一百周年。清末陕西延长油矿的创办，成为我国近代石油工业的发端，在中国石油发展史中占有重要地位，颇值得研究者重视。

一

我国发现和利用石油的历史悠久，早在东汉时期，著名的历史学家班固（32—92）在其所著的《汉书·地理志》中就记载了：“高奴（今延安）有水可燃。”唐代段成式（？—863）在《西阳杂且》中描述：“石漆，高奴县石脂水，水腻浮水上，如漆，采以膏车及染灯，及明。”北宋著名科学家沈括（1031—1095）在任延路经略龛使期间，对陕北延长石油做了深入细致的考察和研究，并在《梦溪笔谈》中写道：“延境内有石油，旧说高奴县出脂水，即此也。”沈括首次提出了“石油”这个科学命名。中国近代开采石油，始于十九世纪末，《清史稿·矿政》中有这样的记载：“石油则陕西延长、甘肃玉门、新疆库尔咯喇乌苏，连同其他矿产，或官办或商办，或官商合办。”由此可见，延长油矿是中国石油工业最早的开拓者。

鸦片战争以后，西方列强纷纷入侵中国，在西方列强政治、经济、文化的全面侵略下，中国自给自足的自然经济受到前所未有的破坏。光绪朝以前，中国百姓大多用植物油来点灯照明。两广、福建用的是花生油，江苏、浙江等地用菜籽油，北京用棉籽油、蓖麻油。四川山区有上万名挑夫，专门以贩运蜡烛为生。

清朝同治年间，西方国家开始从石油中提炼煤油，并有少量煤油输入中国，煤油的使用在当时还是十分稀奇的事。但到光绪八年(1882)，沿海数省，每年销售煤油的数量就达数百万担。又过十年，即使是在中国最偏远的省区，煤油的使用也已是十分普遍的事情了。西方列强最初运到中国的煤油装在铅铁箱中，外面还要用木箱包装。19世纪末二十世纪初，外国驻中国洋行纷纷采用油船运油，然后将油储存在通商口岸事先选好的油池中。如德国瑞记洋行于光绪十九年八月四日就在上海浦东陆家渡修了一座储油池，能储二千五百吨煤油。用这种方法保存销售煤油，大大降低了运输成本。欧美各国大量“洋油”源源不断地进入中国，仅据光绪三十一、三十二两年的海关贸易资料显示，每年要支付一千五百万两以上的巨额白银，成为国家的一大漏卮。光绪二十一年中日签订《马关条约》，外国人获得在中国开办工矿企业的特权，各国侵略者纷纷在中国开办工矿企业。有资料显示，自光绪二十二年至三十四年，西方列强先后在中国开矿六十二处。[①] 中国油矿的开采同样受到西方列强的垂涎，原有靠船不远万里将煤油运往中国的方式，已不能满足他们更加贪婪的胃口，他们要在中国境内寻矿采油，就地销售，从而获得更高额的利润。

二

光绪二十九年（1903）年初，德国水师提督汉纳根暨世昌洋行探明陕西延长育才书院官地有石油可以开采，便串通委派大荔乡绅于彦彪由天津赴延长查办商开油矿一事。于彦彪代表世昌洋行并持有德国官方查办油矿的委托书，会同延长县乡绅刘德磬、郑明德、宋金声、郑肯堂等人，经过私下磋商，于五月初八日签订合同，在合同中称：“今德国办矿人于彦彪执有德国领事官商办合同，由天津来延长县验油商办。现经绅民悦从具禀，本县地方官转详层台，如中国官商情愿自行开采延长油矿，则不与于彦彪相干，此议作为罢论，合同亦为废纸。若中国不愿开采，准西商开办，俟奉批后，以六个月为限。由于彦彪执此为据，往津领取经费，聘请

① 汪敬虞：《中国近代工业史资料》第二辑下册，第140—145页，北京：科学出版社1957年。

矿师以及购办机器等物，来延开采，逾期即废。凡延长境内各处油苗一经于彦彪奉批立据，即期限内不准他人在境内另开……至于开办应议股份，俟于彦彪回津订立办法，一切章程、议定合同来延时再行商酌。”① 订好合同后，于彦彪等人禀请延长县知县畲元章恳祈转禀延安知府及矿务局开办延长油矿，禀文称：“延长县旧有石油苗数处，可以燃灯，而质浊气秽，久置不用。今于彦彪查得延长离城十里烟雾沟一处，油苗虽微，实系石油之源，藏汇甚广，且地近黄河运道，现已设法商同地主绅民等订合同，会禀恳请转祥层宪，行查天津领事，如事不实，于彦彪一行在延静候，自甘坐罪。如蒙允准，概照路矿章程办理。”②

畲元章收到于彦彪的禀文后，认为路矿章程中并没有洋商开办矿务的具体明文规定，对应否准其所请，毫无把握，立即禀报延安府知府刘树德，刘树德不敢怠慢，又赶忙禀报陕西巡抚升允，六月八日，升允据其所请咨呈外务部：“……本司道等共同商酌，似应照准。唯近查各省勘办矿产，假借各色招摇敛费所在皆有。虽据于彦彪禀称系德国领本承办，仅系一面之词，殊难凭信。慎之于始，尚可少杜弊端，相应照章详请府赐查核。”③

八月三日，外务部就升允咨呈于彦彪咨等请办延长县烟雾沟石油一事，提出四点疑问：“延长县属烟雾沟石油，该处是否出有此项矿产？有无他人已经承办？该绅董等所请开采于地方情形有无窒碍？其人是否妥实可靠？”令升允一一查核。④升允收到外务部的咨文，立即委派陕西矿务局会同洋务局的官员前往延长县查勘。十月十八日，将其结果咨报外务部：“延长县烟雾沟产有石油属实；亦无外人开采；唯查系该县书院公业，民人于彦彪与该县贡生刘德磬等私立合同，未免意图蒙混，若竟准开办，势必肇有衅端诸多窒碍；至其人是否妥实，但凭一纸空谈，殊无把握。”⑤升允认为于彦彪违背了矿务铁路总局和外务部所奏定的章程，未将已集资本及股本呈明立案，而是私订合同，不应照准。同时，表明陕西省已经自筹本银一万两，拟由矿务局试办，即于该县设有局厂，取次兴工，广为集款招商，只是炼制技术未精，器具缺乏，正在设法扩充。准备派员赴日本访求制炼之法及采买应用机器，势在必行，如获成功，既可补延长学堂经费之不足，又可保住利权，维护地方矿政。

①②③④⑤ 中国第一历史档案馆藏：外务部档案，第 2684 卷。

就在升允准备自办延长油矿之际，十一月中旬，于彦彪从延长来到西安，声称世昌洋行已买就机器，聘定矿师，开采延长石油势在必行，理无中止。升允大怒，为了避免节外生枝，他令咸（宁）长（安）二县将于彦彪查传到案，押解大荔县严加管束，并通饬全省各属，查明何处有矿，矿系何质，一一竖石为标，严禁私订合同，谨防油矿开采的权利落入洋人手中。

随着事态的发展，天津世昌洋行眼看开采延长石油的计划就要落空，便求助于德国驻华公使穆默，声称："陕西藩司竟欲趁本公司竭尽心力所访各事，揽以自用，设法使延长县山主将与本公司所立订合同转移与彼，并有美商某人等已拟与藩司商酌以得承办该油矿之权。"① 光绪三十年五月初三日，德国驻华公使穆默致函外务部总理大臣奕劻："世昌洋行所行之事，并无私买地产，亦无私商各事，二十九年五月所立合同，先即呈与该之县及该管各官，而且亦经书院签字，并报贵王大臣查核，不存在私立合同。至于开办后应议股份，应另行议定。请再饬陕西巡抚，毋须借毫无实际之词，而损世昌洋行所得之权。"② 升允就德国世昌洋行及德使穆默所言予以驳斥，声言延长油矿并无另招美商，对于彦彪与延长乡绅擅自签订的合同坚决不予承认。

事隔近一年，光绪三十一年三月十六日，穆默将同外务部往来一般外事信函升级为外交照会，在照会中声称："恳请外务部同意世昌洋行承办延长油矿，其理由在于世昌洋行，一寻觅之功，二请办之理，三首先请办。此举于公益有益，且办成须有洋人襄助，即招洋人襄助，必应尽先该行承办。"③并主动提出，若能允准，世昌洋行交押款五千两，扣除各项经费利息，分还本资。剩有余利，按百分之二十情愿交与延长县县衙，或兴办书院，或他项公用。

外务部收到穆默的照会，外务大臣奕劻等人经再三斟酌，出于维护清王朝封建统治的需要，在明知国家财政困难的情况下，决定还是由中国人自办延长油矿。在回复穆默的照会中表示："查华洋商人请办矿务，照章必须查无妨碍，经本部批准始能作为允办之据。世昌洋行请办陕西延长县烟雾沟油矿，本部并未批准，即与定章不符。且经陕省筹款自办，以本省

---

① 中国第一历史档案馆藏：军机处录副奏折，第 7124 卷。

②③ 中国第一历史档案馆藏：外务部档案，第 2684 卷。

之官商办本省之矿产，本系自有之权，何能以世昌洋行请办未准之事，遂使本省官商不得筹款自办。此事即经该省筹款，由官商自办，该行并无准办之据，即不得再有争执。”① 至此，德国世昌洋行争夺延长油矿开采权一事，暂告一段落。

三

光绪三十一年年初，曹鸿勋接任陕西巡抚，倾力兴办延长矿务。经过一番实地考察，他认为开办延长油矿的时机已经成熟，于十月二十二日奏请光绪皇帝试办延长油矿，获准施行。曹鸿勋筹款八万一千两白银为开办资本，派候补知县洪寅为总办，自此，延长油矿正式成立。他派人携带石油样品前往汉口，聘请日本矿师阿部正治郎予以化验，经过化验，延长石油油质甚佳，所炼之油湛清洁白，点燃后异常光明。阿部正治郎称该处石油“胜于日本，能敌美产”②。阿部正治郎应邀来到陕西，进一步探明延长一带储油范围极广，肤施、延川、宜君等县，与延长山脉相连，油质完全一样。

曹鸿勋考虑到开办延长油矿，所需经费，至关重要。开办油矿与五金各矿不同，各矿需款浩繁，非合众之力不能办成，一旦发生差错，亏损动辄百万。可开办油矿不同，以资本计算，购买机器设备居十分之七，开凿油井居十分之三。井成之后，款无须多，工无须多，以成品油每百斤计算，所用工食、器械、煤药、箱桶等费，按当地物价，约需制钱一千五百余文，开办延长石油的款项，少则十万，多则三十万均可开办。大办大效，小办小效，断不至于劳费无功。

延长油质既已验明，曹鸿勋请阿部正治郎返回湖北与日本化学博士稻并幸吉一同商购日本新泻铁工厂生产的采油所需机器设备。并限阿部正治郎五十日内返回陕西延长承担监督凿井采油事宜。开办油矿的款项、技师和机器设备都有了着落，可如何将采油设备运进山，油运出山，又成了问题，有人建议铺设一条小铁路，自延长直达黄河，但因修筑铁路工程较大，工期较长，这一建议并未得以实现。曹鸿勋经过再三斟酌，决定从岭北开通一条能行马车的山路，主要是岭北已经开通至同官的大道，由同官

①② 中国第一历史档案馆藏：外务部档案，第 1464 卷。

至延长六百里中，只有金销关一段地势较艰险，其余路段属于砂石土层，开通较易。他令矿务局迅速派员前往延长，会同地方官勘察地形，估算经费，随即拨营勇兵丁二三旗，分赴各州县，辅以民夫，限期开工，分段合作，以确保采油机器到达陕西之日全线贯通。

光绪三十三年四月，经阿部正治郎介绍聘得日本技师佐滕弥市郎来到延长，于延长西门外首钻第一口油井，八月完成，井深二百四十余英尺，日产原油近五百斤，用小铜釜提炼原油每日可获灯油二十五斤。为扩充生产能力，宣统二年（1910）三月，时任陕西巡抚的恩寿决定续开采第二口油井，考虑延长油矿为陕西利源，规模宏大，仍需再从日本聘请技术人员。为避免德国世昌洋行妄图单方控制油矿开采权行为的发生，慎重约章操纵，方能收到驾驭之效。经日本石油株式会社社长内滕文宽介绍，聘得理学博士大冢专一为矿区测量技师，并由该技师承保田村升为测绘技手。又由日本石油株式会社凿井科科长广濑真伍郎介绍，聘得关川德次郎、坂

图1　延长第一口油井

垣仓吉、樱井清次郎、远藤幸次郎四名铁工、钻井等技工。嗣于宣统二年五月十七日抵陕，经陕西劝业道光昭与该技师反复磋商，由延长油矿局代聘人贾映南同大冢专一在日本东京签订了《雇聘技师合同》。[1] 主要内容如下（有删节）：

（1）延长油矿因扩充之故，先行勘定矿区，分别地址矿脉，以期凿井有据。特聘得日本理学博士大冢专一为矿区科地质技师长。举凡油层最盛及最优之处均应担负责任，为最有效力的测绘编辑报告，须以出油成绩与测量报告相符为目的。

（2）测绘面积以延长七十平方里为准，所有勘过之地，皆须绘图立说，勘查报告完成后须缮写一份，交矿局收藏。

（3）技师在矿区勘测之时矿区派见习生四人从行，以便学习勘测之技能，技师应随时说明，以便授教。

（4）技师任期两个月，往返路途以两个月计算，每个月薪金六百元，两月共计一千二百元，由东京至延长往返两个月，共发川资一千二百元，另发零用钱二百元，均以每元按陕西议平银七钱二分折算，以表优惠之意。技师在矿区作巡回调查时，其旅费伙食由本局供给。所议薪金及川资在东京支取一半，其余部分俟事竣归国时发给余额。

（5）受聘人于勘测之外，不得侵越权限。

（6）测绘技手田村升每月薪金一百元，两月共二百元，往返川资五百元，另发零用钱二百元，合计九百元。

（7）所订合同，双方皆有遵守的义务，彼此交际不得牵及国际交涉。

同时，中日双方还签订了《雇聘技工合同》，主要内容为（有删节）：

（1）延长油矿以扩充之故，今聘得关川德次郎、坂垣仓吉为凿井技手；樱井清次郎为木工；远藤幸次郎为铁工。举凡组立橹台、修造橹木、装置机械、开掘井口及组立蒸馏油槽、修缮机器等事，自应分担负责，勤勉供事，以为采油之效果。

（2）凿井技手关川德次郎每月薪金龙洋七十元，食费十元。其余三名，每名每月薪金龙洋六十元，食费十元，皆以到厂之日算起，每月月中开销一次。每名发给由东京至延长往返旅费四百五十元，另发零用钱五十元，以表优待。此外，别无他费。

---

① 中国第一历史档案馆藏：外务部档案，第2684卷。

（3）技手受雇期限以一年为准，期满后，如彼此相宜，则另行接办。

（4）在矿厂工作期间每月休息两次，每日劳动以九个小时为限，昼夜交替做工。

（5）受雇者对于矿厂见习之华工，有指示教导和衷共事之责任。

（6）双方皆有实行践守的义务，彼此交际须以契约为凭，不与国际交涉相干。

此外，该合同还就解约、疾病、医疗、悯恤等也做了详细的规定。

宣统三年，延长油矿在中日两国工程技术人员的共同努力下，克服了重重困难，第二、第三口油井陆续出油。延长油矿初建时期，一切都是白手起家，其规模不大，只有卧式锅炉一座，十五马力气压机一座，用来抽吸石油。采用立式锅炉及气压机开凿油井，为冲击式凿井。只有工人四十六名。延长油矿自光绪三十三年至宣统三年（1907—1911）产油量为：

年　份	原 油 产 量 （斤）
光绪三十三年	40710
光绪三十四年	78852
宣统元年	196113
宣统二年	203850
宣统三年	148452

从表中可以看出，延长油矿最初产量有限，最多时产油也就七百桶，用来加工灯油和重油。灯油加工好后装入该厂制造的铁桶内，再装入木箱，销往西安、洛川以及山西平阳等地；重油则销往延长县附近。限于当时交通运输条件，主要采用骡马驮运，每头骡马可驮油二百斤，将油运出延长销往各地，需要十天左右。但这毕竟结束了中国内地不产石油的历史，足以引起国人的自豪。

延长油矿的建立，填补了旧中国民族工业的一项空白，为今后中国石油工业的建立奠定了基础，是中国石油工业历史上的里程碑。

朱东海兴办玉泉山啤酒汽水公司

玉泉山是北京西郊著名的皇家园林。玉泉水从山下的隙间喷出，点缀着山色，滋润着京西大地。自古以来，文人墨客留下了许多赞美玉泉水的文章。明代万历年间沈榜在《宛署杂记》中写道："泉出石罅间，因凿石为螭头，泉从螭头喷出，鸣若杂珮，色若素练，味极甘美。潴而为池，广三丈许。"由于玉泉水质甘清，清乾隆皇帝曾赐予"天下第一泉"的美名。不但皇宫内饮用水取自玉泉山，皇帝出京巡幸、围猎时亦载玉泉水以供御用，清宫御酒更专以"天下第一泉"玉泉水酿造。

清代，为保障宫中用酒，在光禄寺内设有酿醞署，专司酒礼之事。城里西安门内，建有酒局，共有房屋二十四间，有六名酒匠、两名酒尉专负其责。用玉泉水酿造宫中御酒，原料配比与一般酒水不同。其酿酒配料大致为：糯米一石，加淮曲七斤、豆曲八斤、花椒八钱、酵母八两、箬竹叶四两、芝麻四两，可酿成醇美浓香的御用玉泉酒九十斤。

图1　玉泉山天下第一泉

自乾隆朝酿制玉泉酒以后，宫中皇室平日及节日饮用、赏赐宠臣、招待国外使者，主要是用玉泉酒；就连御膳房做菜，也以玉泉酒做调料。清帝宣统逊位后，趋于衰微的逊清皇室因形势所迫，寻求用以往皇家享用的玉泉酒，办成一项官商合办的酿酒企业，以补贴逊清皇室经费的不足。

民国二年（1913）五月，山东福山商人朱东海瞅准时机，禀请逊清皇室在静明园（即玉泉山）东门外迤南，租用清宫官地二十余亩，兴办玉泉山啤酒汽水公司。引用园内玉泉水，招商十万元，每股五十元，地基及泉水作为一百股，“以昭尊崇皇室”。

图2　玉泉山裂帛湖

同年九月十七日，逊清皇室还同意了朱东海又一次提出的租用土地要求，即将静明园宫门外迤南官地土山十余亩及附近苇塘五顷一并拨给。仍照前案，作为一百股，共计二百股，按照招商章程，合洋一万元，常年五厘行息，并按年份纳红利。苇塘归公司使用，俟改种荷花时，仍归原佃户承种，并发给执照。同时，朱东海向民国政府工商部呈报了股东章程，申请批准立案，很快得到了认可。朱东海经过一年的积极运作，共筹得股金五十万元，每股五十元，分为一万股。对于每年结算大账、官息开销、净利分派、退股、转让及过户遗失等的处理办法，也都有了明确规定。此外，还规定不准将股票转售与外国人等。

朱东海的啤酒汽水公司改造原宫中御酒配方，引进西方啤酒汽水的生产技术，很快酿造出第一批啤酒汽水，并首先送给逊清皇室品尝，计有：柠檬四箱、香槟一箱、香蕉一箱、樱桃白兰地一箱、橘子二箱、菠萝一箱。逊清皇室对朱东海亦给予赏赐。民国二年、九年、十年、十一年，均各赏他上等绸缎两匹。

朱东海的啤酒汽水公司生产走上正轨之后，在西直门外高梁桥一带建立了啤酒汽水销售点，一时间玉泉山牌啤酒汽水成为了京城达官贵人首选的餐桌饮料。朱东海不满足于现状，又大胆提出并实施了西郊皇家园林旅游业的构想。为方便京城百姓前往万寿山及玉泉山游览，他开办了电汽车公司。民国六年闰二月，公司正式运营，汽车站就设在高梁桥北头倚虹堂前面。

在开车通行之日，朱东海又向逊清皇室禀请于海淀设立电汽车修理厂一所，他提出：查海淀街花马圈有房十五间，系归皇室内务府主管，拟由本公司按年纳租五十元承租此项房屋，作为电车修理处所。

民国七年，前往西郊皇家园林各处风景点的中外游人川流不息。朱东海又拟在静宜园内开设旅游饭店一处，以为游人栖食之地。逊清皇室总管内务府大臣绍英等函复：该处系园庭重地，碍难照准。朱东海遂在万寿山东宫门外，牌楼以东至二道桥石路左右空地建筑饭店，并知照颐和园及步军统领衙门备案，规定每年交纳地皮租金一百元。

当时，逊清皇室对于朱东海的种种要求，几乎无不一一满足，甚至连民国政府已经占用了的地方，只要他有所要求，皇室也会设法转让给他。如民国十年正月初十，朱东海提出：敝公司自开办迄今，俱蒙皇室恩准成全。现查西直门内，有小街北口外大街路南九间楼房，经教育部借去为劝学所之用，于皇室毫无利益。他提出转租给他的公司使用，居然也得到皇室的批准，发给租用执照，而给的租金仅为每月现钱一百三十吊。

尽管朱东海向皇室要求取得的每一处地皮或房屋，均以租用付钱为口实并立字据为凭，但是，他付给皇室的租金，实际上仅仅是象征性的，而且拖欠租款的事也时有发生。随着玉泉山啤酒汽水公司业务的不断发展，公司与皇室的关系逐渐疏远。到民国十年十二月，该公司仅向皇室缴了三年红利，共一千五百元，此后就分文不缴了。这引起了皇室内务府的极大恐慌，担心皇权的丧失和发生债务纠纷，遂急忙与朱东海另商租佃办法。皇室提出，将水泉、地基、苇塘改为该商承租，每年缴纳租银五百元，皇室享有地主的所有权，将以前所定红股二百股一律撤销，并责令朱东海补清欠缴息银。至此，逊清皇室宣布：该公司一切权利义务及赢利亏本，皇室概不负责；将皇室签发给该公司的执照及招股章程，即行分别缴销，另行发给永租执照，以昭信守。如皇室需用此项水泉地基苇塘时，应即交还皇室。并要求该公司不得有租转及作为抵押情事，皇室也不再租与他人。至于本应缴给皇室的租金，每年如期缴纳，如有拖欠，即将泉地等完全收回皇室。这一情况表明，玉泉山啤酒汽水公司由与皇室合伙开办，过渡到由商人朱东海承租督办。

朱东海开办玉泉山啤酒汽水公司后，众商人纷纷相中了这一风水宝地，发生过多起为争夺泉水酿酒的官司。先是商人吴韵庭等拟在玉泉山墙外开设汽水公司，租妥民房数十间，置办了机器、瓶器酿造汽水，经朱东海指控于民国二年被取消。同年又发生朱东海指控商人郭砚斋等在玉泉山附近引用支流水设立汽水厂及各种酒厂为非法之事，并经交涉被迫取消。民国七年，又有曾彝进集资开设酿酒公司，引用泉水或玉泉山支流水制造酒品，被指控为“非法”而被取消，该公司不得不将酒厂迁至西直门内，曾彝进等为此公开发表声明：玉泉山水发源西山，河流袤延数十里，京西一带商民日常饮用，该公司岂能据为己有。商等所设公司本指明制造南酒，水系取诸下流，厂非设于山麓，是与玉泉山啤酒汽水公司不相涉。朱东海的啤酒汽水公司之所以能够独用玉泉水，自然与逊清皇室给予的种种特权有关，也与民国初年优待逊清皇室的政策有关，以至民间工商业仍不得不受封建体制压制，玉泉水仍由逊清皇室控制，优先受用，从中获利。但是，我们还应该看到朱东海作为一个商人，苦心规划、经营、兴办的玉泉山啤酒汽水公司，以及开辟皇家园林旅游线路，设置旅游饭店等商业活动，在当时已经初具规模。对北京今后经济及旅游业的发展具有一定推动和借鉴作用。

清末天津有轨电车公司的建立

世界城市现代意义的公共交通系统源于有轨电车，而清末天津有轨电车公司（又称天津电车电灯公司）的建立，是中国内陆城市最早出现的城市公交企业。

一、兴建缘起

有轨电车的出现，是近代工业文明的成果。世界上第一辆以输电线供电的电车出现在1879年的柏林工业展览会上，但第一次把电车用于运载乘客，则出现于1884年的加拿大多伦多农业展览会上。这种载客电车的发明人是美国人范德波尔（但也有资料表明，有轨电车是由德国电气发明家西门子发明研制的）。到了1888年，美国人斯波拉格在里士满的马拉轨道车路线上改用电力牵引车行驶，取得成功，成为世界上第一辆具有应用价值的有轨电车。经过一个时期的发展，它逐渐成为世界上许多国家广泛使用的城市公共交通工具。

中国最早以文字形式将有轨电车介绍给国人的，是我国清末著名洋务派官员，曾任驻英、法、比、意四国大臣的薛福成。他于1889年在欧洲考察有轨电车后，向国人介绍说："泰西各国，近于火车铁路之外，创行电车，仅于通都大邑试办，不过数里或数十里而已。……火车笨重……车之大小多少，不能随时增减；电气则可相机损益。况火车之煤烟灰土，尤觉可厌；以电行车，则清洁无比。吾恐数十年后，各国之铁路火车，又将息改为电车也。"

在中国，电车最早出现在英国统治下的香港，1902年香港成立电车公司，1905 年电车正式在香港通车。子羽《香港掌故》描述早期香港的电车车厢说："厢内打横排排坐，车厢两边都无关栏，后来才改成有门上落的车，只是单层而无楼上，设头等、三等，而无二等。收费头等一毫，三等三仙。不久，车厢改成两层，楼上头等仍收一毫，楼下三等改收五仙。"

1900 年 6 月，由英、美、俄、法、德、意、日、奥八国组成的联军，发动了旨在镇压义和团运动和瓜分中国的战争。7 月 14 日，天津陷落，几天之后，由联军一手经营的天津都统衙门成立。1901 年 1 月 21 日，天津城内外遍贴一张告示，其大意为：为出示晓谕事。因天津街市地面狭窄，于各商往来运货非常不便，本都统衙门等共同商定，所有周围城墙要全行拆尽，即以此改为马路之用。其靠城墙各房间，各业主应迅速自行拆除，其砖瓦木料等项可由各房主领回。为此，通告全城百姓，不得有违。切切！这是八国联军占领天津后，联军都统衙门为消除天津城的防卫功能，以及交通、卫生的原因，决定拆城修路的通告。拆城工程由都统衙门工程处主任雷嘎德上尉负责，他以一万元大洋、一万袋大米、城砖归己有，承包给一个名叫雍剑秋的天津商人。一共将近十里的城墙，仅三个月的时间就全部拆毁完毕。

城墙拆完后，城基道路谁来修建？道路如何使用？引起洋商的竞争。早在拆城之前，1900 年 11 月和翌年 1 月，驻津日本领事两次向都督衙门提出，由日本公司承建电车道，一年左右可完成，说此事正在与中国政府商谈中，要求都统衙门不要将此特权转给他人，并请予免税。但都统衙门答复，此事不予干涉。因为都统衙门虽有批准权，而道路所有权属中国政府，须与中国政府签订合同才有效，日本的要求没有实现。1902 年，德商世昌洋行军火商海礼，因曾为袁世凯小站练兵购买过军火，交往密切。他提出承办天津有轨电车公司，得到直隶总督袁世凯的同意，并经都统衙门批准立案。可是世昌洋行资金不足，办理天津有轨电车之事，一时难于兴办，只得暂时搁置起来。

当年 8 月，天津都统衙门将管理权交给中国，由袁世凯接管。拆城后的城基清理及道路基础工程由天津工程局实施。工程局聘请德国工程师巴希为指导，职工二百余人，常雇民夫三百余人。在东、西、南、北四围马路施工前，袁世凯派四门千总丁文运查勘城墙界址。凡靠近城基的房屋建筑，命令一律拆除。然后工程局雇民夫二十余人开挖排水沟渠，用砖砌护，防止淤塞。与此同时，济安自来水公司在东、西、北马路、城内及侯家后面埋设水管，准备供应自来水。最后，路面铺垫碎石，用购自英国的蒸汽轧路机将道路碾平。整个工程于 1903 年 1 月完工。不久，比利时商人梅雅德通过该国驻津领事嘎德斯函请洋务局道员蔡绍基、天津府知府凌福彭拟在天津成立有轨电车公司，正为资金犯愁的海礼便将此专营权转给比利时通用银行财团接办。这一做法还得到了袁世凯的支持。

其实早在 1898 年 6 月 26 日，就有比利时工程师卢法尔通过该国驻华公使姚士登照会总理衙门，打算自备资金一百万法郎在北京城内修建有轨电车线路，并将该款寄存在道胜银行。7 月 15 日，总理衙门照复比利时驻华公使姚士登，称现在尚未到此修造电车之时。1903 年 5 月 26 日，比利时工程师卢法尔亲自来到北京，请求会见总理大臣奕劻，商议在京修建电车一事。姚士登再次照会外务部，大谈修造电车线路是为了京城各色人等出行方便，搭载货物快速而价廉，恳请奕劻派人与卢法尔共同商议，以便早日落实修建有轨电车线路之事。6 月 12 日，外务部回复姚士登："本部体察京城地面情形现尚未便安设电车。"就这么简单一句话十八个字，将北京有轨电车的历史向后推迟了整整二十一年，直到 1924 年 12 月，北京第一条从前门至西直门的有轨电车线路才正式开通。当时，还"苦了"先到北京打算修建电车线路的卢法尔，而"成全了"后到天津没费多少力就获得了成立有轨电车公司的梅雅德。

二、合同签订

1904 年 4 月 26 日，由津海关道唐绍仪、天津道王宝仁、候补道蔡绍基、天津府凌福彭，与比国驻津领事嘎德斯、工程师梅雅德、世昌洋行海礼在天津共同签订了《天津有轨电车公司章程》。其内容大致如下：

（1）公司名称。世昌洋行海礼能立公司承办天津地方电车电灯事所有电车行经之路，以二十五万英镑为开办之资本，名曰天津电灯电车公司。

（2）合同期限。该公司独自一家筑造承办电灯电路，以五十年为期，所准之围圆，以城内鼓楼为中心，其半径线至边界不得过六里之外。该公司不得将公司之事业或权力售卖或转让与别人或他公司承办。

（3）经营范围。甲：自闸口起沿河直至天津城之东北隅西北隅。乙：

自城围绕从西北隅至西南隅、自西南隅至东南隅、自东南隅至东北隅。丙：自北门至西沽。丁：自城之西北隅至土墙御河接连处，与天津济安自来水吸水处相近。

（4）土地征用。所筑车路之地如有须用民地之处，该公司应请地方官饬知业主令其将地租与公司，亦照承办车路之年限为期。如遇房屋拆迁应另按所值给价。

（5）铁轨占地。所有车路经过道路，在铁轨道上，以及在铁轨之左右各十九英寸均归该公司。修理双轨只准筑在宽阔之路，足敷行人往返。车路筑在路之旁边不得占十三英尺之外兴工，不能有碍行人车辆来往。

（6）桥梁架设。倘该公司欲造车路桥梁，须用启闭活桥，不得有碍船路，其费用由公司自给。

（7）道路修补。该公司建筑修补之路，须先由地方官验看平妥之后，车辆行人即可任便行走。一概捐费公司不得征收。

（8）电车行驶。该公司所用电车采用过头高干系以电线牵垂车顶，倘日后改用新法，须先禀明地方官批准方可改换。该公司之铁轨须与路平，绝不有碍车辆来往，凡车辆在铁轨之上来往不碍电车行动者，该公司不能阻碍。

（9）利润报效。该公司所进之毛利，即每年于未曾开支行车费薪水及所有各项之前，应先报效地方官三分半，即每百两三两五钱；既分股东官利一成二，即每百两十二两之后，所有余利，须再以一成报效中国国家。

（10）载客收费。电车二等搭客在四里之内，该公司至多每位收洋五仙，此外，每多行一里加洋一仙五分；头等客每位加倍。货物每吨每里不得过洋两角，其上下搬运费不在此内。

（11）利权收回。电车行动之日起，二十年后地方官可以买回全盘电灯车路。

（12）产业移交。该公司承办电车路五十年之后，由开车装运客货之日起，一切铁路、房屋、木料、地基、机器等在中国界内以及天津各租界内，均皆报效直隶总督。

（13）工程期限。该公司为集股公司，自合同签字并开办招股后遂即兴办，整个工期十八个月完竣。

（14）工人管理。该公司所有中外一切司事人员，以及包工、小工人等均须遵守地方官所示公道合例规条，如有犯者罚办剔出。

（15）公司约束。如该公司违反所订条款，秉公议定之后，北洋大臣可以将其违犯之处通知公司，并不必知会领事，即可暂行掌执该公司全盘机器车路，或停工，或自行接办，均听其便。

（16）权力划分。该公司本埠董事须有六位，华董三人，洋董三人，华董由直隶选派，洋董由公司选派，每逢聚会议事时，所定各事最少须有四董允洽方可照办；如双方意见不同，其事须候股东会议再行定夺。

（17）事故处理。车路上如有伤人毙命、损毁产业等事，其祸出于该公司，所用之人公司必须格外赔恤。

（18）纠纷解决。凡公司或公司内之洋人与中国人民有所争执，除刑名案件不在此内，须请地方官会同公司所派之人秉公和平判断，倘彼此有意见不同之处，须各派一秉公人妥理，如此秉公人仍不能断，则由此二人另举一人以决之。如公司与地方官有所争执，亦须照上由秉公人决断，无论于该公司交涉何事，倘该公司有不依合同者，地方官无须知会各国领事，暨各国衙署使该公司照约举行。倘有华人，或某公司为该公司，或该公司之代理人欺辱华人，或某公司，即可秉诉于中国地方官，转交该公司按照此款所订办理，不得交领事或外国衙署办理。

（19）华董权力。华董负有督理之全权，稽查该公司之进款官利以定报效之多少，倘华董非有碍公司利权者，该公司均应循礼遵听。

1904 年 7 月 3 日，直隶总督袁世凯为比利时商人梅雅德承办天津有轨电车公司与之签订合同一事上呈奏折：“窃查比国商人世昌洋行海礼等拟在天津创办电车电灯一案，天津未曾交还之前，业经呈明联军督统衙门批准承办。照案移交接受以后，按照条款接续请办，势难固拒。只可于订立章程之中格外详审，隐示限制，总以收回利益，不失主权为宗旨。……查欧美各国通都大邑电汽各车纵横驰骛，故能荟萃商旅百货，骈臻电灯照耀，通宵不息，巡警易于稽查，盗贼无可潜踪，于闾阎更有裨益。但洋商内地经营各件，往往夺小民生机，侵地方权力，必须取益防损，慎之于微。……详核该商条款颇已周密……自应准其开工兴办。”

三、建成通车

天津有轨电车公司与华比银行同属一经营体系，总部设在比利时布鲁塞尔，电力是电车行驶的重要保障，该公司以二十五万英镑为开办资金，在天津望海楼后金家窑购地建立发电厂，在东浮桥东口沿河修建楼房作为天津办事处，在私立敬业中学堂（今南开大学）旁购地建立修理厂和仓库。一切设备均由比利时采办运津。

为此，天津有轨电车公司着手进行两个方面的工作，一是架线和推销电灯、电力，在公司内专门成立了电灯电力分销处，对电灯和电力用户采取优惠办法，免收电表押金，初始电费也较为低廉，以此打开销路。

二是开辟电车路线，为了方便乘客识别电车的运营路线，采取车头悬挂不同颜色标牌的办法，天津有轨电车公司在清末先后开辟了四条电车路线：

白牌电车：环旧城行驶，1906 年开通，初为单轨，翌年改为双轨，是天津电车开通最早的一条线路。1906 年 2 月 16 日，环城四条马路的单行轨道电车建成，举行通车典礼。在天津电车公司正式营业的当天，观众人山人海，孩子们乘不起车，就跟着电车跑，电车靠站后，他们手攀电车，上上下下，十分好奇。电车的运行，给城市居民带来了一种全新的现

图 1　行驶在天津旭街蓝牌有轨电车的情形

代交通的感受，也给人们带来了现代文明的观念。有轨电车公司不断发出通告，要求乘坐电车的市民，在“车上不许吐痰”，“乘客在车上不得用污言秽语，亦不得污秽本公司之车，又不得侮弄同车之客”。人们要乘电车，就不能不遵守这些西方人制定的规矩。久而久之，这些社会公德和文明礼貌，逐渐被广大城市市民所遵守。天津有轨电车公司开设的这条有轨电车线路，使天津成为中国城市中最早拥有近代公共交通的城市。

红牌电车：由北大关，经北马路、东北角、金汤桥、意租界，至火车站，1908 年开通。

蓝牌电车：由北大关，经北马路、东马路、日租界旭街、法租界、法国桥，至火车站，1908 年开通。

黄牌电车：由北大关，经北马路、东马路、日租界、法租界、大沽路，至津海关，1908 年开通。

到 1927 年，天津又相继增加了绿牌电车和花牌电车线路，六条电车营运线路，总长二十三点二公里，遍及天津旧城区和租界。电车线路所经之地，逐渐发展成为比较繁华的商业区。

清末中国电报总局初创

中国电信事业是从电报开始的。十九世纪同治、光绪年间，西方发明了有线电报通讯之法，很快在各国迅速推广，竞相使用。而在中国，古老的驿站传递之法仍在沿袭。在此之前，凡国家大事，公文往来一向由驿站承担，兵部车驾司总负其责。由京师分驰全国，构成驿站文报交通网。西方列强的入侵，洋务运动的兴起，引进西方先进电报通讯技术，创办我国自己的电报网络，也就成为一项迫在眉睫的问题了。

一、列强竞争　自办电网

十八世纪，西方人发明以金属导线传递信号，而付诸实用，发明了电报机。为时已在十九世纪初，相当于中国嘉庆中期。美国传教士玛高温于咸丰元年（1851）以中文撰写了《哲学年鉴》，把电报原理首先介绍到中国。

咸丰十一年，俄国驻华公使巴留捷克一再向总理衙门交涉，要求架设北京至天津的电线，被总理衙门拒绝。同治元年（1862）正月，俄国公使再次照会总理衙门，获得在中国境内架设电线的优先权，对中国电报自主权构成严重威胁。

中国自设电报线路之前，丹麦、美国、英国先后有海线到达远东各国，并施用种种强权外交，以至强行施加各种手法，要求在中国陆上设线，总理衙门穷于应付，直至同治末年并未得逞。

清政府官方觉悟者未尝无人，同治四年二月，北洋大臣李鸿章就致函总理衙门："铜线费钱不多，递信极速，洋人处心积虑要办，将来不知能否永远禁阻。鸿章愚虑，窃谓洋人如不向地方官禀明，在通商口岸私立铜线，禁阻不及，则风气渐开，中国人或亦依照外洋机巧，自立铜钱，改英语为汉语，改英字为汉字，学习既熟，传播自远，应较驿递尤速，若至万不能禁时，唯有自置铜线以敌彼飞线之一法。”① 委婉表示从维护权利起见，应自设电报线路。南洋大臣曾国藩也在同治十年考虑架设江宁（南京）至福州的电线，并对具体实施办法均做了详细设计，但并未施行。

同治十三年，日本派兵三千余人入侵我国台湾，中外商民早借电线通信传播各地，只有清政府懵然不知。由此刺激，方知军事情报远逊外国，随即派遣福建船政大臣沈葆桢渡台查办，并带领淮军六千增援台湾。同时，允许丹麦大北电报公司架设福州至罗星塔的电报线路，全部工程仅用十二天即完成，加速了闽台间军事情报的传递，此举成为中国电报史的一个重要开端。

日军侵台一事，使清政府深感军事情报通讯远远落后于西方列强，并已构成对大清社会根基的威胁，加之俄国要求优先在中国架设电线，不得不提出由中国自办电报事宜。光绪三年（1877）四月，福州巡抚丁日昌以十二万四千五百两白银代价，将购赎大北电报公司之福建电线运抵台湾架设，自南部旗后港（今高雄）接连台湾府城（今台南）直通至鸡笼港（今基隆）。实际只通至安平港，这条电线纯由中国自办，并将通报英文改为汉字。中国电报之创始，应为光绪三年为正式开始年代。

光绪六年八月十二日，李鸿章奏请创设南北陆路电线，自天津直达上海。并以两件实例作为依据：“查俄国海线可达上海，旱线可达恰克图，其消息灵捷极矣。即如曾纪泽由俄国电报到上海只须一日，由上海至京师现系轮船附寄尚需六七日到京，如遇海道不通，由驿必以十日为期，而上海至京仅二千数百里，较之俄国至上海数万里，消息反迟十倍，倘遇用兵之际，彼等外国军信速于中国，利害已判若径庭，且其铁甲等项兵船，在洋日行千余里，势必声东击西，莫可测度，全赖军报神速，相机调援，是电报实为防务必需之物。”②

“同治十三年日本窥犯台湾，沈葆桢等屡言其利，奉旨饬办，而因循迄无成就。臣上年曾于大沽、北塘海口炮台试设电报以达天津，号令各营

① 《海防档案》（J编，电线），台北：中央研究院近代史研究所，1957年。

② 李鸿章：《李文公奏稿》，第38卷。

顷刻响应。从前传递电讯，犹用洋字，必须翻译而知，今已改用华文，较前更快，如传秘密要事，另立暗号，即经理电线者亦不能知，断无漏泄之虑。”①

此次奏请，意义尤为深远，中国电报事业的兴办，应以李鸿章此奏创其先河。清政府很快批准了他的奏请并令他全权负责，迅速办理。光绪七年三月一日，中国电报总局在天津成立，任命道员盛宣怀为总办，具体负责招商经营。同时设立了紫竹林、大沽口、济宁、清江、镇江、苏州、上海七处电报分局。筹资商有郑观应、经元善、谢家福、王荣和等。津沪电线架设自光绪七年五月开工，当年十月竣工，十一月初八开始通报营业，所耗安设电线经费湘平银十七万八千七百余两，数千里路程只用了半年多时间。

电报总局创立之初，其性质为“官办”。李鸿章认为：电线所经各地，因属初创，商务活动的电报并不发达，商办无利可图，必须靠“官”的力量加以保护，用于军务活动电报，应由“官府”给予补贴，才能得以发展。

天津至上海电线的架设，原计划以商报为主，官报为辅，旨在营利，沿线官府衙门见其快捷方便，立即扩大，需求量与日俱增，抵还官款甚易，经过短短一年的时间，商务活动电报亦日见频繁，各地纷纷发出建立电报业务的呼声，李鸿章、盛宣怀见其有利可图，遂于光绪八年三月将天津电报总局改为“官督商办”，集商股八十万元，至所耗用于安设津沪经费湘平银十七万八千七百两，由招商股内先期归还官款六万两，五年后每年再缴五千两，不计利息，还足两万两后，其余所欠官款，则从军机处、总理衙门、各省督抚拍发电报应付的费用中扣除。此外维护沿途电线畅通，须有兵弁巡护，每年需开支湘平银一万一千两。自光绪八年三月起，五年内由湘军军饷内开支，五年之后由电报局负担。同时，兴办苏州至广州的电线，全线通过苏、浙、闽、粤的重要城市，全部以商报为主，光绪九年开工，十一年九月竣工，成为一条沟通南北的重要通信干线。

苏、浙、闽、粤四省电线架设完工之际，盛宣怀又开辟了长江沿线电线，先是因两江总督刘坤一由于官方需要，已于光绪七年架设了镇江至江宁的电线。继任两江总督的左宗棠又于光绪九年奏定将江宁电线接通至汉

---

① 李鸿章：《李文公奏稿》，第38卷。

口。光绪十一年将汉口电线沿沙市、宜昌、万州、重庆、泸州，直达成都，作为商线。再由泸州接入云南蒙自，作为官线。所设三条商线，天津至上海；上海至广州；上海至成都。实将沿海、沿江商埠都邑一气连接，全国商货盈虚，市价高低，瞬息变幻，俱在指掌。

电报通信已在数省铺开，唯在京城受到王公大臣的百般排斥，直至光绪九年方将电线接至通州，凡官方往来电函再经通州驿站快马飞报至京。一年以后，经李鸿章奏准接线至北京，在外城东河沿择地设立商用电报局，内城泡子河择地设立官方电报局。光绪十年七月开始通报。

光绪十一年的“中法战争”中，冯子才率领中越军民，在谅山取得大捷，法军的电报先于清军的驿站式通信到京，并佯说法军取胜。法国大使以此为由向清政府索赔。清政府不了解前方战斗的真相，便糊里糊涂地同法国签订了丧权辱国的《中法和约》。十天后谅山捷报传到京城，但为时已晚，结果中国胜而不得，让法军钻了中国通信落后的空子。此后数年，张树声、张之洞等人在广东、广西迅速架设电线，并与香港相连，两广电报局由盛宣怀委派电报局委员盛宙怀负责。出于同一原因，云南总督岑毓英要求将电线接至云南，盛宣怀派电报局委员李必昌经办此事，将电线由四川泸州架设至云南蒙自。

同一时期，日本图谋入侵朝鲜，清政府受到朝鲜国的禀请，李鸿章力主借款给朝鲜，并帮助朝鲜成立了电报局。遂将北塘电线接通至山海关、营口的若悬河、旅顺、沈阳、凤凰城，越界至朝鲜义州。吉林、黑龙江也相继架线，均由盛宣怀经办，实派佘昌宇总办东三省电报，并分别于珲春及海兰泡两处与俄国电报线路相接。

光绪十五年以后，俄国夺取了我国西北大片领土，情况愈见紧急，陕甘总督杨昌浚向李鸿章函请接通西北陆线，经盛宣怀设计，架设一条由保定经太原，过蒲州，渡黄河，接至西安，由电报局承担费用，作为商线使用；再由西安接至甘肃嘉峪关、安西、哈密、吐鲁番以至迪化（乌鲁木齐）。又因喀什噶尔及伊犁均为边疆要地，经盛宣怀建议一气呵成，乃由吐鲁番经库车、阿克苏接至喀什噶尔。由迪化经库尔喀喇乌苏，接至伊犁，再由伊犁接至塔尔巴哈密瓜台，西北电线经营实由盛宣怀委派周冕经理。于是陕甘新疆边防要务，可以迅速递达京师。

除上述时局与军事要政影响之下设置的电线外，俄国一再促请要求，订立合约，创设了北京至张家口、库伦、恰克图长达三千余里的电线。架

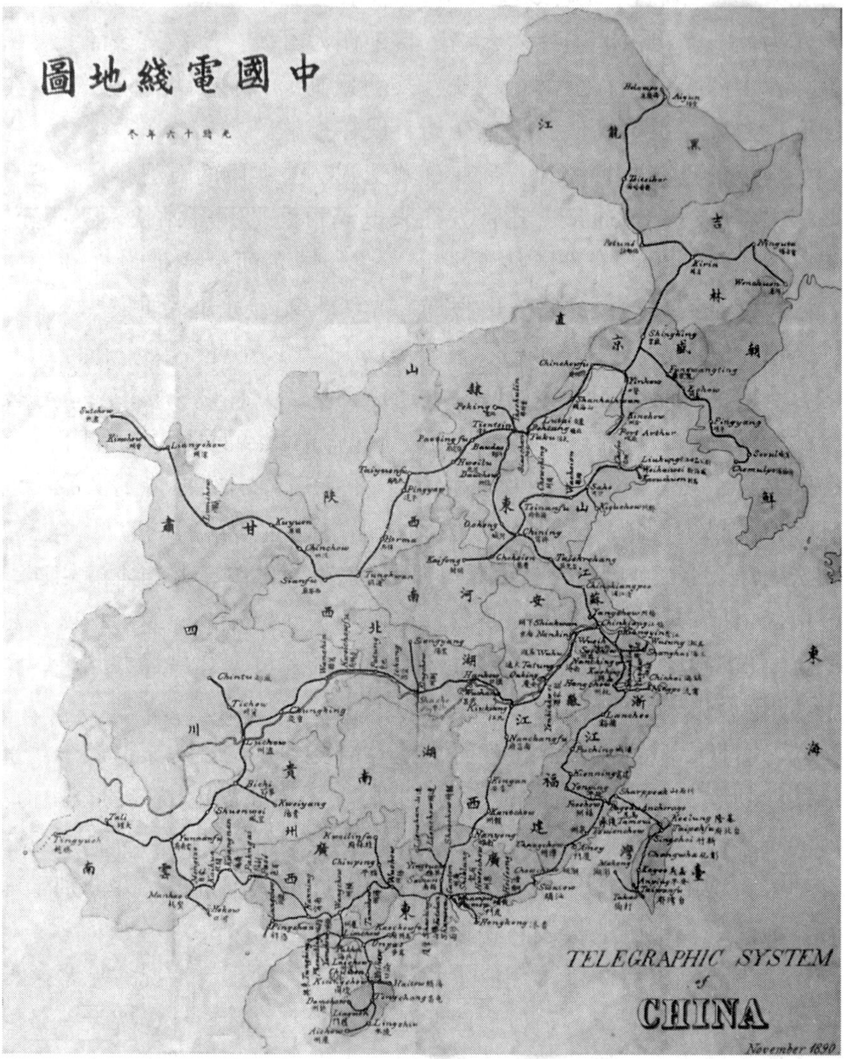

图 1　光绪十六年（1890）中国电线地图

设完成于光绪二十五年。其间，由盛宣怀委派王继善、余思诒、陈忠伟等委员经办。

大体而言，自光绪三年台湾创置电线起，至光绪末年三十年间，中国全境以及朝鲜，共架设电线八十余条，总长达四万余里，已构成全国通信网，电报通信的雏形已初步形成。

二、中国陆上电报权利之维持

西方电报通信技术传入中国，恰逢清末总理衙门始建之时，介入外交交涉之中，清政府第一步就落入俄国设立的外交陷阱，同治元年（1862）俄国以照会的方式获得了在中国境内架设电线的优先权。嗣后发觉其中诸多弊端，更加深了王公大臣的疑虑防范，而犹豫踌躇，竟然长久不能觉悟，对西方兴起的电报通信技术不屑一顾长达十三年之久。

总理衙门当初并未考虑在中国采用电线通信之法，同时，也不允许各国在华架设电线。自总理衙门建置以来，咸丰十一年（1861）首先拒绝俄国驻华公使巴留捷克的设线请示，同治二年拒绝英国驻华公使卜鲁斯的设线请求，同治三年拒绝美国驻华公使蒲安臣的设线请求。同治四年正月致函各将军督抚严格阻绝各国在地方架设电线的请求。总理衙门成立以来，拒绝各国要求架设电线的基本政策一直未变，各国的确也无机可乘。

这种局面的打破，始于同治十三年，由于日本派兵入侵台湾，清政府力求军事情报的迅速传递，允许丹麦大北电报公司架设福州至罗星塔的电线，这是第一条由外国人在中国境内架设的电线。不久俄国驻华公使据同治元年初照会总理衙门复文，要求俄国优先代中国建置电线，最后经丁日昌交涉，向大北电报公司购回福州厦门等线，拆除运赴台湾自办使用。这是清政府争得电报主权的一次重要交涉。

清政府对于西方列强的侵逼，一则只知防御军事入侵，而不知西方列强的武力进逼在利用电报的延伸，为今后的武力入侵做准备，而真正有所觉醒，乃因日军侵台之后方知电报有利于国。二则只知防海上之患，而不知争海上之利。自西方发明电报通讯之后，丹麦、美国、英国纷纷设海线，远渡重洋，到达中国海面，并要求登陆中国陆地。总理衙门采取的对策是：①外国海线只准到中国沿海，可以由趸船接出海面，而绝不允许在陆地架线。②外国海线只许到中国海岸，不许引入任何河流以达内地。

津沪电报线路的架设，得到了丹麦大北电报公司的大力合作，从购料、架线到委派技术人员，以至电报员的培训，大北电报公司颇能尽力承办。为了便于同西方国家通报联系，大北电报公司帮助中国将旱线与丹麦海线相接。大北公司为了进一步争得海线利益，于光绪七年，禀请李鸿章批准丹麦十多年以来铺设的两条海线，能再享专利二十年，如有新设电线须经中国政府批准。同时大北公司在禀文中表示“维护中国自有之权利”。经李鸿章再三权衡利弊，批准照办。对于其他国家的请求，李鸿章认为：“英美各使，内怀嫉妒，外存恫吓，似可置之不理。”①

大北电报公司海线专利之请求获批准后，立即引起英美等国的不满。他们一方面悔恨海线连接落后于丹麦；一方面循外交途径争议丹麦海线专利权对其本国权利的妨害，最终目的是要求给予同样专利。特别是英国大东电报公司态度最为积极，英国驻华公使威妥玛反复向总理衙门政府交涉，提出要将香港水线溯珠江接至广州，未被批准。清政府规定英国水线不准登岸，电线终端存于船上停泊。并限制停船地点，遂使大东电报公司这一计划未能得以实现。

光绪八年，英国驻华公使格纳维纳遵循英国大东电报公司计划，向总理衙门照会，要求自香港通达汕头、厦门、福州、宁波至上海各口岸连接架设海线。经李鸿章委派盛宣怀与大东电报公司代表谈判，交涉多次。大东电报公司未能达到目的。谈判中盛宣怀据理力争，以国际公法和中英外交以往交涉为依据，以现行各国电报合约为参考，始终坚持外国海线不许在中国上岸，只许海船载线端以停泊海岸为原则，维护中国陆上电报的自主权。光绪九年二月二十三日，中国电报总公司与英国大东电报公司签订了《上海香港章程》，并于同年四月一日签订了《会议续订章程》。

盛宣怀与英国大东公司达成线路协议之后，立即回头对大北公司廓清海陆分界线，不容大北占取任何路线，以中国电报总局名义，收买回丹麦大北公司所涉上海至吴淞路线。光绪九年四月十三日，中丹两公司制订了《收买淞沪旱线章程十四条》，光绪十年八月与英国大东公司议定福州电线合同，乘势收回了福州至川石陆线。

中国电报总局初创之时，财力短缺，技术人才不足，而与大北、大东两家电报公司，存在着同行业竞争这一实际情况。中国电报局的存在与发展，完全依靠主权之维系，否则必将溃败，为外国公司所吞并。

中国电报局为维持本国陆上主权，与大北、大东等公司展开了激烈的竞争，既须从外国电报公司吸取先进经验，又须防范对本国利益的侵害。光绪十三年六月二十一日（1887 年 8 月 10 日）盛宣怀代表中国电报公司在烟台与大北、大东两家公司代表议定三公司分利协议二十条。据此合同

① 《海防档案》（J 编，电线），台北：中央研究院近代史研究所，1957 年。

规定，主要在于统一报价及中国应得利益的比例。大北、大东公司注重经由上海、福州、厦门三个通商口岸的国际间商务电报的利益，中国认可了其应该得到的利益，使两国海线直通三个通商口岸的电报，中国分享其利的百分之十。统一报价，三公司一律定为每字五法郎半。各国不能任意跌价。凡不经上海、福州、厦门三个口岸的中国旱线，其电报商利由中国所有。中国政府所发官电，如经由丹麦、英国两国海线传递，其报费由海线拥有国获得，中国电报局不再分其百分之十。

中国、丹麦、英国三家公司统一报价分成合同的签订，暂时消弭了彼此互相削价竞争，开始了合作经营共同发展阶段，使中国电报局可以专心发展陆上电线，这一局面持续了十年之久。后因大北公司提出要对原合同进行修改，三家公司于光绪二十二年六月一日（1896 年 7 月 11 日）在上海再次议订《英会订电报合同》，议订报价合同，以十五年为期限。报费略有提高，将上海、福州、厦门海陆电报收费，改为三家平均分享其利。较之上次合同中国只收百分之十过线费有所改进。但中国是以允许英国海线可自川石循闽江至福州南台，允许丹麦将厦门海线接至鼓浪屿为代价的。

中国电报局自开创之日起，就处于同西方列强周旋竞争，惨淡经营，在逆境中求得生存与发展的境地，经营者亦可谓尽心竭力了。光绪二十六年中国爆发了义和团运动，义和团焚烧了北京（京师）电报商局，拆毁焚烧了北方各省以至蒙古沿途的电杆、电线。更为严重的是八国联军入侵北京，各国于塘沽北京沿途自行架设军线，久设不拆。《辛丑条约》签订后，中国电报局进行了收回津沽北京电线的交涉，中国屈于战败国地位，大受列强欺凌，终于于光绪二十八年二月由盛宣怀与大北、大东两公司订立《上海大沽水线合同》。中国以接受事实，同意英国、丹麦海线接至大沽，另允许由烟台海线接至大沽，并同意暂由中、英、丹三公司合办天津至北京电报业务，义和团运动被彻底镇压之后，由中国收回。中国电报局允许外国多添一条重要海线，欲借此为交换条件，仍然要全部收回天津至北京的电线，继续维持中国陆上电线之权。

光绪二十七年九月，李鸿章病逝。光绪二十八年十二月二十七日，朝廷颁发上谕：任命袁世凯为督办电政大臣，以直隶布政使吴重熹为会办电政大臣。盛宣怀被排挤出局。光绪二十九年三月一日，中国电报局收归国有。

三、经营方式与技术引进

光绪六年（1880）中国创设电报局，盛宣怀总负其责，主持经营直至光绪二十九年被袁世凯排挤出局，前后长达二十余年之久。由其筹募资金而辗转于工商人士之间，尤以轮船招商局共事同僚，因此成为现成可靠之伙伴。光绪七年即引荐郑观应，由李鸿章札委郑观应任上海分局总办。同年郑观应又引举谢家福、经元善驻沪办理电线事务，亦受李鸿章札委，嗣后又为筹集资金再引入王荣加入沪局。

图 2　电报局职员训练

中国电报局于光绪六年初创，其性质为官办。光绪八年三月改为“官督商办”。因外商所逼，中国迫于肆应，不得不鼓励工商人士集股筹资。其基本方针，实为谋保中国自主之权，以杜西方的鄙视。

盛宣怀主持电报局，在资金筹集、报局区划、电报类别、电线巡防诸方面，均有具体安排。

资金筹集：光绪七年津沪电报线路初建，八年三月招商。在《招商章程》中定资本银二十万两，由官方垫付。再招商十万两，缴还官本一半，官款十万永久存局周转，不再归还，十年之内不付利息，作为国家体恤执政。商本十万，分派千股，每股百两，年长一分利息，由股东独得。

官电报效：津沪电报局虽称官督商办，实际为商局而非官局，一切经营，全循电报局规则，只因资金先由官款借垫，以及免息优待，作为回报，凡军机大臣、总督大臣、将军督抚、出使大臣有关公务电报均免费拍发。官员因私拍打电报，则照付报费。

线路巡护：津沪沿线二千八百里电线的线路畅通须借重官兵之力加以巡护，此事得到李鸿章全力支持，电线沿途分派绿营分段巡护，所需马匹口粮合银一万余两，亦由李鸿章解拨淮军军饷支付五年，五年之后再由电报局承担。不光津沪电线，即日后所有开办商局，如苏、浙、闽、粤商线六千里，其巡防用费，均援此例，人力物力均获官方支持。

电线器材木材免除税厘：电报局架设电线，所需各种材料，报明总理衙门，一概免税进口。电杆所用木材甚多，就近采办，免纳税厘。

中国电报局开办之后不久，由于军事需要，电报线路发展十分迅速。后因越南、朝鲜为法日两国侵逼，线路首先扩展至广西、云南、贵州及东三省、朝鲜各地。西北关系吃紧，又由保定经山西、陕西、甘肃架线入新疆天山南北。均在盛宣怀设计安排之下，并将中国电报局分为两种，凡连接沿海沿江通商口岸之线，有利可图者，作为电报商局，官督商办。凡为军事需要架设到边疆偏僻之线，线路既长，商报又少，不易经营，难于获利的一律作为官电局，仍由盛宣怀派人经理，受其指挥管理，一切经费俱由官方出资。

中国电报局的创办，从无到有，急需引进电报专业技术，盛宣怀承李鸿章授命主办电报，并非凭其特殊知识，系其自同治十一年以来经营轮船招商局之经验。电报局规制与官督商办形式，当时已是轻车熟路。而聘雇洋工程师、洋技术人员及与洋商交往，采购器材，订立合同，循购买轮船之例，均亦具有相当经验。除经验之外，以其智慧眼光，设计裁断，当需具备优越禀赋。盛宣怀没有电学知识，而广泛借重他人智慧，权衡运用，竟能成为中国一项新事业的开拓者，剑及履及，付之实行，并历年发展，扩及全国，已是相当称职。观其电报局经营运行，种种设施的添置，足以见其成就斐然。

技术合作对象：中国初创电报局，合作者是丹麦大北公司，邀其建造，聘请工程技术人员，传授技艺，购买器材。之所以同大北电报公司合作是因为大北公司为电报先驱，将海线设至中国最早，尤其曾在同治十三年中国架设福州电线，并在光绪元年与中国订立合同建造福州、厦门间陆线。在当时俄、英、法、美各大国要求在中国开办电线时，经李鸿章权衡，认为：丹麦不是军事大国，不会恃强蔑理，横生枝节，容易驾驭。大北公司已有南北两条海线，与外洋通电，较多便利。从事实来看，大北公司对中国创设电报颇为尽力。为此，李鸿章于光绪十二年二月初九日奏请朝廷给予大北公司总办恒宁生三等第三宝星勋章，以示奖励。

技术引进与转化：中国与丹麦大北公司订立合同，给予两条海线专利十五年，其目的就是要换得电报技术，要由中国人自办电报事务。对于此点来说，大北公司表现出十分积极的合作态度和至诚相助的举动。光绪六年九月在天津紫竹林开办电报学堂，由大北公司工程技术人员教习中国学生，并派朱格仁任学堂总办，主持校政。

光绪七年，上海电报公司胡礼恒译出两种电学专业书，一种名为《万国电报通例》，一种名为《量电线说》，成为电报学堂的教科书。

光绪八年，由于扩充电报线路，专业人才需求量增加，遂于上海又设立电报学堂，委派谢家福为学堂总办，主持校务。又自出洋留学学生中，先后挑选十六名，分到各局任用。中国电报局创办的学堂还有江宁同文电学馆（光绪九年）、广州电报学堂（光绪十年）、兰州电报学堂（光绪十五年）。

通报电码之设计：拍发电报，符号创自西方人，用拉丁字母，或用0至9拼合成一种文字，发者收者根据相同底本，即可译成文词。盛宣怀创办电报局，首先设计了电码代字法，即编成四码一组，代表一个汉字，合若干汉字，即成文句。当时编成《电报四码新编》一书，发交各局使用。此后总理衙门为使电文保密，曾多次改进，编电报密码本，先后分发各省督抚、将军、出使大臣、海关使用。其数码代汉字通信，虽历经改进，其基本四码一字之法一直沿用至今。

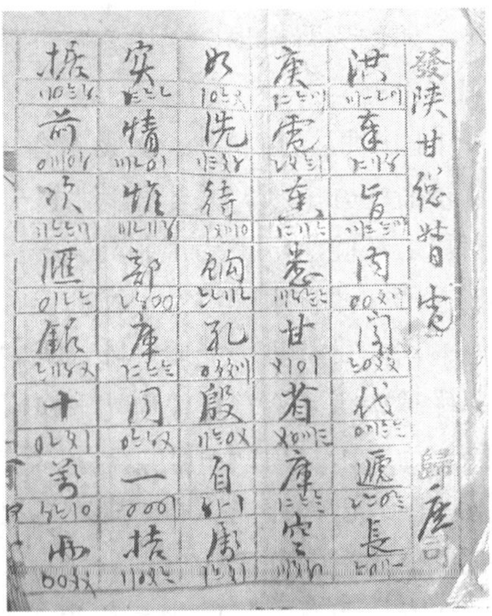

图3　电报档簿

中国人自己制造的第一部电话机

据史料记载：电话始称“德律风”，我国最早的电话业务是光绪十七年（1891）由上海英商瑞记洋行华洋德律风公司开办的，随后电话很快在中国各通商口岸流行，电话机的需求量随之增加。当时，买办官僚盛宣怀督办电政，提倡自办电话业务。但电话市场皆由外国商人所垄断，清政府希望得到电话机的制造法，外国商人却以种种借口，根本不向中国人提供有关技术资料和传授制造方法。这一情况大大刺伤了中国人的自尊心。

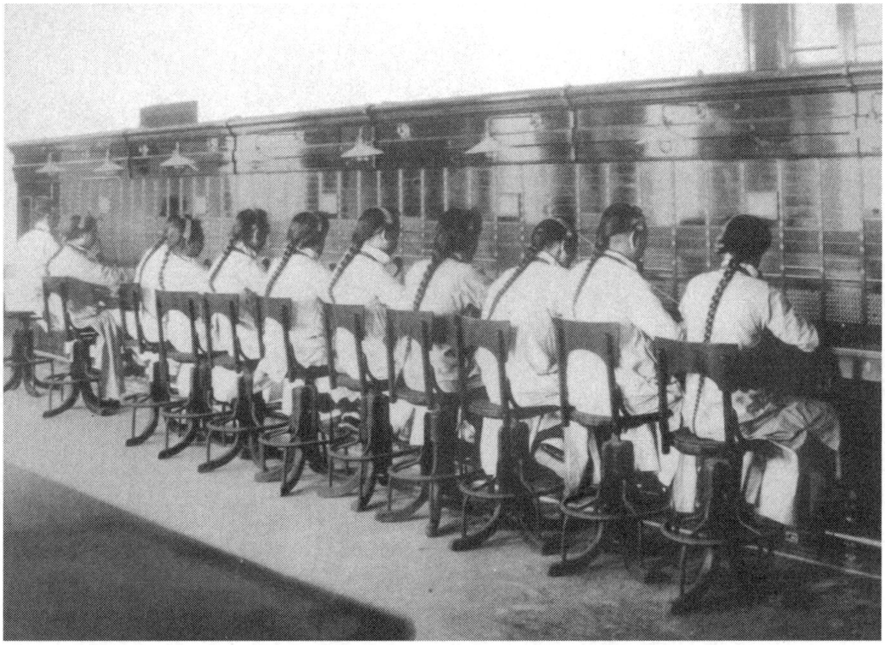

图 1　清末北京电话局人工交换中心

负责安庆电报业务的安徽省安庆州候补知州彭名保发誓一定要制造出自己的电话机。他购置了有关电学、声学等方面的大量书籍，潜心研究，终于在光绪二十五年（1899）成功制造机匣式电话机，取名为“传声器”，其功能完全可以同国外制造的“德律风”相媲美，相隔二三里乃至二三百里相互通话，声音清晰，如同面对面交谈一般。“传声器”有大小吸铁、炭精、花板、听筒、音盒等大小零件五六十种，皆自行设计、制造。这一创举震惊中外，中国人为之扬眉吐气，为之振奋。

清末的通信线路保护

中国电信事业最早创办是从电报开始的，光绪五年（1879），直隶总督李鸿章倡建了我国第一条电报干线——大沽北塘海口炮台至天津陆线，光绪十七年（1891），上海英商瑞记洋行华洋德律风公司首先开办电话业务。

随着电报、电话线路的不断延伸，因种种原因采取不同形式破坏线路的事情接连发生。光绪年间，通信线路架设到了陕西的灵武、乾州、醴泉，甘肃的泾州、平凉等处，由于当地的百姓愚昧无知，认为干旱、瘟疫皆为电报线路所致，将杆线全部拆毁。京津地区、河南、山西、山东、直隶等省电报杆线失窃之事也时有发生，种种破坏通信线路的行为受到了邮传部的重视。

光绪二十九年（1903）四月，邮传部就上海、烟台、大沽一带海道水线经常被当地渔民毁坏之事发布了三条谕禁，规定：

（1）该水线略似大铁索，亦有用黑布包皮者，如下锚误触，起锚时觉滞重有物，最好将锚索砍断，所失铁索之价，准其告知天津、上海、烟台电局，验明偿还。

（2）起锚时牵出海线，须格外小心，妥为放下，切勿损伤。

（3）如有人将海线砍断或任意损伤，不遵示谕者，准各船户水手至该地方电局或县署告发，如属确实，准予分别给赏。

我国最初架设通信线路条件非常艰苦，更谈不上制定详细的护线法了。光绪三十三年（1907），京保通信线路信保北段工程开工，工程所需材料分段预先存放在各地，以便随时取用。到了冬季，因天寒地冻，工程暂时停工，工程各段材料由当地地保帮助照管，为了防止偷窃案件的发生，信保北段工程委员方正元发明了“各项材料妥筹稳固法”。具体办法是：将电线盘放在竖杆打眼之处，再将电杆插上，其不能打眼之处，则合数盘之线用铁丝扭结一处。谁料，转年开工之时，意外发现工程所需电杆、电线、铁钩全部被人偷窃。“妥筹稳固法”虽然失败了，但此法足以称得上是我国通信史上最原始的防窃措施了。

关于电杆、电线时常发生窃割之事，经邮传部派人调查，发现漏洞在于有人敢于收购电线，以“电线铁质坚韧耐久，因此各铁店乐于收买”，致使有人“乘机窃线，向各铁店及造车厂等处销售，获利日多，偷窃日甚”。为此，邮传部于光绪三十四年（1908）制定法规，规定：其私自收买杆、线之店，一经查实，照窃藏官例从重治罪，店方如能将私卖之人抓获送到地方电局或县署，则给予重奖。此法规的颁布实施，对于防止线路窃割起到了一定保障作用，进而维护了通信线路的畅通。

晚清海军留学英法述析

一、海军留学的历史背景

晚清海军留学生作为由旧式“水师”向近代海军转型的崭新群体，在中国近代海军发展史上占有独特的历史地位。

海军是一个国家拥有作战的军舰和军队的总称。中国“初无海军，自道光年筹海防，始有购舰外洋以辅水军之议。同治初年，曾国藩、左宗棠诸臣建议设船厂、铁厂。沈葆桢兴船于闽海，李鸿章筑船坞于旅顺，练北洋海军，是为有海军之始”①。

中国在鸦片战争以前，对水上（海上）作战的军队称“水师”或“水军”；对水师使用的战船称师船或战船。当时的师船，全部是木质结构的帆船。鸦片战争以后，输入大批“洋枪”、“洋炮”和用蒸汽机装置的战舰，用以装备水师，开始称其为“新式水师”，以后按照西方人的叫法，把“新式水师”改称为海军。

道光二十年（1840），英国凭借坚船利炮轰开了闭关锁国的中国的大门，开始使国内有识之士逐步认识到海军对一个国家国防的重要作用。此后，清政府在沿袭和保留旧式水师的基础上，着手兴办近代海军，这种情况一直维持到宣统逊位。

晚清政府派遣海军留学生留学海外，是在经历三个历史阶段后所做出的抉择。

1. 建立近代海军的最初构想

林则徐是中国最早提出建立近代海军和主张学习西方“长技”并付

① 《清史稿》，4029 页，北京：中华书局 1976 年。

诸实践的第一人。道光十九年林则徐在广东查禁鸦片时，为了加强海防，他将中国师船与英国战舰相比较，认为存在多方面的差距：①其大不如英舰；②其坚不如英舰；③其炮不如英舰。为此，“他购买了一艘美国陈旧的军舰‘剑桥’号，排水量一千二百吨，并将这船加以整修，作为巡洋舰。”[①] 此外，他还购买了两艘二十五吨级的帆船和一艘小火轮，这是中国向外国购买海军近代舰船的开端。

与此同时，林则徐还积极仿造西方舰船。他认为，要战胜英国的入侵，就必须有敌得过英国所恃的坚船利炮，使其长技亦为中国之长技。但是林则徐的这一正确主张被废弃未用，而且他还受到遣戍新疆的惩罚。继林则徐之后，魏源系统总结和发展了林则徐建立近代海军的思想，他认为，仅有舰船不足以称之为近代海军，学习西方长技不仅限于船炮，还要重视海军造船、驾船、造火器等方面人才的培养。遗憾的是当时林则徐、魏源建立近代海军的构想，并不为当时的人们乃至执政者所重视。

2. 组建雇佣舰队

林则徐、魏源建立近代海军的构想提出后，过了整整二十年，西方国家的舰船制造和武器装备又有了新的发展。同治元年（1862）一月二十四日，清政府为镇压江南的太平天国运动，采纳代理中国海关总税务司赫德购置英国舰船筹设海军的建议，由总税务司李泰国赴英国以一百零七万两白银，购入大小舰船七艘，李泰国擅自以清政府的名义，招募英国海军官兵六百人，成立所谓的“英中联合海军舰队”，任命英国海军上校阿思本为舰队司令。并签订合同十三条，其内容可归纳为，定期四年，一切由李泰国从中负责，阿思本全权指挥，这支舰队只能悬挂外国旗号，名义上直接接受中国皇帝的命令，实际是一支效忠于英国的舰队。同治二年八月，阿思本带领这支舰队驶抵上海。这支雇佣舰队的到来，一开始就受到总理大臣奕䜣的质疑：“所立合同十三条，事事欲由阿思本专主，不肯听命于中国，尤不为谙体制，难以照办。”[②] 后加之曾国藩、李鸿章与阿思本为指挥权发生争执，美、法、俄等国驻华公使也纷纷对此表示不满，清政府遂将全部兵船遣回英国变卖，变卖所得，不敷“遣散”费用，又支银三十七万两作为抵偿。这是中国最早的一支雇佣近代海军舰队，它从编

① 《鸦片战争》（丛刊五），52页，上海：上海人民出版社1957年。
② 《海防档》（甲），161、162、164页，台北：艺文印书馆1957年。

队到遣散，前后不到一年就夭折了。

3. 制造舰船

同治五年六月三日，闽浙总督左宗棠奏请于福州马尾山麓濒江设船厂，制造舰船，以装备海军，清廷批准。左宗棠调任陕甘总督，推举沈葆桢任福州船政大臣。他到任后，积极筹建福州船政局及马尾造船厂。聘请法国人日意格、德克碑为马尾造船厂正副监督，“一切事务，均责成该两员承办”①。最初有英、法技师七十五人，工人三千七百多人，每年经费八十万两。从同治八年至光绪十年（1884）共造船二十六艘，其中少数造出不久因经不起海上风浪冲击而沉没，大部分作为海军辅助舰使用。马尾造船厂成立后不久，江南制造总局造船所于同治六年也开始造船，截至光绪二年共建造大小舰船十四艘，但同外国兵舰相比，性能较差，造价又较贵。为了早日建立新海军，清政府决议向外国购买舰船。

在经历了以上三个历史阶段后，李鸿章、曾国藩等地方大吏逐步认识到，创办近代海军，仅仅拥有近代化舰船是远远不够的，更重要的是还必须同时拥有能够制造维修和指挥操纵舰船的人才。洋务派在创建近代海军之初是“借才异域，冀救目前之急”。但是他们很快认识到，由外国人指导造船、驶船，中国人“虽日习其器，究不明乎用器和制器所必然”。这样习学皮毛，终非久远之计。他们进而迫切感到，“用人最是急务，储才尤为远图”②。而要获得海军专门人才，只有通过建立海军学校培养和出国留学深造这两条途径。在洋务派的主持下，在购造舰船的同时，以创办学堂和派遣留学生为主要内容的近代海军教育也随之兴起。从十九世纪六十年代到二十世纪初，清政府先后共创办了各类水师学堂十余所，聘请洋教习，培养了一批海军建设人才。同时，清政府中握有实权的洋务派大臣们感到，近代战争的战略战术和科学技术在西方日新月异，中国水师学堂所聘请的洋教习，即使有再高水平，但最多也只能传授他们来华以前的学术成果，而自然科学和军事科学的最新成就，则很难在教学中反映出来。长此下去，诚如李鸿章所讲：西人别出新奇，中国人却故步，所谓随人作计，终后人也。要想了解西方最先进的近代科学，就必须派遣海军留学生出洋学习和掌握海军先进国家的科学技术和指挥艺术，只有这样才能紧紧跟上世

---

① 中国第一历史档案馆藏：军机处录副奏折，9401—1。

② 《曾文正公全集》，奏稿，第27卷。

界潮流，中国才有希望。这便是洋务派派遣海军留学生的时代背景。

二、海军留学章程的制定

晚清海军留学生在甲午战争前的主要去向是英国和法国，清政府认为“制造各厂，法为最盛；而水师操练，英为最精”。[①] 因此，海军指挥官都前往英国留学，造舰技术人员都前往法国留学。

同治九年，中国最早赴美留学、毕业于耶鲁大学的容闳，向直隶总督曾国藩建议派遣幼童赴美留学，得到了曾国藩的首肯。此后，曾国藩两次上奏同治皇帝，并与李鸿章、丁日昌等人往返函商，准备选拔聪颖幼童，送赴欧美各国学习军政、船政、步算、制造等学科，并委托容闳在上海设立了留美学生预备学堂。同治十一年夏末，清政府派出包括詹天佑在内的第一批官费留学生三十名启程赴美，拉开了中国近代官费留学教育的序幕。船政大臣沈葆桢受到幼童赴美留学一事的启发，他认为就海军目前的规模而言，要想与西方国家抗衡，还需进一步探究造船、驾驶之精奥，才能符合朝廷力图自强之意。同治十二年十月十八日，沈葆桢奏请同治皇帝向英、法等国派遣海军留学生，他称：“福建船政学堂的前学堂学习法国语言文字也，当选其学生之天资颖异学有根基者，仍赴法国探究其造船之方，及其推陈出新之理。后学堂学习英国语言文字也，当选其学生之天资颖异学有根基者，仍赴英国探求其驶船之方，及其练兵制胜之理，速者三年，迟五年。必事半而功倍。盖以升堂者求其入室，异于不得其门者矣。”[②] 沈葆桢的奏议得到了李鸿章和左宗棠的认可与支持，李鸿章认为：“闽厂选派学生赴英法学习造船、驶船，尚属探本之论。”左宗棠称：“遣人赴泰西游历各处，借资学习，互相考证，精益求精，不致废弃，则彼之聪明有尽，我之神志日开，以防外海，以利民用，绰有余裕矣。”稍后，南洋大臣李宗羲在致总理衙门的咨呈中也认为：“学堂生徒前赴英、法……入其机器房，登其轮船，相与群居，当能探其窥要。”[③] 这几位朝中重臣的意见趋于一致。至此，派遣海军留学生之动议已成定局。

---

① 中国第一历史档案馆藏：军机处录副奏折，9403—22、9403—28。

② 《船政奏议汇编》，福建船政局1888年编，第9卷，第11页。

③ 《海防档》乙，第486—488、498，505页，台北：艺文印书馆1957年。

当年底，恰逢福州马尾船厂法方监督日意格合同到期，正准备回国。沈葆桢委托他起草了船政学堂章程，内容包括《法学章程》和《英学课序》。据日意格《条议》称："此次议赴泰西，固应变通沪局章程，而求其精善。今拟法学办法，半日肄业工厂，每年复以两个月游历各国各船厂、铁厂，以增长其见识，庶四五年间可以练出全才。至英国驾驶之学，每年均在学堂，亦以两个月赴大兵船上阅看练习，如建威之闽童等。其成功年限，想不逾两年，定堪胜任矣。"① 章程拟好之后，沈葆桢令日意格亲赴天津，与李鸿章筹商。因不久发生日军出兵台湾事件，此事暂时搁置。

图1　刘步蟾像

光绪元年春，趁日意格回国之便，沈葆桢嘱其带领福州船政学堂学生数名赴英、法考察，并探询购买舰船的价格和可能性。日意格带领学生刘步蟾、林泰曾和制造学生魏瀚、陈兆翱、陈季同出发，在英、法两国考察数月，参观了船厂、机器厂和军舰。一年后，日意格先带刘步蟾、林泰曾回到中国，留魏瀚、陈兆翱在法国舰船制造厂继续学习考察。

这次出洋考察，对于洋务派官员来说，是一次极大的激励，进一步感到派遣海军留学生的迫切性。新任船政大臣丁日昌多次致函李鸿章，称：福州船政学堂学生内，颇多究心测算制造驾驶之人，亟应遣令出洋肄业，不致半途而废。就连已经调任两江总督的沈葆桢，也屡屡致函李鸿章，表示认同丁日昌的说法。李鸿章也认识到，出洋学习制造驾驶之举，实为中国海防人才之根本。光绪二年十一月二十九日，李鸿章奏请从福州船政局选派学生赴英国、法国留学，称："窃谓西洋制造之精，实源于测算、格致之学，奇才迭出，日异月新。即如造船一事，近时轮机铁肋一变前模，

① 《海防档》乙，第486—488、498，505页，台北：艺文印书馆1957年。

船身愈坚，用煤愈省，而行驶愈速。中国仿造皆其初时旧式，良由师资不广，见闻不多，官厂艺徒虽已放手制造，只能循规蹈矩，不能继长增高。……若不前赴西厂观摩考索，终难探制作之源。至如驾驶之法，近日华员亦能自行管驾，涉历风涛，唯测量、天文、沙线、遇风、保险等事，仍未得深际。其驾驶铁甲兵船于大洋狂风巨浪中，布阵应敌，离合变化之奇，华员皆未经见。自非目接身亲，断难窥其秘钥。”①

李鸿章在奏请朝廷批准的同时，还拟定了《选派船政生徒出洋章程》，对出国留学生的学习任务、要求、组织领导、物资经费、生活供应等，都做了周密的计划和规定，这个章程的制定成为以后历届派遣海军留学生的基本依据，开创了清政府破天荒派遣海军留学生的开端。《选派船政生徒出洋章程》的主要内容如下：

（1）设华、洋监督各一员，会办出洋肄业事务，负责安排学生就学、聘请教习、管理经费等事宜。两监督和衷会办，互相监察；如万一有意见不合之处，应据实呈明通商大臣、船政大臣察夺。

（2）选派制造学生十四名，制造艺徒四名，由两监督带赴法国，学习制造。此项学生，既在学堂学习，以培根底，又要赴厂学习工艺，以明理法。应究其造船之方及推陈出新之理，回国后能设计、制造新式战船。凡所习之艺均须极新极巧，倘仍习老样，则唯两监督是问。

（3）选派指挥、驾驶学生十二名，由两监督带赴英国学习驾驶兵船，并陆续送格林尼治、朴次茅斯大学肄业外，还可带赴各厂及炮台、兵船、矿厂考察，约共一年。然后，再上大兵船及大铁甲船学习水师各法，应深究其驾驶之方及练兵制胜之理，约两年定可有成。回国后要达到对铁甲巨舰的驾驶、调度、演练、指挥都不依靠洋员，亲自指挥驾驶自如。

（4）出洋学生每三个月由华、洋监督会同甄别一次，或公定专门洋员甄别，并由华监督酌量调考华文论说。其驻洋日期，以抵英、法都城日起，计满三年为限；未及三年之前四个月，由两监督考验学成者送回供差。其中若有数人学生将成未成，须练习一年或半年者，届时会同禀候裁夺。

（5）两监督及各项生徒自出洋以迄回华，凡一切肄业功课，游历见

① 中国第一历史档案馆藏：军机处录副奏折，9403—22、9403—28。

闻，以及日用晋接之事，均须详记日记，或用药水印出副本，或设循环簿递次互换，总以半年汇送船政大臣查核，将簿中所记，由船政抄咨南北洋大臣复核。

（6）此次所议章程，总以三年学成为限。若三年后，或从此停止，或另开局面，均由船政大臣、通商大臣另商主裁，外人不得干预。

这个章程比日意格原来草拟的章程更为全面、具体，并且对监督和生徒都规定了明确的任务和目标。出洋留学生由政府派员加强组织和管理。经过沈葆桢与李鸿章反复函商，决定选派李凤苞为华监督，日意格为洋监督，共同负责领导出国留学生的学习和日常生活起居。清廷很快就批准了《船政生徒出洋肄业章程》及监督的提名。此后，由丁日昌与李凤苞、日意格磋商留学经费，确定随员及出洋生徒名单，很快都得到了落实。

三、海军留学分批派遣的历程

甲午战争前，清政府派遣海军留学生远赴英、法留学的三届留学生，以福州船政学堂为主，共派出出洋学生八十二人。除七人因各种原因未能完成学业外，学成归国共有七十五人，大部分成为清末海军建设中各方面高层管理的专门人才。

第一届：光绪三年派遣海军留学生三十八人

光绪三年二月十七日，中国派出的第一届海军留学生由驻德大臣李凤苞偕同洋监督日意格、随员马建忠、文案陈季同、翻译罗丰禄率领，乘坐“济安”号轮船出海，开赴香港。二月二十二日，由香港改乘西方公司轮船前往英、法两国求学。这批留学生赴英国学习驾驶（即军事指挥）的计有：刘步蟾、林泰曾、蒋超英、方伯谦、严宗光（即严复）、何心川、林永升、叶祖珪、萨镇冰、黄建勋、江懋祉、林颖启十二人；赴法国学习制造的学生计有郑清廉、罗臻禄、李寿田、吴德章、梁炳年、陈林璋、池贞铨、杨廉臣、林日章、张金生、林怡游、林庆生、魏瀚、陈兆翱十四人。另有艺徒（船厂技工）九人，他们是：裘国安、陈可会、郭瑞珪、刘懋勋、王桂芳、张启正、吴学锵、任照、叶殿铄。而马建忠、陈季同、罗丰禄既是工作人员，又有学习任务。这群到西方求学的少年，大部分年龄为十五六岁，情绪十分高涨。船政督办吴赞诚奏称：“该生徒等深知自强之计，舍此无可他求，各怀奋发有为，期于穷求洋人秘奥，冀备国家将来驱策，虽七万里长途，均皆踊跃就道。他日或能蔚成大器，共济时艰。”① 这批留学生分别到达英、法两国后，一面聘请英、法教师补习基础功课，一面与英、法外交部商讨安排入学问题。

经过磋商，赴英国学习驾驶的十二人中，刘步蟾上“马那杜”铁甲舰实习，林泰曾上“孛来克珀林”铁甲舰实习，蒋超英上“狄芬司”铁甲舰实习，林颖启、江懋祉同赴西班牙上“爱勤考特”兵船实习，黄建勋赴美国上“伯里洛芬”兵船实习，向这些舰船的海军官兵学习枪炮、水雷及行船布阵之法；方伯谦、严宗光、何心川、林永升、叶祖珪、萨镇冰均入格林尼治海军学校学习，在学习驾驶理论的同时，随英国海军铁甲舰历赴地中海、大西洋、美洲、非洲、印度洋等处实习舰队操练、排兵布阵、御敌之法，实习期满离舰后，又专门聘请教师，教授中国留学生电工、兵器、水雷等专业课程，并到有关工厂参观，扩大和巩固所学的专业知识。

在赴法学习舰船制造的十四人中，魏瀚、陈兆翱、郑清廉、陈林璋入削浦舰船学校学习，梁炳年、吴德章、杨廉臣、李寿田、林怡游到多廊海军工厂学习，池贞铨、张金生、林庆生、林日章入克鲁索民用船厂学习，均学习制造理法；罗臻禄入讪答佃矿业学校，改学矿务。在制造艺徒九人中，陈可会、张启正入腊孙船厂，刘懋勋入马赛铸铁厂，裘同安、郭瑞珪入马赛木模厂，均学习制造技艺；张启正、王桂芬、任照、关学锵、叶殿铄入白代果德铁厂，均学习绘图及制造铁甲舰等事。在法国学习舰船制造的留学生经法国工程教师的教授，经考试合格者，发给毕业文凭。然后又到英、法、比、德等国的造船厂参观和实习。

经过三年留学，学习驾驶的留学生，能独立驾驶铁甲兵舰，指挥作战；学习制造的，能设计和制造新式舰船，学习成绩达到国外大学水平。首届出国学生除梁炳年病故外，其余各生于光绪六年前后陆续返回中国。第一届海军留学生期满毕业回国。清政府经过检查验收，全部达到出国时提出的目的和要求。李鸿章对这届海军留学生大加赞赏，他的评语是：“虽天资不一，造就有深浅之殊，而按章督课，实与诸官学卒业之洋员无所轩轾。其制造者能放手制作新式船机及应需之物，驾驶者能管驾铁甲舰船、调度布阵，加之历练，应可不借洋人。其制造如魏瀚、陈兆翱、郑清廉、林怡游，开采熔炼如罗臻禄、林庆升，驾驶如刘步蟾、林泰曾、蒋超

① 中国第一历史档案馆藏：军机处录副奏折，9403—22、9403—28。

英、方伯谦、萨镇冰，颇为优异；其余加以陶熔，均可成器。皆有考取确据，委以原定章程‘办有成效’之语相符。”① 其时，中国海军建设已经全面铺开，这批在国外深造过的人才，“南北洋争先留用，得以唯恐或后”②。

第二届：光绪七年派遣留学生十人。

第一届海军留学生回国后，把国外建设海军的新方法、新经验和造船工业的新技术，进行了介绍和推广。由于国内海军建设、造船购舰等均需要大批的指挥、技术人才，第一届海军留学生仅三十余人，难以满足要求。在这样的形势下，李鸿章与沈葆桢共同提出：“海防根本，首在育才。闽省出洋生徒，应予蝉联就学，以储后起之秀，而储不竭之需。”并对那些认为不需再派学生出洋的官员提出尖锐的批评：“不知西学精益求精，原无止境，推步制造用意日新。彼此得鱼忘筌，我尚刻舟求剑，守其一得，何异于半途？”③建议清政府把派遣出国生定为一项经常性的制度，继续派遣海军留学生。清政府采纳了沈葆桢、李鸿章的建议。光绪七年十一月二十一日，第二届海军留学生组成。但这批出洋学生人数不多。本来船政大臣黎兆棠与李鸿章往返咨商，拟续派前学堂学生八名，后学堂学生六名，共十四人出洋肄业。因后学堂学生有许兆箕等四名先已调赴北洋，派充天津水师学堂教习及威远练船教练等职，碍难离职。于是，只有制造学生王庆端、黄庭、李芳荣、魏暹、王福昌、王回澜、陈泊璋、陈才瑞，驾驶学生李鼎新、陈兆艺十名，由知县尹翼经搭乘商轮护送至香港，又乘坐法国公司轮船抵法国马赛港。此时，李凤苞已出任驻法公使，仍兼任监督；日意格继续留任洋监督。第一届留学生吴德章则担任襄办兼翻译。

这届留学生虽人数甚少，但所学专业却很广泛。如在法国的黄庭、王回澜专习营造，李芳荣专学枪炮，王福昌专学硝药，魏暹专学制造；在德国的陈才瑞、陈伯璋专学鱼雷；在英国的陈兆艺、李鼎新专学驾驶。在第二届十名出洋学生中，除王庆端病故，陈伯璋因负债而自杀，李芳荣临时派至西班牙参赞官署担任翻译外，其余七名皆于光绪十二年上半年学成回国。

---

①③　中国第一历史档案馆藏：军机处录副奏折，9404—27、9404—64。

②　池仲佑：《海军大事记》，光绪四年，台北：文海出版社 1975 年。

第二届出洋学生经过考核，学习成绩优良："学习营造的学生，于测量、算绘、久暂台堡、守城防艺、水底设防各项；习枪炮者，于枪炮军械、熔炼钢料各项；习硝药者，于药弹、棉药、新药、爆药、造药、锅炉各项；习制造者，于水师制造轮机、船身各项；习鱼雷者，于新式鱼雷尺寸、制雷、修雷各项；习驾驶者，于行兵布阵、风涛沙线、驶船用炮各项，莫不详求博览，理法并精。"学习专业广泛，详求博览，是这届海军留学生的特点。船政大臣裴荫森的评语是："考察各该生所学，若营造、若枪炮、若硝药、若制造、若鱼雷、若驾驶，莫不各具专长，或为前届学生所未备习，实足以仰备国家因材器使。"①

第三届：光绪十二年派遣留学生三十四人。

第三届海军留学生，于光绪十二年三月出洋，仍赴英、法两国。先是在光绪十一年九月，总理海军事务衙门成立。正值北洋海军练兵伊始，清廷责成李鸿章专司海军事宜。十月，在法国购买了"定远"、"镇远"、"济远"三艘战舰，准备装备北洋水师，非常需要指挥驾驶、制造维修的人才。李鸿章与南洋大臣曾国荃、船政大臣裴荫森联衔奏请续派留学生出国留学，得旨允行。于是，才有派遣第三批海军留学生之举。

图2 "定远号"战舰

此届海军留学生，由北洋和船政两方面选派：于北洋水师学生中选取陈恩焘、刘冠雄、曹廉正、陈燕年、黄裳吉、伍光鉴、郑汝成、陈杜衡、

① 《船政奏议汇编》，第32卷，第11、12页，福建船政局1888年编。

王家廉、沈寿堃十名学生；于船政驾驶学生中选取黄鸣球、罗忠尧、贾凝禧、郑文英、张秉珪、罗中铭、周献琛、王桐、陈鹤潭、邱志范十名学生；于船政制造学生中选取郑守箴、林振峰、陈庆平、王寿昌、李大受、高而谦、陈长龄、卢守孟、林志荣、杨济成、林藩、游学楷、许寿仁、柯鸿年十四名学生。其中，黄裳吉因在北洋供差，未能成行。船政驾驶学生陈寿彭以翻译身份同行，后也改为留学，故实际这批海军留学生仍为三十四人。他们从福州出发，于光绪十二年三月三日由香港乘坐洋商轮西行。是年春，原监督日意格因枪伤复发而亡，其遗缺由法国人司恭塞格继任。司恭塞格曾在船政协助日意格办理工程，因此由他接办洋监督也是顺理成章的事。华监督一职则改由曾任船政提调的道员周懋琦担任。至于学制："习驾驶者仍以三年为限；习制造者则酌予变通，以六年为限。凡以便各生于其所学益求精密，期必进窥奥窍而后归也。"①

第三届海军留学生分赴英、法两国，在赴英国的学生中，陈恩焘、贾凝禧、周献琛三人专习测绘海图、巡海练船兼驾驶舰船之学；刘冠雄、黄鸣球、邱志范、王家廉、郑汝成、陈杜衡、沈寿堃、郑文英八人专习操放大炮、枪队、阵图大副等学并兼习驾驶舰船；王桐专习兵船管理轮机之学；伍光鉴、陈燕年、曹廉正三人专习水师、兵船、算学等；张秉珪、罗中尧、陈寿彭三人专习水师、海军公法、捕盗公法及英国语言文字之学；陈庆平、李大受、陈长龄、卢守孟四人专习舰船制造之学；在赴法学生中，郑守箴、林振峰专习舰船制造、算学、化学及格物学；林藩、游学楷、高而谦、王寿昌、许寿仁、柯鸿年六人专习万国公法及法国语言文字之学。

在这届学生中，除制造学生杨济成一人考试未及格，制造学生林志荣、管轮学生陈鹤潭中途病故未能完成学业外，其余三十一名学习成绩比较优秀。据周懋琦禀称："学习测绘海图、巡海练船兼驾驶铁甲兵船者三员，陈恩焘、贾凝禧，文武兼备，最为出色；周献琛于练船用帆驾驶之学，尤肯不辞劳苦。习操放大炮、枪队、阵图、大副等学兼驾驶铁甲兵船者八员，刘冠雄、黄鸣球、邱志范、王家廉、郑汝成、陈杜衡、沈寿堃、郑文英，考试皆列高等。学习兵船管轮机者一员，王桐，考试甚优。习水师、兵船、算学、格物学三员，伍光鉴最为出色，陈燕年、曹廉正次之。

① 《光绪朝东华录》（二），第 58 页，中华书局 1984 年。

学习水师、海军公法、捕盗公法及英国语言文字者三员，张秉珪、罗中尧较优，陈庚（即陈寿彭）次之。习海军制造、算学、化学、格物学二员，曰郑守箴、林振峰，习海军制造之学者四员，陈庆平、李大受，可胜轮车铁路总监工之任；陈长龄、卢守孟可胜轮船监工之任。习万国公法以及法文法语等学者六员，林藩、王寿昌、许寿仁、柯鸿年考试均列上等，高而谦、游学楷列上中等，均取中律科举人。”①

甲午战争后，海军留学生的派遣又形成新的规模，派遣部门不限于福州船政局一校，南京、广东、烟台各校都有派遣；派往国不限于西方国家，也开始派往东方后起的海军强国——日本。另外，清政府还零星派遣留学生到美、德、比等国留学。

光绪二十三年九月，清政府任命吴德章为监督，由福州船政前、后学堂挑选出洋留学生施恩孚、丁平澜、卢学孟、郑守钦、黄德椿、林福桢六人专赴英国留学，作为第四届海军留学生。其中卢学孟因调赴比利时留学，以魏子京代替。本来预计在英国学习六年，中途因光绪二十六年英、美、俄、法、德、意、日、奥八国联军发动侵华战争，国际局势发生变化，每年七千两白银的留学经费支出发生困难，闽浙总督兼管船政事务大臣许应骙在上呈要求撤回海军留学生的奏折中称：“该学生等远隔重洋，尚未能常川汇款接济，不免作辍，相乘于学业进修，不免毫无裨益，深恐淹留异域，别出事端，计二十三年九月出洋肄业起至本年九月已历三年，该生等于制造专门当有心得，诚不如遣撤回华，即令在闽厂与洋员匠讲求工作，亦足以资印证不致荒嬉。”② 这批留学生只学了三年，未能完成学业，就全部撤回国了。

光绪三十年十月二十日，署理两江总督端方向清政府提出：“江南江海要冲，海军之学，尤当注意，江宁虽设有水师学堂，而于风涛、沙线、行船、驾驶之法均未亲身经历，非选派出洋游学不能……现与英领事商允，业于江宁水师学堂中挑选合格学生六名，送交驻沪英国水师各船学习，暂以两年为限。”③ 这种办法，比直接派到外国学校去留学，要节省经费，更便于管理。派赴外国军舰实习，也成为派遣海军留学生的一种形

① 薛福成：《出使英法意比四国日记》（走向世界丛书本），第206、207页，长沙：岳麓书社1985年。

② 中国第一历史档案馆藏：军机处录副奏折，7224—6。

③ 中国第一历史档案馆藏：外务部档案，918—6。

式。派往英国驻上海舰队学习的六名学员，于光绪三十二年九月学成。

另据端方在《奏报南洋水陆学堂情形折》中，提及光绪三十二年冬，江南水师学堂派遣二十二名学生赴日本留学等等。

四、晚清海军留学的启示

应该说清政府对派遣海军留学生是重视的、积极的，留学生也大多学有所成。从中给我们的启示主要有：

（1）晚清海军留学是中国海军走向近代化进程的重要一步。十九世纪下半叶，面对两次失败了的鸦片战争（西方学者称之为鸦片贸易），爱国的中国人民逐步睁开双眼认识世界，他们最直观切近而又最深刻痛切的，就是英、法侵略者的坚船利炮。他们认为西方的长技就在于此，而我国之所以受欺辱也在于此，因而要想“师夷长技”就要购船、购炮、建立舰队，使敌人失其所恃，而我有所凭依。正是在这一历史背景下，李鸿章、左宗棠、沈葆桢等几位封疆大吏顺应历史发展潮流，他们从军事入手，把“强兵”作为洋务运动的中心任务，促成了清政府对海军留学生的派遣。这破天荒的创举，迈出了中国海军走向近代化进程的第一步，是名副其实的走向世界，有助于中国科学技术的发展和近代海军的建设。

（2）晚清海军留学在近代中国起到了相应的历史作用。对处于晚清时代的中国来说，发展海军是一件全新的事情，没有足够的人才是办不起来的。实践证明，海军留学生在“西学”的国度——英、法等国受到多年的教育，较为系统地掌握了海军军事科学的基本知识。这在当时，的确是其他群体无法替代的一个崭新群体。归国后，他们大多数成为晚清海军的骨干和中坚，各自在自己的岗位上恪尽职守，卓有功绩，在传播西方先进军事科学，促进中外文化交流乃至在保疆卫国等方面，都做出了令人瞩目的贡献，其历史地位不容低估。严宗光（严复）、刘步蟾、林泰曾、林永升、叶祖珪、萨镇冰等即是其中的佼佼者。如海军第一批留学生严宗光（严复），在英国格林尼治海军大学学习期间，亲身观察英国社会制度，潜心研究资产阶级社会政治学，辨析“西学”与“中学”的异同。光绪七年学成回国，任天津北洋水师学堂总教习，后升总办，执教达二十年。曾翻译赫胥黎的《天演论》，以“物竞天择，适者生存”的进化论观点，唤起国人救亡图存，对当时的思想界影响极大。在天津《直报》发表《论世变之亟》《救亡决论》的文章，翻译《原富》《群学肄言》等书籍，提出向西方学习，提倡新学，鼓吹改良，主张废除专制政治而实行君主立宪。较系统地介绍和传播了西方资本主义文化，成为近代中国著名的资产阶级启蒙思想家。海军第一批留学生刘步蟾在光绪二十一年威海卫保卫战中，指挥定远舰坚决抵抗日军的进攻。在定远舰被鱼雷击中进水后，刘步蟾下令将舰体移至铁码头以东海面上，做炮台打击敌人。最终定远舰炮弹用尽，刘步蟾下令炸毁定远舰，以免“为敌所捕获”，然后刘步蟾自杀殉国，真正做到了“志节凛然，无愧舍生取义”。但与此同时，多年耗费巨资培养出来的归国留学生，一些人并未能得到妥善安置，如闽浙总督兼理船政大臣边宝泉在光绪二十二年三月在给光绪皇帝的奏折中称：近闻船政学生学成回华，闲散各处，无事可做，饥寒所迫，甘为人役。或被外国驻华机构聘为办事员，或在各国驻华领事署及洋行充当翻译。我才弃为彼用。清政府一方面高喊人才造就不易，一方面是人才的流失和浪费，此乃对晚清海军留学的一大讽刺。

图3　严复像

（3）晚清海军留学具有明显的历史局限性。晚清政府向西方海军大国派遣海军留学生，一方面对中国海军近代化起了倡导和促进作用；另一方面也因其不肯迈出政治改革的步伐而产生延缓和阻滞作用。当时，由于长期闭关锁国所产生的持久消极影响，传统的“华夷”观念在国人的头脑中一时很难从根本上消除，因此对学习西方资本主义先进事物存有戒心甚至抵制情绪，从而制约了海军留学生学有所用的顺利发展。应该看到当时中国的“师夷”是被列强侵略逼出来的，并不是自觉的。李鸿章等洋务派代表人物，从“自强”的愿望和认识出发，向西方国家派遣留学生，谋求海军发展的近代化，他们抓住了这次千载难逢的历史机遇，但是由于国内外各种因素的干扰，虽然抓住了，却没有抓紧，很快就又失去了。清政府本希望通过海军留学，能够振兴中国海防，但由于其政治制度的衰朽，尽管“重振海军”的调子从鸦片战争一直唱到辛亥革命，但自从甲午战败、庚子战败以后，清政府已是日薄西山，苟延残喘，振兴海军对于内外交困的清政府来说，已经是力不从心。但不论如何，晚清海军留学的经验和教训，在中国海军史、教育史、留学史上都是一笔宝贵的财富。

清末留日学生事件对留学政策之影响

清末成千上万的留学生远赴日本留学，在中国留学史上占有重要位置。留日学生所发生的一系列事件，对清政府制定整体留学政策产生了重要影响。

一、清末留日热潮的兴起

清末中国出现声势浩大的留日热潮，与清政府的提倡鼓励政策以及日本明治维新政府的主动吸引政策有着直接关系。光绪二十一年（1895），甲午中日战争以后，《马关条约》的签订给中国带来惨痛的教训。国内有识之士认为要想挽救中国的危机，就必须变法图强。朝中大多数重臣认为欲求变法，必须培养人才，欲培养人才，必须办教育。但是国内的新式学堂寥寥无几，人才的培养，除了依赖于国外，别无他法。封疆大吏如张之洞，部院大臣如张百熙，知识分子如康有为、梁启超、张謇等，或呈递奏折，或发表时论，出国留学一时成为人们谈论的焦点。大家一致认同游学为当时第一要务。①

至于游学的国家，人们一致主张以日本为宜。张之洞在其《劝学篇》的《游学》篇中列举五点理由，认为："至游学之国，西洋不如东洋。一，路近费省，可多遣。二，去华近，易考察。三，东文近于中文，易通晓。四，西书甚繁，凡西学不切要者，东人已删节而酌改。

① 陈青之：《中国教育史》下册，第623、624页，北京：商务印书馆1940年。

五，中东情势风俗相近，易仿行，事半功倍，无过于此。”[①] 正如日本知名学者实藤惠秀所说，张之洞的《劝学篇》，实无异于留学日本的宣言书。[②] 张之洞是游学的倡导者，更是游学的实践者，早在光绪二十二年，张之洞受驻日大臣裕庚的委托，从上海、苏州一带招募学生唐宗锷、朱忠光、胡宗瀛等十三名，于五月初五日抵达日本，并于五月二十日正式办妥入学手续。[③] 这十三名留日学生并非是清政府计划下所派遣的，当时清政府并没有制定出成文的留学政策，张之洞应裕庚之邀，派出留学生，只是基于驻日使馆业务上的需要，具有半官方性质的“使馆学校”。他们正式进入日本学校就读，当为近代中国派人留学日本之始。

图1　张之洞像

张之洞的主张与实践，引起清政府的高度重视，光绪二十四年六月初七日，光绪皇帝颁布上谕：“……张之洞所著《劝学篇》……持平公正通达，于学术人心，大有裨益，着将所备副本四十部，由军机处颁发各省督抚学政各一部，俾得广为刊布，实力劝导，以重名教而杜厄言。”[④] 向全国民众传递着清政府即将派遣留学生留学日本的信号。

同年，姚锡光奉张之洞之命，赴日本考察教育，写出《东瀛学校举概》一书。这本书是此行的考察报告。内容包括日本的普通学校、陆军学校、专门学校、特殊学校等章节，分门别类进行了介绍。该书在当时多次再版，可见颇受欢迎，并显示留学的准备工作逐渐完成。

① 张之洞：《劝学篇·外篇》，第5、6页。

② 实藤惠秀：《中国人留学日本史》，第23页，北京：三联书店1983年。

③ 《清光绪朝中日交涉史料》，第50卷，第19、20页，北平：故宫博物院编印1932年。

④ 张之洞：《劝学篇》，卷首。

另一方面，日本政府吸引中国留学生的政策和日本朝野欢迎中国留学生的态度，对清政府留日学生政策的制定起到了推波助澜的作用。甲午战争后，日本政府把俄国作为争夺远东霸权的主要对手，面对腐朽虚弱的清政府则采取软硬兼施和笼络的政策。日本政府认为吸收中国留学生既可以加强中日亲善，又可以增加日本外汇收入，更重要的是可以在中国扩张势力，培养亲日派。大批日本朝野人士借赴华考察或游历的名义来到中国，游说当权人物派遣青年子弟赴日留学。如光绪二十三年，日本参谋本部宇都宫太郎在湖北与张之洞会谈，[①] 二十五年四月九日福岛安正在南京走访刘坤一，[②] 皆极力劝说中国派遣学生赴日留学。声称留学之大计的实施定会增进两国的睦邻关系，日本甚愿教育培养中国青年，为中国造就人才。

光绪二十四年闰三月，日本驻华公使矢野文雄致函清政府总理衙门表示，日本政府“拟与中国倍敦友谊，借悉中国需才孔亟”，因而欢迎中国派留学生“陆续前往日本学堂学习”[③]。当时，日本社会各界，尤其是教育界十分重视招收中国留学生的工作。文部省专门学务局局长、东京大学知名教授上田万年发表文章指出，“日本招收中国留学生，不论是中国独立事业上或日中提携合作上，这一群留学生都是一大力量”，他主张“日本帝国必须不惜金钱为清国留学生建立完备设施，以完成彼国委托吾人之大事业”[④]。

日本政府的态度，对当时力求变法图强，尤其渴求培养人才的中国而言，起到了极大的鼓动作用。因此，制定派遣学生留学日本的政策，开始进入到具体落实阶段。

国内对于清政府的态度和日本政府的建议，首先表示关心与赞成的是山东监察御史杨深秀。光绪二十四年四月十三日，杨深秀在奏请议游学章程片中主张：“饬下总署速议游学日本章程，准授其供给经费，其游学之士，请选举贡生兼之聪敏有才、年未三十者，在京师听人报告，由译署给

① 《张文襄公全集》，第79卷，第19页。

② 《对支那回顾录》下卷，第271页，东京，1936年。

③ 《变法自强奏议》，见《戊戌变法》。

④ 上田万年：《关于清国留学生》，《太阳》第4卷，第17号（1898.8.20），引自实藤惠秀：《中国人留学日本史》，第25页。

照，在外听学政给照。”[1]。同日，军机处奉旨传谕总理衙门，复奏具体章程，[2]六月十七日，再命总理衙门，速拟出洋游学人员章程。[3]

光绪二十五年，总理衙门制定出《游学日本章程》，奏请光绪皇帝批准。其章程大致为：①将总署同文馆之东文学生酌派数人，并咨行南北洋大臣以及两广、湖广、闽浙各督抚，就现设学堂中遴选年幼颖悟，粗通东文诸生，开具衔名咨报总署，知照日本使臣陆续派往。②赴日学生，由出使日本大臣就近照料，毋庸另派监督。③经费由总署核定数目，提拨专款，汇交出使大臣随时支发。[4]《游学日本章程》的制定，标志着政府明令派遣留学生，留学日本成为清政府的一项政策。这也是经过了戊戌变法、义和团运动和八国联军侵华战争冲击的清政府，为了维护自己风雨飘摇、内外交困的政权，而实行的一项新政措施。

《游学日本章程》的制定，在近代中国留学史上起到了至关重要的作用。此后各省督抚相继派遣文武学生赴日，进入各校学习，对于人才的培养，不能不归功于这一决策的出台。另外，在日本方面，为了接收接踵而至的中国留学生所设立的如宏文学院、同文书院、成城学校、早稻田大学清国留学生部等一大批特殊学校，如雨后春笋应运而生。在中国内地，罗振玉在上海创办东文学社，陈宝琛在福州开设东文学堂，教授日本语及普通学科，作为国内学生留学日本的准备。[5] 自此之后，类似学校无论在中国或在日本，创设之数目，不断增加。

清政府对出国留学生的管理，最初是由总理衙门及其属下机构和驻外大臣负责。光绪二十六年八国联军侵华前，出国留学的人数甚少，且大多数以官派为主，其管理分别依据各派遣衙门拟定的具体规定进行，全国没有统一章程，内容只局限于学生的生活安排、学习要求、年龄限制等方面。

二、具有革命性质的留日学生事件

处于严重民族危机之下的中国知识分子，抱着向日本学习先进的科学

---

①② 《清光绪朝中日交涉史料》第51卷,第33、34页,北平:故宫博物院编印1932年。

③ 《清季外交年鉴》第2卷，第23页。

④ 舒新城:《中国近代教育资料》上，第173页，北京：人民教育出版社1961年。

⑤ 实藤惠秀:《中国人留学日本史》，第23页，北京：三联书店1983年。

技术，以挽救民族危亡，振兴中华的强烈愿望，远赴日本留学。光绪二十一年的甲午战争中中国战败，被迫与日本签订丧权辱国的《马关条约》。中国广大知识分子一方面视之为奇耻大辱，谴责日本的野蛮侵略；另一方面则看到日本经过明治维新取得富国强兵的成效，而主张"不妨以强为师资"①。把效仿日本变法维新，作为向西方学习，以救亡图存的一条快捷方式。亲自到日本留学，直接了解日本改革富强的经验，并吸收经过日本引进消化了的西方文化，自然成了许多中国爱国有志青年的向往之路。特别是十九世纪末帝国主义列强掀起瓜分中国的狂潮，亡国危险迫在眉睫，更加强了爱国青年留学救亡的紧迫感。

光绪二十四年戊戌变法失败以后，维新派代表人物康有为、梁启超等被迫逃亡日本。二十六年唐有才自立军起义失败后，又有一批反清志士逃亡日本。二十世纪初孙中山等资产阶级革命派领袖也屡次发动武装起义受到清政府通缉而到日本避难。这些亡命客周围常有留学生相从，有的青年学生甚至为了追随他们而到日本留学。而不少逃亡志士在日本入学，本身也成为留日学生。当时日本成了中国资产阶级改良派与革命派在国外进行活动和宣传的主要基地，同时也成为二十世纪初中国各种新思潮流派的发

图2　康有为像

图3　梁启超像

① 康有为：《日本政变考》序，故宫博物院藏书。

源地。这也是吸引大批中国进步青年为扩大眼界，追求真理以及开展爱国、革命活动而赴日本留学的主要原因。

十九世纪末二十世纪初究竟有多少中国学生留学日本呢？光绪二十二年，第一批留日学生仅为十三人。光绪二十四年戊戌维新期间，清政府正式下令各省督抚选派学生赴日留学。地方上首先是湖广总督张之洞派遣官费留日学生二十多人赴日学习陆军军事。接着北洋大臣、南洋大臣以及浙江“求是书院”等也纷纷派出留日学生。到光绪二十五年，中国留日学生已有二百多人，其中在日本陆军预科成城学校学习军事的最多。光绪二十七年以后中国留日学生人数呈逐渐上升趋势。光绪三十一年至三十二年，中国学生留学日本达到高潮，留日学生猛增到八千多人。光绪三十二年以后，中国留日学生呈逐年下降趋势。现将光绪二十二年至三十四年的中国留日学生人数列表如下：①

光绪朝	二十二年	二十三年	二十四年	二十五年	二十六年	二十七年	二十八年	二十九年	三十年	三十一年	三十二年	三十三年	三十四年
人数	13	9	55	207	—	274	573	1300	2406	8000	7283	6797	5216

中国留日学生从落后闭塞的半殖民地半封建的旧中国，来到正在进行资本主义近代化建设的朝气勃勃的日本，日本工业的发展、教育的普及、军事的强盛使他们大开眼界，对比祖国的落后贫弱，强烈地激发了留日学生的民族感情和爱国热情，也使他们愈加痛恨清政府的腐败卖国，进而不断燃起反清的革命烈火。各种形式的留日学生事件不断发生。其中，较具影响的事件有：光绪二十八年（1902）发生的成城学校入学事件；二十九年（1903）发生的留学生组织拒俄义勇队事件；三十一年（1905）发生的反对《留学生取缔章程》事件。三次留日学生事件的大致内容如下：

成城学校入学事件

光绪二十八年六月九日，留学日本的南洋公学教师吴敬恒为来自江苏、江西、浙江的自费留学生纽瑗等九名欲入成城学校就读之事，向时任驻日大臣蔡钧写了一封举荐信，恳求他予以出示保证书。而蔡钧拒绝为九名留

① 王晓秋著：《近代中日文化交流史》，第356页，北京：中华书局2000年。

日学生提供保证。原因是此前谣传留日学生图谋革命，事态危险，蔡钧奏请朝廷停止派遣留日学生。六月二十四日，留日学生认为是朝廷计划阻挠自费生学习军事，在吴敬恒的带领下，数十名留日学生闯入公使馆，逼驻日大臣蔡钧签字盖章，但蔡钧坚决不肯应允。留日学生则坚持直至蔡钧答应他们的请求为止，否则决不离开公使馆。公使馆报请日本警察将主谋学生拘捕。七月三日，吴敬恒被日本政府驱逐出境。此后，经到日本视察学务的中国著名学者吴汝纶在日本当局、蔡钧公使，以及留学生会馆的干事之间斡旋，中日两国达成协议，同意九名留学生正式进入成城学校学习。清政府派专使载振赴日，专门查办成城学校入学事件。经过与日本外务大臣小村寿太郎谈判，双方约定，中国在日本设置留学生总监督一名。不久，驻日大臣蔡钧被调回国。十月一日，清政府派遣汪大燮为首任留日学生总监督。

这次运动的结果是留学生取得了最后胜利。至于留学生总监督产生一事，由于带有管制约束留日学生革命活动的意味，可以说为后来的留日学生运动埋下了种子。[①]

组织拒俄义勇队事件

中国留日学生在日本积极投身爱国救亡运动，斗争的实践促使他们的爱国主义精神不断高涨，并推动他们从爱国救亡走向反清革命。

光绪二十九年（1903）春，日本各报纷纷刊载沙皇俄国自二十六年出兵强占中国东北后，非但不撤兵，反而提出种种无理要求的消息。留日学生群情激愤，立即掀起了轰轰烈烈的拒俄运动。四月三日，五百多名中国留学生在东京锦辉馆集会，声讨俄国的侵略罪行。当场发起成立拒俄义勇队，准备开赴东北前线，杀敌报国。

卖国媚外的清政府把这次留日学生的拒俄爱国行动视为犯上作乱，要求日本政府予以取缔，并请东京神田员警署前去干涉，中国留学生据理力争。最终，拒俄义勇队在中日两国政府的施压下，决定“解散形式，不解散精神”，改名为军国民教育会，在军事体育训练的名义下继续开展拒俄运动。这次留日学生组织的拒俄义勇队事件，令清政府十分恼火，担心留日学生远在异国他乡接受民主革命思想。时任驻日公使蔡钧称这次拒俄运动是“名为拒俄，实为革命”。更有人叫嚣：“东京留学生已尽化为革

① 实藤惠秀：《中国人留学日本史》，第377页，北京：三联书店1983年。

命党，不可不加之防备。”①

于是，拒俄义勇队很快就在清政府的压力下遭到日本当局勒令解散。就事件本身而言，拒俄行动只是留学生一次未成气候的集体抗议，对清政府体制方面没有实际意义上的威胁。但值得注意的是，留日学生的爱国言行与此后的事态发展互相激化，而且革命的形势愈演愈烈，不能不归于拒俄事件所造成的政治效应。

反对《留学生取缔章程》事件

光绪三十一年，留日学生已达八千余人。十月初六日，日本文部省颁布了《收容清国人留学之公私立学校章程》，当时中国留日学生称其为“取缔规则”。这个章程共十五条，表面上是监督管理招收中国留学生的日本学校，但实质上暗含应清政府的要求，取缔留日中国学生的革命活动、限制留学生行动自由的意图。

这个章程一公布，立即引起中国留学生的极大义愤，学生们纷纷表示抗议，群起反对。十一月初一日，中国留学生总会杨度等人联合致函驻日大臣、留学生总监督杨枢，指出：“章程第九、十两条，所规定范围极广、界限未明，将来施行之际，吾国学生必有因此而受不利之影响者，群情汹汹，或惧因此约束，遂有难于久留之势。”② 日本政府文部省颁布的《收容清国人留学之公私立学校章程》第九条内容是，凡受选定之公私立学校，应令清国学生在寄宿舍，或在该校所监督之下宿等处居住，妥为约束。第十条的内容是，凡受选定之公私立学校，如遇有品行不端之学生，经他校剔除者，不得令其入学。杨度等人在这封公开信中对日本文部省颁布的“取缔章程”第九、第十两条进行了分别驳斥，并照会日本外务省转咨文部省，将章程第九、第十两条取消。十月四日，中国留学生会馆干事程家柽在东京《朝日新闻》上发表文章，严正指出：“中国学生既在日本受教育，就应与日本学生享受同等待遇，今特定一特别规则专为取缔中国学生，则绝无理由接受。”③ 十一月九日，中国留学生在东京富士楼集会，认为取缔章程“侵我主权，伤我国体，不甘忍受”，决定集体罢课。十一月十二日，留日学生中杰出的革命宣传家陈天华，为抗议日本报纸污蔑中国留学生

① 《苏报》，1903年6月28日引自《拒俄运动》，第276、265页。

② 中国第一历史档案馆藏：外务部档案，2857—10。

③ 明治三十八年十二月十日《东京朝日新闻》，黄福庆：《清末留日学生》，第290、291页。

“放纵卑劣”，而在日本大森海滨投海自杀。陈天华之死对留日学生产生了极大振动，罢课退学风潮形成燎原之火，先后有二千余名留日学生纷纷整装回国。在中国留学生的斗争下，日本政府最终被迫让步，宣布暂缓执行这一章程。一些归国学生才再度赴日复课。但也同时付出了“留学生罢课代表韩汝庚、胡瑛、宋教仁等十七人被勒令退学，内地学堂不准收录，绝其悻进之途”的代价。① 另外，也开始引起了清政府对留日学生的高度警觉。

三、留学政策的变化

随着留日学生规模的不断扩大与种类的增加，原有的管理方式变得难以适应，特别是留日学生事件不断发生，颇感出洋学生流弊丛生，光绪二十九年四月，慈禧太后饬令张之洞筹划防范之法。② 自此，清政府对留学生政策进行了紧锣密鼓的调整与加强，其步骤大致可分为三个阶段。

图4　载振像

（1）光绪二十八年至三十一年（1902—1905），清政府加强对留学生思想行为监视，为防范身在异国的青年学子接受民主思想，实行鼓励与处罚相结合的管理措施。

光绪二十八年，成城留学生入学事件发生后，载振奉命前往日本调查。载振征询了日本外务大臣小村寿太郎和蔡钧等人的意见，回国后奏请制定留学章程，以期加强对人数最多的留日学生的监管力度。③ 光绪三十一年。外务部征求驻英、法、美、德、

① 中国第一历史档案馆藏：外务部档案，2056—014。

② 《张文襄公全集》第61卷（奏议61），第1页。

③ 载振：《奏为查复日本游学生聚众滋事情形折》，见《约章程案汇览》，乙编，第32卷，北洋书局编印，光绪三十一年。

俄、意、比等国大臣的意见，于一年后呈递奏议复派出洋游学办法章程折，认为留学生最突出的问题之一，是“各省各派，各有各章”，管起来无章可循。建议按生源类别制定不同的管理措施；贵胄学生的一切稽查调考，仍归出使大臣办理。官费生由使馆派参赞一人为监督，对功课、行为随时稽查，切实禀报，每个季度由监督考试三次，每年由出使大臣亲自考校一次。如果学生就学地点远离使领馆，则在假期“亲赴都城谒见使臣，面递功课以凭考察”。官费生毕业时，由出使大臣检验文凭，出具该生在校期间人品、学问、表现的评语，“并报明外务部转咨管学大臣存案”，送回国内听候复试。自费生的管理较为宽松，“除到馆报名留书地址以便查询保护外，如无不安分及别有过犯，使馆即毋庸过为苛刻”。“嗣后如有派赴欧美各国肄业生徒，其一切办法，应请饬下出使各国大臣暨及京师管学大臣、各省将军督抚一律遵照，妥为办理”；日本留学生的管理办法照此章程“参酌变通”。①

清政府对留学事务最为关注的并非管理措施或机构本身，而是如何防范身在异国的青年接受民主思想。光绪二十九年五月，慈禧面谕张之洞对出洋留学生“筹防范之法”。老谋深算的张之洞认为：“学生在外国境内，中国法令难行，必须先商彼国政府允为协助，事始有济。”遂与驻华公使内田康哉多次协商，并就约束留学生事宜与日本政府反复接洽。日本公使要求切实奖励安分用功、学成回国的学生，使后来者有羡慕之心，日本各学校确信中方有劝学求才之意，如此日方才能协助清政府约束不安分的留学生。张之洞最终说服清廷以恩威并重、奖惩兼施之法对留学生加强控制，当年八月公布的《约束鼓励游学生章程》《奖励游学毕业生章程十款》与《自行酌办立案章程十条》，就是这一防范措施的产物。② 这些章程，虽未指明专为留日学生而作，但张之洞多次与日本驻华公使往返商议，而章程拟妥后，一面转达日本政府分饬各学堂照办，一面咨出师日本大臣、出洋学生总监督认真办理，毫无疑问，其目的就是针对留日学生而制定的。这些章程，不仅成为管理监督留日学生遵循的准则，同时也成为

① 外务部：《奏议复派赴出洋游学办法章程折》（1902 年 12 月 27 日），见《约章程案汇览》乙编，第 32 卷上，北洋洋务局编印，光绪三十一年。

② 苑书义主编：《筹议鼓励游学生章程折（附章程）》，《张之洞全集》第 61 卷（奏议 61），石家庄：河北人民出版社 1998 年。

以后管理监督留学生各种章程的张本。[①]

这些章程强调中日两国政府对留学生管理具有毋庸置疑的权力和相互协作的责任，应加强对留学生思想行为监视和处罚的措施；鼓励章程则以各种名利官禄对所谓“品行端谨，毫无过范”的毕业生给予奖励和羁縻。张之洞所拟定的《奖励游学毕业生章程》，共十条。规定：“中国游学生在日各学堂者，视所学等差，给予奖励。”[②] 如果留学生能在日本各类学堂毕业，分别授予拔贡、举人、进士、翰林出身，加以录用。这无疑给了向往读书做官的青年学子在科举考试外又开辟了一条实现人生理想的新途径。当年，清政府允许自费留学生只要在家长带领下报名，通过省学务处考试，就可以领取咨文出国。清政府还鼓励在职官员与王公贵族子弟“自备资斧，出洋游学”，“回国后尤宜破格奖励，立予擢用”[③]。这种官费、自费留学并举的办法也推动了留日热潮的发展。光绪三十年八月六日，由外务部与学部联名会奏《游学西洋简明章程》，对留学欧美学生的年龄、资格、语言要求及处罚等做了初步规定。尤其是光绪三十一年，清政府决定停止科举考试，科举做官的道路被堵死，更促使不少知识分子以出洋留学作为重要出路与进阶快捷方式，竞相东渡。

光绪三十一年十一月十日（1905 年 12 月 6 日），学部成立，恰逢留日学生反对《留学生取缔章程》事件发生，日本政府文部省颁布的《收容清国人留学之公私立学校章程》，在一定程度上是对清政府要求压制约束留学生的呼应与配合，其激发起留日学生如此强烈的反应，为中日政府所始料不及。这一事件无疑给刚刚上任的学部官员留下了极其深刻的印象，同时也给力主防范革命的守旧官绅反对派遣留学以口实，对刚刚接手留学事务的学部把握留学政策方向产生了不可忽视的影响。

（2）光绪三十二年至三十三年（1906—1907），清政府以整顿控制、加强管理为中心，限制留日而鼓励留学欧美，结果导致留日热潮急剧降温和留学国别的转移。

二十世纪初，受多种因素的激励和推动，留日学生人数由光绪二十七

---

① 舒新城：《中国近代留学史》，第 6、210 页，上海：中华书局 1933 年。

② 《奖励游学毕业生章程》，见《中国近代教育史资料》上册，第 185—187 页，上海：教育出版社 1993 年。

③ 张之洞等：《请奖励职官游历游学奏片》，《中国近代教育史资料》上册，第 190、191 页，上海：教育出版社 1993 年。

年的二百余人猛增至光绪三十二年的七千余人，其中大多数为速成生，致使社会上流传“科举既停，日本为我国一大贡院”的说法。[①] 而留日学生中自由平等思想迅速传播，几年间爱国民主运动风起云涌，特别留日学生反对《留学生取缔章程》事件发生后，令清政府忧心忡忡，他们对留学日本省时省费快出人才的期盼，逐渐被留日学生事件引起的恐惧所代替。自光绪三十二年起，限制留学日本的动议在学部内部反复讨论，参与制定《游学日本章程》的张元济、罗振玉等人认为，留日学生“人数既众，品类自然不齐。若不及早图，唯恐损辱国体，妨碍邦交之事必不可免。然使空言停派而仍不能禁止私费，则本部之责任未尽而于大局仍无所裨”。针对社会上将新式学生分为西洋一等、东洋二等、本国三等的偏见，[②] 他们提出“补救之道”，修改奏定各学堂奖励章程的有关办法，规定“内地之人在本国学堂肄业者，亦可得举人进士，而不必竞言出洋游学”。并且“在内地广设学堂，务求美备”[③]，希望能够以此解决留学过热的问题。

与此同时，光绪三十一年十二月二十三日，出使日本大臣杨枢奏报留日学生在日情形，提出管理留日学生应该注意事项：其一，速成过多过滥，使留学生学业程度大受影响。其二，留学生频繁转校或随意调换专业。其三，各省派遣留学生名额多少有异，所给学费、生活费不一，造成留学生之间的矛盾冲突。其四，日本政府难以接纳数千留学生，况且这个数字还在增加。有鉴于此，杨枢请求清廷令学部制定严格的出洋留学章程，统一标准，慎选派遣，通饬各省督抚遵照执行[④]。杨枢所反映的情况确属事实，留日学生学习速成科者与学习普通科者的比例，如“宏文学院，从光绪二十七年到三十二年的有一千九百五十九名中国留学生中，速成科的一千八百三十人，占百分之九十三点四，而普通科的只有一百二十九人，占百分之六点六”。这不仅引起中国社会各界的不满，也受到日本教育界和政府官员的普遍指责。在中日两国政府的压力下，“宏文学院和其他接收中国学生的学校，除已开办的以外，所有速成课程被迫取消”[⑤]。

---

①③ 张元济：《议改良留学日本办法》（1906 年），见《张元济诗文》，第 136 页，北京：商务印书馆 1986 年。

② 舒新城：《中国近代留学史》，第 6、210 页，上海：中华书局 1933 年。

④ 《驻日大臣杨枢奏报学生在东情形折》（1906 年 1 月 17 日），见《清光绪朝中日交涉史料》，第 69 卷，第 23、24 页，北平：故宫博物院编印 1932 年。

⑤ 关晓红：《晚清学部研究》，第 390 页，广州：广东教育出版社 2000 年。

不久，学部便出台了一系列主要针对留日学生的整顿措施。

以学部名义正式颁布的第一个留学管理规则是光绪三十二年二月九日颁布的《通行各省选送游学限制办法》，其主要内容是明确限制留学日本的资格，申请长期留学者须具备中学堂以上毕业程度及学过日语两项条件；短期留学者除游历官绅可稍宽限制外，基本不予批准；凡申请赴日留学，须经本省考试审查，没有国内官府的咨文，驻日大臣概不接受安排；统一留学期限，每年春秋两季分批派遣，与日本学校的学期吻合。[①] 不久，学部再次对留日的条件做出严格的限制，通咨各省一律停派速成留学者，无论官费私费，均不予咨送。同时强调尽快推广本国学堂，试图通过政策导向来缓解留日人数激增带来的就学压力，扶持发展国内学堂。

此后，学部整顿留日学务的重心，从控制留学条件逐步过渡到设置专门的管理机构。光绪三十二年十月七日，学部上呈奏为酌拟游学日本章程请设专员管理折，正式提出设置管理游学日本学生监督处。专门负责将留日学生成绩高下、功课勤惰、品行优劣据实报告，不仅要了解学生在校情况及表现，还须调查所管学校学生在外之行动，对留学生进行就学指导与日常管理，如联系指定学校、稽查功课、匡正品行、平息纠纷、核发学费等。在附片《管理游学日本学生章程》中，学部还拟定游学管理的十一款条规，对就学手续、转退学及请假程序、学费支领、官费申请等都有明确规定。[②]

上述举措表明，这时学部已经明确将游学事务作为重要职能，不仅强化管理措施，而且注重管理渠道，力图改变混乱状况，将有关事务纳入规范统一轨道。为此，在设置游日学生监督处的同时，学部还派遣欧洲留学生监督，负责考察学生的品行，确定入学资格，每学期向学部及各省督抚刊册报告。其原则以严格控制为主，尤其对于受革命思想影响的学生，“亟宜随时考察，严予汰除，以免败群”。[③]

如果说光绪三十二年学部管理重点旨在约束控制留日学生，光绪三十

① 《通行各省选送游学限制办法电》（1906 年 3 月 13 日），见学部总务司案牍科：《学部奏咨辑要》，第 1 卷，宣统元年刊本。

② 《酌拟游学日本章程请设专员管理折（附章程）》（1906 年 12 月 2 日），见《清光绪朝中日交涉史料》，故宫博物院编印本，第 70 卷，第 1、6 页，北平，1932 年。

③ 学部：《奏请派欧洲游学生监督并陈开办要端折》（1907 年 12 月 9 日）载《学部官报》第 38 期（1907. 11. 6）。

三年则转而将留学潮从日本导向欧美。该年二月，学部为确定留学政策多次召开会议，对于此后派遣留学的国别选择导向基本达成共识，即由以日本为主转向以欧美为主。他们认为："东洋学术，虽属日新，而风气浮嚣，故学生一经到东，即多为邪说所惑，此辈留之不可，诛之又不忍，实属两难。与其严惩于日后，不如防变于事前。嗣后各学生宜多派赴西洋。"① 为了促使清廷尽快转变观念，光绪三十三年十月十四日，学部呈递奏折"略谓留学以专门各学为要，专门各学各国各有所长，不宜偏重一国之风而失各国之专长"。② 导向转变之后，留日热潮自光绪三十二年后明显消退，留日学生呈逐年下降趋势。由于清政府对留日学生采取限制措施，致使弘文学校关闭，早稻田大学清国留学生部因缺乏学生而关闭。

③光绪三十四年至宣统三年（1908—1911），清政府采取留学生考试制度化，鼓励学习实业，继续调整完善留学管理体系，继续实行限制留学日本和鼓励留学欧美的方针。

光绪三十四年八月十日，学部在致会议政务处的咨文中指出："不少学生到日本后，往往虽名义上学而终年在外游荡……甚有入学一二年而已自专门部升大学者"，学部担心"若非严加甄核准其一体与考，弊混以欺世，则谬种流传，大有害于后进人才，冒滥而得官，则滥竽登庭，何足供国家之任使"，要求加强对游学生的考核，认真审查其毕业资格。③ 同时，学部分别致电日本和欧美留学监督，要求劝导学生"务须专心向学，已备异日议员之选，切勿再有结社联党情事，自罹法网而误前程"。④

在努力提高留学教育的成果、水平，加强控制留学生思想行为的同时，清政府将大力发展普通基础教育作为国内学务的重心，而将留学教育视为发展实业教育、师范教育和高等教育的动力来源。宣统二年九月二日，学部规定："游学欧洲之官费学生，以已入大学学习医、农、工、格致四科之专门学者为限习法政、文、商各科者，虽入大学，不得给官费"。⑤ 在美国退还庚款助学以后，外务部与学部反复协商，提出赴美游学名额"以十分

① 《学部之宗旨》，载《岭东日报》1907 年 3 月 26 日。

② 《学部之封奏》，载《大公报》1907 年 11 月 19 日。

③ 中国第一历史档案馆藏：会议政务处全宗，229—1648。

④ 《学部对于留学生之期望》，载《盛京时报》1908 年 9 月 19 日。

⑤ 《大清法规大全》续集，第 17 卷，政学社印行，1911 年。

之八习农、工、商、矿等科，以十分之二习法政、理财、师范诸学”。[①] 大力鼓励游学生选择实业教育，以弥补国内高级实业人才的严重缺乏。

机构设置与职能完善是清政府加强留学管理的重要措施。继光绪三十二年建立日本游学生监督处以后，于宣统元年六月和二年三月，分别设立了游美学务处和欧洲游学生监督处，并两次奏请修改了日本游学监督处的章程。游学生监督处不断加强，对留学生的控制日益加紧，官费、自费生均由监督处择校保送，毕业时由监督加给证明书，留学生凭证明书参加学部每年组织的游学毕业考试以获取出身奖励。监督处“有指导纠正之事，而不听从者，毕业时均不给证明书”；留学生若有品行不修、学业不进者，监督处可勒令其退学，咨回原省；私自辍学回国者须追缴所用官费。对留学生入学资格要求得更严，对日常行为的约束则更苛刻，甚至官费生自行租房，监督处认为不合者，亦可限令迁移。[②] 宣统三年七月，学部又公布浙江提学司所拟七条管理游学办法，通行各省一律遵办，其主要内容是：①严定学生资格及保证人应担责任；②严格检查身体法；③严分科之试验；④按相应之国分科遣派；⑤严定分科程度；⑥试行竞争试验法；⑦订立任用章程。[③] 清政府经过十年对留学政策的不断调整，采取一系列措施，留学管理体系基本形成，对留学生的管理与控制日趋完善。

四、结 束 语

光绪二十二年至宣统三年，整整十五年的时间，清政府派遣留学的目的与指导思想，随着具有革命性质的留日学生事件发生逐渐明确和具体。甲午战争前，清政府所派遣的留学生，笼统以学习西方为目的，战后则以学习日本为目的，至于怎么学和学什么，需要什么条件和如何实施，如何与国内需求相适应等问题，兼管留学管理事务的总理衙门乃至后来的外务部根本没有通盘考虑计划。各省督抚虽各有派遣留学生的计划，却无法照顾全局。尤其甲午战争以后，留学逐渐成为普及教育、提高国民素质的当务之急，而具体管理仍由与学务关系不大的外务部负责，结果导致了盲目

① 陈学恂：《中国近代教育史料汇编·留学教育》，第172页，上海：教育出版社1991年。

② 学部总务司案牍科编：《学部奏咨辑要》，第4卷，宣统二年刊本。

③ 《申报》1911年8月17日。

发展。这种盲目性在学部成立前表现得尤为突出，其后果是留日热潮迭起，留日学生事件不断发生，引发了一系列留学政策的变化。

接连不断发生的具有革命性质的留日学生事件，引起清末朝野上下对留日学生热潮的责难与非议，促使有关方面不得不正视现实，决心整顿。其间最重要的转变是，学部开始将向海外派遣留学生纳入全国教育发展的整体规划中通盘考虑，接手直接管理留学事务，形成大力发展国内普通基础教育与派遣留学生以促进实业教育、高等教育初步结合的格局。因此，留学的指导思想与政策变得具体而实际，反映在派遣方式上，偏重实业与高等师范；反映在素质上，为提高资格限制，停派速成留学生。清政府派遣留学生的计划性与目的性在逐渐增强。

从留学管理的实施过程来看，严格订立和审查派遣的资格标准逐步实行考试以甄别淘汰，使所派留学生整体素质逐渐提高。毕业回国后统一考试，又在一定程度上对保障学习质量有所制约。统一选择留学学校和确定学费标准以及制定转学、请假、学习检查等规定，使留学管理趋向于制度化。职能机构的建立健全，在一定程度上保障了留学管理的具体实施。经过清政府多年不懈的调整、整顿、强化留学政策，留学教育改变了以往大起大落和留学之专业、国别过分集中的畸形状况。重点由日本转向欧美，成为民国时期全面多元派遣格局形成的起点。实事求是地说，留学效果也随着生源素质的提高与措施的得力而明显改善，留学潮中的速成热大幅度迅速降温。学部严格选派的留学生经过正规高等教育的熏陶训练，到民国初年纷纷毕业回国，充实了高等师范教育和实业人才队伍，使高等教育开始摆脱“借才外域”的局面，并为民国时期的实业发展奠定了基础。

纵观清政府派遣留学生留学日本，原本希望造就人才，以图维新富强，但多数留学生赴日后，却奔走革命，致力于推翻封建专制，成了埋葬清王朝的掘墓人；千变万化的留学政策，最终也没能挽救岌岌可危的封建王朝。所有这些都是清政府无论如何也不曾想到的。

档案落入敌手谈判惨遭败绩

——清代广东衙门档案流失英国始末

根据国际档案理事会的决定，流失在国外的档案应当归还形成国的原则，二十世纪九十年代，英国国家公共档案馆就曾向我国交还一套清代广东省历史档案（即清代广东衙门档案），共计一千九百五十四件的缩微拷贝胶卷。那么，这批珍贵的档案是如何流失于英国的呢？

众所周知，从1840年鸦片战争爆发以来，西方列强频繁发动侵华战争，清政府腐败无能，割地赔款，丧权辱国，国家蒙受了巨大的损失。1851年10月，英国侵略军借口“亚罗”号走私船事件，联合法国共同出兵，发动了第二次鸦片战争。英军一度攻陷广州城，焚毁大批民房，残杀无辜百姓，抢劫官署财物，广东衙门档案就是在这场浩劫中被英军掠走的。这批档案到了英军手里后，成为他们进行更深入、更广泛侵略中国的重要情报。档案所记载的内容在当时是极为机密的，涉及中英政府、地方政府、军事设施、对外政策等。例如：中国和英、美、法、瑞所签订的各种条约原件；清政府派至广东的钦差大臣耆英和各国驻广州领事之间的往来信函；广东清军驻防的手绘地图；地方官署保存的机密档案；粤海关给林则徐的有关搜查沿海走私船只的报告；清政府与钦差大臣耆英、徐广缙、叶名琛之间有关外交、军事方面的重要书信……其数量非常巨大，内容十分丰富，秘密程度非常高，实属中国近代史上严重的泄密事件。

对于广东衙门档案遭到劫掠，广州将军穆克德纳和广东巡抚柏贵等，开始不敢报告给朝廷，约在二十天后，不得已才在一件奏折的附片上讲出了广东总督、巡抚办理洋务文稿被劫的情况，并提出以后朝中发给广东的各种文件，一定要采取缜密的办法。穆克德纳等在给咸丰皇帝的奏折中称：“督署历年夷务稿件，均被该夷劫去。现在抚驭事宜，事关机密，倘一经泄漏，为该夷所侦知，则办理更为掣肘……”可咸丰皇帝在收到这件奏折后，竟然对广东衙门档案被劫没有做出一点反应，根本谈不上据理力争收回本应当属于中国地方政府的档案，更谈不上采取相应的对策了。

大量广东衙门秘密档案既然被英军所获，则对清政府历年办理外交的方针政策，不难窥破底细，侵略者针对清政府的弱点，采取了一系列有针对性的进攻。尤其在此后中英天津谈判中，充分表明了这一点，产生了无法挽回的严重后果。

广州沦陷后，1858 年英侵略军头目额尔金等人和法、美、俄三国代表北上抵达天津，向清政府施加压力。清政府先后派出仓场侍郎崇纶和直隶总督谭廷襄接洽谈判。英方根据他们抢到手的广东衙门档案进行了详细的研究，发现崇纶所写的大量奏折的底稿，从中“分析出”崇纶对英军的到来，表现出所谓“凶恶”的态度都写在了纸上。英方以崇纶、谭廷襄不是全权大臣和职务太低为借口，拒绝会谈，坚持清政府另易他人前来谈判。

清政府为了满足英方的无理要求，委派大学士桂良、吏部尚书花沙纳为全权大臣，接着又加派耆英帮助共同交涉。耆英是 1842 年中英《南京条约》的签字者，后又担任两广总督多年，是一个所谓“于夷务情形熟悉”之人。意在耆英“开导”洋人“冀其有成”。但是，当耆英到了天津，英、法两国的谈判代表认为他怀有敌意，根本就不与之相见。因为英方从所劫档案中见到耆英任两广总督时写给道光皇帝的一件奏折中，通篇“净是辱骂该夷之言”。额尔金认为这足够否定他的态度真诚，因此派了威妥玛和李泰国表示额尔金不同他会谈，并要随时注意耆英的态度如何。

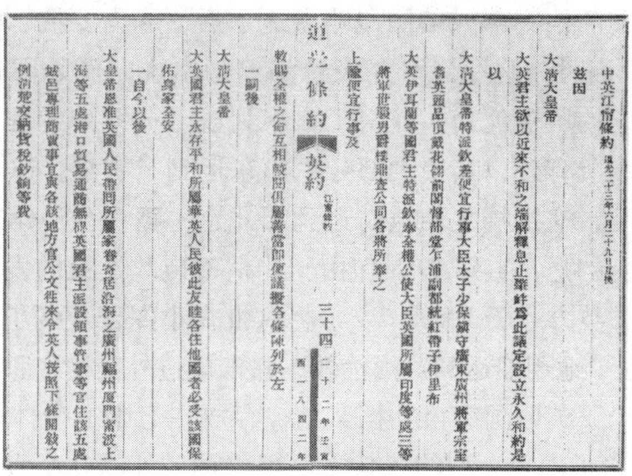
道光條約 英約 江甯條約 三十四 二十二年壬寅 西一八四二年

中英江甯條約 道光二十二年六月二十九日互換

茲因
大清大皇帝
大英君主欲以近來不和之端解釋息止釁端爲此議定設立永久和約是
以
大清大皇帝特派欽差便宜行事大臣太子少保鎮守廣東廣州將軍宗室
耆英頭品頂戴花翎前閣督部堂乍浦副都統紅帶子伊里布
大英伊耳蘭等國君主特派欽奉全權公使大臣英國所屬印度等處三等
將軍世襲男爵璞鼎查公同各將所奉之
上諭便宜行事及
敕賜全權之命互相較閱俱屬善當即便議擬各條陳列於左
一嗣後
大清大皇帝
大英國君主永存平和所屬華英人民彼此友睦各住他國者必受該國保
佑身家全安
一自今以後
大皇帝恩准英國人民帶同所屬家眷寄居沿海之廣州福州廈門寧波上
海等五處港口貿易通商無礙且英國君主派設領事管事等官住該五處
城邑專理商賈事宜與各該地方官公文往來令英人按照下條開叙之
例清楚交納貨稅鈔餉等費

图 1　中英《南京条约》（江宁条约）

额尔金将耆英视为双方谈判的阻碍，就决意要把耆英从清政府谈判代表的名单中除掉。其依据就是利用所劫获档案中一件耆英的奏折和道光皇帝的朱批，而将耆英从谈判的中方使团中除名的。

接下来，桂良、花沙纳向清政府汇报天津谈判的进展情况时，奏请调耆英回京，提到了广东衙门档案被英方代表团利用耆英奏折逼取照会等事项。耆英到天津后，处境十分尴尬，英、法专使或以照会回复，或以书信推托，就是回避与耆英会晤。后来干脆所有送来文书只写桂良、花沙纳亲收，把耆英晾在了一边。

由于英方代表掌握了清政府外交秘密档案，这对在天津交涉的桂良、花沙纳产生了极为不利的影响，十分被动。桂良、花沙纳在给咸丰皇帝的奏折中写道：自从广东残破后，叶名琛所存夷务档案，皆被英军攫去，有关与洋人交涉办法，全部被对方所掌握，驾驭无术，智勇俱穷。因而主张：不如姑为羁縻，徐图补救，以妥协了结交涉。因此，当李泰国、威妥玛在会晤中出示耆英奏折要挟时，桂良、花沙纳只有屈服迁就。当一次中方代表与西方列强代表就《天津条约》会晤过程中，英方代表威妥玛呈现给各位代表一件当年耆英具奏控制夷情的密折，用词多贱薄洋人，而且有道光皇帝的朱批，令桂良、花沙纳无言以对。遂不得不“将大概条款暂为允诺”。

耆英遭此一击，在侵略者狰狞的面目之下，已是无计可施，只得离开天津。咸丰皇帝一怒之下，以其擅自回京“畏缩无能”为由，传旨令其自尽，将其处死。1859 年 6 月清政府代表桂良、花沙纳与英国签订了丧权辱国的《天津条约》。

这批广东衙门档案落入英国侵略者之手后，成为要挟、胁迫清政府就犯的“砝码”。当时，这批档案并未转到英国本土，而是留在中国继续使用，当完成了它的历史使命，获得了在华利益等一系列无理要求后，除极少部分归威妥玛所有外，其余大部分由广东运到了香港。1861 年英国在北京设立公使馆后，这批档案便辗转运到了北京，藏在公使馆内小教堂的阁楼上。令人遗憾的是，直到 1958 年由于北京市市政建设的发展，英使馆需要迁往新址时，英方才于 1959 年 4 月将这批在小阁楼上藏了近一百年的档案，“心安理得”地用船运到英国伦敦，并未通过外交途径移交我国，到伦敦后即直接交给了英国国家公共档案馆，存放在七十七个体积为 36 × 26 × 24 立方厘米的箱子内。大型的档案文件存放在另外的几个大箱子内。就这样，这批珍贵的档案离开了它的形成国——中国，而到了英国境内。

慈禧西逃 卖国议和

光绪二十六年七月二十一日（1900 年 8 月 15 日）至光绪二十七年十一月二十八日（1902 年 1 月 7 日），清朝统治者慈禧皇太后挟持光绪皇帝、皇后、瑾妃一行，经历了一年零四个月的逃亡生活。慈禧为什么要逃亡？逃亡期间的饮食起居如何？又是在什么情况下返回北京的？让我们从清宫档案中去寻找答案吧。

一、联军进犯

光绪二十六年（1900）初，中国北方农民自发的反帝组织义和团，在山东遭袁世凯镇压后，开始向直隶和津京地区发展。他们以“扶清灭洋”为号召，矛头指向西方教会势力。义和团的浩大声势和在斗争中表现出来的盲目排外情绪，以及迷信思想所虚构的天助神力，鼓励了清政府“以民制夷”的策略考虑。特别是慈禧等人借口光绪皇帝病重，立端郡王载漪之子溥儁为大阿哥，遭到列强抵制后，慈禧太后对西方国家更加疑虑，希望找到一个能与列强相抗衡从而稳固自己权力宝座的力量。在这种情况下，清统治者内部形成了对义和团的“主剿派”和“主抚派”。清政府在剿抚之间摇摆不定，时而下令查禁派兵进剿，以取悦于列强，时而礼遇“主抚派”官员，或以劝导疏散之名义与义和团联络谋为己用。

义和团的反帝斗争，一开始就引起了西方列强的恐慌。清政府犹豫于剿抚间的态度，也令其郁闷。但令列强们内心激动不已的是，他们终于找到了一个进一步瓜分中国的机会。于是，英、美、俄、法、德、意、日、奥八国，以“保护各国公使馆”为名组成联军，有计划有步骤地开始了一系列严重侵犯中国主权的，具有“共同性质”的军事行动。

二月底三月初，列强军舰在大沽口举行武装示威。

四月至五月，列强组织四百多人的使馆卫队进京，使馆卫队到京后，频繁越出使馆范围捕杀义和团团民。

五月十四日，西摩联军离津进犯北京。

五月十九日，西摩联军被义和团英勇阻击于途中，列强策划进攻大沽炮台，打通通往北京的大门。

五月二十一日，联军先发制人攻陷清军驻守的大沽炮台，守将罗荣光壮烈殉国。

五月二十四日，清军虎神营章京恩海击毙德国驻华公使克林德。此次事件的发生，成了列强（特别是德国）向清廷进一步勒索和报复的借口，八国联军加快了向北京进攻的步伐。

面对列强大兵压境的严峻形势，慈禧自五月二十日至二十三日连续四次主持召开御前会议，商讨对策。大臣们众说纷纭，莫衷一是，谁也提不出一个御敌的好办法。五月二十五日，慈禧得知大沽炮台失守，慌乱之中以光绪皇帝的名义发布宣战上谕：“朕今涕泣以告先庙，慷慨以誓师徒与其苟且图存，贻羞万古，孰若大张挞伐，一决雄雌？连日召见大小臣工，询谋佥同。近畿山东等省，义兵同日不期而集者，不下数十万人，下至五尺童子，亦能执干戈以卫社稷。洋人尚诈谋，我恃天理；彼凭悍力，我恃人心。无论我国忠信甲胄，礼义干橹，人人敢死：即土地广有二十余省，人民多至四百余兆，何难翦彼凶焰，张国之威？其有同仇敌忾，陷阵冲锋，抑或仗义捐资，助益饷项，朝廷不惜破格懋赏，奖励忠勋：苟其自外生成，临阵退缩，甘心从逆，竟作汉奸，即刻严诛，决无宽贷。尔普天臣庶，其各怀忠义之心，共泄神人之愤，朕实有厚望焉。”显而易见，清政府的宣战实际上是对列强不宣而战的一种“万不得已”的应战。这份谕旨并非严格意义上的“战书”，因为它既无明确的宣战对象，也没有送达列强的手中，但却表明慈禧利用义和团正式向列强开战了。

六月十八日，联军侵占天津，一路烧杀掠抢。

七月十九日，联军向北京发起攻击，隆隆炮声震撼了紫禁城。

图1　八国联军屠杀义和团团民

二、慈禧西逃

慈禧早已被炮声吓得六神无主，她紧急召见军机大臣，商量如何是好。众位大臣你看看我，我看看你，有的建议挂旗投降，有的主张向各国驻华公使求情，还有的极力主张离开北京先躲躲。光绪二十六年七月二十一日（1900年8月15日）凌晨，在八国联军攻打北京的炮声中，慈禧为保全性命，置国家危难于不顾，带着光绪皇帝、皇后、瑾妃、大阿哥溥儁等换了便装，分乘三辆马车，仓皇逃离北京城，开始了一年零四个月的逃亡生活。这是她继咸丰十年（1860）随咸丰皇帝“北狩”后的又一次出逃。如果说，与那次热河之行有什么不同的话，那就是此时的慈禧更加狼狈了。相传慈禧在离开京城前，还没有忘记曾经支持过光绪皇帝搞维新的珍妃，她下令太监崔玉贵将珍妃推入井中淹死。这口井，就在紫禁城的宁寿宫外，现在被人们称作“珍妃井”。

慈禧一行出神武门经地安门，沿着鼓楼向西顺城墙根到了德胜门。这

图2　慈禧像

里早已挤满了逃难的人群，军机大臣赵舒翘好一阵疏通，才使慈禧一行挤过了德胜门。中午在颐和园饱餐一顿后，慈禧没敢耽搁，继续向北逃去。这支仓皇出逃的皇家队伍，由马玉昆率领护驾官兵以及神机营、虎枪营部分官兵保驾，经南口、居庸关、怀来县、宣化府、阳高县、大同府、代州、歆州，于八月十七日到达山西太原。

刚开始西行逃难的时候，路上到处是溃散的官兵和流离失所的老百姓，慈禧一行根本无人接应。当时出北京走得急，所有的御用被服和食物都没能准备好。慈禧和光绪晚上只能睡在农家土炕上，既无被褥，又无更换的衣服，更谈不上享用美味御膳了，只能以农家的小米稀粥窝窝头充饥。途经一家小客店，店主人让慈禧和光绪吃了一碗粗

图3　身穿“皇帝亲赐”黄马褂的店主人

米饭，喝了一碗绿豆汤，感动得慈禧一时不知如何是好，急忙叫人在店主人的衣服上写下“皇帝钦赐”四个大字，算是对店主人的奖赏。

慈禧一行到达怀来，知县吴永慌忙出城迎驾，进奉衣食，情况才稍有好转。到了宣化，离京城远了，听不到八国联军的炮声了，慈禧这才想起需要料理大清国的“后事”，于是连发几道上谕。七月三十日，慈禧以光绪皇帝的名义命令全权大臣李鸿章：“便宜行事，将应办事宜迅速办理，朕不为遥制。”同时，慈禧命令庆亲王奕劻火速回京和李鸿章一起与各国交涉议和。名为议和，实为屈膝投降；指派大学士荣禄、徐桐、崑冈，尚书崇绮、崇礼、裕德、那桐等人为留京办事大臣，以便应付各种随时可能发生的局面。

八国联军入侵中国，慈禧最初是企图利用义和团的血肉之躯来阻挡八国联军枪炮的进攻，而此时的慈禧又反手要用义和团民众作牺牲，来向列强进贡。八月十日，她在太原发出上谕：“此次祸端找自拳匪”，“令直隶各路领兵人员，凡有拳民聚集处所，勒令呈缴军械，克日解散，倘敢抗违，立即痛加剿除，以清乱源”。

图4　李鸿章像

三、奢靡依旧

慈禧一行继续往西逃跑，各处护驾的军马也陆续赶到，朝廷大小官员除了部分留京办理善后事宜的之外，也纷纷接踵而来。他们走到哪里，哪里就要遭受一场灾难，护驾的清兵缺吃少喝，就到处掠抢，沿途百姓闻听慈禧将至，吓得四处逃散，到处是一片荒凉破败的景象。皇亲国戚、朝中大员所享受的待遇可要好多了，他们不但要吃要喝，而且还要发津贴、发赏银。慈禧规定：亲王、郡王每日发给银子六十两，贝勒、贝子每日三十两，皇亲贵族每日十五两，二品以上大员每日七两，三品以下官员每日五两、三两、二两不等。为了笼络人心，慈禧还巧立名目，大肆赏赐随行官员和宫中太监。仅八月二十四日一次就赏马玉昆所部白银一万两，董福祥马队三千两，岑春煊一军二千两。李连英等受宠太监所得到的赏银就无从统计了。这个沉重的开支给地方百姓增加了极其沉重的负担。

慈禧原打算落脚太原，但适逢山西大旱，地瘠民贫，供给困难，又听说德法联军要攻打山西，就决定转往陕西。闰八月初八日慈禧继续西逃，不过这段行程已经没有当初离开北京时的慌乱和狼狈，随行人员和护卫官兵都有增加，大小官员更是小心伺候。慈禧的大队人马经祁县、平遥、灵石县、平阳府、蒲洲府至风灵渡，然后南渡黄河，过潼关入陕西，经华阴县、临潼县，于九月初四到达西安。到了西安，离战火远了，安全有了保障，这时的慈禧又大摆起老佛爷的架势来了。

慈禧刚到西安时，首先选择了抚台南院居住，没住几日，她嫌地方太小不够用，又搬到北院，作为自己和光绪皇帝的行宫。每次出行，马车换成了八抬大轿，护驾官兵也用上了当年乾隆皇帝西巡时使用过的仪仗，又赶制龙旗二十四面，以壮声色，大队人马前呼后拥，如同太平盛世皇帝来巡幸地方一样。

慈禧如此奢侈豪华的生活，以及护驾西逃大队人马的日常开销，沉重的负担一时都压在了西安的“肩上”，显然，仅靠西安地方的供给，实在是难以承受。慈禧每天吃饭，虽不能和在北京紫禁城相比，但仍分荤局、素局、饭局、茶局、点心局等。每局设管事太监一人，厨师十余人，统一由总管太监荣禄管理。为了保障老佛爷能喝到新鲜牛奶，专门在西安行宫饲养了六头奶牛，每天要花掉二百两银子，如此靡费，慈禧竟还说是“俭省多了”。

在这兵荒马乱的日子里，慈禧还要举办祝寿活动。因为当初是仓皇出京，宫中的龙袍没有带出来，为了大显龙威，她便命令两江总督刘坤一负责在江苏紧急缝制龙袍、龙褂，然后六百里加急，通过驿站运到西安，还从南方各省调运来大批绫罗绸缎，征调许多裁缝去赶制各式衣服。

为了保障大队人马的日常开销，早在慈禧出逃到怀来县时，任命怀来县知县吴永为前路粮台（后由岑春煊接手），负责调拨全国的粮饷和安排其西逃途中及宫阙生活。吴永在宣化境内即向慈禧禀陈：请饬各省将应解京饷，核定成数，分别解送行在户部以济急需。于是，七月二十六日，慈禧就以光绪的名义降下一道谕旨。谕旨说：朕暂时去太原，一切开支都事关重要。所有各省该缴纳的关饷钱粮，全部改解到朕所在的地方，以应急需，不得有误。当这道谕旨下达以后，各省官员便纷纷将应上缴京城的关饷钱粮转运到太原、西安行在和内务府。

那么，慈禧抵达太原、西安以后，究竟调拨了哪些省份的钱粮？其调解的数量又有多少呢？

根据档案不完全统计，截止到光绪二十七年二月，全国各省送到太原、西安的各项银两就达五百万两，粮食近一百万石。

（一）据岑春煊所上奏折称：一个月内，各处解往太原的银子只有二十三万两。显然这笔钱根本无法解决大队人马的燃眉之急，于是，行在军机处又火速派出了刑部郎中俞启元前往江、浙两省，派直隶候补知府吴永前往湖南、湖北催促粮饷。并在湖北、河南等地设立了转运局，大量征调京饷、库平银和采购稻麦运往太原、西安。

（二）山东巡抚袁世凯奏称：山东在奉谕旨之前，已经动拨库银十万两，并搭解截存安徽、江苏运解京饷银十六万六千五百两。接到谕旨后，再续拨库银五万两，东海关京饷银三万两，粮道库饷银三万两，又搭解截存江西京饷银十万两，总共银二十万两，于九月十九日起程解赴投交。这样，经山东解运行在户部的银两，总数共计四十一万六千五百两。

（三）山西巡抚毓贤奏称：湖北解京饷银二十万两，江南漕粮十一万石，运到获鹿，安设转运局，再运到山西。

（四）湖广总督张之洞、湖南巡抚于荫霖亦奏称：遵旨购办好米十万石和湖北所解京饷银十九万两一概解往太原……

除此之外，当时具体负责筹集粮款的岑春煊等人，每到一地都向地方官员大肆勒索摊派，多的超过万两银子，少的也有数千两。至于太监等人的敲诈勒索，更是司空见惯。地方官员苦不堪言，被逼自杀的事件时有发生。当慈禧在宣化停留的三天中，因天气炎热，食物变质，县令一时难以再筹到食物，在岑春煊的威逼下，竟无可奈何地喝了毒药。

四、卖国议和

慈禧到西安后，虽然不再担心列强会直接威胁她的生命，但又害怕各国公使不会就此罢休，会把自己列为首犯加以制裁。为此，除了饱食终日，窥探时局外，她不断放出要回北京的口风，以试探中外各方面的反应。慈禧一方面不断通过电报与在京的奕劻、李鸿章取得联系，了解谈判议和的进展情况，同时为了讨好列强，发布上谕：此次中国变乱，事起仓促，以致开罪友邦，并非朝廷之意，对于罪魁祸首必定严加惩办，肃清乱源，拳匪聚集之处，一定要认真剿办，决不姑息，以绝祸根。

在北京，奕劻、李鸿章与列强的谈判自光绪二十六年九月开始，至光绪二十七年八月结束。与一般谈判不同，此次谈判很少在列强与清政府之间进行，更多的是在列强之间展开。仅光绪二十七年一月至八月，列强之间为协调彼此立场、如何分赃的会谈，就有七十余次。清政府对列强彼此认同的议案，只能表示同意或乞求宽限。

各国列强虎视眈眈，各怀瓜分中国的野心，他们对慈禧的听政地位早就有所猜忌，庚子宣战后，更使慈禧与列强的关系全面恶化。临战前夕，慈禧太后主战，光绪皇帝主和，这就使列强感到应该扶持光绪，迫使慈禧归政。联军侵华战争开始时，美国传教士丁韪良就向各国驻华公使献策：先将慈禧太后迁移他处，从而使光绪皇帝复辟。外国驻华新闻媒介也强烈呼吁：应该支持光绪，使他能够真正执掌皇权。各国还通过外交渠道，纷纷要求慈禧归政于光绪。德国外交官员首先约见清廷驻德公使吕海寰，正式提出有关慈禧交权问题，但未见清廷的任何反应。德国外相又向八国联军发出通告，表示将“助中国真正国君定乱保法”。接着，俄国沙皇尼古拉二世发出国书：如光绪大皇帝政权自操，将各国人民照约保护，剿平匪乱，我深愿力助挽回时局。英国女王维多利亚致电光绪：朕唯望大皇帝早日能复回实权，将不法者无论其官职大小，一律置之重典，并另设善后之法，以杜后患。对此清廷依然置若罔闻。

八国联军攻占北京后，列强更是力促光绪回京，试图使他从慈禧的控制下解脱出来，回到列强占领下的北京。为此德国皇帝、日本天皇及各国驻华公使都曾致书光绪皇帝，声称只有在他回京之后，和谈才能举行。光绪二十六年闰八月四日，联军司令瓦德西在天津接见记者时声称：我们欢迎光绪皇上回到北京，选举新党中能识大体之臣，以辅助之，为第一要义。并说必须对慈禧、载漪等祸首施以严厉制裁。清政府如果同意列强的要求，允许光绪返京，无疑是纵虎归山，慈禧及其大臣的下场可想而知，他们对这一点十分清楚，故此一直保持沉默。

外交通牒不见回应，以德国为首的列强进一步向清政府施加军事压力。德国威廉二世在送别德国远征军起航的仪式上声称：无需任何怜悯，决不留下任何俘虏……要像一千年前阿提拉率领下的匈奴人那样，为自己争得永垂史册的光荣。德国人也同样应该在中国大显身手，使得千年以后，任何中国人都不敢小视德国人。他们相继出兵占领了山海关、保定、五台山、张家口，并兵临娘子关、山东等地。共派出四十六支讨伐队，单独或与清政府共同剿杀义和团。所经之地，烧杀淫掠，恣意横行，对清政府摆出步步紧逼的架势。此时的慈禧如同惊弓之鸟，看到联军的尾随之势，又开始筹划进入天高地远的四川。

对这样一个够不到打不着，只顾逃命的朝廷，列强一时也无可奈何，于是，干脆放出口风，声称就连光绪也不再承认，而准备在中国择立新君，另建政府。朝中大臣对此大为惊恐，李鸿章还特地派人前赴西安陈说利害，进行劝说。无奈，清廷只得放弃入蜀计划，并下定决心，只要能保住慈禧的地位，可以同意列强的任何要求。

在如何对待慈禧的问题上，列强内部因利益取向不同，意见本来就不统一。随着事态的发展，逐渐形成了截然不同的两种态度，即以俄、法、美为代表的“宽大派”和以德、英、日为代表的严惩派，即使在后者之间，意见也不尽一致。不久，英、日两国纷纷转向，先后放弃了对慈禧太后的追究。德国则因驻华公使克林德被杀，对清廷积怨最深，所以一直希望能够对慈禧进行严惩。无奈联军内部矛盾重重，它们为了各自的利益，甚至要兵戎相见。而瓦德西身为联军统帅，也愈发感到难堪，最后，除本国军队和意大利军队外，其他军队都不听从他的指挥。德国孤掌难鸣，也不得不调整对华政策，宣称不干涉中国内政。至此，慈禧太后的地位得到了列强的默认。

慈禧的权力危机得到摆脱，各国列强也在共同利益的基础上重新达成共识；在同清政府谈判时不再涉及慈禧归政，而要在其他问题上对她狠狠敲诈一番，使之俯首帖耳。光绪二十六年十一月初一日（1900 年 12 月 22 日），经过英、美、俄、法、德、意、日、奥等国驻华公使的反复磋商，开列出一个包括十二项条款的《议和大纲》，并声称照此执行，不得有半点更改。议和大臣李鸿章、奕劻随即将《议和大纲》内容电告西安行在，当慈禧逐条看去，见列强并没有将她列为祸首，仍愿保留她的地位时，竟大喜过望，立即回电：所有条款全部照允。为了对议和表示诚意，杀几个替罪羊还是大有必要的，于是，慈禧便以光绪皇帝的名义发下谕旨：庄亲王载勋、刑部尚书英年赐令自尽；原山东巡抚毓贤、礼部尚书史秀、刑部左侍郎徐永煜即行正法；端王载漪、辅国公载澜定为斩监候，发往极边新疆，终身监禁；攻打使馆的甘军首领董福祥革职处分，锢于家中；吏部尚书刚毅、大学士徐桐轻信团匪，贻误大局，本应严惩，但因二人均已亡故，不再追究。惩处了“战犯”，便消除了中外议和的最大障碍，剩下的只是“赔款”的具体数目了。为了尽快达成议和，免得节外生枝，接着，她又以光绪皇帝的名义发布“罪己昭”，表示要“量中华之物力，结与国之欢心”，使偌大的中国任列强宰割，尽力满足列强的要求。一副奴颜婢膝、卖国求荣的嘴脸。

光绪二十七年七月二十五日（1901 年 9 月 7 日），奕劻、李鸿章代表清政府与英、美、俄、法、德、意、日、奥、西班牙、比利时、荷兰十一国驻华公使，在北京正式签订了《中外和约》。这一年为中国旧历辛丑年，因此，人们又称其为《辛丑条约》。它的主要内容是：

（1）赔款白银四亿五千万两，分三十九年还清，本利合计十亿两。

（2）在北京东交民巷设立列强侵华中心的武装使馆区。

（3）拆毁大沽至北京之间的一切炮台，列强在津京地区派驻军队。

（4）清政府向侵略者“谢罪”，在德国驻华公使克林德被害之处的崇文门大街修建一座“克林德牌坊”。

（5）惩办支持过义和团运动的“首祸诸臣”；凡外国人遇害被虐之城镇，停止文武考试五年。

（6）改总理衙门为外务部，班列六部之首。

这个丧权辱国的不平等条约，标志着中国已经完全沦为半殖民地，清

图 5　《辛丑条约》签字场面

政府也从此成为“洋人的朝廷”。

五、慈禧回銮

议和告成，慈禧既未归政，光绪也未遭废黜，清廷继续维持着两宫并位，而朝政仍归慈禧的权力格局。慈禧认为时局对她已很有利，便于光绪二十七年八月二十四日取道河南、直隶回京。归程与出逃时的凄惨狼狈大不相同。吴永在《庚子西狩丛谈》中记载：“辰刻，两宫圣驾自西安启跸，合城文武官吏，均欲宫门外齐集，伺候升舆，行李车先发。辰初三刻，前导马队出城，太监次之，各亲贵王公大臣，或车或马，又次之。俄闻静鞭三响，即有黄轿数乘，自行宫出，士民皆伏地屏息，皇上、皇太后先后乘黄轿出宫，皇后随后，尚有扈驾诸王大臣，又在其后，最后为大阿哥。衔尾重车无数，均系各衙门档案，曲折穿行大街中，辰牌向尽，始出南门。沿途市肆，各设香花灯彩：长安父老，均于南门外祇候跪送，恭献黄缎万民伞九柄。出城后仍绕赴东关，诣八仙庵拈香进膳。本来直出东门，路线可省三分之二，谓因体制关系，且取南方旺气响明之义，所以辇路必出南门。”想当初离京时，孤儿寡母，要吃的没有，连件换洗的衣服都没有；此次回銮，却车水马龙，三千多辆大车，装着慈禧及王公大臣的行装和地方进贡的金银珠宝、绫罗绸缎、许多古董珍玩，另有没挥霍完的白银四百万两。浩浩荡荡的回京人马犹如打了胜仗“凯旋”而归。

慈禧口口声声讲，要极从俭省，严禁靡费，爱惜物力，廑念民难。事实是，只要她经过的地方，逢山开路遇水搭桥，无不兴师动众，征发民役，大兴土木，弄得田禾荒芜，民不聊生，怨声载道。陕西、河南是慈禧必经之地，到处都在整修道路，从潼关到阌乡的灵宝县，将本是山涧沟谷的羊肠小道，改为平坦开阔的康庄大路。全部御道铺上一层细软黄土，净水泼洒，为的是人行马踏不起尘埃。像这样的工程，据当时英国《泰晤士报》记者援引承办人透露的材料说：这种路面，每八码就得需墨洋五十元，一英里就得花费一千英镑。为了慈禧顺利通过洛河，征调了大量民船，用民船串连成桥，上面覆盖木板，再用黄土铺成坦途。行宫、尖站是沿途必备。从西安到北京的二千七百多里行程中，共设富丽堂皇的行宫三十七座，中途歇脚的驿站更是不计其数，仅洛阳行宫就花费白银八万两。

慈禧在开封停留一个多月，大搞庆寿活动。文武百官从全国各地赶来向她祝寿，连演数天大戏，光是举办宴会的桌椅、餐具和茶具就花费白银三万多两。就在慈禧回銮极尽奢华之际，山西、陕西发生百年不遇的旱灾，赤地千里，而江西大雨成灾，几成泽国。天灾人祸，民不聊生。到了直隶正定府，京城已近在眼前，慈禧决定改乘火车回京。当时除了慈禧的随驾营武，加上从北京专程赶来的迎驾官员，竟将正定府城的大小客栈住满。在这支回銮的队伍中仅太监就达四百多人，其行李堆积如山，以致人员与货物竟装满了二十二节车厢。为了慈禧在车站能休息片刻，临时搭起彩棚三十多座。

在回程的三个月间，还发生了两件大事。其一为，九月二十七日，慈禧驻留荥阳时，京师发来电报：李鸿章已于今日午刻去世。她听后痛感失去了一个可以倚恃的得力大臣。其二为，十月二十日，驻跸开封时，颁布上谕，撤去溥儁大阿哥的称号，改封辅国公，永不受用。这是蓄谋已久，以此作为进京向列强行的见面礼。

图6　慈禧回京

北京为迎接慈禧的到来，更是张灯结彩，赶修被联军毁坏的临街门脸，正阳门城楼已被联军的炮火轰毁，来不及建新，就在正阳门城楼的位置上用彩绸临时搭起彩牌楼，用红泥巴将千疮百孔的大清门、天安门和端门重新涂抹一遍，仅此就耗费白银十二万九千余两。

光绪二十七年（1902）十一月二十八日，慈禧与光绪终于回到了北京。慈禧一行在马家堡车站下车，乘轿进入永定门，中经京师南北通道，直到内城正阳门。一路只见到处是被八国联军毁坏的民房，到处是断壁残垣。透过紫禁城高墙上的红泥巴依稀可见累累弹痕，难以遮住清王朝丧权辱国的沮丧与难堪。沿途大街上站满了乱哄哄的八国联军官兵，而跪迎慈禧回銮的京城官员却寥寥无几。慈禧望着满目疮痍的北京，露出了一脸无奈的尴尬。

《辛丑条约》签订后，中国历史翻开了最为黑暗的一页。慈禧老佛爷回銮了，在以后的日子里当她重新吃腻了山珍海味的时候，并未完全忘却西逃时的经历，不时想起西逃饥饿难挨之际吃的窝头。从此，慈禧御膳的餐桌上便经常多了一道栗子面小窝头的点心。

百幅原版照片　再现百年庚子国耻
六千清宫珍档　揭露联军侵华内幕

挥刀砍头、挖心割膝、枪杀炮轰……一幅幅八国联军残杀义和团团民，肆虐中华的原版照片，再现了百年前的屈辱历史。这百余幅老照片现保存在紫禁城西华门内的中国第一历史档案馆。据介绍，第一历史档案馆主要以保存明清两代中央政府文字档案为主，只有很少量的照片。这批老照片的进馆，弥补了馆藏的不足。而该馆近期编纂由紫禁城出版社影印出版的《庚子事变清宫档案汇编》，将向世人首次系统公布六千余件八国联军侵华秘档。那么，百年前老照片是何人拍摄？如何辗转入藏档案馆？六千秘档又将揭示怎样的历史内幕？

一百五十四张老照片的由来

话从英伦三岛说起。1995 年，南京博物馆驻英代表、扬州文物店的经理钱伟鹏在工作中发现了镇压太平天国的洋枪队队长、英国人戈登的一些东西，包括他亲手绘制的攻打南京的地图、私人印章、与别人的合影等，都是难得一见的文物。这次发现使钱伟鹏意识到，可能有大量的有关近代史的文物流失在英伦民间。1996 年，钱伟鹏照例在伦敦的拍卖行、古董店之间流连。当他走进著名的佳士得拍卖行时，竟偶然发现一批待价而沽的老照片，其中大部分是 1900—1903 年八国联军在中国活动的场景：联军天津大阅兵、八国联军监斩义和团团民、慈禧西逃回銮、八国联军头目的合影……这些是中国人无法拍到的，据说这批照片是联军中的一个上尉拍摄的。

钱伟鹏很想用钱买下这些原版照片，但因工作上的交道，拍卖行里有许多人认识这位文物专家，一旦钱伟鹏提出购买，别人自然会认为那不是一般的东西，会抬出更高的价来。

于是，钱找到了在英扬州同乡会的老华侨陈俊，鼓动他买下了这批老照片，结果只花了七百英镑，合计不到一万元人民币。照片买下之后，陈俊老先生便与中国驻英大使馆联系，想方设法将这些弥足珍贵的照片送回祖国。于是 1997 年 4 月，国家档案局接到一封由我驻英国大使馆发来的信函和托人转交的一百五十四张“神秘”老照片。在这封“关于送回历史照片事”的信函中写道：“陈俊老先生一年前获得这批照片后，十分珍爱。他本人喜好文物古董，爱不释手。……但当今年三月初我馆文化参赞范中汇同志去其家做客时，陈先生将这批照片向范参赞等同志展示后，当众表示，如祖国有关部门认为这批照片具有历史档案价值，他愿无偿捐献给国家……”很快，通过我驻英大使馆离任返国的何卫民同志将这批历史照片原件带回，通过文化部外联局办公室转送国家档案局，最后进入主要保存明清两代档案的中国第一历史档案馆。

六百庚子秘档将首次公之于众

2000 年 8 月 14 日，是由英、美、俄、法、德、意、奥、日八国组成

图 1　八国联军进攻北京前举行阅兵式

的侵华联军攻陷北京一百周年。为配合“勿忘国耻、爱我中华、强我中华”的爱国主义教育，中国第一历史档案馆早在1998年初就组成了对馆藏八国联军侵华档案进行系统挖掘研究的专门课题组，他们已陆续整理出六千一百余件相关档案。据介绍，此前对这部分档案从未进行系统的专题整理，这些档案分存在《宫中朱批奏折》《军机处录副奏折》《上谕档》《电报档》《内务府奏稿奏底档》等十几个档案文种之中。经过两年多的发掘整理，该馆已将这些档案编纂成《庚子事变清宫档案汇编》，并由紫禁城出版社按档案原貌影印出版。这是清宫所藏庚子国耻最原始、最直接的秘档总集，翔实而系统地反映了八国联军悍然侵华的全部过程及清政府丧权辱国的内中情由。

图2　八国联军在杨村火车站

据介绍，这批档案是首次系统整理，绝大部分是第一次公布，史料价值弥足珍贵。这六千余件档案按内容分为四大部分：八国联军侵华部分（1900—1906），二千五百件。包括八国联军干预拳运，悍然侵华，占领大沽炮台，天津、北京失陷，侵扰河北，洗掠保定，攻占山西，争夺山海关，进逼山东，以及洋兵撤后各地清查损毁及丢失物品的情况。

特别是这里有八国联军占据紫禁城及清宫各处损毁、丢失物品的详细记录。慈禧、光绪西逃部分（1900—1902），七百件。包括西逃准备，在京留守及随身侍从人员安排，西行路上驻跸地点，帝后西逃生活及经费开销，护卫军调拨驻扎及军饷支出，从西安回銮的跸路修复及迎驾事宜。《辛丑条约》谈判部分（1900—1902），九百件。包括清政府请求停战，围绕惩处王公大臣、战争赔款以及禁购禁运军火年限等问题反复交涉谈判的全过程。庚子赔款筹付部分（1901—1908），二千件。包括清政府筹措赔款割付各国的数额与经过，为支付赔款对海关税收及盐务厘课的摸底，筹议赔款准备事宜，赔款的方式，向各省指派的定额，分批汇解情况等。

图3　八国联军军乐队在天津

同时，该馆还将合作推出《八国联军侵华纪实图录》，精选三百多幅鲜为人知的档案照片，真实形象地记录了八国联军攻占津京、盘踞山海关、劫掠紫禁城御园、阅兵炫武、与清政府共同残杀义和团的史实。一幅幅生动的真实画面，充分揭露了侵略者的罪行和清廷统治的腐败。

图 4　八国联军在山海关

百年秘档的轰动效应

百年秘档已引起社会各界的极大关注。首都多家新闻媒体在 2000 年 8 月 14 日前后，先后发表了对中国第一历史档案馆邢永福馆长的专访，披露了馆藏六千余件八国联军侵华档案和三百余幅照片的编纂概况，介绍了该工作项目的出版规模，阐释了这批档案的珍贵价值。

多家报纸专访。《北京青年报》2000 年 8 月 13 日第一版和第五版，标题为《国耻，不能忘记》，副标题明示“六千余件八国联军侵华秘档将首次系统公布”，并在头版配发了大幅照片，五版刊登了七幅照片。《参考消息》8 月 15 日第八版，转载台北消息：《北京首次展出八国联军攻陷北京照片》。《文艺报》8 月 19 日头版、《中国社会报》8 月 25 日第四版等均以《八国联军侵华档案将首次系统公布》为题予以报道。据悉，另有《光明日报》《中国青年报》《北京晨报》等，拟于近期围绕该书的编纂出版做专版、专题宣传。

电视台相继采访报道。8 月 14 日，中央电视台“新闻联播”、“晚间新闻”、“中国新闻”，同日北京电视台“晚间新闻报道”及“光影世界”均播放了采访中国第一历史档案馆领导和拍摄的八国联军侵华档案图片。特别是为回击梵蒂冈拟借册封所谓“圣人”歪曲和篡改历史的行径，9月23日中央电视台“中国报道”邀邹爱莲副馆长做专题采访，依据档案揭露外国传教士在中国的累累罪行。

北京人民广播电台于8月15日“早间新闻”也播出了“清宫所藏六千余件八国联军侵华档案将由紫禁城出版社出版”的长条消息。

“千龙新闻网”于8月13日登载了专文《八国联军侵华档案即将首次系统公布》。

在2000年8月12日人民大会堂举行的“国耻百年祭”大型活动中，中国人民大学清史研究所所长成崇德教授、中国社会科学院历史所王戎笙研究员先后在大会发言中谈到，中国第一历史档案馆所藏八国联军侵华档案经系统编纂即将首次出版，其价值十分珍贵。

随着报纸、电视、广播、网站等多种媒体的宣传，社会各界对八国联军侵华档案的编纂出版工作给予了热切关注。据介绍，截止到9月下旬，中国第一历史档案馆就此已接待国内外来电、来函、来人询访一百多人次。

百年老照片留住了国家屈辱的一幕，让人们看到了以前难以看到的历史场景，打开了庚子国耻新的历史界面；六千余件清宫秘档真实地记录了百年前不堪回首的民族耻辱史，勾勒出晚清政府的腐败无能、国家积贫积弱、山河破碎的惨痛景象。八国联军侵华档案将永远昭示着国人：勿忘国耻，爱我中华，强我中华。